JN295742

坂本勉・松原秀一 編

井筒俊彦とイスラーム

Toshihiko Izutsu and Islam

回想と書評

慶應義塾大学出版会

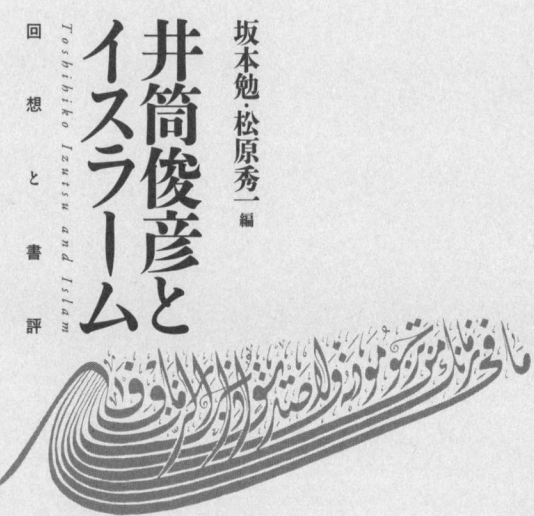

目次

第二部　私の一冊

序——イスラーム学事始めの頃の井筒俊彦

坂本勉

井筒先生およびその学問について語るとき、多くの人はしばしば「天才」という言葉を好んで使います。数十カ国語に通じるポリグロット、ただ言語的能力に優れているというだけにとどまらず、深い哲学的思索と神秘主義への理解・共感に裏付けられた先生の壮大な思想研究に対する畏敬の念が、このような天才という言葉、形容となって表れているように思います。凡人がどんなに頑張っても越えることが難しい屹立した山嶺、これが多くの人が井筒先生の学問に対して抱く印象、評価ではないでしょうか。

しかし、ここでは井筒先生を天才という言葉で片付けてしまうのではなく、クルアーン（コーラン）学、神秘哲学の研究者として歩んでこられてきた先生の学問的軌跡を神話化せず、時代の状況をおさえながら、可能なかぎり等身大のかたちで「時代の子」としてみていきたいと思います。本書は、井筒先生に直接教えを受けた方々にインタビューし、伺った話をまとめた第一部の「回想の井筒俊彦」と先生が日本語で著された代表的な著作を書評のかたちで論じる第二部「私の一冊」から成っています。最初にそこで語られている井筒先生の戦後のイスラーム研究の歩みを相対化し、客観的に理解していく前提として、先生がイスラームに深い関心を抱き、研究を始められるに至った事始めの頃の時代状況について触れておくことにしたいと思います。

1　二人のタタール人との出会い

井筒先生がイスラーム研究の途に入られるのは、日中戦争がまさに始まった頃のことです。慶應義塾大学文学部の英文科を卒業したのが盧溝橋事件をきっかけに日中戦争が始まった一九三七年（昭和一二）、卒業と同時に文学部の助手になりますが、折からのイスラーム・ブームという時代の波に押されて、先生はもともとの専門が言語学であったにもかかわらず、学生時代から抱いていた旧約聖書学、セム的一神教に対する関心を発展させてアラビア語、イスラーム研究の途に飛び込んでいきます。こうした日中戦争期におけるイスラームに対する社会的な関心の高まりのなかで井筒先生のイスラーム学事始めがどのようなかたちで行われていったのかを見ていくことが必要です。

井筒先生の学問形成の問題を考えていくとき、当時におけるイスラーム研究の先達の一人である大川周明との関係に注目し、その影響を見ていこうとする人がいます。また、回教圏攷究所を設立したトルコ学者として著名な大久保幸次、そのサークルに属する研究者との知的交流のなかで井筒先生がイスラーム研究者としてどのような歩みを始めたのかを考えていこうとする人もいます。確かに先生の書かれた初期のイスラーム関係の著作や戦中期のことを振り返って書いた思い出の記のなかには、たびたび大川周明、大久保幸次、お二人の名前が登場します。これから先生がいかに有形無形の影響をこれら二人の先覚者から受けていたか、うかがうことができます。

しかし、私自身はこれらの人々との学問的な交流が井筒先生のイスラーム研究に強く影響を与えたことを否定するものではありませんが、それ以上に先生にとって決定的に重要だったのは、一九三一年（昭和六）の満洲事変、翌年の満洲国建国、一九三七年（昭和一二）の蘆溝橋事件に端を発して日本が日中戦争に突入していく流れのなかで来日し、長く滞在することになる二人のタタール人ウラマーとの出会い、交流ではなかったかと推察しています。井筒先生はこれら二人の碩学のところに足繁く通い、持ち前の語学力を駆使して誰よりも貪欲にイスラームの真髄を学びとりました。このような僥倖に恵まれ、自らの血肉とされていったことが先生のその後における学問の基礎になっていったはずだと考えます。

井筒先生が教えを受けることになる二人のタタール人ウラマーとの出会いについては、中央公論社から出ている『井筒俊彦著作集』別巻に収められた作家・司馬遼太郎との対談「二十世紀末の闇と光」のなかに面白いエピソードが紹介されています。そこで先生は、司馬遼太郎の書いた小説『韃靼疾風録』のタイトルに触れ、「韃靼」という言葉がロマンに満ちた、夢を誘うものだということを述べつつ、実は韃靼とは、古くからロシア領内に住んでいるトルコ系のタタール人を漢字で表すときにあてられる言葉で、自分はかって日中戦争の時期に日本にやって来ていた二人のタタール人と知り合い、イスラームにかんする学問の手ほどきを受けたことがある、と司馬遼太郎に語っています。

その一人が、アブデュルレシト・イブラヒムというウラマーでした。ボルガ川の中流域にカザンという町があります。イブラヒムはこのあたりに多く住むタタール人社会に生まれ、育った人です。彼は一九〇五年（明治三八）に当時の帝政ロシアで議会（ドゥーマ）開設を求める第一次ロシア革命が起きると、帝国領内に住むタタール人を含むイスラーム教徒を糾合し、支配民族であるスラブ系のロシア人に対抗してその宗教的、民族的権利を高めていこうと奔走したパン・イスラーム主義の活動家でした。しかし、その精力的な活動にもかかわらず、期待したような成果を革命から引き出せず、イブラヒムは帝政ロシアの体制に失望して一九一〇年（明治四三）、日本の支援を求めて来日します。この頃の日本は、日露戦争に勝利したことに自信を得て、新興の帝国主義国家として近隣のアジア諸国に日本の軍事的、政治的、経済的影響力の拡大をはかろうとしていましたが、その一方でアジア主義の観点からヨーロッパの植民地支配に甘んじるアジアの諸民族に援助の手を差し伸べ、協力してヨーロッパの侵略支配を跳ね返していこうとする軍人、政治家、民間のナショナリストも多くいました。イブラヒムは、こうしたアジア主義者たちの支援を期待して日本にやって来たのです。

この最初の日本訪問の後、イブラヒムは、故国の帝政ロシアには帰らず、オスマン帝国に向かい、そこで青年トルコ人革命を起こした軍人、トルコ民族主義者たちの援助を受けながら帝政ロシア国外からパン・イスラーム主義者としての活動を続け、それはオスマン帝国が解体し、トルコ共和国が建設された後も続いていきます。ただ、トルコは日本から遠く離れているということもあってイブラヒムと日本との関係は、一時的に途切れます。しかし、一九三一年（昭和六）に満州事変が勃発し、翌年に満洲国が建国されると、イブラヒムは日本にとってアジア主義にもとづくイスラーム政策を進めていくのに必要な人物と見なされ、一九三三年（昭和八）にトルコから招かれて再び日本にやって来ます。満洲を植民地にした直後の日本は、満洲の西に位置する内モンゴルからイスラーム教徒が多く住む中国の寧夏省、甘粛省、青海省、新疆省（現在の新疆ウィグル自治区）に親日政権をつくり、これらの地域を共産主義の浸透を防ぐ「防共回廊」にしてソ連に軍事的、政治的に対抗していこうとする戦略が関東軍に所属する軍人を中心に構想されていました。また、満洲に続いて他の中国領内においても戦争が起きることを想定して中国国内に多く住む回民と呼ばれるイスラーム教徒を味方につけて戦争を有利に進めていこうとし、これに沿った対イスラーム政策も着手されようとしていました。こうした日本側の思惑が中国およびその周縁地域に住むイスラーム教徒に対して強い影響力をもつイブラヒムを必要とし、一九三三年の再来日となって実現したのです。

アブデュルレシト・イブラヒム
出　典：Ahmet Kanlıdere, *Reform within Islam: The Tajdid and Jadid Movement among The Kazan Tatars (1809-1917): Conciliation or Conflict?*, Eren Yayıncılık, 1997, p. 119.

イブラヒムの日本滞在は敗戦の一年前、一九四四年（昭和一九）に東京で亡くなるまで続きますが、井筒先生がイブラヒムと接触し、行き来するようになるのは、大学を卒業してから間もない頃のことだと思われます。ただ、誤解のないように言っておきますが、先生とイブラヒムとの関係は、決して政治的なそれではなかったことを断っておかなければなりません。先生が惹かれたのは、行動的なパン・イスラーム主義者として裏の世界で政治的に動くイブラヒムではなく、伝統的なイスラームの学問を修めた学殖豊かなウラマーとしてのイブラヒムでした。イスラーム世界でも高名な学者の門を叩いて教えを乞うというのが、イスラームの勉強を始めたばかりの井筒先生の動機だったのです。

このイブラヒム以上に先生に深い影響を与えたもう一人のウラマーが、同じ頃、日本にやって来ます。ムーサー・ジャールッラーという人がそれです。来日したのはイブラヒムより五年ほど遅く、日中戦争が始まった翌年の一九三八年（昭和一三）のことです。この人との出会いについて、面白いエピソードが司馬遼太郎との対談のなかで紹介されています。新宿から小田急線で一〇分ほど行ったところに代々木上原という駅があります。そこを降りて進行方向を右に行きますと東京モスクが見えてきます。この近くに来日したムーサーは住んでいました。若き日の井筒先生はイブラヒムの紹介状をもって彼に会いに行きますが、金銭的には必ずしも豊かではなかったのでしょうか、きちっとした部屋に住んでおらず、寝床代わりに使っていた押し入れから出てきたムーサーと会ったのが初対面だったと語っています。

これほどムーサー・ジャールッラーという人は、日本では質素な生活をしていたようです。しかし、何度か接触し、イスラームの学問を教えてもらううちに、井筒先生はムーサーの底知れない該博な知識と思索に圧倒され、傾倒していきます。彼の学識は、イブラヒムも認めるところですが、当時のイスラーム世界のなかでも群を抜く存在でした。このムーサー・ジャールッラーというウラマーとの運命的な出会いによって、井筒先生のイスラーム学の事始めは行われていくことになります。

2　イスラーム改革思想家としてのムーサー・ジャールッラー

日本のアジア主義とパン・イスラーム主義とを結びつけて反帝国主義運動を進めようとしていたイブラヒムについては、近年、多くの研究が出され、それなりによく知られるようになってきています。しかし、同じ頃、日本に滞在したムーサー・ジャールッラーというもう一人のウラマーについては、残念ながらほとんど知られていません。ただ、彼を近代イスラームの改革思想、パン・イスラーム主義の思想と運動という文脈のなかに位置づけてみますと、イブラヒム以上に重要な思想家であることが分かります。

パン・イスラーム主義の思想を確立し、それを反帝国主義運動とイスラーム世界における改革運動の柱にしていった人として有名なのは、アフガーニーという人です。彼の影響を受けて近代のイスラーム世界は大きく揺れ動きました。たとえば、エジプトではムハンマド・アブドゥフとその後継者であるラシード・リダーによってイスラーム改革運動が起こされました。また、イランではイギリスが獲得したタバコ利権を不当としてアフガーニーに思想的に影響されたウラマーたちがボイコット運動を起こしたことはよく知られる通りです。

しかしながら、帝政ロシア領内に住んでいたイスラーム教徒たち、とくにトルコ系のタタール人たちがこのようなパン・イスラーム主義に影響を受けて自らの改革運動、民族運動、反帝国主義的な運動を行っていたことについては、これまであまり関心がもたれませんでした。これらの人たちが近代のイスラーム改革思想・運動のなかで占める位置は、決してエジプト、イランのそれに劣るものでありません。むしろそれ以上に重要な思想的、政治的役割を果たしたことを指摘しておかなければなりません。彼らがはりめぐらす人的、知的ネットワークは、エジプト、イランのウラマーを凌ぐものをもっていました。そうしたタタール人のイスラーム改革思想家を代表するのが、ムーサー・ジャールッラーという人だったのです。

彼については、古くはトルコ系バシキール人出身の歴史家・思想家として著名なゼキ・ヴェリディ・トガンによって簡単な伝記が書かれています。また、近年になってトルコ共和国のメフメト・ギョルメズ、アフメト・カンルデレといった研究者によってムーサーの伝記および彼を含むタタール人のイスラーム改革思想家にかんする優れた研究書が刊行され、これまであまり知られてこなかったムーサーのイスラーム改革思想家としての面に光があてられています。オスマン帝国末期にシェイフル・イスラームを務めたムスタファ・サブリとの論争の内容を伝えるトルコ語史料が出版されていますし、さらに二〇〇二年にはトルコ共和国でムーサー・ジャールッラー没後五〇年を記念してシンポジウムも開かれ、その時の報告集も出版されています。このようにムーサーの評価は、最近とみに高まっています。それだけの価値を持つ忘れられた思想家がムーサー・ジャールッラーという人であったのです。

ムーサー・ジャールッラーとはいかなる人物なのか、次にその略歴について簡単に紹介しておきます。彼は、一八七五年に黒海に注ぐ大河としてよく知られるドン川下流域にある町ロストフにイスラーム教徒のタタール人を両親として生まれました。ここ出身の有名な人としては、ロシア人でありますけれども、『収容所群島』を書いた文学者のソルジェニーツィンがおります。それからあともう一人、ロストフから西に六七キロメートルほど行ったところにあるアゾフ海に面したタガンログという港町に生まれたロシアの文豪アントン・チェーホフがいます。

ムーサーは一二歳まで地元にあるロシア系の世俗学校で教育を受けました。しかし、その後は敬虔なイスラーム教徒としての高等教育を受けさせたいという母親のたっての希望でヴォルガ川中流域にあるカザンに送られ、そこにあるギョル・ボユ神学校に入学します。カザンにはトルストイやレーニンが学んだことでも知られる当時、帝政ロシア領内でも指折りの大学の一つに数えられていたカザン大学がありましたが、ムーサーが学んだのは、それとは違う純然たるイスラームの学問を教えるマドラサです。カザンという町は、現在、ロシア連邦を構成するタタールスタン共和国の首都になっています。この町は、帝政ロシア時代においてもタタール人を含むイスラーム教徒にとって政治的な中心であるとともに、多くのイスラーム教徒の青年が学問を学ぶために集まって来る文化的、知的センターでした。ここでムーサーはウラマーになるための基礎的な訓練を受けるためにやってきたのです。

カザンの神学校で勉強した後、ムーサーは中央アジアのオアシス都市ブハラに留学します。ここは、他のイスラーム世界の諸地域ではすでに絶えてしまっていたイブン・スィーナの哲学、神学の伝統が脈々と残っているところでした。これにムーサーは惹かれ、ヴォルガ川中流域のカザンから中央アジアのブハラを目ざして遊学の旅に出ます。そして、ここでの勉強を終えた後、さらにエジプトのカイロに向かい、一八九八年から約五年間ここに留まり、研鑽に努めます。タタール人がアラブ世界に留学のために行くことは、この頃、結構さかんでした。すでに挙げたイブラヒムは、アラビア半島のメディナに長く滞在し、勉強を続けた人ですが、恐らくこれに倣ってムーサーもエジプトをめざしたのではないかと思われます。

彼がカイロでの留学生活を終えてカザンに戻るのは、一九〇三年のことです。帰国して間もなく一九〇五年に第一次ロシア革命が起きると、ムーサーはこれにイブラヒムとともにイスラーム教徒の権利拡大と議会の開設を求めて参加します。

若き日のムーサー・ジャールッラー
出典：同前, p. 123.

しかし、そうした政治活動に積極的に関わるなか、一九〇七年にはペテルブルグ大学法学部に一時的に籍を置くということもします。ムーサーは、帝政ロシアのイスラーム社会のなかで育ち、イスラームの伝統的な教育を受けながらウラマーとしての途を歩んできた人です。しかし、彼はこのようにヨーロッパが育んだ学問にも背を向けず、それを貪欲に摂取することを怠らない柔軟性をもった知識人でもあったのです。

ムーサー・ジャールッラーは、近代のイスラーム思想史のなかでも傑出した改革思想家として位置づけることができる人です。彼の真骨頂は、伝統的なイスラームの神学、法学の方法論にこだわらず、斬新な解釈をしたところにあります。かつて中世のイスラーム世界にはラーズィー、あるいはバイダーウィーといった非常に優れた神学者がいました。そうした人たちが行ってきた伝統的な解釈に縛られることなく、自由な立場からコーランを解釈しようとしたのが、ムーサー・ジャールッラーという思想家でした。一九〇五年に出版された『コーランと写本の歴史』は、こうした立場から書かれた非常に重要な著作に数えられています。

イスラーム世界ではコーランに厳密な解釈を加えるという伝統のなかからタフスィール学という学問分野が発達しますが、これに縛られず、柔軟に自由にコーランを解釈することが、ムーサーのめざすところでした。こうした彼の姿勢、方法論は、井筒先生のコーラン研究に決定的な影響を与えたのではないかと思われます。先生は、戦後になって『意味の構造』をはじめとする沢山の素晴らしいコーラン分析の本を出版されますが、従来のタフスィール学に縛られずに、むしろヨーロッパ・アメリカで盛んだった意味論の方法論を大胆に取り入れた自由な解釈でコーラン研究に新境地を開かれました。先生のこうしたコーラン研究の原点は、戦時中に教えをうけたムーサー・ジャールッラーのコーラン解釈学にあるのではないかと個人的には考えています。

あともう一つ指摘しておかなければならないのは、ムーサーのイスラーム法（シャリーア）に対する自由で柔軟な解釈の方法・姿勢です。彼が法学の分野でやろうとしたことは、スンナ派イスラーム世界において長い間禁止されてきた「イジュティハード（自由な法解釈）の門の閉鎖」を解くことでした。一九世紀以降、世界の一体化が進み、イスラーム世界ではヨーロッパの法体系との摩擦、衝突が目立つようになっていました。これに対してどのように対処すべきか、これが当時のイスラーム世界では問われていましたが、ムーサーは中世のウラマーたちが行ってきた法学的な解釈をいつまでも後生大事に墨守し続けるのはおかしい。時代の変化に合わせて斬新な解釈を行っていくべきことを一貫して主張しました。こうした思いから、彼は第一次ロシア革命後の一九一〇年頃に『カヴァーイディ・フィクヒーヤ Qavaid-i Fiqhiyye（イスラーム法学の諸原理）』という著作を出版します。これにムーサーの改革思想家としての真骨頂がもっともよく現れています。

一九一七年に第二次ロシア革命が起きると、ムーサーはイスラーム教徒としての主義・主張を掲げて再び革命に飛び込んでいきます。彼は、他のイスラーム教徒の活動家たちの多くがソ連邦の形成、社会主義体制の確立によってイスラーム教徒が抑圧されていくのに失望して国を棄て、亡命していくのとは対照的になお国内にとどまり、あくまでもイスラーム教徒の権利を守っていこうとしました。しかし、ムーサーを取り巻く状況は、時とともに次第に厳しさを増し、ついに一九三〇年（昭和五）になって出国を余儀なくされ、今の中国・新疆ウィグル自治区のカシュガルに逃れます。そしてそこからパミール高原を越えてアフガニスタンに亡命、以後、一所に居を定めず、イスラームの人的、知的ネットワークを頼ってインド、エジプト、イラン、イラク、トルコ、フィンランドを巡る流浪の生活を続けていきます。

3　ムーサー・ジャールッラーの来日

ムーサー・ジャールッラーが日本にやって来るのは、日中戦争がはじまってから一年後の一九三八年（昭和一三）のことです。たびたび名前を出す盟友のイブラヒムが来日したのが満洲事変後の一九三三年（昭和八）のことですから、ムーサーは、彼に遅れること五年ほどして日本の土を踏んだことになります。ただ、ムーサーの動静については一九三四年（昭和九）頃からすでに日本では関心がもたれていました。このことは、当時の警視庁が行った次の調査にうかがうことができます。

ムサ・ヂヤルラ（當六十年位）。国籍不詳ナルモ、一九二九年迄蘇聯邦内ニ居住。舊露国サラトフ縣ニ生レ……回教神學者トシテ有名ナル人物ニシテ、嘗テ雑誌「テミリズ〔正しくはティルミズ〕」ヲ發刊セルコトアリ。一九三一年「ハレスタイン〔パレスティナ〕」ニ於ケル回教大會ニ出席、爾来、各地ヲ轉々シ、最近、土耳古「イスタンプール〔イスタンブル〕」ヲ發シ、印度方面ニ活動中ナル趣ニテ云々

この史料は年月日、地名・人名・書名の表記、事実において不正確な部分、間違いが見られ、全面的に依拠することはできませんが、他の史料を参照しながらこの頃のムーサーの動静を追ってみますと、ソ連を出国した後、一九三一年（昭和六）に当時、イギリスの委任統治下にあったパレスティナのエルサレムで開かれたパン・イスラミスト国際会議に出席、パン・イスラーム主義の立場から反ソ活動を続け、さらに植民地支配に反対する民族独立運動に関わるようになります。パレスティナでの国際会議が終わると、イスラーム世界の各地を転々とし、一九三四年（昭和九）頃にはトルコからイ

ンド方面に移って活動するようになっていました。具体的にそれがどこなのか、はっきりしませんが、来日した一九三八年（昭和一三）の翌年に東京で日本政府の肝いりで開催された「世界回教徒第一次大会」にアフガニスタン代表という肩書きで出席していますので、これから考えると、ムーサーはアフガニスタンを自らの活動の拠点にしていたと推測されます。

彼にとってアフガニスタンは、きわめて重要なところでした。そこにはソ連の社会主義体制を嫌って中央アジアで暴動を起こし、故郷を追われたトルコ系のカザフ人、キルギス人などが亡命者として集まって来ていました。また、中国の新疆地方で反乱を起こし、鎮圧されたウィグル人たちも難民として来ていました。こうしたアフガニスタンの状況に着目し、多くのパン・イスラーム主義者たちがここを反ソ、反中国運動のための情報収集、諜報工作活動の基地にしていました。ムーサーもそうしたイスラーム教徒の活動家の一人であったとみることができます。

この時期のアフガニスタンは、一九三一年（昭和六）に満洲事変を起こし、一九三七年（昭和一二）から日中戦争に突入した日本にとっても、アジア各地に住むイスラーム教徒に対する政策を進める上で戦略的に重要なところと考えられていました。それまで日本が中国およびその周縁地域に住むイスラーム教徒に対して情報を集め、諜報工作活動を行う前線基地にしていたのは満洲、内モンゴルでした。ここに駐屯する関東軍、駐蒙軍によってさまざまな情報収集、工作活動が行われました。しかし、パミール高原を西に越えた地域、今の中央アジアからイラン、トルコにかけての諸地域、マラッカ海峡を西に越えたインド洋周辺地域、アラビア半島、イラク、シリア、エジプトといった地域に対する日本のイスラーム政策は、地理的に遠いということもあってほとんどされていませんでした。こうした地域に対する日本のイスラーム政策の新たな重要な拠点として注目されるようになるのが、アフガニスタンだったのです。

ただ、ここで対イスラーム政策に熱心に取り組んでいくのは、満洲、内モンゴル、中国のように陸軍の情報将校、軍人ではなく、外交官であったことに注意しなければなりません。これには一九三六年（昭和一一）に結ばれた日独防共協定が微妙に関係しています。この協定によると、日本が満洲、内モンゴルから西に防共回廊をつくってイスラーム政策を行使できる地域は、陸ではパミール高原まで、海ではマラッカ海峡までとされ、それより西の地域はドイツの守備範囲であるという日独間の暗黙の了解がありました。これに縛られて日本の情報将校、軍人は表だった活動をパミール高原以西、マラッカ海峡以西の地域では行えず、これに代わってアフガニスタンに駐在する外交官が情報収集等の活動を行っていくという状況が生まれていました。

これについてはまだ日独防共協定が結ばれる前のことですが、面白いエピソードが残されています。満洲に長く滞在した経験をもつ陸軍参謀本部の情報将校で満州事変後の一九三二年（昭和七）から三四年（昭和九）までイスタンブルにあった駐トルコ日本大使館に武官として二年間滞在したことのある神田正種という軍人がいます。このロシア通であり、イスラーム通でもあった軍人は、ある時、任地のイスタンブルからエジプトに出張し、アレクサンドリアにあった日本総領事館に立ち寄ります。そこで彼は当時、総領事をしていた北田正元という外交官と会い、彼に対して自分たち軍人はドイツへの遠慮があってエジプトはもちろん、インド洋周辺の海域で情報収集、工作活動をすることができない。ついては外交官が代わってこれを行わないかと神田はもちかけます。これに意を強くした北田正元は、後にアフガニスタンへの転任を強く希望し、そこで公使として対イスラーム政策を積極的にすすめていくようになります。東の満洲、内モンゴル、中国方面において、概して外交官は関東軍や駐蒙軍が行う情報収集、工作活動で遅れを取り、軍人の後塵を拝するばかりでした。これを挽回し、軍とは異なる見地から外務省独自のイスラーム外交をアフガニスタンにおいて展開していこうとしたのが、北田正元という外交官だったのです。

このような活動もあって一九三八年（昭和一三）にムーサー・ジャールッラーの来日が実現します。彼が日本に来たそもそもの目的は、イブラヒムと同じように日本の支援・協力を得てソ連の社会主義体制、イギリス・オランダなど欧米諸国の植民地支配に苦しむインド、東南アジアに住むイスラーム教徒を解放することにありました。日本にとってソ連、インド、東南アジア、そして中国に住むイスラーム教徒と彼らがはりめぐらす人的、知的ネットワークは、アジア・太平洋地域への拡大が予想される日中戦争を有利に進めていくために重要でした。こうした思惑からアジア各地のイスラーム教徒に大きな影響力をもつイブラヒムとムーサーの招致がなされたのです。このかぎりにおいて、ムーサーの来日には政治の影が色濃く射していたといわなければなりません。ただ、ムーサーは、イブラヒムほど政治的な人ではありませんでした。イブラヒムも認めるように、ムーサーは当代きってのイスラーム世界を代表する改革思想家であり、イスラームの学問に通暁する偉大なる碩学でもありました。

このようなもう一つのムーサーの顔に向きあう幸運に恵まれたのが、若き日の井筒先生でした。日中戦争がはじまると、イスラーム政策が重要であるとの認識が高まり、一九三八年（昭和一三）からイスラーム世界に対する政策を協議する機関、調査・研究組織が官民を挙げて相次いでつくられていきます。たとえば、外務省が陸軍、海軍と共同して立ち上げた回教及猶太問題委員会はその代表といえます。それまで中国および満洲、内モンゴルなどの周辺地域に住むイスラーム教徒にたいする政策、工作活動は、陸軍、とりわけ満洲に駐屯する関東軍に所属する特務機関を中心にして行われてきました。しかし、日中戦争が始まると、日本のイスラーム政策は、従来の陸軍に加えて海軍、外務省も巻き込むかたちで進められていきます。これにともなって相互に連絡を取りながら有効なイスラーム政策を立てていくことを目的として設立されたのが、外務省内に事務局が置かれた回教及猶太問題委員会という組織でした。これがどの程度機能したのか、本当に有効なイスラーム政策が打ち出されたのかどうか、疑わしいところもありますが、いずれにしろ、こういう組織ができたことによって日本とイスラーム世界との間の関係、交流が深まり、空前のイスラーム・ブームといってもいい状況が戦時下の日本で生じたのです。

来日時のムーサー・ジャールッラー（左）
出典：同前, p. 123.

　一九三八年（昭和一三）には大日本回教協会という組織もつくられました。その会長を務めたのが、一九三一年（昭和六）の満洲事変の際に朝鮮軍司令官を務め、のちに陸軍大臣、総理大臣を歴任することになる林銑十郎でした。この人は早くから満蒙問題に関心を持っていましたが、それをたんに中国、東アジアの問題に限定せず、将来的には日本と戦うことになるかもしれないソ連に対する備えという見地から中央アジアを中心とするイスラームの問題にも関心をもっていました。イスラーム教徒を日本の側に惹きつけ、彼らが住む満洲から内モンゴル、寧夏、甘粛、青海、新疆の各省を経てソ連邦領内の中央アジアに延びる帯状の地域を「防共回廊」にしていくというのが、林に代表される陸軍の軍人たちの構想する対イスラーム政策の根幹をなしていました。これに賛同する政治家、経済人などを糾合してつくられたのが大日本回教協会という組織でした。

また、満鉄に附属して東亜経済調査局という組織も一九三八年（昭和一三）につくられました。これは、正確にいいますと、まったく新しく設立されたものではありません。すでに一九二九年（昭和四）にアジア主義者、国粋主義者としてよく知られる大川周明によって財団法人のかたちでつくられていた調査機関を満鉄が吸収し、改編したのが、東亜経済調査局という組織でした。ここには戦後になって慶應の文学部東洋史の教授として招かれる前嶋信次のような研究者も所員として活動し、ユニークなイスラーム研究を行っていました。

そして最後に忘れてならないのが、回教圏攷究所、後に回教圏研究所と改称される調査機関です。この研究所は、イスラーム研究をアカデミックなレベルで担っていこうとする気概に溢れる若き学徒たちを結集してつくられました。その中心になって研究所の運営にあたったのが、当時、駒澤大学の教授を務めていたトルコ学者の大久保幸次という人です。その下で小林元、松田壽男、蒲生礼一といったすぐれた研究者が中東・中央アジアのイスラーム史の研究を精力的に行っていました。

以上挙げたような調査機関、研究所、大学に身を置いて研究を進める研究者たちのなかで若き日の井筒先生は、年齢的にはもっとも若い研究者であったといえるかもしれません。大学を終えたのが日中戦争が始まった一九三七年（昭和一二）、卒業と同時に母校の助手に採用され、研究者としての途を歩みはじめますが、今で言うと大学院の修士課程の学生といった年頃の駆け出しの研究者にすぎませんでした。しかし、それにもかかわらず、先生は誰よりも学者としてのムーサ・ジャールッラーに親炙し、その学問を吸収していきます。

この時期に先生は起きてから寝るまで一日中、アラビア語の生活に明け暮れたということを後になっていろいろなところで回想しています。しかし、それと並んでロシア語にもこの時期に打ち込んでいます。想像するに、これはムーサーといっしょに勉強していくのに、英語が通じないということもあったのでしょうか、ロシア語でコミュニケーションを取らなければならないという事情も絡んでいたように思います。ロシア語への傾倒は、後に執筆される傑作『ロシア的人間』の主要テーマとなっている先生のロシア神秘主義への共感・没頭という文脈のなかで説明されることが多いように思います。しかし、私自身はムーサーとの実践的な会話という必要性こそが、先生をロシア語の学習に駆り立てたのではないかと推測しています。

あと一つ、プラクティカルな語学という点からすると、トルコ語の問題があります。ムーサーの母語はトルコ系のタタール語です。これで会話することがもっともよく意思の疎通をはかることができたはずです。しかし、戦争中のこの時期に井筒先生がどのようにタタール語ないしそれに比較的近いトルコ共和国のトルコ語を学んだのかが分かりません。当時の東京にはソ連から逃れてきていたタタール人の難民が、一九二〇年代初め頃から代々木上原の東京モスクを中心に大きなコミュニティをつくって住んでいました。その気になればタタール語を勉強するには困らなかったはずです。また、共和国のトルコ語についても大久保幸次を中心にトルコ語の講座が開設され、普及に努めていました。しかし、井筒先生がこれらの言葉をどのように学んだのかについては言及がなく、謎のままです。

ただ、第一部の「回想の井筒俊彦」のなかで岩見隆さんが紹介されているエピソードは、若き日の井筒先生とタタール語ないしトルコ語との関わりを探っていく上で貴重な手がかりを与えてくれているように思います。それは、一九七〇年代にイラン王立哲学研究所の教授としてテヘランに先生が滞在していた頃の話です。当時、先生はテヘラン南部の住宅街に住んでいましたが、近くにある雑貨店によく行ってはイラン西北部のアゼルバイジャン地方から出て来て働いているトルコ系の小僧さんと話しをするのを楽しみにしていたとのことです。その際に話したトルコ語、それがイランのトルコ系住民が話すアゼルバイジャン語であったのか、トルコ共和国のトルコ語であったのかは不明ですが、いずれにしろその会話があまりに上手だったので小僧さんの方が驚いたという話が伝えられています。これに戦後三〇年以上という歳月が経ってもなお錆びないでいる、井筒先生のトルコ語の力の片鱗をうかがうことができます。

ムーサー・ジャールッラーとの出会いは、井筒先生のイスラーム学事始め、学問形成にとって決定的に重要な、二度と繞ってこない一期一会といえるものでした。それは、日中戦争からアジア太平洋戦争へと戦局が拡大する時期に積極的に推し進められた日本のイスラーム政策、イスラーム研究の進展という時代状況がもたらしたものといえますが、先生の学問形成にとって近現代のイスラーム思想史に偉大な足跡を残すムーサー・ジャールッラーという当代一流の師とめぐり会えたことは、本当に素晴らしい経験だったと思います。

今の時代、イスラーム研究を志す者が現地に留学に行くことは当たり前のことになっています。また、それをしなければ評価されないという面があります。しかし、井筒先生がイスラームの学問を学び始めた頃、それは望むべくもありませんでした。そうしたなか、めぐってきたチャンスを逃さず、日本に居ながらにしてムーサー・ジャールッラーという当時のイスラーム世界を代表する改革思想家からイスラーム学の真髄を学びとることができたことは、井筒先生にとって何物にも代えがたい僥倖だったと言わなければなりません。

ムーサー・ジャールッラーの日本での滞在は、足かけ四年に及びましたが、戦争が東南アジア、太平洋方面に拡大する一九四一年（昭和一六）になりますと、日本を発ってインドに向かいます。その目的が何であったのかはっきりしません。ただ、一つの可能性として日英開戦を見越して日本に協力してイギリスの植民地インドにおいてパン・イスラーム主義の立場からイスラーム教徒に対する工作活動を行い、反英運動を扇動していくという目論見があったのではないかと思われます。このような疑念をイギリス官憲からもたれたムーサーは、インドに到着すると、危険人物と見なされ、現在パキスタン領になっているペシャワールの町で逮捕されます。拘禁を解かれるのは、第二次世界大戦が終わってからのことですが、晴れて自由の身になったムーサーは、この後インドからトルコに向かい、そこにしばらく滞在した後、最終的にはエジプトに身を落ち着け、一九四九年（昭和二四）カイロの養老院でその波瀾万丈の生涯を終えました。

4　事始めの頃の研究成果

ムーサー・ジャールッラーが日本を去った一九四一年（昭和一六）、井筒先生は『アラビア思想史』（博文館）という処女作を早くも出版します。これはイスラーム世界を代表する何人かの神学者、哲学者を取り上げて思想の流れを概観したものですが、ムーサーに師事してから三年も経たないうちにこのように水準の高い書物を上梓したことは驚きに値します。

戦後の一九七五年（昭和五〇）になって『イスラーム思想史』（岩波書店）と改題、増補されて再刊されるこの本については、体系的でないという評価もあります。しかし、私自身は短期間のうちに夥しい数のアラビア語原典史料を読み込み、それを咀嚼してイスラームの神学者、哲学者たちの言説を簡潔、明晰に詳述しているところに概説書の域を超えた先生ならではの創意、工夫があると感じています。とくに歴史家の目からみて個人的に関心をひかれるのは、酒の是非をめぐる論争を紹介した部分です。

普通、イスラームではクルアーンを拠り所にして酒を飲むことを禁止しています。しかし、後代になると、そこで禁じられている酒とは、預言者ムハンマドが生きていた時代にアラビア半島で知られていたぶどう酒のことであって、これ以外の当時は知られていなかったラム酒のようなものは酒の範疇に入らず、禁止すべきではないと主張する神学者、法学者たちもいて侃々諤々の議論が行われていました。こうした論争について井筒先生は、一二世紀の神学・哲学者イブン・ルシュド（アヴェロエス）の類推（キヤース）という法源に依拠する三段論法の議論を紹介しながら、大勢としてイスラーム世界で飲酒が禁止されていく事情について説明しています。その巧みな論の進め方は、イスラーム法における法源（ウスール）と解釈（イジュティハード）との関係について考えていこうとする時、示唆に富むもので、これにヒントを得て個人的にはイスラーム史の授業でシャリーアの問題を話すときには今でも活用させてもらっています。

『アラビア思想史』が出された翌年の一九四二年（昭和一七）には『東印度に於ける回教法制』（東亜研究所）という本も出版されました。これは、戦争がオランダの植民地であった東インド諸島、今のインドネシアにまで拡大し、それを受けて日本が占領地域に住むイスラーム教徒をどのように統治していくのかが時代の要請として求められていくなかで執筆されたものです。しかし、内容的には時局に迎合したものではなく、あくまでもインドネシア社会の根底に流れるイスラームのあり方を述べたものになっています。

さらに井筒先生のイスラーム学事始めの頃にまとめられた成果として逸することのできないのが、『アラビア語入門』（慶應出版社）です。この本が出版されたのは、戦後の一九五〇年（昭和二五）のことです。しかし、序文でも触れられているように、原稿そのものは戦時中にすでに出来上がっていて、実質的には事始めの頃の著作とみなければなりません。

この文法書は、アラビア語の活字を使った印刷が十分にできないという当時の出版事情もあって残念ながらアラビア文字は一部を除き、ほとんどローマナイズされています。これがかえって専門的にやろうとする人にとっては煩わしく、欠点にもなっていて、現在、これを教科書として使う人はほとんどおりません。しかし、内容的にみると、これほどユニークで高い水準のアラビア語の入門書はないように思います。ガザーリーの『宗教諸学の復興』から引用された文章がまだアラビア文字の説明がすべて終わっていない段階で例文として出されたりしていて、意表を突かれることもありますが、随所にアラビア語を勉強していく際の心構え、極意、叱咤激励も書かれていて、読者を飽きさせることがありません。一度は手にとって熟読、味読したい一冊です。

このように井筒先生は、ムーサー・ジャールッラーの教えを受けてから僅か数年にして立派な本を出版し、早くからその異才を発揮しました。ただ、これらの著作は、後における先生のイスラーム研究の一里塚としての重要性はありますが、まだ本格的な研究とは言えません。井筒先生のイスラーム学の出発点になったのは、なんと言ってもクルアーンの翻訳です。これは、一九五七—五八年（昭和三二—三三）に岩波書店から三分冊のかたちで刊行された戦後のお仕事の出発点をなしています。この意味で一九四五年（昭和二〇）の敗戦から日本が戦後の社会的混乱をようやく脱して落ち着きを取り戻してくる一九五〇年代半ば頃までの時期における井筒先生の学問的な軌跡をたどらなければなりませんが、このことは後で触れることにしてクルアーン翻訳の芽が戦前の事始めの頃にすでに胚胎していたことを指摘しておきたいと思います。

専門的な研究者の間でもあまり注目されておりませんが、この時期は世界的に見てアラビア語からクルアーンがさまざまな言語にさかんに翻訳された時期としてとらえることができます。たとえば、筑摩書房から翻訳が出ている『コーラン入門』の著者で、イギリス・エディンバラ大学の教授だったリチャード・ベルの英訳が出版されたのが、まさに日中戦争期の一九三七—三九年（昭和一二—一四）

です。さらにインドでもこの時期にウルドゥー語と英語の訳がそれぞれ出版されました。これに加えて同じ頃、トルコ共和国でもクルアーンの現代トルコ語訳が相次いで、集中的に出版されます。一九三二年（昭和七）のイズミルリ・イスマイル・ハック訳のローマ字アルファベット版（一九二七・昭和二年版の再版）の訳、一九三四年（昭和九）のオメル・ルザの訳本、一九三五―三八年（昭和一〇―一三）のエルマルル・メフメト・ハムディによる訳がそれです。

こうした状況に刺激されて日本でも原典からの翻訳がされていきます。当時、日本のイスラーム研究を牽引していた大久保幸次、小林元によるクルアーンの翻訳がそれです。これは、一九三八年（昭和一三）から回教圏攷究所の機関誌である『回教圏』に「邦訳コーラン」という題で連載が開始されたものですが、一九一三年（大正二）にオスマン帝国で出版されたアラビア語のクルアーン原典を基にイズミルリ・イスマイル・ハック、オメル・ルザの両トルコ語訳、インドで出されたムハンマド・アリー、ユースフ・アリーの両英語訳を参照して翻訳されました。一九四五年（昭和二〇）の敗戦によってこの雑誌は廃刊のやむなきに至り、残念ながら未完に終わります。しかし、戦後の一九五〇年（昭和二五）になって部分訳のまま『コーラン研究』（刀江書院）として一書にまとめられ、出版されました。

若き日の井筒先生は、世界的に盛んであった以上のような戦時中におけるクルアーンの翻訳活動を鋭い知性と独特な嗅覚で受けとめ、ご自身のその後の翻訳・研究に繋げていったと思われます。私淑したムーサー・ジャールッラーの教えも先生の翻訳・研究に有形、無形の影響を与えたにちがいありません。ただ、『クルアーンと写本の歴史』という近代のクルアーン研究史のなかでも画期的な本を一九〇五年に出版しているムーサーから、先生がクルアーンについてどのようなことを伝授されたのか是非とも知りたいところです。しかし、これについては残念ながら手がかりになるものが残されていません。近年まとめられた井筒先生のエッセイ集『読むと書く』（慶應義塾大学出版会、二〇〇九年）のなかに収められている「漂泊の師　ムーサー」という一文には、シーバワイヒの文法学とイスラーム哲学の初段階の手ほどきを受けたことが記されていますが、クルアーンにかんする言及は見当たりません。

井筒先生のクルアーンの翻訳と研究の意義については、これまで解釈の方法論としての意味論に大きな注意が払われ、それとの関係でもっぱら論じられてきた面が強かったように思います。しかし、これからは戦時中のイスラーム学事始めの時期における世界的なクルアーンの翻訳活動の盛行、ムーサー・ジャールッラーのクルアーン研究とその影響を視野に入れながら、一三世紀のイランの学者バイダーウィー等のクルアーン解釈学、いわゆるタフスィール学の伝統をどのように井筒先生が引き継ぎながら翻訳に生かしていったのか、見ていくことが必要だと思います。

5　戦後の本格的研究への歩み

日中戦争とそれがアジア太平洋戦争へと拡大する時期は、井筒先生がイスラームの思想研究に魅せられ、未開拓の分野へと突き進んでいくまさに転機となるものでした。この頃、澎湃として起きてきたイスラーム・ブームの渦のなかで日本のイスラーム研究を引っ張っていたのは、大久保幸次を中心とする回教圏攷究所、後の回教圏研究所に集まる研究者たちです。若き日の先生は、こうした人たちと交流を続け、また来日したムーサー・ジャールッラーの圧倒的な影響を受けながら自らの学問の基礎を固めていきます。

しかし、すでに指摘しましたように先生のイスラーム学が本当の意味で開花するのは、日本が戦争に負けて研究そのものが一時的に停滞を余儀なくされる戦後になってからのことだといわなければなりません。一九四五年（昭和二〇）の敗戦によって戦時中、国策に便乗して華々しく開設されたイスラームに関係する調査研究機関の多くは、雲散霧消、閉鎖されてしまいます。そうしたなか、井筒先生が慶應のなかで文学部とともに研究の拠り所とされていた語学研究所は辛うじて解体をまぬがれ、従来通り存続します。戦時中、この研究所には時代の求めに応じてアラビア語などアジアの諸語を網羅的に教える講座が設置されていました。この伝統が細々とではありますが残されたことは、慶應にとって幸いだったといわなければなりません。

一九五〇年（昭和二五）になると、この研究所に戦時中、大川周明の主宰する満鉄東亜経済調査局でイスラーム研究をされていた前嶋信次先生が所員として入られ、慶應は戦後になっても日本の大学のなかにあって例外的にイスラーム研究の灯火をともし続けていくことになります。この後しばらくして、前嶋先生は語学研究所から文学部東洋史専攻の方に移られますが、ここにお二人の先生を柱にした慶應のイスラーム研究の体制がつくられていくことになります。

戦前における日本のイスラーム研究は、大久保幸次と彼が所長を務める回教圏研究所の活動に示されるようにトルコ研究が主流でした。戦前における日本の海外への軍事的進出は、大きく北進論と南進論に分けられますが、草創期の日本におけるイスラーム研究の多くは北進論と結びついて中央アジア、ユーラシアに広く分布するトルコ系諸民族のそれに大きな関心が払われました。こうしたなか、アラブ・イスラーム研究はどちらかというと脇に追いやられていた感があります。このような流れのなかで戦後において日本のイスラーム研究をアラブのそれに大きく舵を切る上で重要な役割を果たされたのが、井筒、前嶋の両先生だったのです。

ただ、意外な気がいたしますが、戦後における井筒先生の本格的なイスラーム研究の開始は、戦時中にあれだけ早熟の才を遺憾なく発揮されたにもかかわらず、かなり遅れ一九五七―五八年（昭和三二―三三）のクルアーンの翻訳・刊行の時まで持ち越されたことにも注意しなければなりません。終戦の年から一〇余年以上も続く空白ともいえるこの時期に先生は『アラビア語入門』（慶應出版社、一九五〇年）、『マホメット』（弘文堂アテネ文庫、一九五二年）、「アラビア語」（市河三喜・服部四郎編『世界言語概説』下巻所収、研究社辞書部、一九五五年）といった一般向けの著作を発表しています。この意味でまったくイスラームの研究に沈黙していたというわけではありません。しかし、戦中期およびクルアーンの翻訳・刊行以降における先生の旺盛な研究活動を考えますと、この少なさはなぜなのかという疑問も湧いてきます。

これには井筒先生の慶應のなかでの研究・教育上の所属先が大きく影響していたと個人的には考えます。先生は、すでに述べましたように、戦時中に英文学・古代中世の英語学者としてのみならず象徴詩人としても令名の高い西脇順三郎に師事し、大学を卒業したあと、その助手として研究生活のスタートを切りますが、戦後になってもその所属は文学部の英文科でした。ここを本籍としながら先生は研究上の身分としてはまだ助手であった一九四九年（昭和二四）から、そして翌年助教授に昇任して以降、いくつかの講義を担当していきます。

先生が講じられた実際の担当科目については、『慶應義塾百年史』事業の一環として調査・発表された「慶應義塾大学文学部教員担当科目一覧」（『史学』第六〇巻第二・三号の特集「三田史学の百年を語る」所収、三田史学会、一九九一年六月刊）という現在、名誉教授の河北展生先生が書かれた一文によって知ることができます。これは一八九〇年（明治二三）から一九五八年（昭和三三）に至る間に文学部に所属する教員がどのような科目を担当していたのかを表のかたちで示したものです。こうした細かいカリキュラムを具体的に逐一、明らかにしていくことは記録の保存状況が悪いということもあって大きな困難を伴いますが、河北先生は「慶應義塾学事及会計報告」、「慶應義塾報」、「三田評論」、教務部に残されている成績原簿等に当たって見事に復元しています。

これによると、井筒先生は専門課程の講義として一九四九年（昭和二四）からクルアーンの翻訳が出版される前年の一九五六年（昭和三一）まで「言語学概論」を担当し、これと並行して「ロシア文学」（一九四九・昭和二四〜一九五三・昭和二八年）と「ギリシア語」ないし「ギリシア語学」（一九四九・昭和二四〜一九五七・昭和三二年。ただし、一九五四・昭和二九年度はいずれも担当していない）を講じ、さらに一般教養の語学として別に「ギリシア語」（一九四九・昭和二四〜一九五三・昭和二八年、一九五六・昭和三一〜一九五八・昭和三三年）を教えていました。

これを見て気がつくことは、井筒先生は英文科に所属しているにもかかわらず、師の西脇順三郎が持っていた「文学概論」、「英文学」、「英文学特殊研究」、「英語学」、「近代英語学」、「古代中世英語学」、「近代英語学演習」といった英文学、英語学関係の授業を担当するということはなく、師から引き継いだ「言語学概論」の講義を柱にして少なくとも教育という面では言語学、より正確にいうと言語哲学者としての顔を表に出しながら活動していたことが分かります。これに加えて先生は「ロシア文学」と「ギリシャ語」という科目も受け持っています。英文科に専属する教員がこのような科目を持つというのも妙な話ですが、これは、戦後になってもなおしばらく続き、その後も伏流水のようにして止まることのなかったロシアおよびギリシアの神秘主義に対する一貫した井筒先生の関心のありようを示すとともに、大学側の理解によるところが大きかったと考えられます。慶應は国立大学のようにがっしりとした講座制の枠にしばられていず、カリキュラムの編成も比較的自由にできるところがあります。一九四九年（昭和二四）に『神秘哲学——ギリシアの部』（慶應義塾大学出版会より二〇一〇年再刊）、二年後の一九五一年（昭和二六）になると『露西亜文学Ⅰ＋Ⅱ』（同出版会より二〇一一年再刊）を刊行、さらに一九五三年（昭和二八）には『ロシア的人間』を世に問うた井筒先生の戦中期から続くギリシア、ロシアにかかわる斬新な神秘主義の研究の価値は誰もが認めるところで、それが英文科に設置する科目としては畑違いと思われる上記二つの科目の開講につながったと考えられます。

井筒先生の「言語学概論」は、それに出た人びとを興奮の渦のなかに巻き込む名講義としてなかば伝説化して語り継がれています。昨年若松英輔氏によって著されたすぐれた評論集『井筒俊彦——叡知の哲学』（慶應義塾大学出版会、二〇一一年）で明らかにされているように、一年限りでなく長い場合には四年間も続けて講義を聴き、その内容を克明にノートに残した人もいます。また、受講者のなかには江藤淳、山川方夫、坂上弘といった後年、文芸評論家、作家として名を成す人たちも交じっていて多大の影響力を残しました。

講義の内容については、残されたノート類が完全には公開されていないこともあって正確にそれがどういうものであったのか、示すことができないところがありますが、鈴木孝夫、黒田壽郎の両先生が「回想の井筒俊彦」のなかでインタビューを受けて語っていること等を総合すると、それは言語学者が概説的な講義をもつ時に取り上げる一般的な言語学の理論だけにとどまらず、当時としてはきわめて斬新でユニークな言語理論の唱道者として知られるフランスのソシュールやベンジャミン・ウォーフのそれ、さらにはイギリスのバートランド・ラッセルの言語哲学、オーストリアのカール・ビューラーが唱えた言語心理学、ライズィ、ポルツィヒ、ヴァイスゲルバーといった欧米の意味論を基底に据えた言語理論にまで及び、時としてポール・クローデルの詩学にも触れる通常の言語学者には期待できない広い感性に支えられた講義であったことがうかがえます。

この「言語学概論」とこれを講じていた時期を振り返ってみて不思議に思うのは、井筒先生が公にはイスラームについて、ほとんど語ることがなかったということです。この点をとらえて若き日に井筒先生のお宅に住み込み、寝食を共にしながら数年間にわたって教えを受けた稀有な経験をもつ鈴木孝夫先生は、「イスラームのイの字も出てこなかった」と「回想の井筒俊彦」のなかで語っています。また、言葉というものは、事物、現象を客観的に表現する記述、伝達するという機能をもつのみならず、その裏に潜む存在そのものを人びとに喚起させる魔術的、呪能的といってもいい機能、力をもつことを論じた一九五六年（昭和三一）刊の井筒先生の最初の英文著作 *Language and Magic: Studies in the Magical Function of Speech*（Tokyo: Keio University）に感銘を受け、その学問に心酔するようになった坂上弘氏からも当時の井筒先生にはイスラーム学者としての顔が見えず、言語哲学者としての印象ばかりが強く残っているという趣旨の話を伺ったことがあります。

確かに井筒先生が、「言語学概論」の講義においてイスラームについてほとんど触れることがなかったということは事実のようです。しかし、戦中期から戦後の時期にかけての先生の学問形成という全体の流れのなかでこの時期を位置づけてみますと、一九五〇年代半ばまでの時期は、研究面でいうとクルアーンの邦訳に没頭し、それに基づいてイスラーム学を構築していくための方法論を模索する途上の時期であったということができます。この過程で揺るぎない方法論として登場してくるのが、レオ・ヴァイスゲルバー（1899-1985）を中心とするドイツのフンボルト学派の言語理論の流れをひく意味論でした。言葉によって人は思考し、世界観を形成する。だとするならば、それを映し出す鍵となる言葉が含意する意味領域を厳密に分析、解釈することによってそれぞれの人びと、民族が属する言語共同体、国家、世界の倫理的、道徳的、宗教思想を明らかにできるはずだ、というのが意味論が唱える言語理論の骨子をなしています。この理論を徹底的に咀嚼し、自分のものにして従来のコーランの解釈学とは異なるイスラームの道徳概念、神と人との倫理的関係、ムスリムにとって信仰とは何かについて論じたのが、一九五九年（昭和三四）から一九六五年（昭和四〇）にかけて相次いで英文で著された1）*The Structure of the Ethical Terms in the Koran*（Tokyo: Keio University, 1959. その後一九七二年に『意味の構造』というタイトルで牧野信也氏によって新泉社から邦訳刊行）であり、2）*God and Man in the Koran: Semantics of the Koranic Weltanschauung*（Tokyo: Keio Institute of Cultural and Linguistic Studies, 1964）、3）*The Concept of Belief in Islamic Theology*（Tokyo: Keio Institute of Cultural and Linguistic Studies, 1965）という三部作です。

井筒先生が表面的には長く続く沈黙を破って再び精力的にイスラームの思想研究に取り組んでいくようになるのは、一九五七年（昭和三二）四月に「言語学概論」の担当を後進の鈴木孝夫先生に譲り、その翌年に岩波文庫の三冊本のシリーズとして前年から刊行してきた日本における最初の原典完訳である『コーラン』の翻訳を完結させ、それに続けて英文三部作のうちの最初の著作 *The Structure of the Ethical Terms in the Koran* を出版する一九五九年（昭和三四）頃からと考えることができます。これ以降、イスラーム研究への回帰が本格化していきます。これには一九五九年から二年間続くロックフェラー財団から支援を受けたエジプトおよびレバノン・シリアへの留学、そしてドイツ、フランスを経て滞在することになるカナダ・マギル大学での研究生活も大きく寄与したと思います。また、帰国後の一九六二年（昭和三七）になって戦時中に設立された語学研究所が言語文化研究所に改組・拡充され、文学部の英文科からそこに異動したこともさらに井筒先生のイスラーム研究を加速させたのではないかと思われます。これによって英文科という枠の縛りからいい意味で解放され、研究面でも教育面でもより自由にイスラーム研究を飛翔させていくことができるようになります。言語文化研究所の教授職を本務としながらマギル大学の客員教授を兼ね、日本とカナダとの間を行き来する国際的なイスラーム学者としての活動を開始するようになるのも、同じ年の一九六二年からのことです。

6　イスラーム神秘哲学への途

一九六五年（昭和四〇）に英文三部作のうちの最後の本である *The Concept of Belief in Islamic Theology* を出した後、井筒先生はそのイスラーム研究をさらに大きく転換させ、それまでのコーランおよびそれにもとづくイスラームの世界観の研究から哲学と神秘主義とを融合させたイスラーム神秘哲学というそれまであまり注目されてこなかった分野に取り組み、新しい境地を開いていきます。そのきっかけになったのは、一九六六―六七年（昭和四一―四二）に刊行された *A comparative study of the key philosophical concepts in Sufism and Taoism: Ibn ʿArabi and Lao-tzŭ, Chang-tzŭ*, 2 vols., Tokyo: Keio Institute of Cultural and Linguistic Studies, 1966-67 です。

この新しい英文著作は、イスラーム王朝の支配下にあった一二世紀後半のイベリア半島に生まれたイブン・アラビー（1165-1240）という哲学者の存在のとらえ方、認識の仕方が神秘主義的直観を重視するという点において時代も地域も宗教のありようもまったく異なる中国・老荘思想の「道」の概念にも通じることを比較の視点から論じたものです。イブン・アラビーが出現する以前においてイスラーム世界において支配的であった哲学の考え方は、それがギリシア哲学の伝統を引き継ぎ、発展させたものであるということもあって、ある事物、事象を認識するにあたって主観と客観のいずれが先かという議論、対立はあるものの、この世に存在するものは人間の理性によって認識できるはずであるというものでした。

こうした哲学観は、多くの哲学史の教科書が説くようにイブン・ルシュド（アヴェロエス）を通じてヨーロッパに伝えられて中世のスコラ哲学を生み、そこから近世・近代のヨーロッパ合理主義哲学の諸潮流が形成されていくことはよく知られる通りです。これに対してイブン・アラビーは、現象として生起し、存在する事物、事象、正確には「存在者」と呼ばれるものは通常の知覚でもって認識することができるが、それらを生みだす存在の根源になっているもの、言葉を換えていうと「超越的絶対者」、「究極的一者」、「最高実在としての神」などと表現できるものは、理性で認識することは不可能であり、それとは別の認識の仕方でなければできないと反駁し、それまで主流であった理性一辺倒の認識論に疑問を投げかけます。

一三世紀以降、イスラーム哲学の主要な流れになっていくこのイブン・アラビーの独特な認識論にもとづく存在の哲学は、「神秘哲学」とも、また「存在一性論（ワフダトゥル・ウジュード）」とも呼ばれています。このように命名される由縁は、あまたの「存在者」の根源になっている「最高の実在としての神」、真の「存在（ウジュード）」と見るべきものは、渾沌とした不可視のカオスの状態、有とも無ともいえない一性の状態（ワフダト）にある。それゆえ、それを認識するには通常の知覚では無理であり、イスラーム神秘主義のスーフィーたちが行うような自我の滅却、神秘的直観に頼るしかない、というところにあります。

この存在の哲学と神秘主義的な認識論を融合させたイブン・アラビーの神秘哲学に対する井筒先生の関心は、すでに戦時中の事始めの頃に書かれた「回教神秘主義哲学者　イブン・アラビーの存在論」（『哲学』、第二五・二六輯、慶應義塾大学三田哲学会、一九四四年六月所収。後に『読むと書く』に再録）という小論にその萌芽をみることができますが、戦後になってもギリシア哲学を紀元後三世紀に活躍したプロティノスの神秘主義の面から見直す意図から執筆された『神秘哲学』や、「宇宙の本源的根基に対する直観的認識」および「一種の異常な形而上的体験」から存在の根源、深層を象徴的な詩を通して表現しようとしたチュッチェフ等のロシア文学者たちに対する共感から書かれた『ロシア的人間』といった著作に、その関心は絶えることなく息づいていました。これらが原点となってガザーリーのひそみに倣って言うと、井筒先生の「イスラーム諸学の復興」を告げる記念碑的な著作として書かれたのが、*Sufism and Taoism* であるということができます。

この英文著作は、井筒先生の壮大な神秘哲学の比較研究に途をひらいたという意味で大きな重要性をもっています。これに続くお仕事のなかで先生の該博な知的好奇心は、東は老荘思想、大乗起信論に代表される仏教哲学から西はまだイベリア半島がイスラーム王朝の支配下にあった一三世紀以降さかんになり、ピレネーを越えてヨーロッパにまで浸透していったユダヤ神秘主義カバラー（カッバーラー）までも視野に入れてイスラームの神秘哲学との関連でさまざまな思想を比較、考察していくことに向かいます。そして、それらを常識的な地域概念とは異なる思想史上の「東洋」の哲学としてとらえ、そこに通底する共通性、理念型を明示していくことに大きな力が注がれていきます。その集大成が晩年になって著された『意識と本質』です。これらの精力的な比較研究のお仕事を通じて先生は必ずしもイスラームを専門としない多くの人びとを魅了し、ますますその学際的な活動に拍車をかけていきます。この深い思索と意味論に裏づけられた壮大無比な比較神秘哲学の研究にこそ、井筒学の到達点、真髄があることは言うまでもありません。しかし、ここでの眼目は、どのような時代・社会状況のなかで井筒先生のイスラーム学が形成されてきたのかということにありますので、これ以上イスラームの枠を超えて進められていった比較思想の研究には踏みこまず、イブン・アラビーによって創始された神秘哲学、存在一性論に立ち戻り、彼以降の発展をたどりながら井筒先生と時代との関わりを見ていきたいと思います。

一二世紀に頂点に達したギリシア哲学の系譜を引くイブン・ルシュド（アヴェロエス）の合理的な思弁哲学に代わってイスラーム世界の哲学の主流になっていくイブン・アラビーの神秘哲学、存在一性論は、創始者の故郷であるイベリア半島やアラブ諸地域では思うように広がらず、むしろイランを中心とし、その東西に広がる中央アジア、アナトリアを含むペルシャ語文化圏で大きく花開いていきます。これらの地域には早くからバーヤズィード・バスターミー（?-847/874）やガザーリー（1058-1111）といった優れた神秘主義者が輩出しました。また、『精神的マスナヴィー』、『ルーミー語録』を通じて神秘主義を詩のかたちで表象したジャラール・アッディーン・ルーミー（1207-73）のような詩人も出ています。このような神秘主義の伝統とイブン・アラビーの哲学とが融合することによって、ペルシア語文化圏、なかでもイランにおいて神秘哲学、存在一性論が優勢になっていきます。こうした状況は一六世紀にイランが十二イマーム・シーア派を国教とするようになっても変わらず、むしろ一五世紀後半から一六世紀前半にかけてのサファヴィー朝期に「存在の本源的実在性」を説いたモッラー・サドラー（1571-1640）、彼の思想を一九世紀のカージャール時代に継受・発展させたサブザヴァーリー（アラビア語読みではサブザワーリー）（1797-1878）の登場によってさらに精緻に体系化され、「叡智（ヒクマ）の哲学」、「神智学（イルファーン）」として確立されていきます。

一九六六―六七年（昭和四一―四二）に *Sufism and Taoism* を出版した後、一九六九年（昭和四四）からイラン革命が勃発する一九七九年（昭和五四）までの一〇年余りにわたるテヘランを本拠とする研究生活のなかで、井筒先生が研究のテーマとして選び、集中して手がけたのは、この「叡智の哲学」を代表する二人の神秘哲学者の著作でした。その成果の一端は、モッラー・サドラーの『存在認識の道』の翻訳とサブザヴァーリーの『形而上学韻文序説』*Sharh-i Ghurar al-farā'id or Sharh-i Manzūmah, Pt. 1: Metaphysics/Sabzawārī*, Tehran: McGill University, Institute of Islamic Studies, Tehran Branch, 1969 の校訂・出版にうかがうことができます。これらのお仕事を先生は、一九六八年（昭和四三）に慶應義塾大学言語文化研究所を退職した後、翌一九六九年（昭和四四）に移られたマギル大学および同附属イスラーム研究所テヘラン支部において、そして一九七五年（昭和五〇）から教授として招聘されるイラン王立哲学研究所を拠点に行っていったのです。

7　革命前夜におけるイランの神秘哲学者との交流

最後にこれらの研究が当時のイランのいかなる社会的状況のなかで進められていたのかについて簡単に触れ、井筒先生が戦中期の事始めの時期だけでなく、テヘランを本拠にして続けられた約一〇年に及ぶ研究生活の時期においても生きたイスラーム思想の奔流のなかに身を置く「時代の子」であったことを改めて指摘しておきたいと思います。先生がイランにおいて研究上のパートナーとされたのは、上述のサブザヴァーリーの手稿写本を共同で校訂したメフディー・モハッゲグ（アラビア語読みではムハッキク）や、日本でも『イスラームの哲学者』（黒田壽郎訳、岩波書店、一九七五年）の著者として名前がよく知られるセイイェド・ホセイン・ナスルといった、欧米での豊かな教育・研究の経験をもつイラン人学者でした。しかし、他方において松本耿郎、ランドルトの両先生が「回想の井筒俊彦」のなかで述べているように、井筒先生はモッラー・サドラーの再来と称されるアーシュティヤーニーという神秘哲学者学者とも交流がありました。このことは、イランが革命、イスラーム復興へと向かう状況のなかで、井筒先生の学問がそれとまったく無縁ではいられなかったことを示しているように思います。

アーシュティヤーニーという人は、伝統的なマドラサ教育を受けて育ってきた学者で、一九七九年のイラン革命を成功に導いたホメイニーの直弟子として知られています。しかし、師であるホメイニーが一八世紀末以降、イランにおいて優勢になってくるシーア派の法学派＝ウスーリー派の国家論を推し進めて一九七〇年（昭和四五）に亡命先のイラクにおいて『ヴェラーヤテ・ファキーフ Velāyat-e Faqīh（法学者の監督論）』を著し、シャリーアに通じるウラマーこそ「お隠れ」中のイマーム・マフディーに代わってウンマ（イスラーム共同体）を先導し、国の統治を担っていくべきだと主張して政治的な行動を強めていったのに対し、アーシュティヤーニーの方はあくまでも存在一性論、叡智の哲学の考究を自分の本分とする神秘哲学者として留まります。

ただ、アーシュティヤーニーは、神秘哲学、叡智の哲学の柱をなす存在一性論という考え方が、そもそも机上の空理空論を弄ぶ学問ではなく、現実の社会と強い絆で結ばれた実践性を有する思想であることを強調して、ホメイニー等の変革をめざすウラマーたちの政治的活動を蔭から精神的に支え続けました。存在一性論のめざすところは、一義的にはこの目で確かめることのできない「存在の根源」を神秘的な直観によって把握することにありますが、それだけに安住してはならず、次の段階として「究極的一者」、「最高の実在としての神」の意志を神秘的直観によって認識できた者は、それを現象界に顕現させ、遍く人びとの間に行きわたらせることを使命としなければならない、というところにあります。この直観的認識と実践的行動との間を往き来する往還の道、仏教用語を借りて表現するならば、向上道と向下道を文字通り体現していたのが、アーシュティヤーニーという神秘哲学者だったのです。

井筒先生は、イランから帰国した後の一九八一年（昭和五六）に出版した啓蒙的な著作『イスラーム文化』（岩波書店）のなかで、イスラームのあり方を律法主義と精神主義、外面の道と内面の道、また仏教のそれになぞらえて顕と密の二つに大胆に類型化し、それぞれの面を担う人たちを「ものごとを学問的に研究したり、理性的に頭で考えたりする」ウラマーと、「合理的、分析的思弁に頼らず、むしろその彼方に、事物の真相（＝深層）を非合理的直観によって、あるいはその事物が意識の深みに喚起する象徴的形象を通して、簡単に言えば霊感によって、事物の内面的リアリティーを把握して知る」ことのできるウラファーと呼ばれる人たちに分けられると言い、それぞれめざす方向が違うと指摘しています。この分類にしたがうと、アーシュティヤーニーは紛れもなくウラファーと見なさなければいけない人です。

しかし、井筒先生の類型論は、イスラームのあり方・潮流を比較の観点から大枠として提示したという点で確かに卓抜な見方であり、イスラームについて考えていく時、私自身も常に参考にさせていただいておりますが、現実の社会におけるウラマーとウラファーの思想と行動は、先生が言われるように截然と区別されるものではなく、むしろ相互に融合し、通底し合う面があることも見ていかなければならないと思われます。井筒先生が過ごされた一〇年余りにわたるテヘランでの滞在時期は、まさにそれがどの時代よりも分かちがたく進行し、革命に向かっていた時でした。

もっとも、こうした動きは少なくとも表面に現れてくることはほとんどありませんでした。一九六三年（昭和三八）のオイルショックにともなう石油価格の異常な高騰によってイラン経済は潤い、テヘランの街は欧米の都市かと見まちがうほどの様相を呈し、イスラームは後景に退いていました。また、ウラマー、ウラファーを問わず、シーア派イスラームの宗教指導者によるパフラヴィー王朝に対する反体制運動は、厳しい監視下に置かれ、それを感知するすることは井筒先生も含めてほとんどの人にとって難しい状況でした。こうしたなかにあって先生は、あくまでもアーシュティヤーニーを当代随一の神秘哲学の学者として評価し、その知的交流のなかでご自身の存在一性論の研究を続けられたのです。

当然のことながら、地下に潜行して続けられていたこれらの政治運動に井筒先生が関わることはなく、それに棹されずにひたすら神秘哲学の研究に沈潜されていたことは言うまでもありません。しかし、先生が置かれていた時代・社会状況を考えてみますと、当時のイランはイスラームが復興し、ウラマー、ウラファーといった宗教指導者たちが社会の表舞台に登場してくる胎動期にあたっていました。こうした流れを先生がどのように受けとめておられたのか分かりませんが、イラン革命という世界を揺るがした歴史的瞬間に立ち会うなかで神秘哲学の研究を続けられたことの意義は大きいと思います。

井筒先生のイスラーム学事始めは、戦前の日中戦争期に来日したイスラーム改革思想家として著名なムーサー・ジャールッラーとの出会いによってはじまりました。それから四〇年を経て円熟の境に達した先生がテヘランで遭遇することになるのがイラン革命でした。こうした歴史を画する時の奔流のなかに身を置いてイスラームの研究をされてきたことは、先生の学問をひときわ輝きあるものにしています。先生が残された珠玉の書物を通してだけではなく、それらが生みだされた時代状況をおさえながら井筒先生のイスラーム学をとらえていくことが何よりも重要だと思います。

以上、イスラーム学事始めの頃の井筒先生の学問形成から戦後における本格的な研究への歩みをたどってきました。この後は井筒先生に直接、教えを受け、共に研究をしてこられた方々に対して行ったインタビューから井筒先生の学問のさまざまな面を明らかにしていきたいと思います。私自身はただの一度だけイランから先生が帰国された直後にお会いし、話を伺ったことがありますが、学生時代には残念ながら先生の授業を聴講したことがありません。私が大学に入った頃にはすでに先生は、マギル大学の方に移られ、慶應で授業をもたれることはなく、その講筵に列することはできませんでした。

また、私自身は先生のようにイスラーム思想を専門にしているわけでなく、中東イスラーム世界の近代史を専攻する歴史家です。ただ、イラン立憲革命、青年トルコ人革命の前後の時期におけるイランからトルコにまたがる地域を広域的な経済圏・社会圏としてとらえ、そこでの歴史をナショナル・ヒストリーの枠組みではなく、国際的な比較関係史の視点からグローバルにとらえていきたいという思いから、先生の著作はできるだけ読むように努め、その比較の手法を学ぶことに心がけてきました。しかし、同じイスラームを研究の対象とするといっても専門が違うと、思わぬ誤りを犯すかもしれず、限界があります。

このため、井筒先生のイスラーム学に関心をもつ他の研究者に声をかけ、慶應義塾大学学事振興資金を得て二〇〇五年度から二〇〇八年度の四年間にわたって「井筒俊彦のイスラーム・ワールド」というプロジェクトを立ち上げ、先生に教えを受けた方々にインタビューを試みる共同研究を進めてきました。その成果が第一部の「回想の井筒俊彦」です。ご病気、その他の事情から話を伺うことができなかった方々もおられますが、先生の謦咳に接することができた貴重な経験をお持ちの方々の生の声を通して井筒先生のイスラーム・ワールドを感じとっていただけたらと思います。

そして、これを踏まえてイスラーム研究の一線に立って活躍されている方々に井筒先生が日本語で書かれた著作をそれぞれ取り上げていただき、その書評を通じて井筒学の意義、それぞれの方々のイスラーム研究に対する思い、展望を書いていただくようお願いしました。それが第二部の「私の一冊」です。日本語で書かれた著作であっても都合で取り上げることができなかったものもあります。また、井筒先生のイスラーム学の真髄が凝縮されていると思われる英文の著作も今回は割愛されています。しかし、不十分とはいえ、これらを通じてかなりの程度、井筒先生のイスラーム学の世界を理解していただけるのではないかと確信しています。

昨年、若松英輔氏によって『井筒俊彦――叡知の哲学』が出版され、イスラーム学の枠を超えた言語哲学者としての井筒先生の多岐にわたる活動に鋭い光があてられました。本書の主眼は、それとは切り口を異にし、井筒先生の学問のなかで柱をなしてきたイスラーム学にあくまでもこだわり、これに中心を置いて等身大の井筒像を示していくことにあります。これによって一人でも多くの人たちが井筒学を身近に感じてくれることを願っています。

〔付記〕　この序の部分は、二〇〇九年六月四日に開催された三田史学会大会の総合部会シンポジウム「井筒俊彦と前嶋信次——日本におけるイスラーム研究の源流を探る」で発表したものが元になっています。それをテープで起こし、加筆修正したものはすでに『史学』第七九巻第四号（二〇一〇年一二月刊）に掲載されていますが、今回、この本に再録するにあたり、井筒先生の戦後におけるイスラーム研究の歩みの部分を大幅に書き足しました。なお、このシンポジウムでは家島彦一「いま、なぜ前嶋信次と井筒俊彦なのか」と杉田英明「前嶋信次『アラビアン・ナイト』原典訳への道」の発表も行われ、同じ号に論文が掲載されていますので併せて読んでいただければ幸いです。

なお、人名の表記にかんしては井筒先生に対してのみ「先生」の敬称をつけ、他の方々に対しては失礼を顧みずそれを省略してある場合もあります。これは話し言葉で語らなければいけないシンポジウムという形式に由るもので、とくに他意があるものでないことをあらかじめ断っておきたいと思います。第一部の「回想の井筒俊彦」も同じようにインタビューの形をとって進められているため、また井筒先生とインタビューの受け手、聞き手、それぞれの人間関係から敬称の付け方に統一がとれていませんが、それぞれの方々の意を尊重してそのまま載せています。ただ、第二部の「私の一冊」の場合は、井筒先生をできるだけ神話化せず、客観的に見ていくという趣旨から敬称を付けずに執筆するようお願いしました。しかし、各執筆者それぞれの思いから敬称を付して書いている人もいることを了解下さい。

アラビア語、ペルシア語、トルコ語の書名、人名の表記と転写は、原則として『岩波イスラーム辞典』に拠っています。ただ、部分的にペルシア語で表記・転写しなければならないところを執筆者の好みでアラビア語風にしてあるところもあります。また慣用にしたがったところもあります。

註については、この本が一般向けの啓蒙書であるという点を考慮して原則として付けないことを方針としました。しかし、執筆者によってはどうしても必要ということで付けた場合もあり、結果的に統一がとれなかったことをお詫びいたします。

第一部　回想の井筒俊彦

扉：井筒俊彦（1979 年、アスコナにて）
井筒豊子氏提供

多元的文化への偏見のない関心——井筒俊彦を引き継ぐために

黒田壽郎 ——インタビュアー：湯川武

このインタビューは、二〇〇六年五月二〇日に、慶應義塾大学三田キャンパスで行われた。

井筒先生は、本インタビューの語り手である黒田壽郎先生の先生である。その黒田先生に大学院の修士時代に教えを受けた聞き手である私にとっては、井筒先生は直接教えを受けたわけでもなく、また面識があるわけでもない。同じ慶應義塾という学塾に身を置いてイスラーム史という分野を専攻するようになったといっても、ご著作の一読者でしかない存在であり続けた。

その点、黒田先生は、井筒先生を語るのにもっとも相応しい人物の一人であると、いろいろな面から言えるであろう。慶應義塾大学文学部学生の時代から井筒先生の授業を受講されており、その後のお二人の関係についても、このインタビューで、ご本人の口から話していただいた。

ここでは、この黒田先生のインタビューのお相手を、私、湯川武が本書の編者から仰せつかったことの背景として黒田先生と私の関係を簡単に述べてみたい。黒田先生の教えを受けたのは、私が慶應義塾大学文学研究科の修士課程に在籍していた一九六〇年代後半のことで、その当時、黒田先生は、同じ慶應の言語文化研究所に在籍しておられた気鋭の若手研究者であった。一対一の授業でアラビア語による地中海史の講読演習であった。授業だけでなく、様々な面でイスラーム史の初学者である私にとってはきわめて刺激的な話をしてくださったことを今でもよく覚えている。

その後、黒田先生は、日本や世界がイスラームを見る見方に対して、独自の観点から危機感を抱かれ、鋭い批判と警鐘を与え続けられている。そのことは本インタビューからうかがわれるであろう。井筒先生の研究と思想の持つ意味、そしてまた、それを基盤としながらも独自の道を歩まれた黒田先生の研究のあり方、すなわち井筒先生との共通点と相違点という問題につながるのではないだろうか。（湯川武）

クルアーンの意味論的分析

湯川　井筒俊彦先生の業績を全体として伺いたいと思います。時系列で考えてみて、黒田先生がお若いときに、井筒先生に出会われた最初の経験、学部生、大学院生、そしてその後と、井筒先生からどういうものを受け止めたのかをお伺いします。

黒田　今日ここにうかがって大変懐かしい思いです。私は普通部から大学院を出て、言語文化研究所の助手となり、国際大学に行くまでずっと慶應におりました、根っからの慶應ボーイです。慶應に通い始めたころは、戦後すぐの物質的にも、精神的にも大変な時代でした。ところでまずは仏文を専攻したのですが、その理由はといいますと、その当時は日本の文物を読んでみても全然楽しくもなく、つまらない。言うも恥ずかしいのですが、ヨーロッパのもの、とりわけフランスのものを読むと深く心を揺さぶられて、充足感がえられる。そんな若者でした。結構本は読んだ方です。

井筒先生に習い始めたのは、大学の二年からです。井筒先生は、世界の広さを知らない若者にとって大変貴重な存在でした。先生の講義は、一般の言語学の理論だけでなく、ソシュールやベンジャミン・ウォーフといったユニークな言語理論に加えて、ポール・クローデルの詩学等、通常の言語学者には期待できないような、広い感性に支えられたものでした。先生がそれまでになさった仕事である『ロシア的人間』や、ギリシア哲学を論じた『神秘哲学』等を読むにつれ、知的な活動というものの限りなさ、というか少数の限られた文化に限定されるのではなく、世界中の文化について、自在に交流する大きな精神的バックグランドを持つことの重要性を示唆されました。このような広い視野を、若い頃から与えられ続けたということは、何よりも貴重な経験でした。先生の知的な豊かさの根底には、語学の天才としてさまざまな文化のエッセンスを、原典に直接当たることにより曇りのない目で捉え、それを独自に咀嚼するという揺るぎない態度がありました。徹底的な原典主義、類まれな広い関心からもたらされる知的刺激は、若い学生にとってたまらない魅力でした。

当時の研究者たちには、今では考えられないような特異な偏りがありました。研究には専門別の縦割り構造があって、例えばフランス文学の研究者は、フランス文学だけやっていなくてはならず、同時にヨーロッパの文学としてドイツやイギリスの文学に手を出すと、たちどころに異端視されるという傾向がありました。専門家としての狭いたこつぼ的な囲い込み主義が横行していた時代です。ヨーロッパの場合一つを見てもこうなのですから、世界中のさまざまな文化、文明の所産と臆するところなく関わりを持ち、おいしいものを拾い出してくる開拓者としての精神などというものは、周囲を見渡しても少しも見当たらない。しかし井筒先生は、当時のこのような風潮を類まれな語学力で吹き飛ばしてしまわれました。このような風通しの良さは、井筒先生からしか期待できなかったものです。

先生からは実に数多くのことを教えていただきましたが、しかし基本的に何を習ったかといえば、セマンティック・アナリシス、意味論的分析の方法だといえます。先生は単に卓越した語学力をもたれていただけではなく、さまざまな文化、文明の精神的、思想的な深みに豊かな感受性をもって当たられました。その感銘の仕方は、語学的に正確な認識、それに支えられた意味論的な分析に支えられたものでした。その結果作り出されたのがセマンティック・アナリシスの方法でした。これにはさまざまなやり方があると思いますが、井筒先生の場合には、それが異文化の骨格、構造を正確に認識することに密接に繋がっていました。この点が先生の偉大な業績であることには疑いがありません。その本領が遺憾なく発揮されたのが、イスラーム世界に関する研究です。

The Structure of the Ethical Terms in the Koran とか *God and Man in the Koran* といった初期の労作は、クルアーン（コーラン）の世界の構造分析で評価の高いものです。クルアーンという啓典は非常に難解なもので、この読み辛さが外部世界の者にイスラーム理解を狂わせる大きな原因となっていますが、他方イスラーム世界の人々はクルアーンについて知りすぎるほど知っています。そのために第三者に良く解らせるような説明をほとんどしておりません。しかし信者たちは、時代、状況に応じて、この啓典に関する新しい解釈を施し、その理解のされ方にも、特定の枠組みの中でさまざまなヴァリエーションがあります。従って理解をいろいろな意味で本筋に戻すことは、第三者ばかりではなく、信者たちにとっても極めて重要なことなのです。クルアーン解釈の原点が強く求められている状況において、原典に即したセマンティック・アナリシスの方法は、イスラーム世界の要請にも沿うものでした。あまりにも多様なクルアーンの解釈を、根源的にこのようなことを主張しているのだと示すことは、第三者ばかりでなく、信者たち自身にとっても基本的に重要だった訳です。これが広く一般に、とりわけイスラーム世界で絶賛を浴びた理由でしょう。

大学時代の教師としての井筒先生から習ったのは、この辺りまでのことでしょうか。大学院、助手になってからもいろいろと講義に出させていただきました。時を経るにしたがって内容は変化していきますが、特に印象に残っているのは『大乗起信論』の講読です。この仏典を読みながら先生は、イスラームのスーフィズム、老荘の思想などとの著しい共通性を指摘されたのですが、これが *Sufism and Taoism: A Comparative Study of Key Philosophical Concepts* や『意識と本質』に繋がっていくことになります。われわれは幸いにも、創造の秘密の現場に立ち会うことができたという訳です。ですから一概に何を学んだかということはできませんが、要するに先生の何に惹かれたかといえば、多元的な文化に対する偏見のない関心ということになるでしょうか。多彩な知的な活力に魅せられたという訳です。

湯川　そのような非常に幅広い文化的な多元性および多様性、知的な活力の対象としてもさまざまなものがあると思います。その中で黒田先生がイスラームという道をやってみようというきっかけとなったのはどういうことだったのでしょうか。

黒田　私は慶應で修士課程まで仏文にいました。仏文の研究も面白かったのですが、当時の周囲の知的状況を見ていますと、特に欧米の文物だけを見ていれば世の中のことはすべて解ったつもりになるといった、欧米一辺倒なところがありました。仏文の研究者にしても、日本人でありながらいかにフランス人並みの知識をもち、そのような視角から現地の研究を行うことができるようになるか、ということが理想でした。しかしこのような研究態度には、当然のことながら徐々に批判的にならざるをえなくなったのです。日本人としてヨーロッパに傾倒する自分は、果たしてなんなのかという疑問が強く持ち上がってきたのです。世界は周囲の人々が考えるように、ヨーロッパと日本だけではない。世界を見る見方には多様なものがあって、自分のヨーロッパに対する興味とか、認識をどこかで相対化する必要があるという考えにとりつかれ、ずいぶん悩みました。文学批評のようなことに集中すれば、そこに血路が開かれるのではないかとも考えたのですが、それだけでは可能性が限られているような気もする。とりわけ自分の欧米認識を相対化するには、もっと別な第三項が必要なのではないか。そのような時に相談相手となって下さったのが、井筒先生でした。

第三項としては、インドや中国のことをやってみるのも一つの方法です。しかしこれらの分野は、すでに多くの先達が深い読み込みを行っており、同時に欧米の相対化を行うという点ではそれほど相応しいとはいえない。それならばいっそのこと地中海を隔ててヨーロッパと対峙している、アラブ・イスラーム世界を研究してみたらどうか。それによって自分の欧米認識を相対化し、その過程で自分自身の問題を探れるのではないかという、井筒先生の示唆がありました。井筒先生は学生たちに、新たな誘いかけをすることが上手な方でした。特に語学に才能のある学生たちには、色々な言葉を習得させるために、毎年違った言葉の講読をして下さいました。私なぞは語学の才能もないのに、中国語、ロシア語、ギリシア語等と次々に習うのですが、結果的にはパンクしてしまう。これは冗談ですが。新しい挑戦にはなんでもつき合って下さるという点では、すばらしい先生でした。要するに自分探しのために、ヨーロッパ、欧米文化一辺倒という姿勢を相対化するための方便として、中東、イスラーム研究を選んだということになります。動機は不純でしょうか。

湯川　大きく言えば当時の時代状況もあったと思います。第三世界論が出てくるし、政治的、軍事的な世界の変化もあったと思います。黒田先生は若くてそのようなことには敏感だったと思います。井筒先生もそういう関心はどうだったのでしょうか。彼は純粋に知的なレヴェルで広がりを持ちたいと考えていたのでしょうか。

黒田　井筒先生と時代状況との関わりですが、私はあまりそのような観点でお話しをしたことはありません。先生は最初から共産国ソ連ではなくてロシア的人間ということを問題とされていましたし、中国にしても、父上が大変禅に詳しい方で、中国の古典にも通じておられる方だったようです。だから私のように不純な動機からではなく、最初からそういうものを通り抜けていたという気がします。

湯川　それですと言い方によると表面的な状況とか社会的な状況というよりも、文化的、知的な広がりとしての世界という見方ですね。

黒田　それはそうですね。これは井筒先生の批判という訳ではないのですが、知的な方に専ら重心が傾いていて、現実的、政治的な側面に関してはあまり関心はお持ちでなかったと思います。

井筒俊彦のイスラーム研究——その評価

湯川　井筒先生との接触のうちで中東とかイスラームという道に入られたわけですね。黒田先生が学生の時代にはクルアーンの訳は出ていましたか。

黒田　まだ出ていません。私が学部の頃に翻訳をなさっていました。

湯川　英文のクルアーンのセマンティックな研究もまだでしょうか。

黒田　まだです。

湯川　大学院を終えた当時、言語文化研究所はあったでしょうか。先生は当時どちらに所属していたのでしょうか。

黒田　言語文化研究所ができた経緯は、深くは良く知りません。けれども井筒先生のああいう才能を処遇するような場所が、慶應にはなかった。その間京大から先生にお呼びがかかったり、色々外から誘いがあったので、塾の方も考えて、やはり先生に相応しい研究所を作った方がよいということで、それが契機で研究所が創設されたのだと思います。

湯川　まだ目にできる著作としては『ロシア的人間』、『アラビア思想史』、『神秘哲学』だけですね。

黒田　それからおそらく *Language and Magic: Studies in the Magical Function of Speech* がそろそろ出る頃だったと思います。

湯川　そうですね。一九五六年（昭和三一）ですからその後ですね、*The Structure of the Ethical Terms in the Koran* は。黒田先生も直接授業を受けるだけではなくて著作を読む年代になってこられて、意味論的な研究は先ほどからお話をしていただきましたが、例えば『イスラーム思想史』に書き換える前の『アラビア思想史』はどのようにお読みになりましたか。

黒田　私のような者がこのようなことを言うのは僭越だと思いますが、『アラビア思想史』には面白い意見がまとめられていますがまだ方法論的な一貫性があまり感じられません。先生の優れた感性が、アラブの哲学的な作品をどのように捉えたかは解るのですが、やはり『イスラーム思想史』の方がはるかに重厚で、一貫性があります。

しかし私見では、『アラビア思想史』や『イスラーム思想史』は、どちらかというと先生の本領としては、本音が十分述べられているというような著作ではないと思います。むしろ先生の素晴らしい業績は、意味論的な分析でクルアーンの分析をなさって *God and Man in the Koran* という評価の高い著作を書かれましたが、その次の *The Concept of Belief in Islam* が、先生のイスラーム研究の最高の傑作であると評価します。イスラームの信仰の姿を、重要な著作の分析を介して見事に解明したこの著作は、同時にイスラーム世界における神学の発展の経過を鮮明に映し出しており、まさに傑作です。この間マレーシアの大学の神学部の先生に会う機会がありましたが、彼も私と同意見で、神学部では重要な教科書のひとつとなっているということです。

イスラームというのはどのような教えかということは、これまでもさまざま論じられているし、一四〇〇年の伝統の中で色々な解釈の仕方がありますが、イスラームの教えを信ずることと、その結果行われるべき行との関わりがどのようなものかということは、イスラームの神学の歴史における中心的な課題です。キリスト教の場合は、三位一体論があって、父と子と聖霊といった三つのものの割り振りの解釈の違いによって、さまざまな分派や異端が出てきて、それを巡る論争の中で神学が発展してきました。しかしイスラームにはそのような問題はありません。神は一つです。したがって信仰と、それを信じた結果どのような行為を行わねばならないかという事柄、ひいてはそれが政治的にどのような結果をもたらすのかといった事柄が、議論の中心課題となります。そういう意味で思想的にはある意味で単純ですが、実際にこれをシャリーアとの関連から検討するとかなり複雑です。信仰と行為の関連はかなり複雑なものがあって、整理するのは難しいのですが、*The Concept of Belief in Islam* は初期のハワーリジュ派が提起した信仰と行為の関わりが、その後のさまざまな神学者たちによってどのように展開され、最終的にイブン・タイミーヤがどのように締めくくったかまでを分析していますが、これは神学の発展史をきちんと踏まえた大変見事な信仰論です。これに具体的なこの世界の歴史を重ね合わせると、イスラーム世界の展開の具体的な変遷の足取りも明確に理解されるような具合に書かれています。私がこの著作を、先生の最高傑作であると評価するゆえんです。このような著作が、未だに日本語に翻訳されていないことは問題です。イスラーム世界理解の要といえる本なのですから。

湯川　井筒先生の研究のその後の経歴の中で、この流れは途絶えますね。

黒田　ですから、それが大変惜しいことです。またそこが私の不満なところです。井筒先生は、そこから方向転換をされました。

湯川　これは一九六五年ですね、この本が言語文化研究所から出たのは。当時黒田先生はこの本をお読みになって強い感銘を受けられたのですか。

黒田　はい。私は丁度ハワーリジュ派の研究をしておりましたから。導入の部分はハワーリジュ派の話で、この辺の議論もしっかりしているし、イスラームにおける正統と異端の問題もきっちり議論されていて、その結果信仰の姿がどのように落ち着いていったのかという道筋が鮮明に分析されています。イスラーム思想といいますが、イスラーム思想は世にいわれる哲学的なものに限られません。哲学だけを論じていればイスラーム思想かというとそうでもないのですが、こういうところは専門家ならば理解できますが、非専門家にはなかなか理解し難い。私があえて『イスラーム思想史』が、井筒先生の著作としてはむしろこの著作の影にあると評価するのは、このような理由です。もちろん二つの傾向はともに重要ですが、独創性、著作の意義としてはむしろ信仰論を高く評価するわけです。

湯川　その関連ですが、岩波書店のイスラーム古典叢書が出ていますね。その中で黒田先生はイブン・ハズムの『鳩の頸飾り』と……。

黒田　『哲学者の意図』とイブン・ハズムですね。

湯川　そのあたりで一緒に作業をなさっている時の状況や、お互いの考え方はどうでしょうか。

黒田　イスラーム古典叢書が計画され、それが進められている頃は、実は私は井筒先生と同じところには居りませんでした。私と井筒先生は、慶應の後はあまり同じ場所にいる機会には恵まれませんでした。私はアラビア語を習い始めてから仏文科をやめて、東洋史に入り直しましたが、その二ヶ月後には先生はカナダのマギルに行かれてしまいました。その二ヶ月間先生には特訓を受けましたが、それでは十分ではないのでエジプトに留学しました。古典叢書の仕事をやっていた頃には、直接の触れ合いはほとんどありませんでした。古典叢書には文学作品もなければならないということで、アラブ文学では重要であり、しかもフランスのトゥルバドールにも強い影響を与えた『鳩の頸飾り』が候補に挙がり、先生からジャーヒリーヤの詩を教えていただいた関係で、これを訳すことになりました。これは確かに面白い詩集です。あとは『哲学者の意図』ですが、これは私に少し哲学の素養を付けさせようという先生の親心から出たものだと思います。参考文献がなく、この翻訳には大変苦労しましたが、お蔭様でやり終えて大変自分にとってプラスになりました。

湯川　それでは、このイスラーム古典叢書全体の編集の意図とか分からないということですね。その後、先ほどお話になっていた井筒先生の *Concept of Belief in Islam* とはやや異なるタイプの哲学、思想研究、特に神秘主義哲学の研究が出てきましたが、それと、繰り返しお話になっていますが、イスラームそのものを研究することとの関連をお話いただけますか。黒田先生から見てどういうふうに見えるのか。

黒田　この辺になってくると、井筒先生の世界の独自性が問題となってきます。先ず井筒先生の場合に引き当てて話しをしますと、それまでの禅哲学、ギリシア神秘主義研究といった精神的な傾きが、*Sufism and Taoism: A Comparative Study of Key Philosophical Concepts* のような著作を書かせる基本的な要因となったと思われます。これは先生が、イランの研究所に呼ばれるといったことも関連していると思われます。その当時のイランは、スーフィズム一辺倒でしたから。

ところでイスラームとは、私の考えによれば、あえて大きな分割をすればタウヒードとシャリーアとウンマ、この三つがそれぞれ極をなしていて、それらの極が相互影響し合って始めてイスラームの全体像が出来上がるのだと思います。ところで井筒先生の場合は、むしろ思弁的な、思考に重きが置かれ、タウヒード的な側面に強い関心が注がれていました。シャリーア、とりわけウンマの側面に関する関心は、その精神的な傾向からしても余り興味の的ではなかった。ところで矢張り井筒先生も、イスラーム研究をなさっていて、この三つの極の相互関連を追い続けることには、かなり窮屈なものを感じておられたのではないかと思います。

せっかく色々なことをご存知なのに、イスラーム世界の三極の構造だけを追うのは、詰まらないし、それよりも御自分の独自な境地を開拓することを意識されたのだと思います。多文化の形而上学的な思想の構造、さまざまなアジアの思想を比較研究することにより、独自の世界が開かれるということを、先生は深く認識されたのだと思います。カナダやイランにいてますますそういう傾向が深まったのでしょう。そして東洋思想に惹かれることによって、イスラーム学としては神秘主義、スーフィズムに関する傾倒が強まったのです。これは最後には『意識と本質』のような高度な完成に繋がっていきますが。

ただしスーフィズムと一概にいいますが、これを単なる非現実的な形而上学的な傾向とだけ理解することには問題があります。先生はアヴィセンナから後代の存在の優先性論に繋がる存在の問題について、細かく、丁寧に追いかけていらっしゃいますから、単なる神秘的哲学だけに深入りしたとはいえないのです。現在のイランの哲学は、神秘主義的なものと存在論的なものとを独自なかたちで融合したものですから、現代の哲学に還流するものを着実に抑えておられるのです。井筒先生は、晩年にサブザワーリーの著作に関する大きな論文を書かれていますが、これはイスラーム思想史研究における大きなミッシング・リンクを追い求める上で極めて重要な著作の一つです。アヴェロエス以降イスラーム世界には哲学上の発展はない、というのがこれまでの欧米の研究家の間の通説でしたが、実はそうではない。アヴェロエス以降現代に至る思想の流れは、これまで完全に放置されたままでしたが、今後この線は後進のわれわれが積極的に研究しなければならない主題です。

クルアーンをどう読むか

湯川　そうすると井筒先生の思想史研究は必ずしも神秘主義研究だけに入り込んでしまったわけではない、勿論それに非常に関心を持っていたし、独自性を立てようというところはあったけれども、もう少し広く取って、現在の特にイランのムスリムの哲学者に通ずるところもあったと。

黒田　その点で特に重要なのはアヴィセンナの存在の問題でしょう。これは結局スーフィズム的なものをアリストテレス的なものと合体させる契機となっています。そこから新しい本当の意味でのイスラーム的な思想が登場することになるのです。

湯川　いわば、哲学研究の意味ではこれから開拓すべき分野の道を開いたというわけですね。

黒田　井筒先生の話に戻りますが、最高傑作といえばやはり『意識と本質』ですね。東洋思想の共時的把握となっていますけれども……。

湯川　イスラーム研究とは限定できないですね。

黒田　そうですね、イスラーム研究とはいえないでしょう。しかしそれを超えているということができるでしょう。ただしそこにはイスラームの神秘主義的な傾向が濃厚に示されていますけれども、その裏には先生がまだ言及されていない存在論の発展が残されているので、簡単に否定的な評価だけを下すことはできないでしょう。正直にいって先生は、外的な部分はあまりお好きでなかったと思いますが、こういう業績のおかげで先の展望を持つことが楽になったと思います。

それでいよいよ自分のことになります。何でイスラーム研究かということですが、研究の動機についてはすでに若干お話しました。そのような具合で、まずは研究の主題に食い付いていくしかない。その過程で徐々に気づいていったのは、やはりほかの研究者たちと自分の見解の隔たりです。これまでの研究には、クルアーン、ハディースがいかなるものであり、それを基本的にどう読まなければならないかといったことについては、まあまあ研究も進み、丁寧な解説もあります。それによっていわゆる専門的な常識も、色々な形で確立されていますが、実はこの常識がかなり中途半端な、おかしなものであるということに次第に気づくようになるのです。このような問題意識は、学問研究にとっては最も重要なものでしょう。しかし疑いは疑いを生み、結局何一つ信用できなくなるため、非常に歩みが遅くなるというマイナスにも見舞われます。とにかく小学校高学年で敗戦を迎えた世代の一人として、与えられたもの一切を一度は疑ってかかるといった態度が、そのまま研究姿勢の原則となるといった状況が、中東、イスラーム世界の研究に当てはまるというのが、われわれに伝えられた伝統的な成果でした。サイードの指摘するオリエンタリズム的な状況は、いわゆるイスラーム学そのものの中に存在していたし、今なお存在しているのです。

未だに考えられていない問題は山のようにあるのですが、例えばクルアーンとスンナの問題です。歴史的には久しくこの両者がイスラームの基本的な法源であるといったかたちで、対等なものとして取り上げられる傾向がありますが、この点に関してはもう少し細かな議論が必要でしょう。クルアーンというのは、法的にいうとゲーム理論の第一ルールのようなもので、具体的なルールを生み出す元になるルール群で、具体的なルールはそれと具体的な状況を付き合わせながら出来上がっていくものです。第一ルール群にある精神なり規則を、具体的な状況に合わせて規則化する。このようにして出来上がっていくのが第二ルール群です。クルアーンとスンナとの間には、第一ルールと第二ルールの間の質的相違があります。クルアーンというのは神の書ですけれども、ハディースに纏められた言葉の内容、つまりスンナと呼ばれるものは、預言者ムハンマドのそれこそ尋常でないクルアーンの読み方・適用です。それは同時に単なるムハンマドの読み方だけではなく、彼に付き従った人々に共通の読み方でもありました。最近のワーエル・ハッラークの研究が明らかにしていることですが、スンナといわれるものが人々の間で受け入れられ、定着したのはイスラーム暦三世紀のことであり、それまでいわゆるスンナに該当するものは、教友ないしは初期の信者たちの言行、見解によって代替されていたという事実は、極めて重要です。要するにそれらは、後代に預言者の言行によって代表されうると人々に認定された訳ですが、この時間的ギャップは、イスラーム社会の成立を究明するために非常に重要なものです。

クルアーンをどう読み、どのようにアプライするかということは、イスラーム社会の成立と密接に関わっている問題ですが、残念ながらこのような点は現地ではほとんど無視されています。私はアラビア語を習得するためにエジプトに行きましたが、そこで学科としてはイスラーム史を研究することになりました。そしてそこでの研究テーマとしてはハワーリジュ派を選んだのですが、あちらではハワーリジュ派は異端派とされていますから、何でそんなものを研究するのだとクレームを付けられました。研究テーマとして相応しくないというのです。しかし強引に自己主張をして、結局このテーマを研究主題にしました。ハワーリジュ派について書かれたすべての文献を網羅して、とりわけ彼らの詩を分析して書き上げたのが「ハワーリジュ派の世界観」です。この意図は、イスラーム、イスラームといわれるが、その内容は決して一色ではなく、クルアーンの読み方、そのアプリケーションのいかんによってかなりな隔たりがあり、これがシャリーアの解釈、共同体運営の流儀に深く関わってくることを明らかにすることにありました。ご承知のように正統四代カリフの時代は、スンニー派ムスリムにとっては理想的な時代で、いかなる疑念もさしはさんではならないものと神聖視されています。しかしこの間に既にさまざまな問題が顕在化してきているのです。ところでハワーリジュ派の反乱は、シャリーア理解の相違が、ウンマの形成と密接に関連するものであり、その結果政治的な表現として現れたものであることは明らかです。このようにイスラーム世界のどのようなアスペクトをとってみても、タウヒード、シャリーア、ウンマの三つの項は密接に絡み合っており、このような関連なしにイスラームを理解することは不可能なのです。

イスラームというものの基本的構成要素はなにかという点から検討していくと、驚くべきことにほとんどの研究者たちが、それらのすべてに十分な配慮を示しながら分析してはいない点が明らかになります。例えば井筒先生の場合でも、このような観点からすれば、シャリーアとウンマの関わりという点については、優れた信仰論の場合を除きほとんど言及なさってはいません。

湯川　実はそこが私としては一番お伺いしたいところで、井筒先生を通じて色々なものを見るのだけれども、井筒先生をどこで超えるか、あるいは井筒先生がやっていないことをやるか、そしてそれが何に通じるかということを考えていくことはすごく大事だと思います。井筒先生が偉いといってしまえばそれで終わりです。後半の部分は、それが典型的に現れているのが、一般の人々の目に触れる『イスラーム文化』という井筒先生の本と、黒田先生が最近お書きになった『イスラームの構造』、これを対比してみるとずいぶん違う見方ができるのだなと。

黒田　でもね、忘れてもらっては困るのが、同じものだということです。見方を変えるとこういう風に見えてくるということで。

イスラームの捉え方

湯川　単語は違うけれど、これを捉えてこう見ているのと、ああ見ているのとでは角度が違う。そういったお話を後に続けましょう。色々と研究の広がりがありました。井筒先生の思想研究にしても。ところで一般の人や学生たち、そういう読者を対象にして岩波から『イスラーム文化』が出ています。今でもよく売れているといいますし、最近では岩波文庫の大きな版になってこれもまたよく売れているそうです。いわば一種の啓蒙書ですね。その他にも一般読者向けですと人文書院から出た『イスラーム生誕』ですとか『コーランを読む』というのがあります。『イスラーム生誕』と『コーランを読む』は、クルアーンはどういうところから生まれてきてどういうものかということで、先ほど黒田先生がお話になっていたようなものです。『イスラーム文化』というのはそれだけではなくて、そもそも話している対象が経団連で、話の内容は今のイスラームですね。イスラームというものにはこういう特徴があるのだよということをお話しになっている。本では三つの章に分けられており、最初が「宗教」。基本的に神をどう捉えているかとか、聖なる書物としてのクルアーンを取り上げ、それから二番目が「法と倫理」。これはシャリーアの問題ですね。第三章が「内面への道」。これはスーフィズムの問題とシーア派の問題が両方入っていますね。この三つの章に分けたというのは、この三つがイスラームを理解するためのキーになるのだというおつもりだったと思います。そのことと関連して、黒田先生が新しくお出しになった『イスラームの構造』は、同じように三章仕立てで「タウヒード」と「シャリーア」、そこまでは似ているのですね。

「宗教」ということ、これは明らかに「タウヒード」と繋がる内容も入っています。「法と倫理」と「シャリーア」もです。ところで最後でぱっと分かれて、「内面への道」ではなくて「ウンマ」という柱です。一章、二章は取り上げている対象は同じようなものですが見方が違います。ということで、全体を読むとすごく印象が違うわけですね。両方読むとイスラームとはどちらで捉えたらいいのかと普通の読者は考えると思います。そういうところを踏まえた上で、これは黒田先生のお考えに基づいて、私たちがいつまで経っても遠い異文化とばかり思っているイスラームというものを、基本的にどのように見るのがいいのだろうかというお話をぜひ伺いたいです。

黒田　井筒先生は精神的な事柄に対する理解力に関しては、深さも幅も十分にお持ちの方でした。譬えていえば美しい花を美しく見るという点については他に追従を許さないほどの先生です。イスラームの文化については、色々な人が多くを語っていますが、『イスラーム文化』というのはそういう面では非常に優れたものです。また『イスラーム生誕』は、ジャーヒリーヤからイスラームへの変化をあれほど美しく、シンパセティックに書いた本は他に見当たらないのではないか。そういう点で高く評価されて良い著作だと思います。とにかく読んでいて楽しい。

ところでイスラームについての井筒先生と私の立論の違いは、第一にはテンペラメントの相違があります。井筒先生の最終的な関心は、精神的な自己完成にあり、したがってイスラームを説明する場合も最終章が内面への道ということになります。しかし私の場合は、もう少し異なった文化圏の文化的、社会的現実にどこまでも深入りしたいという思いが強いのです。文化、文明というものは、複雑な諸要素の集合体で、その中のすべての要素は全体の翳を帯びている。そのような複合的なものを捉えることによって、初めて文化的なものの真実を捉えることができるのですが、その場合重要な要素をなるべく除外、排除しないことが肝要です。

ところでイスラームというものですが、長らく放置されてきたこの教えに関しては、最近になって数多な解説書が書かれてきました。しかしあれこれ書かれすぎて、いま一つ要点が纏まっていない嫌いがある。イスラームにも色々あって、モロッコのイスラームとインドネシアのイスラームは同じではないというようなことがよくいわれます。時代、場所によって同じ教えがとる形はそれぞれ異なります。違っていて当然なのですが、同時にイスラームはイスラームでもあるわけです。多くの議論は、相違点だけを取り上げて、異なるものの間にある共通性を見出そうとしません。今必要なのは、複雑煩瑣に枝分かれしたこの大樹についての、最大公約数を求めることでしょう。

正直に言ってイスラーム世界のいろいろな人々と話し合っても、違った人が違ったことを言うということはしばしばです。ムスリム当人たちにしても、十人十色、違ったことを言ったり、したりしている。第一ルール群は厳格に守られる必要はあっても、そこからの解釈の自由はかなり大幅に認められているので、一四世紀の間にかなりのヴァリエーションができている。その中で最大公約数を求めることは至難の業なのですが、決して不可能なことではない。イスラームとはいかなるものかということを、単なる理論だけではなく、その中の主要な要素を中心にして取り出してみようという試みが、今回の『イスラームの構造』の狙いです。歴史的にも地理的な広がりにおいても、これだけは疑いもなくイスラーム的なものであるという、コアになるものを抽出した結果がタウヒード、シャリーア、ウンマの三つの極ですが、これが次いでどの程度歴史的、地理的広がりにまで適用できるかという関心が、この本の主題です。

三つの極がそれぞれ欠けることなく関わりあっているということは、イスラームにおいてきわめて特徴的なことです。これに関しては、今や誰一人否定しきれないのではないでしょうか。例えばタウヒードとシャリーアだけのイスラームでは、現在のイスラーム回帰現象はとても説明しきれない。最後の章が内面への道となる傾向は、旧来の非社会的な神秘主義者たちの道ですが、これでは革命以後の現在のイランなどはとても理解できない。好き嫌いはあるにせよ、現在復興しつつあるイスラームは、イスラームの本来の姿に近いものです。ウンマに対する責任を放棄してきた、放棄せざるをえなかったのが近現代のイスラームで、これをかつての状態に引き戻そうというのが、現在のイスラーム世界を突き動かしている傾向ですが、とにかく三極の一つであるウンマが抜けているのは、この最近のイスラーム世界の政治的状況を反映したもので、決してイスラームの真の全体像を捉えているものとはいえません。具体的な現実と対峙する理解の拠点を作り上げることが、目下の私の中心的な関心なので、この点では狂いはないと思います。

イスラームの三極構造の分析は、この教えの宗教、法と倫理、社会の相互関連性を検討したものですが、これまではそれぞれの柱が、互いに関連することなく、個別的に分析されるだけという状況に止まっていました。したがってイスラームの本当に固有な点、その力強さが少しも理解されないままできた嫌いがあります。ところでこれらの三つの極が発する磁力を組み合わせてみると、実に数々の重要な発見がもたらされます。例えばその一つが、タウヒードについての理解でしょう。これまではタウヒードは、神の唯一性論と解釈され、その詮議は専ら神にのみ焦点が当てられてきました。しかしこれをシャリーアと結びつける観点からは、イスラームのいまひとつの重要なアスペクトが浮かび上がってきます。それは〈存在者の唯一性〉という観点です。あらゆる事象を唯一性の観点から検討するというのが、タウヒードの原義であり、この原則は全宇宙に、つまりあらゆる存在者に向けられなければならない。実はここが三大啓示宗教といわれる三つの姉妹宗教、ユダヤ教、キリスト教、イスラームの三つの教えの中で、イスラームを他の二つから明確に区別する重要な点です。

これまではユダヤ教、キリスト教、イスラームの間の相違についてはほとんど言及がなされてきませんでした。しかし神が唯一であることの意味が、最も端的に生かされているのが最後の啓示宗教といわれるイスラームの特徴でしょう。長くなりますので要点についてしか述べられませんが、要するにイスラームは創造者と被造物の間の関係を等距離に置いています。三つの啓示宗教はすべて、神は一つであるという点については同じですが、一番注意しなければならないのは神、つまり創造者と被造物との関係です。それがどのようなものであるかについては、先行の二つの教えはほとんど明言していません。しかしイスラームは、神の前で万物は等位にあり、万人もまた等位にあるとしています。万物は同じ神から創られているのだからその存在としての価値は等しく、その意味で等位にあるということです。すべての人間はバヌー・アーダム、つまりアダムの一族、アダムの末裔であるということになり、有情無情を問わず等位であるであるという存在論的な等位性が、この教えの世界観の中心をなしています。そしてこのような考えを基本にして構成された生き方の規範が、シャリーアなのです。ところでこれまでは、シャリーアの基本とはなにかといったことは何一つ言及されぬまま、すべてが説明されてきました。これではシャリーアの何たるかが分かるはずはないのです。このような存在論的な民主性について、ユダヤ教やキリスト教がきちんと述べたことはありません。

存在者のタウヒードという考え方は、イスラームのさまざまな思想、制度等いたるところに見出されますが、この考えからなにゆえに初期のカラーム神学者たちが、あれほど独特な原子論に執着したかという点も明らかになります。存在者は原子の段階からすべて異なっており、したがって万物は差異性そのものであるという確信は、イスラームの個体性に関する観法を極めて豊かなものにしています。それぞれの存在者は、完全に独自なものであり、この世に同じものは決して二つはないという認識は、あらゆるものに代理を認めないというこの文化圏に特有の世界観の礎となっています。ちなみにこの種の原子論を強力に展開していたのは、今戦乱で忙しいイラクの思想家たちです。彼らは特有の世界観の持ち主なのですね。

存在者のタウヒードには、三つの準則、つまりこれまでに述べた等位性、差異性のほかに関係性というものがあるのですが、この最後の準則もイスラーム哲学を理解するためにきわめて重要なものです。これまで専門家たちの間では、イスラーム世界における哲学的思索は、アヴェロエスで終わりを告げたということになっていました。なぜかというとこの時期の哲学は、実際にもラテン的世界に直接的影響を与えてきたし、彼らのメンタリティーにすれば理解に容易だったためです。西欧世界の人々は、自分たちにとって都合の良いものをしか理解しようとしない嫌いがあります。しかしイブン・アラビーという思想家は、極めて神秘主義的な傾向の強い思想家でしたが、その存在の一性論ですべての存在者における存在の通底性を強調しました。あらゆる存在者は、神によって与えられた存在を共有しているのです。この形而上学的な存在の共有の思想は、後に出たモッラー・サドラーによって存在の優位性の理論に組み替えられ、これが現代にまで引き継がれてくることになります。要するにあらゆる存在者は、その特異性そのままに、神から授かった存在を共有するという存在の優先性論が、この地域の哲学的思索の主流になるのですが、ここにアヴェロエス以降の思索の大きな発展が見られます。

イスラームの三極構造の一つの極であるタウヒードに関連する、存在者のタウヒードの三つの準則、つまり等位性、差異性、関係性についての強調は、他の二つの極との関連によって導き出されるものですが、これ一つをとってみても、イスラームの思想史のすべての過程を通観し、その細部を互いに一つに関連させるような視座を提供してくれます。存在の優先性論については、これまでほとんど研究者の関心の外にありました。論より証拠、この観点に則ったイスラーム世界の思想、とりわけ現代思想の成果については、何の研究も出ていないではありませんか。しかしここにこそ、今後のイスラーム思想の最も大きな可能性が秘められていると思われます。イスラーム世界研究における最大ミッシング・リンクがここにありますが、対象に即した研究の視線は、まだまだこの世界から大きな宝を引き出す可能性があると思われます。ちなみに私は最近、この線に沿った優れた著作を著した、アッ＝タバータバーイーの『叡智の基礎』という作品を翻訳し終えたところですが、アリストテレスの再解釈ともいえるこの作品の研究を通じて、慶應の若い方々がどんどん新しい研究成果を上げていくのではないか。この大学には優れたアリストテレス研究の伝統がありますから。

スーフィズム的なものから存在の優先性論への転換に関して、最も大きな役割を果たしたのはモッラー・サドラーです。ところでモッラー・サドラー研究の先鞭をつけたのが、H・コルバンと井筒先生だという点はここで強調しておく必要があるでしょう。両先生の基本的な関心は、勿論スーフィズムの方にありましたが、面白いことにお二人がかなり努力を注がれたモッラー・サドラーの『存在認識の道』の研究が、存在の優先論に関する重要なものであることです。両先生の思索と、その後のイスラーム思想の潮流を隔てていくのは現実世界への関心ですが、この点でなによりもタウヒードとシャリーアとの関連を見逃してはならないでしょう。神秘主義的な傾向の強いイブン・アラビーにしても、シャリーアに関しては、通常の法学者の観点とは違う角度からかなり積極的な関心を払っていますが、この辺は研究者たちが簡単に関心の外においてしまう問題です。別の言いかたをすれば、思想家たちの形而上学的な関心は、同時に必ず現実世界の問題と密接に関わっているのです。

例えばタウヒードは必ずシャリーアと関わってくる。例えば湯川君が訳しているマーワルディーのアフカーム・スルターニーヤ。あれはシャリーアの本ですが、それは他の二つの極との関連で捉えられなければならない。

湯川　それをいうとシャリーアとウンマの結合ですね。

黒田　そうですね。しかし人はあまりそういう風に見ようとはしない。シャリーアというとイスラーム法と訳されるのが一般ですが、そうなると今機能しているのはいわゆるアフワール・シャフシーヤだけだということになります。民法の分野に属する個人の身分法ですね。公法はほとんどヨーロッパ起源のものに取って代わられているから。このような事実を前提として、シャリーアというと、アフワール・シャフシーヤのことだけを対象として、それだけに関する大きな本を書いてそれで事足りるとする。ただしシャリーアというものは、本来このようなものではありません。イスラーム文明というのはいつでも、タウヒード、シャリーア、ウンマという三つのものが結合して機能している。当初はそれが最大限に機能していた訳ですが、それが次第に力が弱まり欠如体になってきますが、そのそれぞれは縮小されたかたちで存続しているのです。その場合でも三極の纏まりは、そのものとしてさまざまな次元で生き残っている。

シャリーアをイスラーム法と訳してしまうと、何か法的に規則化されたものだけが対象となるという危険性がある。しかしこれは先ず一人ひとりの個人が生きるための規範、ガイドラインなのであって、それは何らかの規則をはるかに超えるものです。そこで基本となっているのは、一人ひとりの個人が、力能、資質に相違はあるものの、すべて同じ権利を持つものであり、そのような者として他者と強調して生きることに努めなくてはならない、という存在論的な平等を基礎とした生き方です。要するにイスラームは、差異的な存在の平等を基礎にした民主主義ですが、このような観点からすれば、形式的に差異を消去して獲得される平等を基本にした欧米型の民主主義よりは、一段と根源的な民主主義であるといえるでしょう。個別的な存在者が持つ差異性は、簡単に消去されうるものではなく、しかし西欧ではこの差異は、ある種の価値判断の基に差別につながっていきます。西欧世界における、さまざまな文化的優越意識のように。

ところで先に述べたような根源的な平等意識を基礎にして、それを個人からさまざまなレヴェルの共同体に割り振ったのがシャリーアだということができます。シャリーアをこのように解釈し、それをアフカーム・スルターニーヤの理解に適用すれば、極めて多くの秘密を解くことができます。例えばカリフの存在の理解です。カリフとはアラビア語では代理人の意味です。ところでカリフという言葉には二つの使用法があります。一つは人間は神のカリフであるというものです。これは一人一人の人間は、すべて神の代理人であるという意味です。イスラームでは、すべての個人がそれぞれ直接の神の代理人なのです。ところでいまひとつの使用法は、神の御使いの代理人という用法です。実はこれが一般に知られている信者たちの長としてのカリフですが、ここで押さえておかなければならないのは、二つの用法における代理人性の問題です。一人一人の個人は、神の直接の代理人です。ところで人口に膾炙しているカリフは、神の御使いの代理人にしか過ぎません。このようにイスラームにおいては、個人は最終的にはいかなる存在によっても代理されない存在なのです。つき従わなければならないとしたら、一人の権力者としてではなく、シャリーアの担い手としてのカリフに対してであって、この場合強調はシャリーアにあるのであって、決してカリフという人間にあるのではない。

このような事実を西欧世界の場合と対比してみると、ことは明瞭でしょう。キリスト教の場合代理性は、社会構成の上で極めて大きな役割を演じています。イエスの代理をするのがペテロであり、その代理をするのが教皇といった具合に、教皇の権利が確立されていきます。そして神と民衆の間にあり、神と彼らの関係の仲立ちをする教皇の権利は絶対です。そしてこれにローマ法の独特の論理が組み合わさって、独特の王権論が出来上がってきます。この間の事情を良く物語っているのが、カントローヴィチの『王の二つの身体』でしょう。宗教が前面にあった場合は、人々はイエスの権威を代表している教皇に従わなければならない。しかしそれに代わって王権が強くなると、今度は王が神の権威の代表者として人々に君臨することになる。ここで重要なのは、キリスト教世界において代理者の手に委ねられる権威の絶対性です。これをイスラーム世界の場合と比べてみるとその相違は明らかでしょう。イスラームの場合カリフという支配者がいますが、彼の権威は実のところ各個人に劣るものなのです。人間一人一人が直接の神の代理人であり、信者たちの長という意味でのカリフは、預言者のカリフ、つまり神の間接的なカリフでしかない。この場合の代理性、代表者性とは、あくまでも相対的なものでしかないのです。この相違は、政治的支配者の質の相違ばかりではなく、彼によって統治される者たちの社会の構造の相違を示唆するものですが、残念ながらこのようなイスラーム社会の質的な相違についてはこれまでほとんど分析されることがありませんでした。

これは上代の話ですが、時代が下がるとヨーロッパでは国民国家が台頭してきます。経過を説明すると長くなるので割愛しますが、国民国家というのは、民衆の一人一人が国家に権利を委託するというかたちで成立するものです。この場合でも国家は、またその支配者は、このような成立の事情にかんがみ、各個人に対して絶対的な権限を持つことになります。その意思は個人の上に大きくかぶさって、その自主性を抹殺することに繋がりやすい。現在では公的なものはすべて国家に代表されていますが、果たして公的なものとは、そのような人工的なものによって代替されつくせるようなものでしょうか。現在の国民国家に関しては既にその大きな矛盾の数々が指摘されていますが、これについて再考するためにもイスラーム社会のあり方は示唆するものが大きいように思われます。その際に重要なのはなんといっても公共性の問題でしょう。

国民国家というものの最大の問題点は、公共性にあります。このシステムでは、すべての公私の関係が、国家対個人に還元されています。公的な問題点、矛盾は、すべて国家の責任であり、国家が解決すべきものであって、それで事足りるとしてきたのがこれまでの一般的な態度でした。ここに来てようやくNGOとか、NPOとかいった非政府的な機関が立ち上げられ始めていますが、これでは抜本的な問題解決にはならないでしょう。公的な次元は、そもそも個人がさまざまな対象と関わりを持つ多様な次元で現れてきます。それは早い話が夫婦関係から、家族関係、親戚縁者、小共同体、勿論国家のレヴェルを含めて、それ以上の範囲に及ぶまで、さまざまな規模、レヴェルのものがあります。しかし現在の国民国家では、個人対政府の関係だけが突出して、その他の関わりが問題となり、取り上げられる可能性がほとんどありません。これには勿論現在の経済体制が大きく関係していますが、最大の問題は国という抽象的な存在を基盤にした法的制度の問題が深く関わっているものと思われます。このような状況において、さまざまな共同性について、それぞれ固有な配慮がなされており、それに基づいて社会形成を行ってきたイスラーム世界のシャリーアの伝統の見直しは、極めて大きな展望があると思われます。これまで欧米のシャーリア研究は、強いオリエンタリズムの傾向からきわめて退嬰的なものでした。しかしここ二、三〇年来優れた研究が出始めています。W・B・ハッラータの著作、とりわけ『イスラーム法理論の歴史』などは出色のものでしょう。この領域の研究はまさにこれからです。

人間の作り出した文明と、その有効性にはさまざまな周期があるように思われます。これまでは明らかに西欧の世紀といわれるように、欧米的なものが優位に働くかたちで世界が推移してきました。しかしそれが異常な発達を示してきた結果、現在ではそれとは異質なものが有効に機能することが期待されつつあるのではないでしょうか。代理性、代表性の強調は、政治的、経済的覇権主義を生み出し、その結果さまざまな分野で少数の勝ち組と、大多数の負け組が生じてきています。現在早急に求められているのは行過ぎた代表性に歯止めをかけ、世界に調和ある均衡をもたらす努力ですが、その基本はすべての個体に、その権利を回復させる営みです。そのために必要なのはすべての存在者が存在を共有するという視点に立った、真の意味での民主制の復活でしょう。そのために最も大切なのは、異質の文化、文明の差異性に基づいた理解であり、この点で東洋的な思想の共時的な分析を行った井筒先生の業績は、われわれにとって大きな促しですが、その精神を継ぐ者として心がけなければならないのは、その中の固有なもの、例えばイスラーム、ないしはイスラームの社会、文化のより細部にわたる個性の抽出の作業にあるように思われます。

この点で重要なのは、既に西欧においても、自らの文化を相対化しようと試みる企てが力強くなされ始めていることです。フランスの思想家にピエール・ルジャンドルという人がいます。彼は西欧では未だに異端視されているようですが、ドグマ人類学というものを提唱しています。要するに彼は、中世以降のヨーロッパの発展はキリスト教とローマ法が合体してできた基礎に立って、自らのものだけが真理であるとして他を排除するようなかたちで世界を席巻してきた。しかしこれは欧米の一つのドグマであり、これを常態に戻さなければならないと主張しているわけですが、そのための対項として必要なのは、これと対峙する異質の文化圏の思想、制度等に関する客観的な研究成果でしょう。彼は異文化に属する人々が、自分たちの文化的伝統に即して、そのような視線から西欧の文物の洗い直しをするように促しているのですが、これはまた井筒先生が残されたわれわれに対するメッセージであるともいえます。先生の遺産は、先生の目線とは異なったところからも継承されなければならないのでしょう。

私は最近の『イスラームの構造』で、イスラーム、ないしはイスラーム世界を、その独自性に従って分析する一つの基本的な視座を提供しました。その三つの基本的な要素を、それぞれ互いに密接に関係付けることによって、思想は思想、宗教は宗教、歴史は歴史といった具合に別々に分析していたのでは、捉えきれないこの世界の実相がかなり明確に捉えられるようになりました。これによってちりぢりばらばらに蒔き散らされていたさまざまな細部に、ある意味での統一が可能になった思いがします。例えば湯川君の研究されているマーワルディーの本ですが、これまでこの著作はかつてのカリフ性に対する思い入れから書かれた、現実性のない著作として研究者から敬して遠ざけられるといったかたちで関心の外に置かれ続けてきました。しかし彼が書いているこの種の体制は、潜勢的にこの世界に存在し続けてきたものです。そしてそれは長らく人々から忘れ去られていましたが、イラン革命以後その現実的な性格が一挙に明らかになったといえるでしょう。イラン革命はカリフ制を標榜している訳ではありませんが、この著作はイランの現体制が意図する重要なアスペクトを極めて明確にしてくれるものです。現に存在しないが、いずれは復活するであろうものを想定することも、優れた地域研究者にとっては重要な課題です。イスラーム世界のように、かつて華々しい伝統を持ち、人々が今なお強く昔のものに固執するようなかたちの文明圏を研究するためには、その底に流れる基調低音の実態を探るということは、欠かすことのできない作業です。そしてそれは単に過去の洗い直しに役立つばかりでなく、先に若干の指摘を行ったように、現在われわれが抱える難問の解決のためにも示唆するところが大きいといえます。井筒先生の残された遺産は極めて大きく、われわれの開拓すべき領域はまさに広大です。

セマンティック・アナリシスは、原典に外部からのいかなる観点の負荷も与えることなく、典拠の原意をそれ自体として抽出する最も客観的な分析法です。井筒先生は言語論的な意味論的分析によってクルアーンを分析することによりイスラームの聖典の客観的解明に努め、大きな成果をあげられました。そしてこの技法を思想的な分析に活用することにより、イスラームの信仰の構造の基本的な解明といった優れた業績を残されたばかりでなく、その方法をさまざまな東洋の思想に応用することにより、東洋の諸思想の体系化という前人未到の企てに挑まれました。その際に保留されたのは、イスラーム的観点からすれば、この世界の歴史的・社会的分析です。この文明は当然、独自の具体的な歴史を体験しており、その創り上げた伝統はさまざまな文化、社会的足跡を残しています。この伝統は今なお強烈に生き続けているのであり、このような側面に関する認識を欠いてはイスラームの解明は完了しません。先生の衣鉢をついだわれわれは、今後井筒先生の Philosophical semantic analysis を補完するかたちで Social semantic analysis といった手法で、この世界の分析を展開するつもりです。イブン・ハルドゥーンを始めとしてこの世界には、この面で注目に足りる業績をあげた人材には事欠きません。

湯川　ありがとうございました。今お話いただいた中で、最後にうかがおうと思っていたこともお話いただけました。井筒先生に触れ、そしてご自分の道を開いて研究をなさって、そして井筒先生が築かれたところから出発し、独自の道を歩んでこられた黒田先生自身として次世代に何を伝えるか。イスラーム研究あるいはもっと一般的な人間の社会と文化を伝えるためにどうするのか。一般化された言葉で言うと、物事をばらばらに考えるな、お互いの関係とか、重層・錯綜しあっていることをしっかり見なくてはいけないのだと、そしてその中で重要な要素を見極めてその関連を見なければならない。イスラームそのもの、あるいは現実の世界を見るときに、それを単に過去のものとして見てはいけない、生きているものとして見なければいけない。その見るときに、キーとなるタウヒード、シャーリア、ウンマの三つの概念をしっかり押さえておく。しかもそれをばらばらではなくてつなぎ合わせて考える。それはなくなってしまったわけではなく、実は生きている。イスラーム研究への非常に大きな示唆だと。イスラーム研究というのを、われわれは時代錯誤の古臭い、いまさら通じないものだという偏見に捕われているが、ところがイスラームの基本的なものの考え方が現実には社会の中でわれわれが知らない形で生かされている。そこをもっとよく研究し理解すべきである。多分そういうメッセージが込められていたと思います。本当に今日は二時間の長きにわたってありがとうございました。

鎌倉、軽井沢、テヘラン

岩見隆 ― インタビュアー：高田康一＋尾崎貴久子

岩見隆氏は井筒俊彦という偉人に魅了され、直接教えを受ける幸運に恵まれた。それは数年で終わりをつげることになるが、岩見氏はそののちも井筒氏の影響を受け続けている。その間のことは、インタビューを見られたい。

その後の岩見氏について略述しておく。

岩見氏は、井筒氏の勧めで留学先として選んだイランに、一〇年以上滞在した。その間につちかったアラビア語とペルシア語の能力は、岩見氏の大いなる武器となった。帰国してからの岩見氏は、その能力をフルにいかして、後進の指導にあたった。インタビュアーを務めた高田、尾崎がアラビア語を教える立場につけたのも、岩見氏の薫陶あればこそである。私たちにとって幸いなことに、岩見氏は熱心な語学教育者であった。やる気のある者には、正規の授業とは別に指導してくださった。高田は一五年以上にわたってその恩恵にあずかった。他大学の学生でも来る者拒まずで、その教えを受けて、第一線で活躍している者も多い。

岩見氏の学問的貢献としては、多くの翻訳のほかに、一流のビブリオグラファーとしての側面をあげたい。帰国後まもなく、『日本国ペルシア語文献所在総目録』（一九八三―八五年）の編集にかかわる。慶應義塾大学に寄贈された井筒文庫の目録（『井筒俊彦文庫目録　アラビア語・ペルシア語図書の部』二〇〇三年）も、もちろん岩見氏の手になる。井筒氏の著作目録も手がけた。

これに止まらず、岩見氏にはもう一つ大きな学問的貢献がある。それは革命後の混乱期に苦労してイランから持ち出した膨大な書籍である。それらは現在、岩見コレクションとして、財団法人東洋文庫に収蔵されており、岩見氏はその目録も自ら編んでいる（『東洋文庫所蔵岩見コレクション目録』一九九六年）。

岩見氏はその学問的生涯を通じて、縁の下の力持ちの役割に徹しているといえよう。

このインタビューは二〇〇六年一一月四日、慶應義塾大学三田キャンパス内の一室で行われた。

（高田康一）

高田　今回は大学院時代よりアラビア語を教えていただきました、私たちの師である岩見隆先生に井筒俊彦先生との交流について、先生の学問・人格から個人的なお付き合いなどまでお話しいただきたいと思います。よろしくお願いいたします。井筒先生についての私的なお話をお聞きするということが今まで私どもにもありませんでしたので、このような機会をもてましたことを非常に嬉しく思います。

まずは、井筒先生の個人的なエピソードについて、岩見先生との交流を通してお伺いしていきたいと思います。その後に井筒先生の研究生活について、主に語学、著作・翻訳、海外との交流、井筒文庫などを通してお話をお聞きしていこうと考えています。本来ならば初対面のことからお伺いするのが常道なのでしょうが、ここでは井筒先生に出会う以前にまで時間をさかのぼって、井筒先生の噂と申しますか、初めて先生のお名前を耳にしたときのことなどお聞かせ願えますでしょうか？

初めて井筒先生の名前を耳にしたとき

岩見　私が文学部二年生のとき日吉から三田へ移った頃でしょうか。恐らく一九五九年でしょう。その年の四月から牧野信也先生のアラビア語講座が開講されまして、私はその授業を受講していました。生徒の中には東洋史の先輩にあたる家島彦一さんもいらっしゃって、そこでアラビア語学習を始めると同時に井筒俊彦という名前に出会いました。当時講座で使っていた教科書が、井筒先生が言文研からお出しになった『アラビア語入門』だったものですから、否が応でも先生の名前は聞かずにはおられなかったというわけです（笑）。

高田　なるほど（笑）。それが岩見先生にとってのアラビア語事始だったというわけですね？

岩見　そうです。先生の名前を知ったと同時にアラビア語を始めたわけです。

高田　初対面の話題にいくまでにもう少し伺いたいことがあるのですが、それに先立つ一九五七―五八年に井筒先生の『コーラン』の初版訳などが出版されていますね。それについては何か記憶はございますか？

岩見　そうでした。それを考えると私がまだ日吉にいた時、つまり学部の一年生のときですが、クルアーン（コーラン）の翻訳を日吉に向かう東横線の中で読んだ記憶がありますから、なにを思いついたかわからないけれどそういうものを読み始めたのでしょうね。最初に『コーラン』を読んだとき、まず文章が非常に面白いと感じました。

尾崎　その『コーラン』の訳者である井筒先生が慶應におられるということは、当時まだご存じなかったのでしょうか？　お知りになったのはいつですか？

岩見　ちょっとそこの所ははっきりしませんね。

井筒先生との初めての出会い

高田　『コーラン』については後ほど詳しくお聞きしたいと思いますが、井筒先生と初めてお会いになった時のことを教えていただけますか？

岩見　私が先生に初めてお目にかかったのは、アラビア語の学習を始めてからだいぶ時間が経ちまして、多分先ほどお話しした学部時代から五年ほど経った頃です。だから一九六四年頃でしょうか。当時、東洋史専攻の中心的な教授で文学部長も務めていらっしゃった松本信広先生という方がいらっしゃいましたが、言語文化研究所の所長もしておられたんですね、その方の計らいであったと記憶しています。松本先生は何かをきっかけに家島さんと私を井筒先生に会わせてやろうとお思いになったんでしょうね。そこで用事を作ってくださいまして、言文研の出版物を井筒先生の元にお届けするようにと言われました。それである日の夜、西荻窪の先生のご自宅にそれを持って二人で伺ったわけです。それが初めての出会いでした。

高田　一九六四年といいますと、岩見先生がもう大学院にいらっしゃった時でしょうか？

岩見　ええ、そうです。

高田　そうすると、それまでは井筒先生と面識もなければ、授業をお受けになったこともなかったということですか？

岩見　ええ。まあ東洋史に籍を置いていたので先生のお話だけはよく伺ったんじゃないかとは思いますが。当時井筒先生は黒田さんなどに授業されていて、アラビア語を読んでおられたようですが、私がその授業に出るということはなかったです。と申しますか、どういう風にすればその授業に出られるのかも知らなかったんです。

高田　そこに加わるきっかけがなかったということでしょうか？

岩見　そうですね。だから松本先生はそういったきっかけを作ってやろうとお思いになったのかもしれません。

高田　なるほど。当時アラビア語の学習は牧野先生のもとでお続けになっていらっしゃったんですか？

岩見　はい、ただ当時の私のアラビア語学習について言えば、私はいい加減だったものですから、週一回その授業の前の日に予習するだけであとは全く勉強しなかったな。そして教科書として使っていた『アラビア語入門』なんですが、あれはとてもいい本なんですけども、なにしろ当時の出版事情のためにアラビア文字が非常に少ないんですね。ほとんどローマ字でした。だからことにアラビア文字を読めるようになるまでには随分時間がかかった記憶があります。

高田　井筒先生にお会いになった当時ですが、アラビア語学習を始めてからだいぶ時間が経っていますので、もうすでに『アラビア語入門』を終えて他に何かテキストをお使いになっていらっしゃいましたか？

岩見　牧野先生のアラビア語講座ではお願いすれば何でも読んでくださったものですから、なんだか随分色々なものを読んでいただいた記憶があります。例えば、ハリーリーの『マカーマート *Maqāmāt al-Ḥarīrī*』、ムバッラドの書いた『カーミル *al-Kāmil*』の一部など、あとスィーバワイヒなども読みかけたんですが、あれは全然歯が立たなくて途中で断念しました（笑）。

高田　始めるにしてはなかなか辛いというか、難解なものを読んでいらっしゃったんですね（笑）。その授業には他に学生さんはいらっしゃいましたか？

岩見　授業は家島さんと私、あとは英文科の学生の方がおられて、その方はよくお出来になったんですが、卒業して就職ということで最後まではおられなかったですね。
尾崎 その頃お使いになられていた辞書と文法書は？
岩見 文法書は私にとっては『アラビア語入門』だけで十分でした。もちろんライト（Wright）も使いましたが。辞典は、戦時中日本で復刻版が出たスタインガス（Steingass）を使っていました。ハンス・ヴェーア（Hans Wehr）が欲しかったんですが、当時は値が高くて手が出ませんでした。
高田 では、いよいよ本題と言いますか、西荻窪での井筒先生との初めての出会い、先生の第一印象などについてお聞かせ願えますか？
岩見 先生にお会いする前には、なにしろ語学の天才、ものすごく偉い先生で、しかも非常におっかないという話を聞いていましたので、一体どうなることかと思っていました（笑）。しかし、そうですね、初めての時の印象と言いますと、実際お会いしてみるととてもニコニコしていて、優しくしてくださいました。先生はお家へ帰ると和服にお着替えになるんですね。だからあの時も着物姿でした。それでこちらが非常に怖気づいているものですから、あちらからいろんなことを話しかけてくださいました（笑）。その晩は井筒先生の奥様が焼いてくださったとても美味しいビーフステーキをいただいたことを憶えております（笑）。

井筒先生の授業

尾崎 お会いした直後から先生の授業が始まったのでしょうか？

岩見　それがすぐ授業に結びついたというわけではないですね。というのは、たしかその用事で井筒先生を伺ったのが秋くらいだったと思うんです。ちょうど先生がマギルの方へ行かれる前ですね。だからお会いしてすぐ先生は日本をお発ちになったのだと思います。なので、その次お目にかかったのは恐らく翌年の春だったかな。

高田　そうすると、授業を取るきっかけと言いますか、教えていただけるようになるきっかけというようなものはいつ？

岩見　多分初めてお会いした時に何か先生の方から授業に関してお話をいただいたんではないかと思いますよ。やる気があるなら何かやろう、というようなことをおっしゃったんじゃないかな。

高田　そしてその翌年には授業を受けられたと。それは正規の授業だったのでしょうか？

岩見　正規の授業であったかどうか、単位をいただいたかどうかなどはよく憶えていないですが、授業は毎週火曜の午後三時くらいから五時くらいまででした。今は大学院校舎になってしまいましたが、昔あそこに言語文化研究所の建物がありまして、その二階にあった哲学の松本正夫先生のお部屋を使って授業をされていました。

高田　テキストはどういったものを？

岩見　最初のテキストはアラビア語ではなくて、フランス語を読みました。ギャルデとアナワティーが書いた『イスラーム神学入門』というパリで出版された本の、とくに歴史的な叙述の部分を読みました。

高田　その授業に出られていたのは？

岩見　参加者は早稲田から仁戸田六三郎先生のご紹介で松本耿郎さんがいらっしゃって、それからこちらは家島さん、そして言語文化研究所の先生で哲学が専門の牛田徳子先生も特別参加されました。

高田　松本耿郎先生などにとっても、そのあたりがアラビア語に触れられた最初のきっかけだったのでしょうか？

岩見　だと思いますね。もちろん読んでいたのはフランス語ですが、先生がお話しになる時はアラビア語の話が出てきますから、そういうことに直接触れられたのはそれが初めてだったのではないかと思います。

高田　テキストを選ぶということに関しては、井筒先生の方の一存だったんでしょうか？　加えて、それ以降のテキストはどのようなものをお使いになりましたか？

岩見　テキスト選びはおっしゃる通り先生の一存でした。これをやるから次までにやってこい、という風に。それ以降のテキストと言いますか、その年、つまり一九六五年のことですが、その間は『イスラーム神学入門』だけで授業を終わったと思います。

尾崎　当時先生は修士課程の三年生、でしょうか？

岩見　そうです。私は修士課程に三年間在籍しましたので。その一年間は井筒先生の授業を受けました。

尾崎　翌年からの授業はどのようなことをなさったのでしょうか？

岩見　翌年からはアラビア語を読みました。翌年はガザーリーの『キターブル・イクティサード・フィル・イゥティカード *Kitāb al-Iqtiṣād fī al-Iʿtiqād*（信仰の中道）』、中村廣治郎さんが『神学綱要』という題で訳されている本ですね、それを読みました。あれの序文から読み始めたんですが、なにしろ少しアラビア語が分かるだけで、スコラ哲学の議論の仕方とか言葉の使い方とか全然知らなかったものですから、非常に苦労しました。一言訳す都度、全部先生に直されましたね（笑）。

高田　その授業に出られていたのはどなたですか？

岩見　メンバーは前回と基本的に変わっていないと思います。家島さん、松本耿郎さん、牛田先生ですね。テキストも同じように井筒先生が選ばれました。

尾崎　テキストはどういったペースで進んだんでしょうか？　例えば、どうなんだ、と先生に言われて生徒が考えこんでしまう時間が長かったのか、それとも、各単語について片っ端から直していくといった先生のご講義に主として時間が割かれたのか、など。

岩見　進み具合については、一日に何行、という単位だったかな（笑）。ことに最初のうちは。授業の進め方について言えば、色々先生にお話しいただいて、それで時間がかかったということももちろんあります。要するに単語についての説明などです。ただもう一つには、やっぱり私たちの訳がどうしようもなかったということが言えます。テキストを読んでは訳すという方法で授業は進んでいったわけですが、読みの段階でまず先生に訂正され、翻訳の段階で一語一語ごとに全部訂正を加えられるわけです（笑）。

これは黒田壽郎さんや牧野先生の話も伺ってみないと分からないことですが、先生はお訳しになると、例えば私が当たっている時にですね、私がアラビア語を読んで訳して、先生はアラビア語はお読みになられませんでしたけども、訳についてもう一遍ご自分の解釈をおっしゃるんですね。そして、私にそれを「繰り返せ」というふうに命じられるわけです。それでその時に一言でも先生と違うことを言うと、もう一遍最初から繰り返しをさせられました。つまりなんと言いますか、先生は「このアラビア語とこの日本語が完全に一体なんだ」という感じを重視されていたように思います。

高田　なるほど、復唱させたというわけですね。しかし『イクティサード』なんていうのはやっぱり難しいテキストだと思うんですけれども、その授業は一体どれくらい続いたんでしょうか？

岩見　春から始まって、先生が秋にマギルに行かれるまでですから、四月の終わり、もしくは五月初め頃から七月初めくらいまでですか。あの頃先生は夏の間、軽井沢でお過ごしになっていましたから。

高田　それもやはり正規の授業とは別だったのでしょうか？

岩見　確かそれは大学院の正規の授業で、セム語比較文法学といった名前がついていたように思います。

高田　当時井筒先生は他にどんな授業をされていたのでしょうか？　あの有名な「言語学概論」などを担当されていた頃ですか？

岩見　いえ、「言語学概論」はすでに終了していました。私は「言語学概論」は井筒先生のではなく、鈴木孝夫先生の方を受講しました。

高田　そうすると、井筒先生の学部の授業などをお受けになったことはないということですか？

岩見　いえ、全くないです。当時はそういった意味で普通の授業は教えてはおられなかったと思います。先生が三田でされた授業は、少なくとも一九六五年から六六年の間は、その火曜日の午後の授業を週一回だけだったと思います。

高田　そうですか。では先生が日本にいらした間の授業としては、それがずっと続いていくわけなのでしょうか？

岩見　そうですね。ずっと『イクティサード』を読み進めていきました。二、三ヶ月は続いたんじゃないかと思うんですが、一日に数行ほどしか進まなかったので、最終的にはアラビア語の文章をA4判で三、四ページほどしか読めなかったんじゃないかな。序文も終わらなかったですよ。それで、マギルへお発ちになる時には翌年も同様のテキストを続けるとはおっしゃらなかったですね。というのは、『イクティサード』のテキストには問題があるから、と先生はおっしゃっていました。その次は、カラーバーズィーのスーフィズムの研究がありますが、それを各自用意しておくようにと言われました。テキストは一誠堂を通じてバグダードのムサンナーという本屋に注文を出しまして、何部かそれを送ってくれるよう頼みました。

高田　各自用意しておくように、というのはある意味でそういうことを敢えてさせた、ということでしょうかね。

岩見　本のことも知っておいた方がいいと思われたんじゃないでしょうか。

高田　この年が、岩見先生にとっては井筒先生とのアラビア語元年というわけですね？　では翌年以降の授業に関してはどのようなことをされたんでしょうか？

次の授業

岩見　その翌年以降どうなったかというと、でも確かカラーバーズィーはやらなかったんですよ（笑）。他のことをやったと思います。結局使用したテキストはイブン・スィーナーの『キターブル・イシャーラート・ワッ・タンビーハート *Kitāb al-Ishārāt wa al-Tanbīhāt*（指示と勧告）』という本の、ナスィールッディーン・トゥースィーによる註がついたものです。恐らくあれを論理学から読み進んでいって、その翌年には同じ本の形而上学の部分を読んだと思います。

高田　三年間のアラビア語講座を通じて、出席者の皆さんの顔ぶれはやはり前と変わらなかったんでしょうか？

岩見　そうですね。

高田　これは後にもお聞きすることになるかと思いますが、岩見先生が論理学というものに興味をお持ちになったきっかけというのが、この井筒先生の授業だったとお考えですか？　つまり、イブン・スィーナーの『イシャーラート』の論理学の部分をお読みになったことが、後の論理学への関心の始まりだったと言えますでしょうか？

岩見　正直なところを申しますと当時本の内容は私にはよく分からなかったんですよ（笑）。ただ、ああいう議論の仕方ですね、それは非常に面白かったです。ただし、それも自分で理解できた上で面白かったというのではなくて、井筒先生が全部説明してくださるわけですよね。その説明を聞いているのが面白かったです（笑）。

高田　ですと、後に論理学をされる直接のきっかけというわけではなかったと？

岩見　そう思います。

尾崎　井筒先生のこういったテキスト選びの意図というのは、やはり岩見先生のことを考えた上で、ということでしょうか？

岩見　いえ、受講者は私だけではなかったので。牛田先生もおいでになっていましたから。当時牛田先生はイブン・スィーナーで博士論文を書かれていて、もちろん私たちよりもっとアラビア語がお出来になったし、またイブン・スィーナーということもあって、先生はそのことも考慮に入れてお考えになったんではないでしょうか。

軽井沢での授業

高田　そのような授業がその後もずっと続いたというわけですね。

岩見　はい。ただ、一九六七年に井筒先生はエラノスの方に初めていらっしゃって、確かその翌年くらいから様子が変わったんだと思います。というのは、エラノスへ行かれた年くらいからですね、先生の方から夏に軽井沢に来いというお話がございまして、一番最初の時は恐らく一九六六年くらい、つまりアラビア語を読み始めた頃、ちょうど夏の八月頃だったと思いますが、家島彦一さんと軽井沢のお宅へ伺いました。その時は公営の宿泊施設に泊まって、それでお宅を訪ねた翌日先生ご夫妻と一緒に軽井沢の山をハイキングした記憶があります。そういうことがあって、その翌年くらいからですね、夏に軽井沢に来れば教えてやるから、ということで先生のお宅に伺い始めたわけです。

その頃からだんだんアラビア語だけではなくて、漢文も読むようになりました。アラビア語の方は、例えばイブン・ヒシャームの文法学の入門書を読みました。が同時に漢文も読むということで、朱子の『近思録』などを読みました。

高田　それはどのように読み進めていったんでしょうか？　また辞典については、先生からの指示などはありましたでしょうか？

岩見　漢文に関して言いますと、確か読み下しがついていましたが、予習としてまず辞典を引いて単語を調べていって、先生が漢文を訓読されていくという形で授業は進みました。少なくとも我々の時代までは漢文は必修科目だったので、ある程度辞典のことなどは知っておりましたから、先生から特別に指定を受けるということはなかったですね。

高田　ではアラビア語は主にどのような辞書を使っていたのでしょうか？

岩見　アラビア語は相変わらずでした。主に使用したのはスタインガスと、丸善を通じて入手したハヴァ（Hava）です。高額な辞書もありましたから、特にこれを使えというような指示はありませんでした。

尾崎　授業の時間帯はどうだったのでしょうか？　また、一回の授業では主にアラビア語と漢文をされていたのですか？

岩見　午後三時から始まって、五時半、六時くらいまでだったと思います。この間は先生に本当に色々なことを教えていただきました。そういえば実存主義に関する英語の著作を読んだ憶えもあります。

高田　その軽井沢での自主授業に参加されていたのは、どういった方たちだったんでしょうか？

岩見　私とあともう一人、東洋史の学部の学生さんがいらっしゃいました。

高田　その軽井沢での勉強は具体的に何月から何月まで続いたのでしょうか？

岩見　大体七月の中頃くらいから九月末、あるいは一〇月初めくらいまでだったと思います。

尾崎　随分長いですね。土日の休みはあったのでしょうか？

岩見　休日というのはあったかな。多分日曜日くらいはあったのかもしれない（笑）。

尾崎　例えば、アフターファイブにテキストを離れて先生と時間をお過ごしになるというようなことはありましたか？

岩見　先生はよく私たちをいろいろな所に連れて行ってくださいました。

尾崎　それは車などで？

岩見　そうですね。先生ご自身は車は運転されませんでしたが、雇った車で連れて行ってくださるということもありました。

尾崎　そういう時は一体どのようなお話をされたのですか？

岩見　そういう時にちゃんと勉強の話を伺っておけばよかったんでしょうが、私はそういうことは全然だめで、ごく俗世間的なことをお話したような気がします。ただ先生は、そういう時によくあちらの偉い方のことをお話しになっていましたね。

高田　それは具体的にはどういった？

岩見　例えば、キャントウェル・スミスさんのことなどをお話しになりました。

高田　ちょうど時期的にはまさにその頃は *God and Man in the Koran* や *Ethico-religious Concepts in the Qur'-*

ān や *A Comparative Study of the Key Philosophical Concepts in Sufism and Taoism* などを執筆されていた時期にあたると思われますが、そういうようなことは後になって感じたことなどはありますでしょうか？

岩見　どうでしょうか。

尾崎　例えばその時執筆されている対象についての感慨や、ちょっとしたお考えなどをお話になることなどは？

岩見　いいえ、それはなかったと思います。当時先生が執筆中の仕事に関して匂わせることはなかったですね。

高田　軽井沢での勉強は何年ほど続いたんでしょうか？

岩見　一九六七、六八年の二年間だと思います。つまり先生が春を慶應で過ごされた後、秋には客員教授としてマギルへ行かれていた頃ですね。

高田　では、先生からカナダについてのお話が出ることなどもありましたか？　例えば、いまキャントウェル・スミスさんのお話なども出ましたが、そのようなことを話題にされたりだとか。

岩見　そうですね。モントリオールはとっても寒い所だっていうお話はありましたが（笑）。あとあそこはフランス語圏だということで、そういう意味で面白いともおっしゃっておられた。

六九年以降――マギル・テヘラン支部へ

高田　それで、一九六九年から井筒先生がマギル・イスラーム研究所のテヘラン支部に移られるということになりますが、そこからの関わりについて何か思い出していただけますでしょうか？

岩見　それ以降先生はテヘランとモントリオールを行き来されていたと思います。

高田　では井筒先生との付き合いということに関して、一つの転機であったと言えますね。先生がお移りになった後ですが、先生との関わりと言いますか、お付き合いというのは？　連絡や指導などといったことはあったんでしょうか？

岩見　ちょうど一九六九年というと、先生が西荻窪から終生のお住まいとなる鎌倉へ引越しされた年だと思います。あの年の夏先生は日本にはいらっしゃいましたが引越し作業で結構お忙しかったんではないかな。ただその翌年からは基本的にモントリオールの方におられました。

七〇年——イランへの留学

高田　一九七〇年には岩見先生ご自身がテヘランへ留学されていますね。留学に至る経緯などお聞かせ願いますか？

岩見　一九七〇年というと大阪で万博がありまして、そこにセイイェド・ホセイン・ナスルという先生が講演にいらっしゃるということで、井筒先生からナスル先生を紹介していただいたんです。

高田　紹介というのはどのような形で？

岩見　講演会のために来日されていたナスルさんご夫妻を大阪から鎌倉のお宅までご案内するように先生に言われたのがきっかけでした。あれは七〇年の夏のことだったと思いますから、当時井筒先生も日本の方におられたということです。とにかく、その後ナスルさんを通じて大使館へ紹介していただいたというのが留学に至る経緯ですね。

高田　イラン留学に関してはそれ以前からもうすでに考えておられたということでしょうか？　もしくは、いつ頃からイランに関心を持たれたのですか？

岩見　ある先生にアラビア語を習っていたんですが、留学する気があるなら紹介してやるから、とおっしゃっていただいたんですね。その留学先というのがサウジアラビアだったんです。そのことを井筒さんにお話ししたら、それはやめておいた方がいいと言われました。サウジアラビアで今教えているような人は大体エジプトの大学を出たエジプト人ばかりで、それなら直接エジプトに行った方がいいだろうと。留学に関しては考えていましたが、先生にもその件に関してご配慮いただいたわけです。先生はアラビア語をやるならイランがいいとおっしゃいました。マドラサ、つまりイスラーム学をやるための旧式の学校の伝統がまだ生きて残っているから、どうせ勉強するならそういう所へ行った方がいいと。

高田　そうすると基本的には井筒先生の指導に従ってイランにいらっしゃることになったということですね。その頃には留学にいらっしゃって、何か勉強の対象ということに関してはお考えのようなものはございましたか？

ジャーヒリーヤの詩とスコラ学

岩見　初めて軽井沢に来てみないかと言われた時に、アラビア語だったら二つやるものが考えられると先生はおっしゃいました。一つは、ジャーヒリーヤの詩をやるか、さもなければスコラ学をやるか、つまりイブン・スィーナーを読むかということです。勉強の始まる確か二、三週間前でしたが、どっちか一つ選びなさいと言われました。というのは、両方いっぺんにやるのは無理だからと。そこで、さっきもすでに申し上げましたが、非常にごちゃごちゃした難しいスコラ的なやり方に惹かれたということもあって、結果として後者の方を選びました。そんなこともあって、そういう伝統が今でも実際に生きている、そういう所で、よく出来る学者の近くにいる方がいい、と先生はお考えになったんじゃないかと思います。

尾崎　牧野信也先生も井筒先生が色々な学問についてお話になっておられたとおっしゃっていましたが、先生もジャーヒリーヤ時代の詩に関してのご講義はずっと受けておられたんでしょうか？

岩見　いえ、受けていません。ただ、ブスターニーという人が書いたジャーヒリーヤの詩に関するちっちゃい本、あの『ラーミーヤトゥル・アラブ *Lāmiyat al-ʿArab*』の解説も含んでいる本ですが、あれを渡されまして、詩についてはこれを読みなさいと言われました。そうすればある程度の概要が分かるから、それで考えなさいと。しかしあれは難しい本ですね（笑）。

尾崎　牧野先生も『ハディース』の後ろの月報にお書きになっていますが、井筒先生のお話しにならなれる学問の様々なことがみんな面白くて、何かをやってみたいという気にさせる、と。岩見先生にもたくさんの学問のことをお話しになられたということですね。

高田　しかし常識から考えると、ジャーヒリーヤかイブン・スィーナーを選べというのも、すごい選択だとは思いますが（笑）。

尾崎　本当に色々なお話があった中で、最終的にこの二つが残った理由について、先生には何か思いあたるようなことはございますか？

岩見　ジャーヒリーヤの詩は、お亡くなりになるまで先生がずーっと関心を持っておられたテーマなんです。というのは、亡くなられた時お机の上に、『ムアッラカート』の注釈書がありました。だからつまり、何か時間が出来ると一〇分でも一五分でもそういうものを読んでおられたようですね。だからジャーヒリーヤの詩というのは恐らく先生にとって生涯の問題だったんではないでしょうか。

ペルシア語の準備

高田　留学に先立って、準備と言いますか、ペルシア語学習というのは先生ご自身どのようにされていたのですか？

岩見　全然していなかったというわけではないですが。東大の駒場にイラン人の留学生の方がおられたので、その方にペルシア語を教えていただいたというようなことはありました。しかし、私はそういう意味で全然どうしようもなかったんです。と言いますか、ペルシア語に関してよく知りもしなかったんです。

高田　では、授業などでペルシア語を読まれるといったことはなかったということでしょうか？

岩見　そうです。講座を受講するということはありませんでした。そういえば、黒田壽郎さんにラムトンの *Persian Grammar* の練習問題のところを読んでもらったりしました。それから東京外国語大学のペルシア語学科の助手をされていた山田稔さんという方に来ていただいて、恐らくこれもまたラムトンあたりのテキストをやっていただいたんではなかったかな。

尾崎　そうしますと、当時はアラビア語を学ぶよりも、ペルシア語を学ぶ方がすごく大変だったということでしょうか？

岩見　慶應ではそうだったですね。当時ペルシア語の授業がなかったものですから。

高田　その当時、イランに対するイメージと言いますか、留学を目前に控えて不安などはございましたか？

岩見　不安は不安でしたね（笑）。

尾崎　井筒先生からは、イランはこんな国だ、他のアラブの国々はこんな国だと、先生ご自身の体験談のようなものをお聞きになったりはしましたか？

岩見　イランには学問の伝統が生きているといったことはお聞きしましたが、食べ物、生活様式、人柄などといったことに関してお話を聞いたことはなかったですね。

高田　では、とにかく井筒先生に従ってイランに行ってしまえば、学問の伝統にのって何とかなる、というお考えだったんでしょうか？（笑）

岩見　そういう先の見通しというようなものは一切なかったですね。私自身いいかげんな人間ですので、期待を抱いたとしてもさして不安に感じることはなかったような気がします。

イラン時代

高田　それで実際イランに発たれて、それでそこに井筒先生もおられたわけですよね？

岩見　そうです。まず何と言っても、何も用意しない状態で行ったものですから、なにしろ一言も喋ることも出来ないし聞くことも出来ない、といった状態が随分続きましたね。

高田　その間は、学校なり、個人的なレッスンを受けるなりされていたのでしょうか？

岩見　いえ、結局ペルシア語の勉強は専ら大学の中でやりました。テヘラン大学の文学部内に設置されていた外国人向けのペルシア語・ペルシア文学コースを受講しました。テヘラン大学にいる六年間の間はずっとそこに所属していました。

高田　それは初歩からのコースもあったのでしょうか？

岩見　ええ。一応マスター（修士課程）とドクター（博士課程）を対象とするペルシア語コースでした。アメリカ、フランス、ドイツ、オランダ、しかし何と言っても多いのはパキスタン、インド、トルコ、アラブなどですが、とにかくありとあらゆる国の生徒が集まっていましたね。他の課程に移るまでの予備段階としてのクラスでした。

高田　一九七〇年から七六年までということですが、その間他にはどういったことをされたんですか？

岩見　その間知り合った先生としては、井筒先生の同僚であったメフディー・モハッゲグというテヘラン大学の教授を勤めている方にお会いしました。同時にマギル・テヘラン支部の所長を務めていた方ですが、彼がテヘラン大学のマスター、ドクターに所属している生徒たちに請われて研究所内で行なっていた授業に参加したこともあります。授業の中心メンバーだったのはテヘラン大学のペルシア文学科の学生たちでした。

高田　具体的にはそこでどのような講義が行なわれたのでしょうか？　また授業はどの言語で。

岩見　アラビア語の本を読みました。憶えているのは、ファーゼル・メクダードという人の『シャルフ・アル・バーブル・ハーディヤ・アシャル *Sharh al-Bāb al-ḥādiya ʿashar*』というシーア派神学の本がありますが、それを読みました。もとはヒッリーという有名なシーア派ウラマーが書いた『アル・バーブル・ハーディヤ・アシャル（第十一章）』という神学の本にメクダードが注釈を付けたんですね。小さな本です。モハッゲグさんが非常に好んだ本でした。授業の使用言語はペルシア語で、生徒の方もペルシア語で解釈を述べてモハッゲグさんに聞いてもらうというような形式でした。

高田　それは留学してから何年目のことですか？

岩見　あれは留学から三年ほど経ってからだったと思います。それまでの私はペルシア語を聞きとることも難しい状態でした。

高田　つまり二年間くらいは五里霧中というか、ペルシア語に慣れるまでの段階という時期があったと。その後井筒さんのおっしゃっていたマドラサの伝統というものを、岩見先生ご自身モハッゲグさんの授業で体感されたというわけですね。

岩見　そうです。

イランでの井筒先生との交流

高田　一九七〇年にイランへいらっしゃった時に井筒先生と往き来するということはありましたでしょうか？

岩見　今でも非常に申し訳ないと思っているんですけれども、確か向こうに行って一年くらい経ってからだったでしょうか。なにしろ自分のペルシア語の状態は芳しくなかったんですが、でも少しずつ事情が分かってくるにつれ、あちらの授業というものが大して面白くもないと分かってきたんですね。そんなわけで井筒先生に梄突くというか、真面目に先生に色々なことを相談するというんではなくて、つまり反抗的になったと言うんですかね。そういうことがありまして、あちらへ行って一年目の終わりかもしくは二年目の初めの方だったと思いますが、先生に「お前はモハッゲグに預けるからもうこちらには来なくていい」と言われまして。そこでモハッゲグさんの授業に出るようになったわけです。

高田　つまりテヘランでは以前のように井筒先生に何かを教えていただくというようなことはなかったと。ただまあ、狭い世界ですので何か情報なり何なりを耳にするということはあったのではないでしょうか？

岩見　確かに情報は入ってきました。今非常に活躍されているチティックさんというアメリカの方ですが、彼も私と同じようにペルシア語の講座に属していたものですから、時々大学なんかで会うと色々話を聞いたりもしました。

高田　チティックさんは『フスースル・ヒカム *Fuṣūṣ al-Ḥikam*（叡智の台座）』なんかをずっと長いこと研究されていたんですよね？

岩見　そうです、あれは研究所の授業なんかでもやっていましたから。

高田　井筒先生の授業の様子なんかをチティックさんから仄聞するというようなことはありましたか？

岩見　あったと思います。

尾崎　例えば井筒先生は、私たちのように、海外に行って食事とか文化とかでお困りになるといったことはあったのでしょうか？

岩見　ないでしょう。そのあたりのことは仏文の松原秀一先生にお聞きすれば分かると思いますが、井筒先生のフランス語を聞くと、相手の店員が態度を改めるという話は聞いたことがあります。それは恐らくドイツへ行ってもどこへ行っても同じだったんじゃないですか。イランでもそうだったと思いますよ。

高田　イランではやはりペルシア語を日常的に使われていたのでしょうか？

岩見　ええ、そうです。もちろん学校関係というか、研究所関係では英語を使われていたみたいだけど。

高田　ところで、当時井筒先生の他にも多くの日本人の方、例えば黒田壽郎さんや五十嵐一さんなどがテヘランに滞在されていたと思いますが、そういった方たちとは多少のお付き合いはありましたでしょうか？

岩見　お二方にお会いすることはほとんどありませんでしたね。というのは、同じテヘランといってもそれぞれ生活圏がずいぶん異なっていましたから。井筒先生は、いかにも街の街らしい所、テヘランで言えばずっと南の方の、昔からの町並みとか家などが残っている所ですね、そういう場所を好んでおられたんです。バーザール周辺とまでは言いませんけども、バーザールよりもちょっと上、だからソ連大使館や英国大使館がある辺りです。昔風のイランの綺麗なお宅があるような場所でお暮らしになるのがお好きだったようですよ。マギルなどの研究所もまたそういうところにあるわけです。黒田さんや五十嵐さんもそちらの近くにお住まいになっておられた。一方私は、もともと大学の寮にいた時も住んでいたのはアミーラーバードという北のはずれで、専らトルコ系のアゼルバイジャン人が暮らしていた地域です。それから日本人学校と縁ができた後もまた同じような所で暮らしていました。つまり、この距離的な差というのは大きかったですね。先生のご自宅からは遠くて到底歩いては行けませんでしたし、当時は電話もなく連絡の取りようもなかったのです。

イラン王立哲学アカデミーへ

高田　井筒さんに関して言えば、その後一九七五年はマギルから今度はイラン王立哲学アカデミー（王立哲学研究所）ができて、そちらへ移られるわけですよね。

岩見　はい、そうですね。

尾崎　当時の先生の交通手段などは？

岩見　アカデミーへの交通手段にはハイヤーをお使いになっておられたと思いますが、研究の方はご自宅でされていたようです。

高田　授業に関しては？

岩見　マギルにおいては当初正規の授業を受け持たれることはなかったようですが、アカデミーでは最初から授業を担当されていたようです。

高田　今までのお話から推測しますと、一九七〇年以降はあまり先生とお会いする機会はなかったということでよろしいでしょうか？

岩見　そうです。

革命、帰国

高田　すると、イラン革命の後先生が日本にお帰りになった際には？

岩見　お帰りになったということを、後になって恐らくモハッゲグさんあたりから聞いたんじゃないかと思います。

高田　そうすると、その当時井筒先生がどういう風に過ごされていたかなどということはご存じなかったということでしょうか？

岩見　はい。

高田　先生ご自身は何年までテヘランにおいでになったんでしょうか？　またお帰りになられたきっかけというのは？

岩見　私は一九八二年までテヘランにいました。帰国の理由というのはとても単純なことで、革命中は大学機関がいつまでたっても開かなかったからです。その時にはもうすでにテヘラン大学との縁は切れていたわけなんですが、大学が活動しないということはつまり出版活動も停止したままということですから、これはしばらくは本も出ないなと思って。

高田　つまりご自身の活動が停滞すると？

岩見　ええまあ活動が停滞すると言うよりも、本が買えなかったら面白くないと思って（笑）。

高田　なるほど（笑）。では、岩見先生がご帰国になった後から一九九三年に井筒先生がお亡くなりになるまでの間というのは、何か連絡をお交わしになったりということは？

岩見　ないです。お目にかかるということもなかったです。帰国後は、先生の著作を拝見する以外に直接お会いしに行く、または先生の講演会に赴くということもありませんでした。唯一先生の近況を知る機会を得たのは、先生が朝日新聞の賞を受賞された時でしょうか。新聞に掲載された受賞の感想を読ませていただいて、ああお元気にされているんだな、と思いました。

高田　では、お亡くなりになったという知らせをお聞きになった時というのは？

岩見　松本耿郎先生と牛田徳子先生のお二方からお電話をいただいて、来るように言われまして、鎌倉の方へ向かいました。

高田　それ以降は井筒先生の奥様などとお付き合いは？

岩見　奥様とは井筒文庫の目録を作成するということで、その後もお目にかかることになりました。

井筒先生の研究面について

語学

高田　では、一応プライベートなことに関してはここまでで一段落といたしまして、次に井筒先生の研究面についてお伺いしていきたいと思います。いくつか柱を考えておりまして、最初に井筒先生の語学、もう一つは先生の著作・翻訳に対する岩見先生のお考え、それとイラン、その他の国との井筒先生のお付き合い、そして最後に井筒文庫にまつわるお話をお聞きしていこうと考えております。

まずは語学についてですが、アラビア語は牧野信也さんに習ったとはいえ、主にお使いになっていたのは『アラビア語入門』であったということで、先生ご自身長くアラビア語を教えていらっしゃる立場から、この本に対する先生の評価などございましたらお聞きかせ願えますか？

岩見　まず申し上げたいことは、あの『アラビア語入門』という本は、本として面白い本ですよね。読んでいて非常に面白い。大抵の人間はここで挫折する、って書いてあるくらいですから（笑）。いかにも井筒さんらしい本だと思います。それと、今だったら技術的に簡単ですから、あれをアラビア文字と組み合わせたり色々出来ると思います。

高田　語学の入門書ということに関して、井筒さんは後にも先にもこれ以外書いておられませんね。

岩見　そうですね。それこそ戦争中のことですので、そのあたりのことはよく分かりませんが。

高田　井筒先生はあの入門書をアラビア語、シリア語、ヘブライ語と続くシリーズでお書きになろうと思っておられたようですが、その試みが何かが原因で頓挫したということでしょうか。

岩見　そうだと思います。

高田　井筒先生から『アラビア語入門』に関して、お話を伺ったことなどはありますか？　もしくは、ここはどうなのか、といったことを先生にご質問されたことなどは？

岩見　どちらもないですね。というのは、井筒さんに直接習い始めた頃には、幸いなことにというか残念なことにというか、あの本をほぼ全部暗記したような状態でしたので（笑）。だからそういう意味で何かを伺うようなことはなかったな。それで、あの本の特徴として言えるのは、書いてあることに間違いがないんですよ。今のアラブと喋ったりなんかした段階においてはどうか知らないけれど、でも少なくともあの本の内容について間違いはない。まあ誤植は一つくらい見つけたけれど（笑）。

高田　井筒さんが『アラビア語入門』を書かれたバックグラウンドについて何かご存知ですか？　つまり、あの本には最新の文法知識が盛り込まれていると思うんですね。旧式の文法のみならず今時のアラビア語をも含んでいるというか。例えば「日本の陸軍、海軍」というような言い方の時に、「ハルビーヤトゥ・ワ・バフリーヤトゥル・ヤーバーニ ḥarbīyatu wa baḥrīyatu al-yābāni」というような、そういったインチキがあるというようなことまで先生は書かれているんですね。こういったことは単に文法というか、古典のテキストからでは普通は得られない知識ですよね。先生はそういった新しい情報を一体どこで取り入れられていたんでしょうか？

岩見　本のバックグラウンドについてはよくは分かりません。でも、井筒先生は我々が考える以上にアラビア語と直に接しておられたんじゃないかかな。だってそうでもなければ、林銑十郎の挨拶なんかをアラビア語に訳して伝えるなんてこと出来ないですから。

高田　そうすると、その時期にはアラビア語なんかに関してはもうすでに完成されておられた、だから執筆のプロセスも明らかではないということでしょうか。

岩見　はい、そういうことです。

尾崎　生きたアラビア語に関しても、アラブと直接触れ合う中で習得されたということでしょうかね。

岩見　ええ、アラブと交流を持たれる機会は結構あったのではないかと思いますよ。

高田　まあアラビア語に関しましては関根さんとのきっかけみたいなことがよく言われますけれども、その次の段階として井筒先生はペルシア語の方にシフトされていくわけですね。そのペルシア語に関しては、語学の習得なり何なりについて何かご存知でしょうか？

岩見　ペルシア語は、もちろん先生がご自分で勉強されて、ハーフェズやルーミーをお好みだったので、ずっとそういったものをお読みになっておられたんだと思います。ただ、日常会話としてのペルシア語に接したのはイランが初めてだったのではないかと思います。というのは、カナダでモハッゲグさんとお話しをされるにしても、英語かもしくはアラビア語で喋ったに違いないでしょうから。

高田　ということは、イランという環境の中で徐々に学習されていったということですかね。

岩見　そうじゃないでしょうか。

高田　アラビア語・ペルシア語に限らず、語学の習得法なり何なりについて井筒先生にお伺いしたということはございますか？

岩見　とにかく徹底的に単語を覚えろと言われました。

高田　それはきついですね（笑）。

尾崎　さきほど井筒先生が自分の訳を授業で復唱させたというようなことをお伺いしましたが、このことについてもう少し詳しくお聞かせ願えますか？　アラビア語と日本語の一体性を大切にされたということでしたが、具体的にどのようなことに気をつけるよう注意されたのでしょうか？　日本人がアラビア語を習得する際に、それほど訳にこだわられた理由というのは？

岩見　さっきもちょっと申し上げたと思いますが、まるで「このアラビア語はこの日本語とぴったり合わさっている」みたいな感覚をですね、先生は私たちに掴んでもらいたいのだと、そんな風に私は理解していましたが。

尾崎　『コーラン』の初版をお訳しになられた時ですが、その訳を授業でお使いになられたことはありましたか？

岩見　クルアーンを直接使うということはありませんでしたね。『コーラン』の初版についてですが、あの本に関してどういう議論がされているのか私自身あまり知りませんので。

高田　初版に関してはかなりすごい文体と言いますか（笑）。ちょっとだけ紹介しますと、例えば女の章の、今の版ですと一五六節ということになりますが、イエスが十字架にかけられて死んだということを否定している所ですね。旧版の方は「あいつら信仰に背き、マルヤムについても大変な戯言を言いおった。その上、やいわしらはメシア、神の使徒、マルヤムの子イーサーを殺してやったぞ、な

ど と言う。どっこい殺せるものか。十字架になんか架けられるものか」というような調子なんでね。これが新版になりますと、「彼らは信仰に背き、マルヤムについても大変な戯言を言った。そればかりか、わしらはメシア、神の使徒、マルヤムの子イーサーを殺したぞ、などと言う。どうして殺せるものか。どうして十字架に架けられるものか」という感じですね。新版の方になりますと、まあ、かなりおとなしくなっているかなと（笑）。このあたりのことに関してはさきほど、あまりご存知ないと先生おっしゃられたのですけれども、何か仄聞されたことなどないでしょうか？

岩見　さあ、黒田壽郎さんが何か言っていたような記憶はあるけれど、はっきりしたことは分かりません。

高田　そうですか。井筒先生はご自身の新版の前書きで、ロックフェラーの外遊でエジプトを訪れた時のことなどについて言及されていますが、そのあたりのことについて先生は何か？

岩見　憶えている限り、そういうことについてお聞きしたことはないですね。

高田　授業以外で『コーラン』に関して何かしら伺ったこともないでしょうか？　先生が井筒先生に教わっていた当時などは、ちょうど先生の執筆活動における絶頂期であった思われます。例えば *God and Man in the Koran* や *The Structure of Ethical Terms in the Koran* の改訂版である *Ethico-religious Concepts in the Qur'ān* などをお出しになっている頃ですね。それらのお仕事について何かお耳にしたことはありましたか？　当時執筆に没頭されていたことを考えると『コーラン』に関して何がしかの言及があってもおかしくないと思うのですが？

岩見　私が記憶している限り、執筆に関してお話を聞いたことはなかったように思います。

高田　ではジャーヒリーヤに関してですが、『アガーニー *Kitāb al-Aghānī*（歌の書）』を読破されたみたいなことはどういう形でお伺いになったんでしょうか？

岩見　『アガーニー』に関しては、「あれを読まないとアラビア語をやったことにならないから読む」と、「毎年一冊ずつ読むことにしている」とおっしゃいました。計二〇冊あるやつですね、それを全部読んだと伺いました。

高田　それはつまり、二〇年かけてお読みになったということですか。それはすごいな（笑）。そこのところに関しては、ノートか何かを取りながらお読みになっていらっしゃったんでしょうか？

岩見　そうです。先生は綿密にノートを取りますからね。ただ『アガーニー』をそういう風に読んでおられたかどうかは分からないです。

高田　綿密にノートを取られるというのは、どんなものについてどういったノートを残しておられたんでしょうか？　またそういった光景をご覧になったことなどは？

岩見　私が言えることとは、それらのノートがまだ鎌倉のお宅の方にあって井筒文庫には入っていないということです。そういった先生の原稿の類ですね、そういう感じのノートはかなりたくさん残っていますね。ただ井筒文庫を整理するまではその存在を知らなかったものですから、ノートをお取りになっておられた時のことまではちょっと分かりません。

高田　ではそのノートというのは講義の時にお使いになったのではなくて、後になってそういったノートがあるということをお知りになったと。

岩見　ええ、そうです。先生は授業の時には何もご覧にならなかったですから。

高田　私なんかもよくやるんですが、その場で辞書を引くとかそういうことも何もないわけですか（笑）。

岩見　ええ、なかったですね。

高田　では学生に引かせるということは？

岩見　引かせる、ということもなかった。ちゃんと準備されてきました。今日はちょっと遅れちゃったから電車の中で準備してきた、なんておっしゃったことはあったけれど。

高田　授業の準備をされる際など井筒先生はどんな辞書をお使いになっていたのでしょうか？

岩見　先生が一番お好きだったのは、やっぱり赤尾好夫さんが社長をしておられた会社から出版されていたスタインガスの『アラビア語・英語辞典』のポケットサイズの復刻版ですね。

高田　確かにあれはコンパクトで持ち運びにも便利ですよね。

岩見　そうです。しかも語数も多いからと愛用されていました。でも持ち歩いてはおられなかったな。

高田　では主にどこで使われていたのでしょうか？

岩見　いつもお家の中で使われていました。軽井沢でもどこでも机の上に置かれていましたね。

高田　他に顕著な愛用の辞書なり何なりはありましたか？

岩見　やっぱりライトの文法書なんかはかなり読み込まれたんじゃないでしょうか。

尾崎　他の語学ではどうだったでしょうか？　例えばペルシア語の辞書などは？

岩見　ペルシア語に関してはラムトンじゃなくて、キリスト教の宣教師が書いた文法書を見ておられたようですね。あれは多分一九〇〇年代の初めに書かれたものをリプリントしたものだと思います。

尾崎　英語、フランス語などに関してはどうでしょうか？

岩見　英語、フランス語に関しては知らないな。

高田　他に例えば語学を始めたり、勉強されたりする際の井筒先生なりのやり方なんていうことに関して何かご存知ではないですか？

岩見　先生の語学学習に関して言えば、時間を決めてしっかり取り組むということです。例えば、月曜日のいつからいつまではアラビア語を、その後はフランス語を必ず読むとお決めになるわけです。そして、一〇分とか一五分とか細切れの時間が出来た時、その時は昔やった語学を復習されるんですね。例えば私が軽井沢のお宅にお邪魔していた時ですが、奥様がお料理を作っておられて、先生は勉強しておられるわけです。奥様があと一五分くらいで御飯の支度が出来ますよと声をおかけになると、その一五分間で何かそれこそ昔おやりになったジャーヒリーヤの詩でもご覧になるわけです。そういう風にして時間を使っておられた。とにかく、この時間はこれをやるとお決めになってやると。

高田　これまでの井筒先生に関するお話が、何と言いますかあまりにも達人の技と言うか、普通の人には役に立たなそうなエピソードばかりなんですけども（笑）、もうすこし、これから語学を志ざす方たちのためになるようなお話、アドバイスのようなものはないですか？

岩見　もちろん牧野先生もそういった意味で大変綿密な方でしたが、井筒さんの授業でやっぱりすごかったのは、代名詞とか指示詞だとかが出てくるとそれを徹底的に追及するということです。つまりこれらが一体何を指しているのか、ということですね。これが一つです。それともう一つ、アラビア語の場合は接続詞に気をつけろとおっしゃいました。それと中国語の場合には虚字に注意しろと。

尾崎　岩見先生がアラビア語を教えられている時に、井筒先生の授業から学ばれたことで、自分自身でもお気をつけになられていることを是非お伺いしたいのですが。
岩見　そうですね、非常に単純なことですが、今申し上げたように人称代名詞や指示詞、あるいは動詞の主語が出てきた場合、アラビア語においてはそれまでの文章中に出てきた何かを指しているに違いないわけですから、それを徹底的に見つけるということでしょうか。
尾崎　辞書の引き方、使い方などに関しては？
岩見　これは井筒先生からそういう風に伺ったわけではないんですが、私は辞典というのはやっぱり相当使い分けをすべきものだと思います。だから、いつも軽いし便利だということでスタインガスをよく使いますけども、スタインガスで補えないところ、載せていない事項について、例えば動詞と前置詞との関係といったことについてはハンス・ヴェーアをよく見る必要があります。
尾崎　辞書の使い分け、ですか。例えば専門用語集などがありますが、それらはどういう風に使われるべきであると？
岩見　専門用語集までいくとかなり本格的ですね。ただ私が今お話ししているのはもう少し一般的な段階におけるアラビア語学習についてですので。

著作、アラビア語・ペルシア語からの翻訳

高田　それでは、これより一研究者としての井筒俊彦によるアラビア語・ペルシア語からの翻訳に関して岩見先生にお伺いしていきたいと思います。アラビア語からの翻訳に関して言えば『コーラン』、

そしてこれは神学ということになるかと思いますが、モッラー・サドラーの『存在認識の道』、ペルシア語では『ルーミー語録』などが挙げられます。これらの著作に対する先生の評価などございましたら是非、お聞かせ下さい。それらから受けた影響なりでも構いませんので。

岩見　モッラー・サドラーについては確か軽井沢で先生に習ったことがあります。あれは軽井沢に伺って二回目のことでしたか。とにかく非常に難解だった（笑）。つまりなんでしょうか、今ならもう少し違った考え方が出来たかもしれないけれど、当時はあの語学力であの本が一体何を言わんとしているのかを理解するというのは僕には無理でしたね。

高田　そうすると、モッラー・サドラーに対しての関心なんていうのもその頃から始まっていたということでしょうか？

岩見　ええ、そうだと思います。

高田　ちょうど先生が井筒先生にお会いになった頃というのは、『コーラン』の研究というものに一時代を画して、その後イランにシフトされていく時期と言えるかと思います。後から考えますと、そのあたりはイスラーム文化に関してアラブの個々の具体物しか見ない姿勢、そしてそれに対して精神性のイランを強調するという、何と言いますかかなりスパッと切ったような形での研究をされていたような観があると。では井筒先生がアラブからイランの方へ足を踏み込まれたきっかけ、そこに至る流れといったものについて何か思い当たる節はございますか？

岩見　それに関しては、まず人的要因ということについて言えるかと思います。イランの伝統的なマドラサ教育というものを体現しているモハッゲグさんという人物にマギルで初めて出会われたということが、非常に大きな意味を持ったと思いますね。井筒先生は、「あんなにアラビア語ができる人を見たことがない」と彼を大変高く評価されていました。それまで井筒先生はすでにエジプトへもいらっしゃったし、それからシリアもレバノンもいらっしゃった。まさに色々な所でアラブの、それも学者たちに出会っているわけです。そして彼らと論を交わす機会をたびたび得ていた。でも結局アラビア語の学力ということに関して、モハッゲグさんが一番だとお考えになられたようです。

しかもそういう人の話を聞いていると、実はモハッゲグさんのような人間がまだ他にも残っている国があるようだと。それがイランだったんですね。その頃すでに『スーフィズムと道教』を生み出す原動力となるような何かが井筒さんの頭の中に出来かかっていて、それを実現するために自分が一番研究しやすい場所に行かれたんじゃないでしょうか。

高田　それがテヘランであったと。

岩見　そうです。

尾崎　そしてイランも井筒先生の期待を裏切らなかったと。

岩見　まあそういうことでしょうね。非常にのびのびというか、十分仕事されたんじゃないでしょうか。

高田　井筒先生の場合、語学にしても何にしてもこれだけ広いフィールドをカバーされているわけですが、その中からイランという場所を最終的にお選びになった。もしもそれこそイラン革命が起こらなければずっとテヘランに留まられていたかもしれないわけですよね？　つまり、ギリシア哲学から始まってヘブライズムへ、そして最終的にイランの方へと行き着かれるまでの過程と、そこにある何らかの必然性というものに関して何かお感じになられることなどありますでしょうか？

岩見　神秘主義というものを詩で表現するような伝統と、それを詩ではなくて更に理論化しようとするような、その両者が並存している、つまり並び立って存在していて、しかもそれが伝統として連綿と受け継がれていると。まあ今ルーミーやハーフェズのような大詩人はいないけれど、でも一応雰囲気としてそういうところが現に生き残っているということが、井筒先生をイランへと惹きつけたのではないかと思います。

高田　井筒先生に関しては幼少時の禅の体験ということも挙げられますが、それも何らかの関係を持っているとお考えでしょうか？

岩見　うん、恐らくそれもあるでしょうね。

高田　明晰化ということにおいても井筒先生はすごいですよね。『イスラーム哲学の原像』など見ていますととくに。神秘主義でありながら明晰に分析されるというか、そのあたりはやはり文法的にもテキスト的にも細大漏らさず読むという、そういった態度が通底しているのかなという風にも考えられるのですが。

岩見　これは『スーフィズムと道教』の中でおっしゃっていたことですが、先生のやり方というのは、難しくてもなんでも短くまとまったテキストを徹底的に集中して読むということですね。これはご自分でもはっきりと確かあの本に書かれていたと思うけど、文献学的に網羅的な研究をしようとは思わないと。その代わりにコアというか、エッセンスを取り出したいとおっしゃっていました。そのためにはどんな難しい本でも読むと。これは直接お聞きしたことだけど、読む時には「これを今俺が読まなかったら世界中で絶対、誰も読まない、読めないと思って読め」って言っておられたな。

尾崎 では具体的に先生が好んで読まれていた本というのはありますでしょうか？

岩見 それはたくさんあるんじゃないかな。お訳しになられたもの以外でいくつか挙げるとすれば、そうだな。例えば荘子なんてお好きだったんではないかと思います。それから恵施、公孫竜など名家の伝統にも興味をお持ちだったように思います。

尾崎 例えばキリスト教などに関心はあられたんでしょうか？

高田 そこは私も興味がありますね。井筒先生がほとんど旧約なんかに言及されなかったのはなぜなのかな、という気がするのですが。それについては何かお考えなどありますでしょうか？

岩見 それこそ膨大な作業が必要になることですから、手をつけられなかったのではないかと思います。

高田 確かにそれは考えられますね。では、スンナ派のハディース集などに関してはどうでしょうか？ これは牧野先生がお訳しになっておられますが、それなんかについても、ほとんど引用されたりするということがなかったように思います。その理由も旧約の場合と同じであるとお考えですか？

岩見 多分、ハディースはご自分ではおやりになるつもりはなかったんじゃないでしょうか。先生は若い頃胸を患われて、それこそ生死の境を彷徨われた経験がおありですから、あんまり手広くやって体力を浪費するわけにはいかないとお考えになられたのでは。だからイブン・アラビーでも、『メッカ啓示 *Kitāb al-Futūḥāt al-Makkīyah*』なんかには全然手をつけられていないですよね。あれはやるとすれば、だいぶ骨の折れる仕事になるでしょうからね。

高田　確かイブン・アラビーに関して井筒先生が手をつけられたのは『叡智の台座』の方でしたか。

岩見　そうです、あれだけに限っていますよね。あとイブン・アラビーに関しては小さな論文を二、三箇所引用しておられるだけです。

高田　では『ルーミー語録』の翻訳についてですが、井筒先生はなぜルーミーをお選びになったのでしょうか？

岩見　お選びになった理由まではちょっと分からないけれど。

高田　でしたら、翻訳の出来なりについてもしお考えなどありましたら。まあご本人も珍しくアーベリー（A. J. Arberry）の英訳は無味乾燥で、仏訳者はテキストを新旧取り混ぜている、というようなことをおっしゃっていますけれど。例えばペルシア語の訳として、『コーラン』なんかと比較して、本に対する先生の姿勢の違いなどお気づきの点はございますか？　つまり、『コーラン』の訳というのは、旧版においてはかなりご本人の持っているイメージをはっきり出されているという感じを受けますが、一方『ルーミー語録』などをご覧になってどう思われますか？

岩見　読み比べてみたことがないので、何とも言えないですね。ただ、井筒先生が基にされたテキストは非常に読みにくいものです。ご自身もそうおっしゃっておられました。

　ルーミーをお選びになったことに関しては、どうでしょうか。ペルシア語も訳してみたいとお考えになったのかな。

高田　訳してみたいっていうのもまたすごいですね（笑）。

　井筒先生の翻訳業としては、主にアラビア語とペルシア語、他はM・C・ダーシーなんかが挙げられますね。先生がお亡くなりになるまでご執着されていたジャーヒリーヤの詩に関してですが、後期の時代にはほとんど言及されることがなくなりますね。それに関しては何か？

岩見　それについては、やっぱり随分急いでおられたんじゃないでしょうか。手をつけるべきことがたくさんあるなかで。確か奥様がおっしゃっておられましたが、予定だけでもかなりの量だったとか。これは常々思うんですよね、先生がスフラワルディーを訳しておいてくださったらと（笑）。

高田　そうですね。唯一、イスラーム古典叢書の中で予告に出ていたのに訳し残されてしまった一冊がスフラワルディーです。イスラーム古典叢書ですが、お訳しになった書は両方とも一九七八年に出ているということで、時期的に集中しています。それ以降、スフラワルディーに着手する機を逸してしまったということでしょうか？

岩見　どういうことなんでしょうか、私にはそこのところはよく分かりません。いや、とにかくあれは、訳を作っておいていただければと思うばかりですが。

高田　確かに（笑）。先程と重なってしまうかもしれませんが、やり残した仕事というのは、主に先生が日本に帰って来られてからのことですね。そうすると、それまでは一応イランを中心にやるおつもりだったと。それは、やはりイラン革命という突発事件によって計画の変更を余儀なくされてしまったということなのでしょうか？　革命がなければずっとイランにおられたと。

岩見　確かに計画が変わってしまったことについてはそう言えると思いますが、革命がなければずっとイランに留まったかというと、それはどうでしょうか。先生は一九八〇年代あたりから日本語で本をお書きになられるようになりましたよね。あれは一体どういうことなのかなと思うのですが。

高田　そうですね。最初はそれこそ翻訳の方に従事されていましたから。翻訳の時期はイラン時代に重なりますね。つまりモッラー・サドラーの訳などを手がけておられた頃ですか。それ以前は、それこそ『意味の構造――コーランにおける宗教道徳概念の分析』も牧野先生がお訳しになられたものだし、あとは一九七五年に『イスラーム思想史』を改訂されたくらいなのですが、八〇年になると『イスラーム哲学の原像』、続く八三年には『コーランを読む』などを矢継ぎ早にお出しになるわけです。この本について少しお聞きしてもよろしいでしょうか？　これはセミナーの編纂物なので著作と言えるかどうかは分かりませんが、珍しくクルアーンに関して日本語で書かれた数少ない作品と言えます。これに関して岩見先生の評価などお聞きしてもよろしいでしょうか？

岩見　『コーランを読む』は世界的に見て類書のない本ですから、そういった意味で大変貴重なものだと思います。ただ、文献学的な考察といったことにおいて先生がリチャード・ベルの仕事をどう評価されていたのか、もう一つよく分からないところがありますね。

高田　私が思いますに、先程岩見先生がおっしゃっておられたように、あの本に関しては「クルアーンをクルアーンの中だけで解釈する」という、メソッドとしては集中したテキストのその中から意味を湧き出させるという手法を取っていると言えるかと思います。そういった意味で、『コーランを読む』はご本人の持っておられたイメージが伝わってくる力作だと思います。

海外の知識人との交流——関心の移行

高田　ただし、その後は残された時間の中でやるべきこと、やらなくてはいけないことへと先生の関心が徐々にシフトされていかれる。それこそ先生はデリダから何から色々なことに関心を示されたわけですが、そのあたりのことに関してはどういった印象をお持ちですか？

岩見　それは恐らく一つには、一九八二年までですか、エラノスに行かれたということが影響したのではないかと思います。つまり東洋学者ではない、東洋人でもないヨーロッパやアメリカの知識人たちとの交流を通して、一つのフィールドではくくれないほどに様々な人たちと出会われたことが先生に与えた影響は大きかったんじゃないかな。

高田　例えば付き合いを通じて井筒先生に影響を与えた方というのはどういった人たちだったんでしょうか？　コルバンとか、エリアーデにささげた追悼文のことなどが頭に浮かんできますが。

岩見　コルバンとかエリアーデといった人たちに対しては、先生は非常な親しみ、親近感を抱いておられたようです。つまり言い方は悪いかもしれないけれど、「彼らは自分と同類だ」という感じを持っておられたわけです。しかし中にはそうではない人もいるわけで。やっぱりエラノスの会議に参加されていた方たちの中にも、井筒先生が物足りないという印象をお持ちになった人もいると思います。

あと井筒先生に影響を与えた人物というと、カリフォルニアのフォン・グルーネバウムなどが挙げられると思います。

高田 グルーネバウムですか。彼とは個人的なお付き合いがあったんでしょうか？

岩見 そのようですね。グルーネバウムがわざわざエラノスまで井筒さんに会いに来たと聞きました。

高田 それは一体どういういきさつでそういうことになったんでしょう？

岩見 それはよく分かりませんが、先生から聞くところによると、「あんたに会いに来たんだよ」とグルーネバウムの方から言ってきたそうです。だから、グルーネバウムは恐らく『スーフィズムと道教』の原型となるものに感激したのかもしれないですね（笑）。

高田 他に同僚の方などはどうでしょうか？　例えばキャントウェル・スミスさんなど。

岩見 キャントウェル・スミスさんのことは心から信頼しておられたと思います。誠実な人だと言っておられた。

高田 そういうことを考えれば、他にもアメリカなりヨーロッパなりに行かれたかもしれない、なんてことも可能性としてはあったわけですか？

岩見 そうですね、それも可能性としてあったと思います。

高田 先程の話からしますと、他にも可能性があった中でやはりモハッゲグさんからの強い影響が井筒先生をイランへと向かわせたとお考えですか？

岩見 私は一つの具体的な実例としてモハッゲグさんを挙げたわけでして、必ずしも彼が唯一の要因であったとは言いませんが。

高田 ただ、ある意味岩見先生がイランに行くきっかけにもなっているわけですよね（笑）。

岩見　確かにそうですね（笑）。一九六〇年代に先生が出された三冊の本があります。クルアーンについての本が二冊に、イスラームの信仰についての著作が一冊。これは井筒さん自身のお考えとしては、イスラーム学への寄与とか貢献というよりも、ご自分のお考えになった意味論的な方法というものの有効性を確かめる手段であったと思われます。一応その三部作をまとめたことによって、先生はその方法の有効性について確認が出来たわけです。だから今度はそれを使って、多文化と言いますか、別のものにそれを応用してみようと考えられたのではないでしょうか。そしてその成果こそが、『スーフィズムと道教』の原型となったものであったと言えるかと思います。更にその成果を踏まえた上で、今度はもっと場面を広げてみようという風に進まれて行ったんじゃないかな。つまり東洋哲学の構造そのものへと突き進まれていったということです。その場所として最終的に選ばれたのがイランだったと。

高田　そう考えていきますと、つまりご自分の頭の中にメソッドがあって、それを片っ端からユダヤ哲学やら何やらに応用されていったということでしょうか。自分のメソッドに従って、例えばユダオ・アラビック（Judao-Arabic）なんていうものを切っていかれたわけですよね。ユダヤ思想については岩波から概説を出されていますが、あれもその一環であったとお考えでしょうか？

岩見　そう言えると思います。

高田　なるほど。だから逆にもう旧約に戻るのではなくて、関心がそちらの方へ移ってしまわれたというわけですね。一つのことしか出来なければそれをやるしかないんですけれども、井筒さんのようにたくさんのことが出来るとそんな試みが可能になるんですね（笑）。

その他の付き合い

高田　他に井筒先生とお付き合いがあった方のことなどお聞かせ願えますでしょうか？　イランでの交流、もしくはお弟子さんのことなど。例えばチティックさんはどうでしょうか？

岩見　チティックさんは井筒さんのお弟子さんというより、ナスルさんのお弟子さんですね。

高田　では、セイイェド・ホセイン・ナスル氏について少しお伺いできますでしょうか？　井筒先生との交流などについて。

岩見　ナスルさんに関しては、あの方は学者というよりも政治家ですから、井筒先生とどういうお付き合いがあったかについてはよく分かりませんね。

高田　彼はイラン王立哲学アカデミーの所長など勤めていらっしゃいました。そちらに井筒さんも移られるわけですが、そのあたりのことについては？

岩見　先生はご自分のやりたいこと、こういう風にしたいということについては妥協しませんから、だからはっきり一方の方が条件が良くて、自分が楽に仕事が出来ると思ったら必ずそちらの方を選ばれます。

高田　すると、つまりアカデミーの提示した条件の方が良かったということでしょうか？

岩見　そうだったんでしょうね。

高田　他に言及しておくべき人的交流というものはありますでしょうか？

岩見　それこそ先程高田さんがおっしゃっておられた『イスラーム哲学の原像』の基になる講演を行なった、イスラエルの学者たちの中にも先生が好感を持っておられた人がいるんじゃないかな。例えばシュロモ・ピネスとか。

尾崎　慶應での井筒先生の交友関係についてはどうでしょうか？　もしくは慶應で教えていただいた先生から受けた影響など。

岩見　それはやっぱり、西脇順三郎さんじゃないかな。あと松本正夫先生は井筒先生にとってお友達でもあり、論敵でもありましたね（笑）。

本の入手方法、書店との付き合い

高田　では、井筒コレクションのことは後にするといたしまして、井筒先生の本の入手方法、書店との付き合いなどについては？

岩見　私が知る限りでは、私も一回か二回はお供して行ったことがありますが、一誠堂へ行かれて、「これとこれとこれ」と言われて、どさっとお買いになるんですよね。それから、あと向こうでは何軒か古本屋があったと思いますが、テヘランの有名な古本屋さんがありまして、そこから新しい荷が入るとモハッゲグさんに連絡が入ってくるんですね。するとモハッゲグさんが井筒先生とランドルトさんを連れてその古本屋に行かれて、大量にお買いになると（笑）。

高田　例えば、コレクションの目玉になっている石版本などもそういった時にお買いになったものなのでしょうか？

岩見　そうでしょうね。ある程度の目録というか目安のようなものを書いていくと、あの古本屋のおやじさんは非常に頭が良い人だったので、この人はちゃんと本を集めているなと判断すると大切にしてくれます。だから随分親切にしてくれたんじゃないかと思います。

高田　そうすると、ある意味で限られたルートを持っておられたということですね。

岩見　そうです。もっと言えば、先生があと一〇年早くテヘランに行っておられたら、集められた本は全然違っていたと思いますね。もう先生がいらっしゃった時点ぐらいで、なにしろコルバンやナスルなどといった人たちが宣伝したわけですよ。そこで、世界中から買い手が集まってきてしまったんです。イランの石版、ことに思想関係のものを求めて。先生がテヘランにいらっしゃったのは一九六〇年代の終わりですから、あれが一〇年早かったらもっと立派なものが集まっていたでしょう。もちろん今のコレクションも十分ご立派なものです。特にあの中の『光の大洋 *Biḥār al-Anwār*』なんかは滅多に手に入るものじゃないですからね。まあそれにしても残念なことです。だから、あんまりある学問の分野が発展すると言いますか、有名になるのもちょっと考えものですね（笑）。

高田　岩見先生もイランから本をお持ち帰りになられるのに苦労されたと思いますが、井筒先生は、そこのところはどのようにされていたんでしょうか？

岩見　やっぱり有名な偉い先生ですから、イラン人のお弟子さんが随分尽力されたんだと思います。

高田　ということは、かなりの部分はちゃんと日本に持ち帰ることが出来たと。

岩見　恐らく収集されたものは全部持ち帰れたのだと思います。

高田　では、書籍ということに関して、先生の扱い、態度その他について少しお聞かせ願えますか？

岩見　先生がまだお若い時の有名な話ですが、持ち歩きやすいようにと言って、例えばアラビア語のテキストなんかの原文の部分と翻訳の部分があると、お読みになる原文の方だけばりっと破いて持って行かれた、という話しは聞いたことがあります（笑）。ただし、私が存じ上げていた頃はそういうことはされなかった。

高田　本への書き込みなどはされる方だったのでしょうか？

岩見　ええ、書き込みは随分綿密にされていました。

高田　それはやはり井筒文庫を整理されている中で、そういった書き込みをご覧になったんでしょうか？　それとも、本人が授業中に書き込むとかそういうことがあったとか？

岩見　いや、書き込まれるのはご自分でお読みになっている本に限りますね。授業中書き込まれるのを見たことはないです。

高田　そうすると、授業ではテキスト一つという形で？

岩見　そうです。

高田　矢島文夫さんが井筒先生からギルガメシュの本を借りたというようなお話を読みましたが、本の貸し借りについて先生はどうだったでしょうか？

岩見　少なくとも、私は何回か本を拝借したことがありますけれども断られるということはなかったです。快く貸してくださいました。

高田　それはどういう形で借りられたのでしょうか？　先生に申し出てこういう本があるかどうかを

聞いたりだとか。

岩見　それもあったと思います。これを見たらいいと言われて貸していただいたり、自分の知っている本を先生のお宅で見つけたので先生に貸していただけないかとお願いしたりもしたと思います。

高田　図書館の利用、その他についてはどうでしょう？

岩見　慶應の図書館の本はよく利用されていたんじゃないでしょうか？　これとこれを借りて来るようにと言われて、何度か先生のお宅にお届けした覚えがあります。

高田　それは主にアラビア語の本でしょうか？

岩見　今でも憶えているのは、レイン（Lane）の辞典が見たいとおっしゃられたことです。それからもう一つは、ルーミーの『精神的マスナヴィー *Mathnavī-i maʿnavī*』でしたね。

高田　すると、井筒先生は当時レインをお持ちではなかったということですか？

岩見　はい。多分その後もお持ちにはなられなかったと思います。

高田　それもちょっと不思議と言えば不思議ですね。そうすると辞書は一体何を使ってらっしゃったんですか。

岩見　普通使われるアラビア語の辞典は、『ムヒート・アル・ムヒート *Muḥīṭ al-muḥīṭ*』だと言っておられた。あれで大体の用は済むからと。

高田　『ムヒート・アル・ムヒート』ですか。ちょっと足りないような気もしますが、そこのところは大丈夫だったのでしょうか。そうすると、今から考えればやはり本の入手というのはなかなか大変だったということでしょうか。

岩見　あの時代本の入手は非常に困難でした。

井筒文庫

高田　では、最後に井筒コレクションについてお聞きしたいと思います。井筒先生はどのような文献に興味をお持ちだったのでしょうか？

岩見　先生ご自身は、本をお集めになる時の態度として「僕は実用的な本を集める。珍本を収集しようとは思わない」と常々おっしゃっておられました。今、井筒文庫として集まっているものの中には、もちろん一八世紀ウィリアム・ジョーンズによって出された『ムアッラカート *Mu'allaqāt*』の翻訳などといった珍しいものもあります。しかしその他は非常に当たり前の本ばかりです。それが先生のご方針だったんです。

高田　日々使用し、読むテキストを集めるだけであって、珍しいから買うというわけではなかったと。

岩見　そういうことです。つまり、集めるために集めるという意味でのコレクターではなかったと言えます。それとも一つ、一体どこからああいういい情報を得られるんだか、大変勘が利くと言いますか、いい本というものが何なのかをよくご存知だったですね。

高田　イランにおられたということですのでペルシア語はもちろんとしても、テヘラン滞在中ももちろん欧米の研究に目は通されていたわけですよね。そのあたりは一体どういったものをお読みになっていらっしゃいましたか？

岩見　それは、ちょっと分からないです。

高田　イランから持ち帰られた本の中にそれらしいものは見当たらなかったんでしょうか？

岩見　あの時代に読まれていた本の中には……ちょっと見当たらなかったな。むしろ欧米の文献だったら、それこそデリダなどといった哲学者、もしくは思想家の著作は丸善やなんかでお買いになっておられたんじゃないかと思います。私が知っている限りでは、一時期レヴィ＝ストロースを随分たくさん集めていらっしゃった。

高田　レヴィ＝ストロースに関しては、ご自身の著作の中で触れられるということはなかったような気がしますが、人類学に興味を持っておられたんですかね。

岩見　そうかもしれないですね。ランドルトさんが構造主義って言ったもんで、それで関心を持たれたんだと思います。

高田　ポスト構造主義に興味を抱かれたちょうどその六〇年代というのは、それまでの時代と比較すると転換期にあったと言えますね。井筒先生がお読みになった重要な文献の大部分を占めるものとしまして、ペルシア語やアラビア語の著作が挙げられると思いますが、そのあたりのことについては？例えばコレクションの特色などといったことですが。

岩見　まず、アラビア語文献に関しては、コレクションの中には大きな辞典なども含まれているんです。だから、何かやろうとする時に基本的なもの、必要であると思われたものを揃えられたんじゃないでしょうか。ペルシア語文献については、思想関係の理論的なもの、それからスーフィズムに関しては文学も含めて相当集めていらっしゃいますね。

高田　では、最後の質問になりますが、岩見先生にとって井筒俊彦という人間が一体どういう人であったのかをお聞きしたいと思います。ちょっとあまりに雑というか、酷い聞き方ではあると思いますが（笑）。

岩見　やっぱり井筒先生がテキストを読むのを聞いてると、それだけで幸せでしたね（笑）。本っていうのはこういう風に読めるのか、と。

高田　それは非常に羨ましいお話ですね（笑）。本を読んだり映画を観たりして感動するということはあっても、さすがに人がテキストを読んでいるのを聞いて感動するというのは滅多にないですから。そんな授業をしてみたいものです（笑）。

では、このあたりでインタビューを終わらせていただきます。このたびは、長時間にわたりお付き合いいただきましてありがとうございました。

共生の思想を模索する

松本耿郎 ――インタビュアー：野元晋

以下に続くのは二〇〇八年二月一四日に聖トマス大学（兵庫県尼崎市）で行われた松本耿郎教授へのインタビューである。松本先生は日本を代表するイスラーム思想、とりわけ伝統的なイスラーム哲学研究者の一人として夙に高名であるが、幅広い読者の方々に御紹介すべく、先生のプロフィールを記してみたい。

松本耿郎先生は一九四四年愛媛県に生まれ、早稲田大学文学部、同大学院に学ばれた。さらに一九七〇年代にイランに留学され、マシュハド大学神学部に一九七六年まで籍を置かれた。この間に慶應義塾大学で故井筒俊彦教授の演習に参加され、さらにマシュハド大学では当時、イランの伝統的イスラーム哲学研究の最高峰であった故セイイェド・ジャラーロッディーン・アーシュティヤーニー Seyyed Jalāl al-Dīn Āshtiyānī 教授に学ばれた。その後、国際大学大学院で助教授、教授を歴任され、やがて英知大学教授に転じられ、同大学改名・改組とともに聖トマス大学教授として教鞭を執られた。

上述の松本先生の修学の軌跡を一部敷衍すれば、先生は井筒教授のもとでイスラーム哲学の基礎を学び、さらにアーシュティヤーニー教授のもとで、伝統的な哲学をいわばその生成の場から学ばれたわけであり、その分野は以後の先生の御研究の中心をなすこととなる。その伝統的な哲学とは、一三世紀以降発達し、神秘的直観知を思弁哲学によって体系化し、神秘思想や神学を綜合したイルファーン（ʿirfān、「叡智の学」または「神智学」）のそれである。いわば松本先生は、井筒教授が一九六〇年代以降その主要テーマの一つとしていたイスラーム神秘思想と神秘哲学の研究を引き継ぐようにして、御研究を続けてこられたと言える。その結実の一つが『イスラーム政治神学――ワラーヤとウィラーヤ』（未来社、一九九三年）である。この著書の中で松本先生はイラン革命の政治思想を、その神学的・哲学的基礎に遡って考究しようとされる。そこで先生は、革命の指導者ルーホッラー・ホメイニー Rūḥ Allāh Khomeynī（1902–89）の『法学者の監督権論』の形而上学的基礎をイルファーン思想の宇宙論に探り出している。

さらに松本先生は一五世紀の神秘哲学者・詩人アブドゥッラフマーン・ジャーミー ʿAbd al-Raḥmān al-Jāmī（1414–92）の小論考「閃光」*Lawāʾiḥ* の翻訳を中心に『ペルシャ存在一性論集』（二〇〇二年（私家版））という本を纏められる。この本は世界を一なる神の自己顕現と捉える存在一性論の神秘哲学に、存在者間の対立を乗り越えようとする思想を見出したものである。この書はイスラーム哲学本場のイランで高い評価を受け、二〇〇二年春から〇三年初めにかけて出版された世界中のイスラーム研究書の中から特に選ばれ、The World Prize for the Book of the Year of the Islamic Republic of Iran（イラン・イスラーム共和国年間出版国際賞）を受賞した一冊となった。

さて先生は『ペルシャ存在一性論集』に見られるように近年、イスラームの神秘思想と哲学から現代世界を悩ます諸々の対立を乗り越える「共生の思想」を模索されている。その一環として最近、遂行中の中国イスラーム思想の研究でも、その地のムスリムの中東からの思想の摂取と受容の努力に、異なる文明と文化の共生のヒントを探っておられるのである。

このように松本先生の御研究は、古典テクストの厳密な読解の成果を現代のアクチュアルな問題を考察する鍵として鍛え上げようとするものである。このインタビューは井筒教授やアーシュティヤーニー教授のもとでの修学過程を語る極めて興味深いものだが、先生の現実を直視し考え抜こうとする研究姿勢を反映し、現代史の証言といっても良い程に迫力に富んだものとなった。是非、イスラーム思想研究から現代世界へのメッセージとしても味読頂きたい。

（野元晋）

東洋史への興味からイスラーム研究へ——井筒俊彦との出会い

野元　まず、先生がイスラーム研究に進まれた経緯をお聞きしたいのですが。

松本　イスラーム研究というわけではないのですけれども、子供の頃から旧制中学の東洋史の教師をしていた祖父の蔵書を眺めていたことがきっかけで、高等学校の学生の頃には、中央アジアや、西アジアの歴史や文学に興味をもつようになっていました。その当時早稲田大学に、西域史の専門家の松田壽男先生がいらっしゃいました。先生が中央アジアとか西アジアの研究を戦前から続けていらして、そういうことを研究するのなら松田先生の所へ行ったらいいのかな、と思い、早稲田大学の東洋史に入ったのです。一九六二年（昭和三七）のことです。

ところで、当時の私は気がつかなかったんだけれども、東洋史という学問そのものは、日本近代の帝国主義、あるいは植民地主義だとか軍国主義だとか、そういうものと非常に深い関わりのある学問領域でした。松田先生も戦前・戦中にはそういうことに関わっていらして、八紘一宇だとか、そういった日本の帝国主義的膨張路線を支える一種のディスコース（論調）を作っていく重要なメンバーの一人だったということに、あとから気がつきました。同時期に小林元だとか、さらにその親玉に大川周明とかがいたわけです。岩村忍や梅棹忠夫——日本陸軍を頼って蒙疆調査をやっていますね——もその時期に活躍していた人たちです。その当時は、まだ子供だったから、ただただ西アジアの方の文化や歴史に憧れていまして、そういうことは後になってだんだん分かってきました。またそういうことを知りたいと思わせる言説環境が日本の学界の中に戦前から途切れないで続いていたということが、非常に問題であると思いますけれども。

まあ、そういう人たちの帝国主義的な考え方、あるいは言説というのは、どうしても西アジアだとか中央アジアだとかを支配しようとする「上からの目線」で、その世界で生きている人たちの実際の声といいますか、生きている考え、現地の人々の精神の世界みたいなものに入っていかないのです。そして、私が入学した当時の東洋史学者も実証的研究に終始して、それがすごく物足りなかった。それで、私は、中央アジアだとか西アジアの人たちがどんなことを考えているのか知りたいという気持ちが学部学生時代から強くなってきました。その時代に中央アジア、西アジアの都市や村で生活している人たちがどんなことを考えているのか、何に悩み、何を悲しみ、何に喜んでいたのか、そういうことが分かればいいなと思ったのです。まあ、何をやったらいいか分からないという問題は、若い時には誰にでも共通して持つものなのですけれども、なんとなくそっちの方向に関心は向かっていました。

それで、東京に出て来て、一九六三年に古本屋で井筒先生の『アラビア思想史』という本を見つけて読んでみると、今まで自分が期待していた、西アジア世界の人々が何を考えていたのかということが、かなり詳しく書かれていた。当時の日本では、あの本以上に詳しく西アジアの精神世界を説明している本はなかったですからね、非常に喜んで、一生懸命読みました。それで、こういうことを研究したいなと思って、学部の時に松田先生に相談したら、当時、中世哲学会のメンバーで小山宙丸先生が早稲田大学にいたんですけど——彼は後に早稲田の総長になりましたね——松田先生はこの小山さんが中世哲学とかやってるから聞いてごらんとおっしゃいました。それで、小山さんの所へのこのこ行って、イスラーム思想とかアラビア哲学——当時はイスラーム思想なんて言い方はしなかった——を勉強するにはどうしたらいいだろうかと聞いたのです。すると小山さんが、そういうことをやっている人を紹介してあげるといってくれました。そこで紹介してくれたのが、アリストテレスの存在論をイスラーム哲学との関連で研究されていた慶應義塾大学の牛田徳子先生だったのです。

そういう玉突現象で、牛田先生のところへ行って、相談しました。牛田先生が「イスラーム思想の研究は、大変なことですよ」と仰られたことをよく覚えてますね。アラビア語の勉強をしなければ駄目だからと。

その後、しばらくして牛田先生から連絡があって、カナダのマギル大学に客員教授として赴任していた井筒先生が一時帰国して慶應義塾大学で授業をなさるから出たらどうですか、と仰るのです。こんなかたちで牛田先生に紹介されて、井筒先生の慶應義塾大学での授業に出始めたのが学部の四年生の時でした。その時に東洋史専攻の大学院修士課程の学生だった岩見隆さんや、同じく博士課程に在籍していた家島彦一さんたちに会いました。あの当時、井筒先生は学部の授業は担当していらっしゃらなかったので、大学院の演習でした。もうすでにマギル大学と慶應義塾の兼任でしたので。

野元　そうですね。兼任は六〇年代の初めくらいからでしたか。

松本　確かそうです。それで、マギルに行ってない期間、慶應義塾大学の大学院で授業をされていました。たしか、あの授業そのものの講座名は、「セム語比較言語学」とかいう名前でした。もう慶應義塾大学にもなくなってしまった講義でしょうね。

野元　そうですね。ヘブライ語の講座は私どもの言語文化研究所で数年前から開設しておりますけれども。

松本　私が受講したのは、大学院の文学研究科かなにかの講義でしたね。井筒先生用に「比較言語学」という講座があったのです。最初に読んだ本は、アラビア語の本ではなくて、ギャルデ L.Gardet とアナワティー Anawati が書いた *Introduction à la théologie musulmane* というフランス語の概説書でした。神学の歴史みたいなことを要領よくまとめたものです。これを、井筒先生がテキストに使って、イスラーム思想――まあ、あれはイスラーム思想と言ったってスンナ派世界の思想ですが――の講読会形式の授業に出始めたのがきっかけで、イスラーム研究の世界に足を踏み入れたということです。

演習の様子

松本　講読会は毎週火曜、午後三時頃からで、部屋は言語文化研究所と慶應外語とが一緒に同じ建物のなかに入っていた頃の、今は取り壊されて残っていませんが幻の門の近くにあった古い建物の二階にありました。小さな演習室みたいな部屋でした。そこを使って、私と岩見さん、家島さん、牛田さん、そして、あと二人ほど博士課程の学生さんがいらしていて、全員で五人くらいでした。

フランス語の演習は厳しい、というか、井筒先生の授業って、間違うと痛烈な皮肉が飛んで来るんですね。もう、立場がなくなるような。こてんぱんにやっつけられてしまう。

しっかりとした読み方を学生に教えておこうということで、井筒先生はご自身の訳文を繰り返させて、一語でも違うともう一度訳し直させたのです。忠実にテキストを読むことの大切さということをまず教えてくださったわけです。毎回の授業は二時間をはるかに超えていました。一週間まえに読むページ数を決めておいて、決められたページが終わるまで勉強しました。先生は、その前になにかご予定はなかったんだろうか。あの時間帯って教授会かなにかをやってる時間帯じゃなかったのかと思うけど。

野元　井筒先生は教授会などには一切出られなかったと聞いています。マギルでもその傾向があったようで、そこのイスラーム研究所のお茶の会とかには一切出ずに勉強されていたようです。

松本　そんなくだらないもの出てられるか、「けっ！」とか言って（笑）、お出にならない方だった。ガザーリーの本は、私たちが手に入れたカイロ版のテキストは非常によくないものだったんですね。ミスプリントがいっぱいあって、読むのに骨が折れました。井筒先生は、ミスプリントがあるものでもきちんと読みこなせなきゃ駄目なんだと仰られましたが、アラビア語をアリフ、バーといった文字の勉強からはじめたばかりの学生にそんなことをいわれても何も分かるはずもありません。そんなものかなと思って、一生懸命ああでもない、こうでもないと言いながらやってたんです。ただ、授業が終わると、幻の門を下りていった所にある文銭堂という和風の喫茶店へよく連れていってくれてお茶をご馳走になりました。また、田町の駅の近くにある不二家にも甘いものを食べようといって誘ってくれました。毎週のようにそんなことをしてました。まあ、授業を離れると、けっこう面白い、優しい先生だったですね。授業中は、ずいぶん厳しくって大変緊張するわけですけど、授業が終わるとリラックスしていました。井筒先生は『ルーミー語録』の末尾にも、他人の翻訳の批判を書いたりしておられますけど、雑談のなかではでそういうことについて、わりと忌憚のない批評を口にするお方でしたね。

野元　その時出ていた研究書などといったものを、俎上に上げてそういうお話をされていたのですか。

松本　井筒先生と私とで一緒に、本屋さんに立ち寄ったことがあるんです。当時、蒲生礼一さんによるサアディーの『ゴレスターン』の翻訳が平凡社の東洋文庫から出ていて、井筒先生がそれを本屋さんで買ったんです。お買いになってから、井筒先生は「砂を噛むような翻訳なんだけど、私のウルドゥー語の先生の訳だから買ってあげよう」とかなんとか仰っていたのを思い出しますね。

野元　まずフランス語で井筒先生の「洗礼」を受けられてから、アラビア語を教わったのですね。

松本　井筒先生は半年の講義を終えるとすぐいなくなられた。慶應では前期だけで、後期にマギルに行っていました。ですから、前期にギャルデとアナワティーの演習をやって、来年帰ってきたら今度はアラビア語の本を読むからね、と仰いました。よく勉強しとけよということで。今度は、アラビア語の本を読んであげますというのです。

次の年、先生が帰国されると、私と家島さんと岩見さんが演習に参加しました。牛田さんは、最初のアラビア語の講読には出てこなかった。選んだテキストが、ガザーリー Abū Ḥāmid al-Ghazālī の『キターブル・イクティサード・フィル・イゥティカード *Kitāb al-Iqtiṣād fil-iʿtiqād*（信仰の中道）』という神学の本ですね。最近日本語で中村廣治郎さんの翻訳が出ているでしょう。その本をテキストにして、イスラーム神学、とくにスンナ派、アシュアリー派神学の何たるかを勉強しましょうということになったのです。井筒先生にさんざんしごかれながら、なんとかアラビア語のテキストの読み方、とくに宗教関係の思想書の読み方みたいなものの基礎を講読会で教えていただいたのです。それが二年目でした。

次は哲学の勉強をしなきゃということで、三年目は同じくガザーリーの『マカースィド・アル・ファラースィファ *Maqāsid al-falāsifah*（哲学者の目的）』を読みました。黒田壽郎さんが後になって翻訳を出した本です。これには私と岩見さん、家島さん、牛田さんの四人が出て井筒先生から哲学の本の読み方というものを教わりました。ガザーリーのテキストを読む上でのいろんな注意はとても参考になりましたね。アラビア語のテキストの、文法的と言いますか、読解の上でのコツみたいな所を伝授してくださいました。辞書はハンス・ヴェーア *Hans Wehr* のコーワン J. Milton Cowan による英訳 *A Dictionary of Modern Written Arabic* を使っていましたね。

野元　ああ、われわれが今でも日常的に使っているものと同じですね。

松本　そうですね、あれ以降、あまりいい辞書が出てない。ハンス・ヴェーアの字引は、現代アラビア語には向いているんだけれど古典には向いてないと、井筒先生はいつも仰っていました。スタインガスのアラビア語の字引はちょっと簡単すぎる。でも、まあ、アラビア語を英語に訳す時には役に立つと仰っていました。なかなかアラビア語とヨーロッパ語を対照させた字引というものは良いものがないですね。井筒先生は、有名なアラビア語の詳解辞典でブトルス・ブスターニーが編んだ『ムンジド *Munjid*（大海）』を使いなさいと言われまして、大変だ、『ムンジド』買わなきゃ、とか言って、急いで本屋さんに当たって買ったのを覚えています。『ムンジド』を引きながらアラビア語の本を読む練習をするようになりました。とくに、アラビア語のテキストのなかでも、ガザーリー独特の語法みたいなものがあるんです。井筒先生に教わったんだけれども、例えば、マフマー（mahmā）という接続詞を使った場合、ガザーリーの場合にはこれは仮定法の接続詞として使っているとか、そういうことを教わりました。ああそうか、と腑に落ちるということがよくありましたね。

準備は、ライトの文法書と字引と首っ引きでテキストを読むわけですから、ものすごい時間がかかります。井筒先生の講読会が始まる頃は、他にもいろんな授業があるわけですけれども、三日ぐらい前から、かかりっきりでした（笑）。

野元　アラビア語の授業は、テキスト解読のコアだからそうなりますよね。

松本　四年目になって、今度はイブン・スィーナー Ibn Sīnā の『キターブル・イシャーラート・ワッ・タンビーハート *Kitāb al-ishārāt wa al-tanbihāt*（指示と警告の書）』を読みましょうということになりました。それで、ナースィルッディーン・アッ・トゥースィー Nāṣir al-Dīn al-Ṭūsī と、ファフルッディーン・アッ・ラーズィー Fakhr al-Dīn al-Rāzī の註が二つ付いた、スレイマーン・ドニアー Sulaymān Dunyā の編集したカイロ版を使って、始めたんです。これは難しかったな。それだけでなく校訂者のスレイマーン・ドニアーのテキストの作り方が問題で、井筒先生ご自身も「本人が読めてないじゃないか」と仰っているくらいでした。

野元　あれは非常に問題があるテキストですね。仄聞するところでは、校訂者本人の考えもちょっと地のテキストの中に刷り込まれているという。

松本　いっぱい問題があるんですね。自分が勝手に読み替えちゃってるとか、そういうのがあって。まあ、とにかく、トゥースィーは、ラーズィーのことを批判しながら註を入れているわけでしょう。

ですから、こっちとしては、まだわけも分からんうちから一生懸命ラーズィーのテキストを読んで、それに続いてトゥースィーのテキストを読んだら、文末に「ライサ・ビ・ワーリディン laysa bi-wāridin」、つまり「まったく的外れです」とかいう註がついているので、なんじゃ、何のため苦労をしたのかと（笑）。面白かったですけれども。そういうふうに読んでいきました。

野元 この本は最初から読むとなかなか進まないと思うのですけれど、飛ばしながらではなくてやっぱり全部を読み通すことを目指されたわけですか。

松本 うん、行けるところまで行こうというので、最初の論理学の所から始めたんです。本当に難しかったですね。だから、アラビア語を学ぶとか、イスラーム哲学を学ぶとかと同時に、形式論理学を一生懸命勉強しないと、テキストの意味が分からないので、いろんな事を一度に勉強するということになったのですね。

野元 『イシャーラート・ワッ・タンビーハート』は、短いものですけれど、どれくらい進みましたか。

松本 「マンティク manṭiq（論理学）」の第一章から第四章、「イラーヒヤート Ilāhiyāt（形而上学）」の第一章から第六章まで読んだ記録があります。

最初、岩見さんと私とで頭痛めながら読んでいたんです。岩見さんはもともとは東洋史学専攻に入り、そちらを勉強をしていた人で、私自身も同じように哲学の勉強をあんまりやったことがなくって、二人とも形式論理学にそれほど親しんでなかった。それがいきなりアラビア語の古典、しかも形式論理学の本を読まされたということで非常に苦労した記憶がありますね。冒頭からずうっと読んでいくんです。

野元　井筒先生の方法としては、特定のところを読むというよりは、テキストを最初から丸ごと理解するという方法を学生に求めたのですね。イブン・アラビーの『フスースル・ヒカム *Fuṣūṣ al-ḥikam*（叡智の台座）』も頭から読んでいたのですか。

松本　そうです。『シファー *Kitāb al-Shifāʾ*』とか『メッカ啓示 *Kitāb al-Futūḥāt al-Makkīyah*』は大きすぎて、ちょっと教室のテキストには向かないですから、選ばれなかったのです。『イクティサード』だとか、『マカースィド』、『イシャーラート』にしてもそうですけども、エッセンスみたいなものを選んで教えていらっしゃったんです。

野元　ヘルマン・ランドルト教授のインタビューでお聞きしたのですが、ランドルト教授と井筒先生お二人での読書会で、スフラワルディー Suhrawardī の『ヒクマトゥル・イシュラーク *Ḥikmat al-Ishrāq*（照明の哲学）』を頭から読んだと仰っていました。

松本　あれも本文に註がついていますので、両方読んでいくと結構な量になります。

野元　ランドルト先生が、みんなが避けるところをきちんと頭から読んでくれて非常にありがたかったと仰っています。

松本　そうでしょうね。みんながすぐ飛びつくようなところよりも、まずは基本からきちんと読んで行かないと、テキスト全体の構成だとか、あるいは書いた人の思想というものがよくつかめないというわけで、全部読めるようなテキストを選んで授業をなさるようにしておられましたね。

イラン留学

松本　井筒先生によるアラビア語の手ほどきは、イブン・スィーナーとイブン・アラビーで終わりました。というのは、その翌年一九六九年（昭和四四）から完全にマギルの専任になられて、慶應義塾大学をお辞めになられたからです。だから、岩見さんも私もとても困ったんですよ。先生がいなくなっちゃってどうしよう、と。

アラビア語は、岩見さんとしばらく二人で本を読もうということにしました。『イフヤー・ウルームッディーン *'Iḥyā' 'Ulūm al-Dīn*（宗教的諸学の復活）』だとか、そんなものを読んだ記憶があります。六〇年代の終わりから七〇年代初頭にかけてですね。それで、岩見さんの方が先にイランに行ったんです。

井筒先生のお友達で、イラン王立哲学研究所所長のナスル S. H. Nasr さんという人が、日本に井筒先生と一緒にいらしたことがあって、慶應義塾大学で講演会があったんです。井筒先生は、慶應義塾大学を辞めてからも時々は日本に帰っていらして、講演会などをなさっていました。井筒先生は、マギルのあと一九七五年（昭和五〇）に王立哲学研究所に教授として招聘されることになります。

一番印象に残ってるのは——その年だったのかしら——たしか上智大学で中世哲学会があったんです。その時に井筒先生が公開講演会をなさったんですね。これは、たぶん岩見さんがよく記憶しておられると思うんですけど。井筒先生のレジュメを彼が作って、配っていましたから。

井筒先生の講演はかなり概説的なお話でした。つまり、イブン・スィーナー以降の西アジア、ペルシア語世界における逍遥派哲学の発展、イブン・スィーナーからずっと続いていって、モッラー・サドラー Mollā Ṣadrā だとかサブザワーリー Sabzawārī とかいう近世の思想家に至るまでの思想的発展のプロセスを、非常に要領よく話して下さったんです。非常に面白かった。これこそやらなきゃ駄目だという気に若い人をさせるような話だったですね。

野元　先生はそれを聞かれて、イランに留学しようと決意されたのですね。

松本　うん、やっぱりイランに行ったほうがいいかなと。さきほど話に出ました、井筒先生の若い頃にお書きになった『アラビア思想史』という本のなかで、とりわけガザーリーの章が情熱的な筆致で書いてあります。きっとガザーリーってすごい人なんだろうな、ガザーリーの研究をしようかなと、今から思うと当時は血迷ったことを夢想していました。そうこうするうちに次第にイスラーム世界にはガザーリーだけではなく、いろいろな豊かな思想があるということが分かってきました。同時に、コルバン H. Corbin なんかの研究の発表も活発になってきた頃です。六〇年代の半ば頃から、後期アヴィケンナ哲学とでもいえる潮流に対する学会の注目が集まってきた時期だったと思います。そちらのほうも是非研究してみたいなという思いが強くなってきていた時に、井筒先生御自身が、イランに行くといろんな研究がどんどん進むんだよ、みたいなことを仰ったので、エジプトに行くよりはイランに行ったほうがいいだろうと、そう思うようになったのです。

留学するためにはペルシア語が必要です。岡田恵美子さんという方がシャーナーメ（王書）の研究でイランで学位を取られて留学から日本に帰っていらして、井筒先生がマギルに移られたのと同じ年の一九六九年（昭和四四）に言語文化研究所でペルシア語の授業を初めて開かれたのですね。それまでに慶應の方にペルシア語の講座あったかどうか、私は正確には知りませんが、戦争中には当時のイスラーム・ブームの渦中のなかで行われていたということも聞きますので、あったとしても途絶えていたと思います。岡田先生がペルシア語の授業を始められて、その授業に出ていたんです。私はだから、慶應義塾大学のもぐり学生です。慶應に週二回行って、早稲田は週一回という、そんな感じで、授業料も何も払ってないんですけれども、三田のキャンパスは非常になじみがあるということです。

野元　その時も先生の早稲田大学でのご専攻はまだ東洋史でしたか、それとも宗教学でしょうか。

松本　宗教学という課程はなくて、西洋哲学です。博士課程に入った時には西洋哲学で、指導教授は、宗教哲学の仁戸田六三郎という先生でした——この人は中世哲学会の会員でもいらして、かなり昔にプロティノス Plotinos の『エンネアデス *Enneades*』の一部分を日本語に翻訳した人です——。でも、実態は慶應義塾大学のキャンパスに出入りしているという、そういう学生生活でした。

野元　東京外語大にはその時はまだペルシア語学科はありませんでしたか。

松本　まだなかった。ウルドゥー語科があって、そこの第二外国語でペルシア語があったんだと思います。

野元　岡田先生もそちらで教えておられたのですか。

松本　ええ、黒柳恒男先生がウルドゥー語科の主任教授でペルシア語も教えられていました。それで、岡田先生はかなり長い間、外語の非常勤講師をしていらして、ペルシア語学科というのが東京外語大学にウルドゥー語学科から分離独立してできた時に、岡田先生はそこの教授になって、入ったのだと思います。専任の教員としてね。慶應ではイランから帰ってから私が教えました。

野元 それでペルシア語を勉強されて、井筒先生のお話に感銘を受けて、イランの哲学の研究を志されたということですが、実際にはどのように留学されたのでしょうか。

松本 とにかくイランに行って勉強したいと、東京にあるイラン大使館に相談に行ったんです。それで、留学したいんだというアプリケーションを書いて、大使館の文化部の参事官にお願いしました。しばらくしたら、行ってもいいよという返事をもらったので、出かけたんです。その時に、イスラーム哲学を勉強したいと言っていましたから、そういうふうに向こうの方で決めたのかどうか詳しくは知りませんが、イラン東北部にあるマシュハド大学の奨学金をつけてくれたんです。それでイランに行ったのです。

でも、マシュハド大学には、ペルシア語を全然しゃべれない学生を受け入れるような施設もなさそうでしたので、まずはテヘラン大学に設けられている外国人学生コースというところで、ペルシア語の勉強のトレーニングをすることになって一年弱ペルシア語——実際にはペルシア文学——の勉強をしたわけですね。

野元 岡田先生が留学の最初に取られたのと同じようなコースでしょうか。

松本 そうですね。岩見さんもそこに在籍していらした。もっと前からイブン・ザイヌッディーンの『イスラーム法理論序説』を訳された村田幸子さんもいたんですね。チティック W. Chittick（現在ニューヨーク州立大学教授）さんもおられました。

野元 村田さんとチティックさんのお二人は、後にご結婚されるわけですね、共著などもいろいろあ

ります ね。

松本　そうなんです。あのころはみんな若かったね。

野元　アメリカとかイギリスの、後に重鎮になられる先生が来ておられたと聞きますね。チティックさんもそうですし、ジェームス・モリス James Morris 先生（現在ボストン・カレッジ教授）も。

松本　そうなんです。チティックさんは最近でもよく会います。モリスさんもいらしたんですか。その頃の彼を私は知りませんでしたけれども。

テヘラン大学の外国人コースと私たちが呼んでいた所で、私はペルシア語の修了書を貰って、いよいよマシュハドに乗り込んだんです。そしたら、そこでアーシュティヤーニー S. J. Āshtiyānī 先生という方にお会いすることになります。

野元　先生はその経緯については、しばらくイントロダクトリーなコースに通われて、何ヶ月か模索をしていたとき、現地の先生からアーシュティヤーニー先生にご紹介されたというようなことを書いてらっしゃいますけど。

松本　うん。最初は、イブラーヒーミー・ディーナーニー Ibrāhīmī Dīnānī 先生（当時マシュハド大学神学部教授、のちにテヘラン大学の哲学科教授に転じる）の授業に出てみました。それから、まだお元気でしょうか、マッシャーイー Mashshā'ī 先生の神学部の授業に出てたんです。それで、サブザワーリー Sabzawārī の『シャルヘ・マンズーメ *Sharḥ-e Manẓūmeh*（形而上学韻文解説）』をイブラーヒーミー・ディーナーニー先生に、ジャーミー Jāmī の『ラワーイェフ *Lawā'eḥ*（閃光）』をマッシャーイー先生にというように、それぞれの先生方に読んでもらうという授業に出ました。それから、個人的に家庭教師みたいなことをやってくれたアターイー Aṭāʾī さんという友達がいたのです。もう退職されましたけれど、マシュハド自由大学の法学部の学部長になった人です。その人がいろんなテキストを選んで、チューターになって読んでくれました。

アーシュティヤーニー先生からも本を選んでもらって、その指導の下にペルシア語を読んだのです。そのあとに先生の授業にも出させてもらいました。先生の授業は毎晩あるんですが、それぞれの晩ごとに読むテキストが違うというものでした。

野元 それは大変ですね。

松本 そうです（笑）。まずは、イブン・アラビー Ibn ʿArabī の『フスースル・ヒカム *Fuṣūṣ al-Ḥikam*（叡智の台座）』のダーウード・カイサリー Qayṣarī による、注釈書を読む日があって、モッラー・サドラーの『シャワーヒド・ルブービーヤ *Shawāhid Rubūbīyah*（神的確認集）』を読む日がありました。さらに私にとっては再読になるんですけれど、あのイブン・スィーナーの『イシャーラート・ワッ・タンビーハート』を読みました。その読み方、読解がまた独特だったんですね。それから、あとスフラワルディーの『ヒクマトゥル・イシュラーク *Ḥikmat al-Ishrāq*（照明の哲学）』を読む日もありました。こうして毎日のようにアーシュティヤーニー先生の授業があったんです。ほぼ毎日、一週間のうち四日間か五日間がこれで潰れました。

野元 この四つのテキストで、だいたいイルファーン哲学のパースペクティブが出来上がるように思いますが、これは大変だったでしょうね。

松本 大変だったです。慣れないペルシア語の授業でしょう。テキストはアラビア語で、アーシュテイヤーニー先生がペルシア語で解説しながら進めていくのをフォローするのがまた大変だったんですけれども、受講生と一緒に予習もしました。まあ、分からないながらも、「門前の小僧習わぬ経を覚える」で、だんだんと、分かるようになってきたのです。

野元　ちょっと細かいところですけれど、私たちが普通演習、講読といいますと、教室に出て行って、学生が何節かを丁寧に読んで、それに訳をつけて、それについて先生が直して注釈を加えるという形式なのですか。

松本　それはね、一緒に勉強していた学生が、さっき言ったアターイーさんとかをはじめとして、もともとは神学校のタラベ talabeh（神学生）だった人たちばかりなので、アラビア語はほとんど問題ない人たちばかりなんです。だから、テキストについて、アーシュティヤーニー先生がいろいろ解説をしていくという方式で、読んでごらんということで、時々読まされることもありました。

野元　数十ページはいっぺんに進む感じでしょうか。

松本　そうですね。一〇ページか二〇ページぐらいは一度に説明していました。アラビア語の本ですから、文字の形が大きいからそうなるのでしょうけど。そういう授業を受けていました。アーシュティヤーニー先生は、徹底的に夜行性の人なんです。夜のだいたい七時頃から夜中の一二時前くらいまで授業をするんです。授業が自由に設定できる仕組みだったのでしょうね。もともと神学校だったものが、法律に基づいて近代的な大学組織に変わっただけの話ですから、中身は神学校時代のスタイルがそのまま継承されていたのだと思います。先生も神学校育ちの人で、学生さんたちも私を除いては、旧式のゴムとかナジャフにある神学校ホウゼイェ・エルミーイェ ḥawze-ye ilmiye という所で勉強した経験の持ち主ばかりでしたから。みんな慣れてたのでしょう、ちゃんとした枠組とか単位とか、そんなものは関係がないという授業でした。

野元　大抵は先生のご自宅でやられるわけですよね。

松本　いいえ。当時、マシュハド大学は新しいキャンパスを郊外につくって、神学部の建物が荒野のど真ん中にぽつんと一つだけできていたんですけれど、そこでやってました。今はいっぱい校舎が立ち並んじゃって、昔と面影が違いますが。

野元　留学先のイランから牛田徳子先生に宛てたお手紙で「狼の遠吠えが聞こえる」ような人跡稀な地で勉強しているということを書いておられたと伺っていますが、先生は草創期のマシュハド大学神学部で本当に苦労の留学生活を送られていたのですね。イランには何年間ぐらいいらっしゃいましたか。

松本　結局、合計で三年間とちょっとですね。

マシュハドでの生活も四年目に入ってそろそろ日本に帰らなきゃいけないと思って、アーシュティヤーニー先生に帰りますと伝えたら、もう少し留まって勉強しなさいといってくれました。でもルーミーの『精神的マスナヴィー』の「人はだれも自らの故郷から遠く離れれば、その故郷に戻る日を求める」という一節をいったら、もっともだといって私の帰国に同意してくれました。それで、何か一つ形になるものを残しておきなさいと、ペルシア語の『イルファーン *'Irfān*（神智学）』の写本を一つくれて、これを読んできちんと校訂した形に直しなさいと言われました。

これは、ガージャール朝の中期――一九世紀の初め頃かな――、あまり生年がはっきりしない人ですけれど、モッラー・アーホンド・エスマーイール・エスファハーニー Mollā Ākhond Esmāʿīl Esfahān-ī という人が書いた『ジャラワーテ・ナーセリーエ *Jalawāt-e Nāṣerīyeh*』という論説の写本です。「ナーセロッディーン・シャーの輝き」とでも訳すのが適切でしょうか。「ジェルヴェ Jelveh（輝き）」と銘打ったいくつかの章に分けられているものです。各「ジェルヴェ」において、イルファーンの思想や概念などが説明されていて、いろんなペルシア語の詩だとかがいっぱい入っている、非常に優雅なテキストです。それを読んで、校訂して、アーシュティヤーニー先生にお渡ししたところ、とても喜んでくれました。印刷に付して刊行するまでには至りませんでしたが、マシュハドを去る記念にということで残しました。アーシュティヤーニー先生は、後になってこの私の仕事を井筒先生にみせたようです。

野元　『イスラム世界』（日本イスラム協会刊）に論文（「〝存在の単一性〟の思想における存在について」『イスラム世界』一四、一九七八年）も書いていらっしゃいますね

松本　帰国直前にまとめた写本校訂の仕事を井筒先生に直接お会いして、見ていただくという機会は残念ながらありませんでした。すれ違ってしまったのですね。私は一九七五年に帰ってきて、井筒先生の方は一九七五年から正式に王立哲学研究所に入られた。それまで先生はマギルと、テヘランにあるマギルのブランチとの間をしばらく行き来されるということを続けておられたようですが、たしか、七五年にナスルさんがアンジョマネ・ファルサフェイエ・エスラーミー Anjoman-e Falsafeh-ye Eslāmī、つまり王立哲学研究所というのをテヘランで正式に発足させ、それで、井筒先生は完全にマギルを離れられてアンジョマンに移られました。その時に、井筒先生と松本正夫先生とがアーシュティヤーニ

ー先生に会いにマシュハドまでいらしたんですね。私はその時たまたま旅行に行っていていなかった。後でアーシュティヤーニー先生に、どこにいたんだと怒られましたけどね。そのときにアーシュティヤーニー先生がさっきお話しした私の仕事を井筒先生に見せたらしいのです。

アーシュティヤーニー先生とイラン革命

野元　アーシュティヤーニー先生の授業に二年近く出られたわけですけれども、井筒先生とのアプローチの違いは何だったのでしょうか。

松本　井筒先生のアプローチは言葉の分析ということに重点を置かれていました。ご自身の言語哲学とか、その方法論を踏まえた、科学的といいますか、非常に厳密な概念の分析をなさっていたと思います。客観的にイスラーム思想を比較哲学の枠組みで考えていこうとされていた。

アーシュティヤーニー先生の場合は、イスラーム思想の中にどっぷり浸って、観念だとか、大きな概念の組み合わせとかいうものが、ご自身に血肉化しているというところがあります。アプローチの違いというより、むしろアーシュティヤーニー先生自身が、イルファーンを生きているという、そういう方でしたね。イスラーム世界におけるイルファーンをはじめとするさまざまな学派、マッシャーイー学派だとかイシュラーキー学派だとか、そういうものを全部総合して自分自身の中に一つの世界を作り上げていく、そういう方法です。だから、研究というより、彼がイスラーム世界に伝わっている知の伝統を現代に引き継いで、また再生させるというところに関心があったと思います。井筒先生も、もちろんそういうところはあるんですけれど、井筒先生のほうがより客観的だと思います。

野元　コルバンが書いていますけれども、まさしくモッラー・サドラーの再来といった印象でしょうか。

松本　モッラー・サドラーがどんな人だったか、はっきり理解しているわけではないけれど、そうかもしれません。ヒクマ ḥikmah の伝統やイルファーンの伝統を現代に生きてそれに新しい命を吹き込もうというのが、アーシュティヤーニー先生の姿勢だと思うのです。井筒先生とアーシュティヤーニー先生とでは、イルファーンそのものに対する姿勢が違っているなという印象は受けました。

日本に帰国して、私の関心はワラーヤ walāyah（神の近接性）とかウィラーヤ wilāyah（監督権）とかいう話に向かいますが、もちろん、『フスースル・ヒカム』やその周辺を勉強する過程で、アスマー・フスナー asmāʾ ḥusnā（神名論）の問題は避けて通れませんでしたので、この問題はアーシュティヤーニー先生のところで勉強している時から、非常に気になっていました。当時、私にはワラーヤの意味もウィラーヤの意味もそれほど深くは分かっていませんでした。しばらくしてから、存在の見取り図が神名論として説明されていることに気がついて、それで存在論と神名論の関係を調べるようになったわけです。

晩年の井筒先生もワラーヤをどう訳せばいいか気にしていらっしゃいました。先生ご自身が英語で執筆されたイスラーム神秘主義と中国の道教とを比較した *Sufism and Taoism* のなかで、先生はそれを「セイントフッド sainthood」と訳しておられます。だから sainthood という月並みな訳語ではイスラーム神智学におけるワラーヤの意味を尽くすことができないと気付いておられたから気にしておられたのでしょう。

ところで、アーシュティヤーニー先生のところで勉強していた時代というのは、非常に複雑な時代でした。私は七五年にイランを離れるわけですけれども、七九年にはイスラーム革命が起きました。私がマシュハドにいたころ、神学部の学生たちでさえも、アーヤトッラー・ホメイニーの名前を口にすることさえ憚るという雰囲気だったんです。秘密警察の網が縦横にはりめぐらされている時代だったものですから、反体制、反国王運動の中心人物について語るということは非常に勇気がいる、そういう社会情勢だったんです。学生たちが、本当にイルファーンとかヒクマとかが分かっている人は、イスラーム世界にたった一人しかいない、それはアーヤトッラー・ホメイニーという人だよって小声で言うんです。それで、アーシュティヤーニー先生に、アーヤトッラー・ホメイニーってどんな人ですか、教えてくださいと言ったら、それは私の先生だよって教えてくださった。『イスラーム政治神学――ワラーヤとウィラーヤ』の「はじめに」に書きましたが、ホメイニーが国王から追放される時に、彼が書いた論文、とくにイルファーンとかファルサフェについて書いた論文は、全部アーシュティヤーニー先生に直接手渡し、保管を依頼してイラクに逃げたということを伺ったことがあります。その一部は、革命が起こる以前から、いろんな雑誌にアーシュティヤーニー先生が校訂して発表されておられました。とにかく、イルファーンが解るとか、ヒクマが解るということは一体何なのかということを、非常に重要な問題として突きつけられた気がしました。ナザリー naẓarī（思惟的なもの）とアマリー ʿamalī（実践的なもの）、テオリアとプラクシス、思惟と実践が本当に結びついて、哲学的な知識からいろいろな思想が生れてくる、あるいはそれが直接行動に結びつく。イルファーンが解るとか、ヒクマが解るとは、こういうことなのです。

それはアーシュティヤーニー先生においてもそうでした。だから、先生は、当時の国王支配の体制に対して、論文こそ発表しなかったけれど、授業中に折に触れてものすごい批判、聞いている学生たちが卒倒しかねないくらいの激しい批判をなさっていたんです。アーシュティヤーニー先生は、そのかぎりではホメイニーの直系のお弟子さんです。しかし、彼自身は、具体的に反政府活動をすることはなかったのです。ムタッハリー Mutahhari のような人とは違って、街頭での活動を指揮するようなことはなさらず、またそういうことに向いていないことをご自分でもよくご存知でした。ミンバルに登ってお説教をしたのは、これまでたった二度だけだと仰っていましたが、しかし、反体制的な考え方を非常に強く表明している方でした。

ところが革命が起こってしまった。ご承知のように、この時に、アーシュティヤーニー先生は不運で不幸な目に遭われます。これはナスルさんのせいだとみんな言いますけれど。以前に、王室からアンジョマン（王立哲学研究所）のためにお金を引き出そうとして、ナスルさんがアーシュティヤーニー先生を連れてパーレビー国王のお妃のところに行ったんです。

野元　ファラ王妃ですね。

松本　そうそう。彼女は、ボンヤーデ・ファラ Bonyād-e Farah（ファラ基金）という王家直属の基金を創設し、その総裁を務めていました。ナスルさんがそこからお金を貰おうと申請したら、くれることになり、そのお礼のためにナスルさんがアーシュティヤーニー先生を連れて王妃のもとへ行って、記念写真を撮りました。このことが、革命が起きると、革命防衛隊の何もわからない若い連中が国王派であることの動かぬ証拠写真だといって、先生を吊るし上げたんです。周りにいた人たちがなんとか庇って、結局、あまりひどいことにはならなかったんですけれども。
それまで、アーシュティヤーニー先生っていうのは、イランではものすごく権威のある人でした。どんな無理でも通るという、そんな方だったんですけれども、その一件があって以来、影響力を失い、また体力的にも衰えていきます。病気もなさったりして、不遇な晩年を過ごされ、今から三年くらい前にお亡くなりになられました。

野元　マシュハド大学の教授職はずっと続けられたのですね。

松本　ええ、しばらくは続けていらした。結局、当時の友達と会って話をすると、私たちが習った時のアーシュティヤーニー先生は、学者としては絶頂期だったということで意見が一致します。あんなふうに毎晩違ったテキストを取り上げて授業され、体力も知力もあって、テキストの校訂が多かったですけれども、研究業績をどんどん発表されていました。イスラーム世界を代表する神智学者たちの代表的な論文を選んでコルバンと一緒にアンソロジーを編むというようなことも精力的にしています。あのころの先生は、多分、今の私より若かったと思いますよ。五〇台の後半くらいだったんじゃないでしょうか。

野元　学者としては本当に円熟されていた時期ですね。モッラー・サドラーの『シャワーヒド』は、アーシュティヤーニー先生が校訂されていますね。カイサリー Qaysarī の『フスースル・ヒカム注釈』も。

松本　『シャワーヒド』は、先生の校訂が完成した直後ぐらいに習っています。『フスースル・ヒカム』も、後になってからですが、習いました。テキストを理解するということは、テキストの底に隠されているヒクマ（叡智）を把握すること。そこから、どれだけのインスピレーションを得て、どれだけの言葉を紡ぎだし、どれだけの行動をすることができるかというところに、テキストが真に分かったか、分かってないかということが懸かっているのだということをアーシュティヤーニー先生は、言葉の端々に滲ませていたように思います。

野元　まさに、イルム・フドゥーリー ʿilm ḥuḍūrī という、「現前知」のことをおっしゃっていたわけですね。

松本　そうそう、イルム・フドゥーリーというのは、フドゥールと同時に、実際に展開していかなければならないことを意味すると、彼らは考えているんだなということが分かりました。なんであんな浮世離れしたことをやっているのかというと、実は、世間から遊離しちゃいけないからなんですね。むしろ、現実と直接繋がる、真実在から展開された複数性の世界との関わりをきちんと見通すためなんです。最初は、セイル・イラー・ル・ハック sayr ilā al-ḥaqq（真理に向かう旅）を私たちはしているんだけれども、いったんそのハック ḥaqq の中に入ったら、ハックとともにこの地上に帰ってくる。井筒先生が対比させる往相と還相ですね。アッラーの内部からこの地上にアッラーとともに帰ってくるということ、これをしなければいけない。これがイルファーンの伝統なのです。

野元　スーフィズムでいうファナー fanāʾ（アッラーの中での消滅境）とバカー baqāʾ（現世での存続境＝現世への還帰）に繋がる。

松本　そうそう、そうです。

革命後に不幸な事件があって以後、アーシュティヤーニー先生に何度かお会いして、革命前、先生はホメイニーのことを偉い人だと仰っていたけれど、今はどういうふうにお考えなんですかと尋ねたら、先生は、彼は革命前に持っていた、ガダーサト（qadāsat）、気高さっていうのかな、それを失ってしまっていると批判していました。ただ、ホメイニーが書いた『ミスバーフル・ヒダーヤ *Miṣbāḥ al-Hidāyah*（導きの灯）』は、とてもいいと言っていました。その本の中に含まれている思想は尊重していかなければならない。何もホメイニーと同じことをしろとは言わないけれども、各自がそこから知的霊感を得て、自分なりに理解して、正しく実践していくことが求められるんだということを仰っていました。

アーシュティヤーニー先生は、ホメイニーの学統を継承しながら、イルファーンのいい面を大事にしていた方だと思います。あの頃、大学生が若気の至りでデモなどを起こして、退学処分になることがしばしば起こったのですけれど、先生はそういう処分に徹底的に抵抗していました。「学生っていうものは、母親が腹を痛めて生んだ大切な命で、それを我々教師は預かっているんだから、絶対に退学処分などということはしてはならない」と仰ってました。アーシュティヤーニー先生はそういう方でした。今でも私はそれを肝に銘じておりますし、そのつもりで学生に接しています。

野元　革命後しばらく、それに参加する形で文化行政のイスラーム化にたずさわっていた知識人のなかの一人に、アブドゥル・キャリーム・ソルーシュ ʿAbd al-karīm Sorūsh という人がいます。しかし、現在その人は革命を見直すような文筆・言論活動を展開しています（ソルーシュは現在イラン改革派の代表的な知識人）。

松本　みんなそうですよ。知識人たちは国王の専制支配に対しては、非常に腹を立てていました。そして、なんとか打倒しなければならないという点で一致していました。しかし革命以後に出来上がった権力機構というものに対しては、これまたみんな非常に不満なわけです。それは知識人の宿命だと思います。あらゆる状況において不満であるというのは、どこの世界の知識人にも共通して見られる現象だと思います。とくに権力が肥大化していく場合には、いろんなところで軋轢が生じます。それについて、アーシュティヤーニー先生は非常に残念がっていましたね。とくに大勢の人が死んでしまったこと、殺されてしまったことは、当然のことでありますが、痛恨の出来事だったみたいです。イルファーンだとかイスラーム思想の中に、命を大切にしようという考え方が非常に強くあるのですけれども、それがなかなかうまく実現されてきていないことが問題だと言っていました。

イラン革命の思想的基盤にもなった、ワフダトゥル・ウジュード wahdat al-wujūd（存在一性論）という考え方そのものは、私は非常にいい考え方だと思います。多様な諸存在が共存共栄している状況を支える理論的枠組として、その世界観はあります。ただ、前近代のワフダトゥル・ウジュードでは、真理の持っている暴力性、存在論の内包する野蛮さみたいなものをチェックすることができない、あるいは個々の存在者の個別性が充分に保障され得ない。いい意味での個人主義が、古いワフダトゥル・ウジュードの思想では保障できないということがあるわけです。そこを、新しく変えていくことが今求められているのじゃないかと思います。ナスルさんなんかは、そういうところにかなり関心があるような気がしていますし、私もそうです。

野元　今のイランのいわゆる改革思想はそのような方向をとっていると私は思いますが。先ほど申し上げたソルーシュ、あと、モハンマド・モジュタヘド・シャベスタリー Mohammad Mojtahed Shabestarī（かつて宗教法学者であった改革派の知識人）なども、先生がおっしゃったような方向を目指していると考えてよろしいでしょうか。

松本　そうですね。みんなだいたい、ワフダトゥル・ウジュードの考え方を理論の枠組としては共有していますから。井筒先生じゃないけれども、インド哲学の不二一元論や朱子学の一多相即の説や新プラトン哲学の発出論に見られる、唯一なものから多様なものが出てくるという枠組みですね。スピノザの考え方もそれに近いのでしょう。

そういう世界観は、多様性を保障しながらみんなが共生していくということを説明する理論としてはなかなかよろしい。ただ、ワフダトゥル・ウジュードの、とりわけ古い考え方では、存在論の持つ暴力性、真理の持っている排他性、彼らがいうところの「ゲイラト・イラーヒーヤ ghayrat ilāhīyah（神の排他性）」が充分に解決できてないのです。あらゆるものは唯一の真実在の発現形態だと設定すると、結局、バスターミーの発言に出てくるように、「私はあなたです、あなたは私です」みたいなことで、個が保障されないということになります。そこを補正していくことが大切じゃないかと思いますね。

野元　ワフダトゥル・ウジュードの考え方を現実に直《じか》にあてはめますと、一番権威のある、学識のあるファキーフだと主張する、あるいは認められた人にとてつもない暴力性が備わってしまうのですね。

松本　そうです。具体的にはそういう形で現れてきてしまうわけで、結果として現在、イランの最高指導者を務めるハーメネイー Khāmeneʾī みたいな人が出てきてしまうのです。

ところで、ハーメネイーさんとアーシュティヤーニー先生はいろいろ個人的な経緯もあって、仲が悪かったということにも触れておかなければなりません。アーシュティヤーニー先生は生涯独身を通しました。昔、ハーメネイーと姻戚関係にある娘さんとの縁談が持ち上がったようですが、それをアーシュティヤーニー先生は断ってしまったそうです。家の面子を重んじるイランのような家父長制が強い社会では、縁談を断られた方は、いたくプライドを傷つけられ、非常に怒りますが、これがきっかけとなってハーメネイーさんとの関係が悪くなったということを聞いたことがあります。

野元　学問に打ち込んでいて、あえて婚姻のような社会の枠に収まらないという、そういう人だったのでしょうか。

松本　うーん、なんだったんでしょうかね。個人的な問題もあるんでしょうけど。あまりね、アーシュティヤーニー先生は女性が好きじゃなかったっていうか、ミソジニーだったのじゃないかとも思います。

話を戻しますと、あの地域独特の男性原理だとか、家父長制だとかは、イスラームよりももっと以前からある古い、どちらかというと非イスラーム的な要素だと思いますが、それが革命というかたちをとると、暴力性が倍増してしまう。

野元　それは本当にヨーロッパの場合もアメリカの場合もそうですね。

帰国してからのこと——就職と異動

野元　留学を終え、日本に帰国されてからのお話をうかがわせて下さい。

松本　イランから帰ってしばらくは、今と比べると日本の学問状況は全然違っていました。イスラームのことを教える大学なんてほとんどなかった。イスラームのことを専門に研究しているからといって、すぐに仕事があるわけではありません。それであちこちの大学の非常勤講師なんかをしていたわけです。

そのうちに、日本興業銀行の頭取、会長を歴任し、経済同友会の代表幹事も務めていた中山素平さんたち財界人が中心となって国際大学という大学院大学を新潟につくって、そこに中東地域研究科というコースをつくることになりました。一九七九年にイラン・イスラーム革命が起こったということが大きな原因だと思うんですけれど、イスラーム研究を本格的にやらなければならないという機運が、社会的にも非常に盛り上がってきていました。その先駆けとしてつくられたのが、中東地域研究科というコースです。イスラーム分野のことをやっている人が欲しいということで、古川晴風という早稲田大学のギリシア語の先生から紹介されて国際大学に行ったら、リクルートの責任者が慶應義塾大学の経済学部の先生だった世界経済論、開発経済学が専門の山本登先生だったんです。お話しているうちに、共通の知り合いがいっぱい出てくる。それで、チャータースタッフとして専任教員になりました。あれは一九八二年かな。そこには、私よりもかなり早い時期に井筒先生に師事されていた黒田壽郎さんもチャータースタッフとしていらっしゃっていました。

私と黒田さん、さらに黒田さんのエジプト留学時代の知り合いである小杉泰さんもやってきて、主としてこの三人で国際大学の中東研究科を軌道に乗せ、やがて中東研究所をつくりました。当時、文部省もイスラーム研究の重要性を認識していたからなのでしょうけど、申請を出すと必ず科研費をくれました。かなり大型の科研費を連続で取り、それで大量の文献を集めることができました。おかげで今でも国際大学の図書館にはおよそ三万冊のアラビア語、ペルシア語の本があります。残念ながら今ではそれを使う人がいなくなってしまいましたが。

後に小杉さんは京都大学に移られ、そこを日本のイスラーム研究の拠点にしようとして、図書館にアラビア語、ペルシア語、トルコ語の文献を収集して、蔵書量では京都大学の方が東洋文庫より多くなったという話を聞かされたことがあります。それでも、小杉さんが言うには、国際大学の図書館はアラビア語、ペルシア語の蔵書数では日本で第三位なんだということです。八〇年代から九〇年代にかけての時期は、それぐらい、国際大学の中東研究所を中心にイスラーム研究を盛んにしていこうという雰囲気に包まれていました。

野元　その後国際大学から大阪にある英知大学（現聖トマス大学）に移られますが、そのあたりの経緯について差し支えなければお聞かせ下さい。

松本　国際大学には開校の八一、二年頃に着任しましたので、一三年くらい在籍したと思いますが、いろいろと事情があって辞めようと思って、どこか私を引き取ってくれるところはないかなという話をいろいろな人を通じて問い合わせていたんです。ちょうどこの学校が大学院をつくりたい、人文科学研究科に二つのコースをつくって、一つを宗教文化専攻にしたいということでした。それで、教員が欲しいということになったのです。ここはもともとカトリックの神学校が母体の学校でしたから、神父出身の学者が多いんですね。それで、最初、チャータースタッフの名簿を持ってあちこち問い合わせたら、これじゃ神学部だ、神学科の大学院だ、宗教文化にはならないと言われたようです。カトリック以外の他の宗教の研究をやっている人が入らなきゃ駄目だって言われて、認可が保留されることがあったらしいんですね。で、なんか他の宗教のことをやってる人を是非欲しいという時にたまたま私が異動したがっているという話が、こちらのチャータースタッフを集めている人たちのところに伝えられて、じゃこっちに来てくださいということになったのです。正式に移ったのは神戸を襲った大震災の年ですから、一九九五年ですね。もう一三年前のことです。早いもので来年（二〇〇九年）は私も定年で退職です。

現在までの研究——存在一性論を読み替える

野元　帰国されてから四年後にイラン革命が起きますが、それ以降のお仕事、関心について聞かせて下さい。

松本　国際大学にいた頃は、ホメイニーの思想が巷でいろいろ言われていたわけですが、私は、とくにウィラーヤテ・ファキーフ wilāyat-e faqīh（法学者の監督権）のウィラーヤとはいったいどういうことなのかという問題を、もうちょっと徹底的に研究してみようと思いました。イランにいた頃から、ワラーヤとかウィラーヤとかいう言葉は耳にたこができるほど聞いていましたので、イルファーンとウィラーヤテ・ファキーフという概念が非常に密接な関係があるのだということを論証したいと思い、『イスラーム政治神学』という本を書いたわけです。実際現地に生きている人たちが、政治情勢との係わりのなかでイルファーンというものを考えているという現実を踏まえて、研究をまとめました。

それから、松本ますみ――私の連れ合いです――が、以前から中国イスラーム、とくに中国の民族問題、中国の少数民族政策に関心をもっておりまして、中国の少数民族政策のなかで、とくに中国語を話すイスラーム教徒、回族の研究をしているのですが、彼女がフィールドの一つである雲南省に行った時に、馬聯元という人が書いた、『天方性理阿文注解』という表紙のついた本を持ち帰ってきたのです。中身を見たらアラビア語なんですね。彼女は中国語しか読まないので、これは何が書いてあるのかと聞くので読んでみたら、ワフダトゥル・ウジュードの本だということが解ったのです。なんだ、中国でもワフダトゥル・ウジュードのことをやっていたんだと思うと、嬉しくなりました。

もう少し経緯を調べていったら、清の初めにいた劉智という中国のイスラームの思想家が書いたものをアラビア語に翻訳して、それに註を付けたものが『天方性理阿文注解』という本だということが分かったのです。中国のイスラーム教徒の思想や精神世界、とくに前近代――共産主義革命が起こる前まで――は、私のそれとあまり遠くないので非常に嬉しくなって、もう七、八年前ですかね、たまたま論文を発表する機会があって、京大の『東洋史研究』という雑誌に発表しましたところ、結構大きな反響がありました。中国思想を研究している人たちも、あれ以後、中国のイスラーム教徒の思想家、回儒――日本人が勝手に回儒という名前を付けていますけれども――の研究への機運が高まって、最近では盛んに行われていますし、これを受けて中国人の研究者たちも回儒という言葉を使い始めました。

野元　『天方性理』の訳も何年か前から出始めていますね。劉智や馬徳新が自分たちが回儒と呼ばれていることを知ったらどう思うのでしょうか。

松本　仁子寿晴君らが進めていますね。私があの本を紹介したら、今、翻訳の中心になっている佐藤実君が、私の所に急いで駆けつけてきて、これはいったいどういうことでしょうと言うから、どういうこともない、劉智のものをアラビア語に翻訳して、それにアラビア語で註をつけているのが馬聯元のあの本ですよと教えてあげました。私にとっても、少なくとも二〇世紀前半までの中国のイスラーム教徒たちの精神世界と先生にあたる馬徳新とか、そういった人たちの思想も研究してみようということで、そちらにも手をつけるきっかけになったわけです。

東アジアの言語文化世界に私たちは生きているわけですが、東アジアでは現在でもイスラーム世界の哲学的コンセプトを東アジアの言葉、つまり漢字という表現様式でもって表現している。アラビア語の著作のなかに出てくる哲学概念を東アジアの言葉に置き換えるとき、中国のイスラーム教徒たちの仕事はとても参考になるし、私たちがいま苦労してイスラームの概念を日本語の単語に置き換えているのに対し、はるか四百年も五百年も前に、彼らが定訳を与えている。ひょっとしたら彼らが使っている言葉の方が、私たちが使っている言葉よりもより正確な翻訳なのではという興味もあって、中国のイスラームの研究をしているわけです。たとえば「ウジュード（wujūd）」という概念を私たちは近代西洋哲学の影響を受けて「存在」と訳していますけれど、「存在」は極めて近代的な単語で無機質な印象を与える訳語です。劉智は「有」と訳していて、「有」のほうが「存在」よりもイスラーム哲学における「ウジュード（wujūd）」をより的確にあらわしているような気がします。なにしろ現代のイスラーム世界の哲学者たちもイブン・アラビーの影響下にあって「存在の香りがする」などといいますから。こういう表現を前にすると「有の香りがする」と表現したほうが的確なのかなと思うのです。東アジアという文化圏に生きて、しかもイスラームの研究をする人間にとって、中国におけるイスラーム思想は非常に参考になる気がして、続けているわけです。
論文に書きました、「真一」、「数一」、「体一」という概念のうち、「体一」というのは、イスラーム世界にはないけれど、中国で発展したと考えられます。まさにテオリアをプラクシスに還元するところで「体一」という言葉が利いてくるわけですね。だから、中国のイスラーム教徒たちのほうが現在の私たちよりも正確に理解している。そういう感じがします。やはり、東アジアに生きている私たちがイスラームを研究する上で、昔の中国のイスラーム思想家たちの仕事っていうのは無視しないほうがいいんじゃないか。いろいろと参考になるヒントを与えてくれるので、もっといろいろ研究してみたいと思っているんです。

野元　先生のご論文を拝読しますと、馬徳新が宋学の「全体大用」をムハンマド的真実者 **al-haqiqat al-Muhammadiyah** へ読み換えてゆく。これは倫理的なものを強調する「体一」(「体一」とは「数一」が個別的存在者に展開すると同時に「数一」に収斂する相をいう)の概念と軌を一にしていると思うのですが、さらにそれをイスラーム的な読み込みをして、中国的な現世志向ではなくて、イスラームの終末論の方に結びつけていく。それが非常に面白い。

松本　イスラーム教徒である以上は、イスラームの死生観というものを持っているわけです。その死生観に基づいて、死んだ後にもそういった精神の世界が存続するという考え方、それをいかに論証していくかに思索を集中します。儒教的な考え方だと、怪・力・乱・神は語らないということですから、そこではエポケー(判断停止)してしまう。ところが、中国のイスラーム教徒はそれをしない。しかも、さらに深く論証していく。来世がいかに存在するのか、死後の世界がいかに存在するのかということをきちんと論証しようということに、「全体大用」という概念を利用する、そのことの起こりは論文の中に書いたとおりです。「アル・ハキーカトゥル・ムハンマディーヤ al-Haqiqat al-Muḥammadiyah（ムハンマド的真理）」もそうですね。それを「全体大用」という言葉に置き換えているというところが分かってきました。

劉智とか王岱與とか、清の初めの頃のイスラーム思想家は、まだそれほど死生観についてちゃんとした考え方を著書の中に書いていません。一応、クルアーンに死後の世界がありますよと書いてあるから、そうなんです、と書いている程度で、そこのところを徹底的に考えるということをしていないんです。ところが、馬徳新という人はこの問題に興味があるんです。そのあたりのことを書いたペーパーを一度英語で発表したんですが、イラン留学時代の知己であるチティックさんが非常に喜んで、これは「マアーデ・ジスマーニー maʿād-e jismānī（肉体復活論）」という考え方と比較研究するともっと面白くなるっていうから、じゃあそうしようと言ったことがあります。「マアーデ・ジスマーニー」と「全体大用」の考え方とを比較対比しながら細部に渡って明らかにしたいと考えましたが、まだそこまではやってはいません。

野元　馬徳新には、中国の思想を終末論の文脈に読み替えていくという積極的な姿勢があるということですね。

松本　そうです。彼はいろんな意味で読み替えが激しい人ですね。アズィーズ・ナサフィーのテキストなんかも、彼独特の読み方をしています。単なる誤訳というわけではないんだけれど、読み込みが激しいといいますか、そういう点で馬徳新はテキストに対する思い入れが強い人です。中国のイスラーム思想家のなかでも、独自性が顕著に認められる人だと思います。

野元 現在のご関心はいかがでしょう。

松本 今、中国・山東省のイスラーム教徒たちのスーフィズムの受容の形態をテーマにして科研費を貰って、一昨年から中国に出入りしています。そこは、日本が日中戦争の時期に八年間に渡って占領していたところで、占領前から数次におよぶ軍事介入で日本軍による犠牲者がいっぱい出ているところです。日本への強制連行も行われて、花岡事件のような悲惨な事件が日本で起きています。あの中にイスラーム教徒が幾人も交じっていたわけです。山東省、河北省、内蒙古とかその辺りは、日本軍が長期にわたって占領していた関係もあるんでしょうけれども、前近代の「ワフダトゥル・ウジュード（存在一性論）」という思想がかなり長期間にわたって手付かずで残されていた形跡もあり、ペルシア語、アラビア語の写本も結構、残っています。イスラームの神学校のカリキュラムも変わらないで、昔のものがそのまま残っていた。日本軍によって占領されなかった他の地域では、近現代に中東でさかんになってくるナショナリズムだとか、そういうものに強く影響を受けたイスラーム解釈が入っていますが、皮肉にもこの地域には、昔からの存在一性論が継承されているのです。面白いですよ。

去年も河北の大平原の真ん中にある小さな村に行ったら、まず、ファリードゥッディーン・アッタール Farīd al-Dīn ʿAṭṭār の『タズキラトゥル・オウリヤー *Tadhkirat al-ʾauliyāʾ*（スーフィー聖者列伝）』の写本があるんです。それから、アズィーズ・ナサフィー ʿAzīz Nasafī の『キターブル・インサーン・アル・カーミル *Kitāb al-insān al-kāmil*（完全人間の書）』だとか、『キャシュフ・アル・ハカーイェク

Kashf al-haqā'iq（真理の発見）』だとか、そういうのがあるんですよ。ペルシア語の本ですね。とくに山東省では昔からペルシア語とアラビア語の本をよく読んで、神秘主義の研究、スーフィズムの研究をするのが経堂教育、つまり神学校を拠点にする山東学派の教育の特徴なのですけれど、そこをもうちょっと詳しく、体力がどこまで続くかわかりませんけど、調べていこうと思って今やってるんです。

野元　それは文化大革命をどのように生き延びたのでしょうね。

松本　残念ながら、生き延びていないです。

野元　写本など、ものは残っているのですか。

松本　ある程度は残っているんです。これも徹底的に調査しなくちゃいけないのですが、どうも山東省とか河北省には、文革の破壊の嵐を潜り抜けて、個人的にそういうものを隠していた人たちがいるみたいです。

野元　聖者廟みたいなものはいかがでしょうか。

松本　山東省、河北省には聖者信仰はあまり入ってないみたいです。有名な神学校の先生——中国のほうでは経堂教師と呼びますけれど——のお墓などは残っていて、周辺の人たちの尊敬を集めているということはあります。そこへお参りするとご利益があるという聖者廟崇拝は、もっと西のほうで盛んですね。

野元　では、東長靖さんなどがおっしゃっている非スーフィー型聖者ですか。

松本　そうですね。非スーフィー型というか、本来は神秘主義を意味するタサッヴォフというものを、むしろ倫理的完成を目指すための修行法の一種として理解しているわけです。あんなふうに地域でマイノリティーとして生活している人たちは、到底、シャリーアを実行することはあり得ないわけですから、結局、内面的な完成、インサーン・カーミル insān kāmil（完全人間）を目指すことが信仰生活にとって最も重要だと考えるわけでしょう。ですから、河北や山東省の中国人のイスラーム教徒は、常に倫理的完成を目指すという意味でのタサッヴォフに非常に精力を注いでいて、関連する文献もみんなが読んでいたんですね。びっくりしますよ。あの状況のなかで神学校のなかでアラビア語やペルシア語の本を代々読み継いでいたのだというのはね。

ことほどかように中国では神秘主義が残っていますが、ひるがえってそれと通底する「ワフダトゥル・ウジュード（存在一性論）」の生命力の強さに話を戻しますと、近代が進入してくる時にそれに対して果敢に抵抗運動を展開するのは、みんな一様に前近代のワフダトゥル・ウジュードの思想家たちでしょう。アルジェリアのアブドゥル・カーディル・ジャザーイリー ʿAbd al-Qādir al-Jazāirī がそうですし、インドネシアのディパ・ネグラ Dipa Negra という人もそうです。馬徳新だって六五歳までは学究生活をしていたのに、いろんな形で中国が近代の受容によって大きく揺れ始めたなかで、彼自身が雲南のイスラーム教徒の反乱の総大将に祭り上げられちゃって、それに関わっていかなければならないという運命をたどります。

野元　最後は非業の死を遂げたといいますね。

松本　そうです、首を切られちゃうんですよ。本当に気の毒なんですけれど。前近代世界、とくにユーラシア大陸、アフリカからアジアにかけて、いわば存在一性論的なクリマ、思想的風土が地域全体を覆い尽くしていたと思うんです。それで、いろんなところでそういう人たち——インドではシャー・ワリーユッラー Shāh Walīyullāh とか、イランのタバコ・ボイコット運動をイラクのシーア派聖地から主導したウラマーのシーラーズィー Shīrāzī も基本的には存在一性論者です――が民衆の反乱の指導に立ち上がったというのはどういうことなのかということが、私が常に問い続けている問題の一つです。彼らは、目の前にいる人が苦しんでいればやはり放っておけない、決して世の中の現実の問題から背を向けた浮世離れしていた人たちじゃなかったということだと思います。存在一性論は、イルファーンの骨組みですけれど、そこから生れてくる思想的エネルギーっていうのがあるのだと思います。

しかし、前近代の存在一性論というのは、先ほども申しましたが、抵抗の論理にはなり得たけれども、それが内包する暴力性の故に真の意味での平和の理論になりえなかったと思います。抵抗の論理が持ついい面というのは継承していくと同時に、それを新しい存在一性論として甦らせていったらいいと思うのです。もちろん、そのためには修正を加えていかなければならないでしょう。そのまま、前近代のままの存在一性論を主張しても、もはや実行可能ではないのですから。今みたいな状況のなかで、もういっぺん存在一性論の新しい形態を追求していくことが必要だと思いますし、多くのイスラームの思想家たちは、そういう方向で動いていると思います。

野元　先生は「存在一性論の知的創造力」という論文をお書きになりましたけど、今おっしゃったことは、イスラームが抱え込んだ反知性主義（そうであるとすればですが）、ある意味で今起こっている状況への回答にもなりうると、そう理解してよろしいでしょうか。

松本　回答というか、反知性主義を克服する手段になっていかなきゃいけないと思うんです。それが今の私が非常に関心を持っているところですね。

野元　スーフィー系の国際学会で、ネウマトッラーヒー教団系のヌールバフシュ教団というのがございますが、以前その教団が主催した学会で、ゲアハルト・ベーベリング Gerhard Böwering さんというイェール大学の先生は――現代の欧米におけるスーフィズム研究の権威の一人です――次のように指摘しておりました。今の非常にラディカルな政治的イスラームを主張している人たちも、民衆と知識人とが一体になってワフダトゥル・ウジュード系のスーフィズムが本当の意味で復興させるのを恐れている、自分たちのお株を奪われるのを恐れているのだと。

松本　それは多分当たっていると思います。本当のワフダトゥル・ウジュード、新しい時代の要請に応えることのできるワフダトゥル・ウジュードの世界観――それは徹底的な知性主義で、知性の下での暴力というものも当然排除されていかなくちゃならないのだけれども――が一般に共有されて力を持ってくると、今のイスラーム復興主義などは、先ほども申しましたように、家父長制だとか、野蛮な原理によって動いているところがありますから、当然克服されてしまうでしょう。当然、既得権を持っている人たちは恐れているという結論になると思います。

時局とイスラーム研究

野元　ワフダトゥル・ウジュードにかんしてたいへん有意義なお話、提言をいただきましたが、最後に後に続くわれわれがイスラーム研究に対してどのように取り組んでいけばいいのか、お考えを聞かせて下さい。

松本　研究の方向は、それぞれの取り掛かり口が違っているわけですから、各自どんどん追求していけばいいと思うんですが、やはり、研究が悪用されないように心がけないといけないと思います。過去の日本におけるイスラーム研究は、いろんな時代の状況に足を取られて、やってはいけないことをやってしまったという経緯がありますから。

例えば、日本陸軍の対イスラーム工作、いわゆる「対回工作」などが典型的なものです。中国のイスラーム教徒たちの間に非常に大きな分裂をもたらして、それが結果として、日本の「対回工作」の終わった後に多数の犠牲者を出してしまった。それに対して、日本のイスラーム研究者たちはどんな責任を取ったのか。何も取っていない。岩村忍さんがそうですよ。河北から内蒙古にかけて広がるイスラーム教徒が住む地域を調査されて報告書をまとめていらっしゃいますけど、みんな日本の陸軍の協力があってこそできた調査ですよ。ああいうことは学者はやっちゃいけないと思います。フェアでない。現に今、日本の中にも非常に政府などに近い立場の人がいるでしょう、自衛隊のイラク派遣にお墨付きをあたえる人とかね、名前を挙げませんけど、ああいうのは嫌ですね。

純粋に人と人との繋がりのなかで、現地の人たちと仲良くなって新しい事を発見できたとか、いろんな事を教わることができたとか、時局と距離を置く形で、実際にイスラーム世界の人々と対話を試みようという、そういう形での研究がなされなければならないと思っているのですが、こうやって振り返ってみると、戦前もそうでしたけれど、日本のイスラーム研究というのは、時代状況と密接な関係がある。結局、意識する、しないは別として、自分もそうした時代状況のなかでイスラームとの関わりをもっているのだということが分かりました。先ほども言いましたように、戦前の日本のイスラーム研究の名残みたいなものの中から、結局、私も出てきたわけですから。

ご存知でしょうけれども、井筒先生がお書きになった『アラビア思想史』の序に詩が引用されています。梶浦正之という、今では誰もその人のことを知らないと思いますが、〝古い言葉の不思議な力を想起しよう〟という詩がそれです。梶浦さんという人も、その時代に軍国主義の詩をいっぱい書いた人ですから、井筒先生があの本を出すにあたっても、ある種の配慮があってそういった詩を引用せざるを得なかったのかなとも思います。真相は分かりませんが。

野元 大塚健洋『大川周明 ある復古革新主義者の思想』(中央公論社(中公新書)、一九九五年。再刊：講談社(講談社学術文庫)、二〇〇九年)に拠りますと、大川周明が満鉄東亜経済調査局に附属させてイスラーム世界に対する情報収集と工作活動を目的とした研究所、いわゆる「大川塾」とも呼ばれる調査・研究機関をつくったときに、アジア地域に生きる人の声を直接聞かなくちゃいけないということで、アラビア語、ペルシア語、トルコ語などの語学教育を非常に重視したのですね。その中の講師の一人として井筒先生や蒲生礼一先生も招かれたそうです。当時としては最高のスタッフです。

松本 大久保幸次さんの主宰していた回教圏研究所で、みんなが集まって撮った写真が残っていますけれど、井筒先生の若い頃の姿もそこにちゃんと写っています。戦前の日本のイスラーム研究は、時局といいますか、国の方針となかなか切り離すことができなかったんでしょう。戦後、日本が帝国主義的な野心を捨ててしまった時期は、日本のイスラーム研究というのはほとんど存在しなかったんです。それが復興してくるのには、日本と中東イスラーム世界との関係が再び親密の度を増し、その国際社会でのあり方が変わってきたことと密接に結びついている面が強いように思います。このあたりのことを自戒しながら、これからの中東研究を続けていかなければいけないと思います。

野元　付け加えますと、日本の対中東政策は、以前はアメリカとイランが事を構えていても、イランとの経済的な繋がりや人的交流をずっと保っていたんだけれども、最近はそれすらも危うくなってきつつありますね。イラク戦争後に現地で日本がコミットしたあり方も、この地域との関係構築には大きな問題でしょう。

松本　イラクに参戦して、アフガニスタンにも参戦して、日本という国が戦後の平和主義を捨ててしまい、戦争的ないしは犯罪的にイスラーム世界と再び関わり始めているということが、私は非常に恐ろしく感じますし、成り行きを危惧しています。そういうことに関して発言する機会があると、私はいつも大反対ですということを言い続けているんです。まず、若い人たちにはその辺のことを考えてもらいたいですね。

今、井筒俊彦から学ぶこと

松本　井筒先生の著作では、最初に『アラビア思想史』に感銘を受けたということはすでにお話ししましたが、*The Concept and Reality of Existence* も強く印象に残る本です。薄手の本であるにもかかわらずサブザワーリーなんかの、いわゆるワフダトゥル・ウジュードの説明が秀逸で、あの書き方が好きで喜んで読みました。それと、的確なキーワードを抽出して、それに基づいて解釈をしていくという点では、*The Concept of Belief in Islamic Theology*、あれには方法論的に影響を受けました。私が論文を書いたり、研究をしたりする時に、井筒先生の手法というのはとても参考になっています。それから、*God and Man in the Koran* もイスラームの世界観を考える上でとても役に立つ本です。日本語で発表されたのでは、講演録をまとめた『イスラーム哲学の原像』。あれはなかなかいい本だと思います。

あと、井筒先生のイスラーム関係の著作を通観して感じるのは、初期の頃からギリシア哲学に親しみ、とくにプラトンとそれを神秘主義の面で継承、発展させていったプロティノスの影響を強く受けているということです。『神秘哲学』(光の書房、一九四九年)にそれはよく出ていますが、この意味で井筒先生は新プラトン主義者だといっていいと思います。

新プラトン思想というのはたしかに非常に壮大な体系を持っているわけですけれど、さっきから話していますように、真理の暴力性とか、個人主義の保障とか、そういうところになかなか射程が及んでいない。そこを考えたのは、どちらかというとスピノザなどだと思うんですけれども、スピノザだってきちんとやり切れないで、それを試みたのが『神学・政治論』という著述なのでしょう。途なかばで切れちゃったわけです。存在論によって全部説明しながら、ザインだけでなくてゾルレンも持たなきゃいけない、つまり倫理性みたいなものをきちんと説明してくれている思想っていうのは、ちょっとどこかに欠陥があるんですね。やっぱり人間のやることですから、思想と言ったって。

野元　井筒先生の構築された学問というのは、先ほど先生のおっしゃった共生の思想への模索に関して何かヒントになりましたか。

松本　もちろんです。井筒先生が晩年に試みられた様々な東洋哲学の研究というのは、時間的、空間的にどれほど遠く離れた思想でも、それが人間の思索の産物であるかぎり理解可能であることを示しているものです。文化と文化の対話の可能性とか、その対話の基盤を示しておられる、非常に貴重で意味のあるお仕事だったと思います。違って見えても共通性があるのだというところを前提とした上で対話をする。さらに一層深いレベルにおける知性の交感をするために、井筒先生のお仕事はとても重要な指針を私たち後学に与えてくれている。

野元　晩年の『意識と本質』や『意味の形而上学』に顕著ですね。

松本　そうですね。若い人たちがどんどん咀嚼して、もっともっと発展させていかなければならないものだと思います。

野元　最近、英米を中心とする学界で、イスラミック・フィロソフィーという概念はあまりにもイスラームという宗教の色が強すぎるということで、アラビア語を媒体とした一つの哲学の流れということで、アラビック・フィロソフィーとしては、といっている人たちがいまして、主流派になりつつあります。しかし井筒先生はそういう考えを乗り越えるような考えを持っていて、さらに先を見越していたような感じがいたします。私のなかでも考えがよくまとまっていないのですけれども、アラビア語哲学として狭く見るのではなくて、むしろ、いま先生が言われたいくつかの哲学的な伝統のうちの一つ、世界的な哲学的な伝統だということを見据えておられたのかなと思います。いかがでしょうか。

松本　それはそうでしょう。全てどの哲学をも相対化しようというのが井筒先生の基本的なスタンスだったと思います。絶対これに限るってことはおっしゃらなかったです。相対化するためには、他の哲学との比較が当然必要になるし、他の哲学との対話ということもとても重要なものですから、そういう試みとしてあのような作品が次々と出てきたのだと思うんです。

アラビック・フィロソフィーという考え方は、それほど広まっているのですか。

野元　ケンブリッジ・コンパニオンの一冊として、アラビック・フィロソフィーという本が概説書として出ています。それくらいにかなり一般化していると思います。

松本　イスラミック・フィロソフィーというと、宗教色が強すぎるという言い方もできますし、イスラームという言葉を過剰に宗教的に理解していて、少し違和感をもちます。昔はアラビック・フィロソフィーと言われていたわけでしょう。

野元　アラビアン・フィロソフィーではないでしょうか。アラブ・フィロソフィーとか。

松本　井筒先生ご自身が最初に書いた本が『アラビア思想史』で、アラビア語で書かれた哲学書、思想書のつもりで書いていらしたわけですよね。また、イスラーム教徒ではない人がアラビア語で書いたものもいっぱいありますから。アラビック・フィロソフィーという言い方をしてしまうと、内容の定義が難しくなってくると思うんです。

野元　反対に、イスラーム教徒によってペルシア語やオスマン語、ウルドゥー語やマレー語など、さらには近代になって英語、仏語、独語などで書かれたものも、いっぱいあるのですよね。

松本　あるいは中国語で書かれたものも、漢文で書かれたものもあるんです。あれが中国哲学かというと、私は中国哲学とは思わない。あれはイスラーム思想ですよ。どういう呼び方をするかっていうのは非常に難しいです。

野元　井筒先生の晩年の考えというのは、イスラーム哲学、あるいはアラビア語哲学でもいいですけれども、それを大きな文脈で捉え直す時にはヒントになるものと考えられますか。

松本　ええ、なると思います。いろんな人類の思想は、いわゆる書き言葉として残されて、およそ四千年近く経っていると思いますが、そういう書かれた思想をいろいろ比較していくこと、つまり書かれた思想家の残したものと対話を重ねていくということが、いま私たちに一番求められているということを、井筒先生は身をもって示してくださっていると思いますね。

野元　今日は長い間ありがとうございました。

井筒俊彦の知を求める旅——モントリオール、エラノス会議、そしてテヘラン

ヘルマン・ランドルト

インタビュアー・翻訳：野元晋

ここに訳出したのは、現代ヨーロッパの代表的なイスラーム神秘思想（スーフィズム）の研究者の一人、ヘルマン・ランドルト Hermann Landolt 教授が故井筒俊彦教授の思い出と学問を語ったインタビューである。このインタビューは二〇〇六年二月二三日にロンドンのイスマーイール派研究所（Institute of Ismaili Studies）で行われた。

ランドルト教授は一九六〇年代中頃よりカナダ、モントリオールのマギル大学イスラーム研究所（Institute of Islamic Studies, McGill University）にて、また六〇年代末から七〇年代初頭にかけて同研究所のテヘラン支所（Tehran Branch）にて井筒教授の同僚であった。そしてその後も同教授の生涯の最後まで、学問上の、また個人として家族ぐるみの親しい交際を続け、その一端は井筒教授との一九八三年に来日の際、「スーフィズムとミスティシズム」と題された対談に反映されている。[*1]

ランドルト教授という、かつての同僚へのインタビューは、「井筒俊彦のイスラーム・ワールド」でのインタビューが主に、井筒教授に以前学び今はそれぞれの分野で大家となられた方々へのものであったことを考えれば、番外編とも言えるかもしれない。しかし外国人研究者の目を通して見た井筒教授のカナダ、イラン、スイスでの研究生活と活動についての貴重な証言と考察を含むもので、このインタビューシリーズの単なるアペンディックスと見なすには惜しいものがある。このインタビューを読者に供する前にまずは簡単にランドルト教授のプロフィールを記したい。[*2]

ヘルマン・ランドルト教授は一九三五年、スイス、バーゼルに生まれた。当初は故郷のバーゼル大学で民族学、人類学を学んだが、やがてイスラームに関心を抱き、パリ大学ソルボンヌ校で、アンリ・コルバン Henry Corbin（1903–1978）のもとでディプロマを取得した。コルバンはイスラーム神秘主義とシーア派の研究に多大の業績を残し、さらにこの二大領域と哲学が融合した、イラン文化圏とその周辺の外には未知のイルファーン（ʿIrfān、いわば「叡智の学」）思想を初めて西洋人として総合的に研究した学者として知られる。また彼は古代以来の西洋の哲学と秘教思想の伝統、プロテスタント神学に精通した哲学者でもあり、該博な知識から比較思想的アプローチをもってイスラームの秘教的伝統を解釈し、その学問的労作はイスラーム思想研究の垣根を越えて現在に至るも欧米内外の知識人や神秘主義に関心を持つ人々の関心を集めている。[*3] このようなコルバンの学問は修学時代のランドルト青年に鮮烈な印象を与え、強い影響を残した。[*4]

その後ランドルト教授はバーゼル大学に戻り著名な民族学者アルフレート・ビューラー Alfred Bühler（1981 歿）の指導下に博士号を取得するが、[*5] イスラーム研究ではフリッツ・マイヤー Fritz Meier（1912–1998）のもとでも学んだ。マイヤーはドイツ語圏伝統の厳格な文献学の基礎に立ってスーフィズムを中心としたイスラーム思想の研究に大きな足跡を残した学者であり、[*6] コルバンに続いてイスラーム研究者としてのランドルト教授に大きな影響を与えた。また六〇年代の前半にはイランで研究も行い、いったん修学を終えたランドルト教授は一九六四年にマギル大学イスラーム研究所に職を得た。そこで教鞭を引き続きとり、同大学教授を経て現在名誉教授である。さらにパリ・ソルボンヌの高等研究学院（L'Ecole Pratique des Hautes Etudes）やロンドンのイスマーイール派研究所（Institute of Ismaili Studies）でも教えている。その間多くの学生を育てる傍ら、一一世紀以降の、いわゆる古典期以後のスーフィズムを中心とするイスラーム思想の分野で研究を進めてきた。著書にテクストの校訂と翻訳を中心として以下のものがある。

Correspondence spirituelle échangée entre Nûroddîn Esfarâyenî (ob. 717/1317) et son disciple ʿAlâʾoddawleh Semnânî (ob. 736/1336). Texte persan publié avec introduction. Tehran: Département d'iranologie de l'institut franco-iranien/Paris: Adrien-Maisonneuve, 1972.（テクストの校訂と序説）

Nûruddîn ʿAbdurraḥân-i Isfarâyinî (1242–1317). *Kâshif al-Asrâr.* Texte persan publié avec deux annexes, une traduction et une introduction. Tehran: Institute of Islamic Studies, McGill University, Tehran Branch with Collaboration of Tehran University, 1980.（テクストの校訂と仏訳及び序説）

Nûruddîn Isfarâyinî. *Le révélateur des mystère — Kâshif al-Asrâr.* Texte Persan publié avec deux annexes, traduction et étude préliminaire. Lagrasse: Verdier, 1986.（テクストの校訂と仏訳及び序説：右記のものの改訂第二版）

Recherches en spiritualité iranienne: Recueil d'articles. Tehran: Presses universitaires d'Iran/Institut français de recherche en Iran, 2005.（一九七〇年代から二〇〇〇年代前半までに英、独、仏、ペルシア語で書かれた論文一五本を集めたもの）

他にも多くの論文、事典項目、書評などを執筆している。[*7]

ランドルト教授の学風は、コルバン流とマイヤー流のアプローチが結合したものとも評される。[*8] 膨大な量のアラビア語とペルシア語の思想文献を一字も揺るがせにせず緻密に読み解きつつ、それらテクストをそれぞれが属していた潮流の枠組みを越えて自由な発想で解釈する教授の諸論文からは、確かにマイヤー流の厳格な文献学的アプローチとコルバン流の比較研究的アプローチの結合が見て取れる。そのように読まれたテクスト群からはスーフィズム、哲学、神学、シーア派など様々な思想潮流の間の隠れた相互影響関係が浮かび上がってくるのである。ランドルト教授は大学の公務から退いたが、七七歳となる現在もイスマーイール派研究所上級研究員としてロンドンとスイスを往復し様々な研究プロジェクトに従事しつつ、イスラーム思想研究の第一線で活躍している。

さてインタビューの物語は、井筒教授とランドルト教授との「雪で覆われたモントリオール」での出会いから始まる。スイス出身の青年学者が、物静かな微笑みを絶やさない、東アジアから来た年長の教授とやがて打ち解けて研究仲間となり、またイランから新しい仲間を得て、対話とともに互いの知識を深める。そして彼らはさらにスイスへ、イランへと赴き、その旅はさらに学者や文献との新しい出会いと対話を呼び、彼らの知の領域を広げて行く。親しい交わりからの人間的なエピソードもさりげなく散りばめられて展開するこの旅の物語に耳傾けると、次のような思いにさえかられる。このモントリオールから始まった「知を求める旅」があったればこそ、今我々がイメージする姿での世界的な「碩学・井筒俊彦」――ユーラシアの主たる文明圏の諸思想に通じ、イスラーム神秘主義と哲学の研究で世界的な仕事を成し遂げ、晩年には「東洋哲学」の共時的構造の把握に努力したという――があり得たのではないか、と。

そのような新しい出会いを呼んだ旅の一つに、井筒教授の、一九六〇年代後半以降講演者として、スイスのマッジョーレ湖畔アスコーナで毎年開かれたエラノス会議（Eranos Tagung）への招聘があるが、それがどのようないきさつで実現したか、この会議の主催者にも関係があったランドルト教授が証言をしている。[*9] エラノス会議は一九三三年――ちなみにドイツでナチス党が政権をとった年――に、英国出身で資産家の未亡人オルガ・フレーベ＝カプテイン Olga Fröbe-Kapteyn（1881–1962）の主催のもと、宗教学者ルードルフ・オットー Rudolf Otto（1869–1937）の助言を受けて、C・G・ユング Jung（1885–1961）などを中心に始められた。毎年夏に人文諸学のみならず自然科学の分野からも国際的に活躍する学者を多数招聘して開催されたが、神秘主義や秘教思想に関心を向けることが多かった。[*10] そのエラノスで、井筒教授が八〇年代初頭まで東アジアの思想の諸分野について発表したペーパー群は同教授の名を国際的に知らしめる一助ともなり、かつその海外時代の業績の重要な一角をなすものである。[*11] これらを考えるとランドルト教授の証言は、井筒教授のイランでの研究生活の素描とともに、エラノスでの活動の背景を明らかにするもので、世界的な「碩学・井筒俊彦」の完成の過程を辿るための貴重な資料を提供するものと言える。

またこのインタビューの四割以上を占めることになったアンリ・コルバンと井筒教授の学問の比較は、両者の学問――同時代人であり、スーフィズム、ことにその巨頭思想家のイブン・アラビー Ibn ʿArabī（1165–1240）についてそれぞれ画期的な研究書[*12]を著したため、よく並んで引き合いに出される――をそのバックグラウンドを描写しつつ、明確に対比し、何を評価するべきか、また何を批判的に見るべきかを語っている。

なお井筒教授の学問と思想形成についての議論は、若松英輔氏による本格的な評伝[*13]が出た今となっては、事実関係の理解と解釈に関してやや物足りないと思われる点もあろう。しかしランドルト教授には日本語文献へのアクセスと読解について困難があるため、これはやや無い物ねだりであるとも言えるかもしれない。

さて前置きはここで終えて、ヘルマン・ランドルト教授に今は亡き畏友、故井筒俊彦教授の学問と人となりについて語って頂こう。最後に一言、お忙しい中、長時間のインタビューに応じてくださったランドルト教授に心からの感謝の言葉をあらためて申し上げたい。また六年の時を経てようやくインタビューが日の眼を見る事になり、（私事になって恐縮であるが）ランドルト教授のマギル大学時代の「不肖の弟子」であり、正規の課程を修了した後も親炙し続けている筆者にはほんの僅かながら学恩をお返しした思いもある。[*14]

（野元晋）

＊1 『思想』一九八四年八月号所収。『叡知の台座：井筒俊彦対談集』（岩波書店、一九八六年）、二四一―三〇六頁に再録。

＊2 ランドルト教授の長年にわたる研究生活と学界への貢献を讃えて、かつての学生と同僚が寄稿した献呈論文集 *Reason and Inspiration in Islam: Theology, Philosophy and Mysticism in Muslim Thought, Essays in Honour of Hermann Landolt*, ed. T. Lawson (London: I.B. Tauris, 2005) が出版されている。その編者ロウソン教授による 'Introduction'（同書 pp.1-6）が教授の学問と厳しくも暖かい人柄を簡潔に記しており、本稿の紹介文もことにキャリアについてはこれに依るところが大きい。

＊3 アンリ・コルバンの著作の邦訳には以下のものがある。『イスラーム哲学史』黒田壽郎・柏木英彦訳（岩波書店、一九七四年）；「マズダー教およびイスマーイール派思想における巡回する時間」神谷幹夫訳、エラノス会議編『エラノス叢書』1『時の現象学1』（平凡社、一九九〇年）、一二五―二三八頁；「一神教のパラドクス」神谷幹夫訳、エラノス会議編『エラノス叢書』6『一なるものと多なるもの1』（平凡社、一九九一年）、一一五―二一七頁；「秘儀伝授譚とイランのヘルメス主義」桂芳樹訳、平凡社編『エラノス叢書別巻　エラノスへの招待』（平凡社、一九九五年）、一四七―二二四頁。なおアンリ・コルバンの学問については、日本語ではこれらの邦訳に付された訳者解説、ことに神谷幹夫「アンリ・コルバンの「創造的想像力」について」、『エラノス叢書』1『時の現象学1』二三八―七三頁を参照されたい。

＊4 ちなみにランドルト教授は、コルバンの学問を受け継いだ学徒として、井筒教授によって「パリ大学のコルバンの愛弟子でスイス人の若い優秀な回教学者」と言及されている。「コーラン翻訳後日談」、『読むと書く：井筒俊彦エッセイ集』（慶應義塾大学出版会、二〇〇九年）所収、五四九―六〇頁。

＊5 T. Lawson, 'Introduction' to *Reason and Inspiration*, p.2. なお博士論文は 'Der Gebetsteppich als kultureller Faktor im Derwischtum' (n.p., 1978/Ph.D. dissertation, University of Basel, 1967) である。

＊6　マイヤーの主な著作に例えば以下のものがあり、何れもイスラーム神秘思想についての基本的研究書である。*Die Fawā'iḥ al-Ǧamāl wa-Fawātiḥ al-Ǧalāl des Naǧm al-Dīn al-Kubrā: Eine Darstellung mystischer Erfahrungen im Islam aus der Zeit um 1200 n. Chr.* (ed. and transl. Fritz Meier) (Wiesbaden: Franz Steiner, 1957); *Abu Said-i Abu l-Hayr (357–440/967–1049): Wirklichkeit und Legende* (*Acta Iranica* 11) (Teheran/Liege: Bibliotheque Pahlavi; Leiden: Diffusion E.J. Brill, 1976); *Zwei Abhandlungen uber die Naqsbandiyya* (Istanbul/Stuttgart : In Kommission bei F. Steiner, 1994).

＊7　教授の一九五八年から二〇〇五年までの業績の目録は以下に見られる。'Bibliography of the Works of Hermann Landolt,' in *Reason and Inspiration,* pp.7–16.

＊8　Lawson, 'Introduction,' p.2.

＊9　このランドルト教授による井筒教授のエラノス会議への紹介は若松英輔氏がその『井筒俊彦――叡知の哲学』（慶應義塾大学出版会、二〇一一年）、三〇六頁でも指摘している。なおランドルト教授も一九七五年と七七年にこの会議で講演を行っている。「エラノス年報総目次」、平凡社編『エラノス叢書』別巻『エラノスへの招待』（平凡社、一九九五年）、二五六―五七頁。講演ペーパーは以下の様に出版された。H. Landolt, 'Sakralraum und mystischer Raum im Islam,' *Eranos Jahrbuch* 44 (1977): pp.231–265; idem, 'Stufen der Gotteserkentnis und das Lob der Torheit bei Najm-e Râzî,' *Eranos Jahrbuch* 46 (1981): pp.175–204.

＊10　日本語による最大のエラノス会議文献は、その講演ペーパーの日本語版選集である九巻（第七巻、一一巻は欠番）よりなるエラノス会議編『エラノス叢書』及び平凡社編の別巻『エラノスへの招待』（平凡社、一九九〇―九五年）であろう。この各巻には井筒教授による巻頭エッセイ「『エラノス叢書』の発刊に際して：監修者のことば」など関係者によるものを含め、様々な論文が収められ、知的運動としてのエラノス会議について基本的情報が得られる。またエラノス会議の沿革を辿った文献に W. McGuire, *Bollingen: An Adventure in Collecting the Past* (Princeton: Princeton University Press, 1982) や H. T. Hakl, *Der vergorgene von Eranos: Unbekannte Begegnungen von Wissenschaft und Esoterik; Eine alternative Geistesgeschichte des 20. Jahrhundert* (Bretten: Scientia Nova, 2001) などがある。（後者はランドルト教授の御教示による）。

＊11　一九六七年から一九八二年に至るまで井筒教授がエラノス会議で発表した全ペーパーは現在、T. Izutsu, *The Structure of Oriental Philosophy: Collected Papers of the Eranos Conference,* 2 vols (Tokyo: Keio University Press, 2008) に収められている。

＊12　T. Izutsu, *A Comparative Study of the Key Philosophical Concepts in Sufism and Taoism: Ibn Arabi and Lao-tzu, Chuang-tzu,* 2 vols (Tokyo: Keio Institute of Cultural and Linguistic Studies, 1966–67) (2nd ed. as: *Sufism and Taoism* (Tokyo: Iwanami Publisher,1983)).

＊13　若松英輔『井筒俊彦——叡知の哲学』。

＊14　なおこのインタビューの関係の方々の中ではまず、御学業の忙しい中、長時間にわたってテープ起こしの作業をしてくださった相島葉月博士（当時オックスフォード大学大学院博士課程、現在マンチェスター大学講師（現代イスラーム研究））にもあつく御礼申し上げる。専門に関わる様々な固有名詞や用語の引用に溢れたこのインタビューは、現代アラブ・スーフィズムを研究対象の一つとする相島さんのような新進気鋭の優秀な専門家によらねば録音媒体から文字へと定着できなかったであろう。またインタビュー本文の校閲を太田（塚田）絵里奈さん（慶應義塾大学大学院文学研究科博士課程）にお願いした。太田さんはイスラームの宗教伝統に豊かな知識を持つ中世アラブ史若手研究者であり、そのバックグラウンドに立ちつつも、良き一般読者として訳文を丁寧に整えてくださった。少しでも日本語が読みやすいものとなっているとすれば、それは太田さんのお力によるところが大きい。ここに記して深く感謝したい。このように優秀なお二人の御助力を仰いだが、言うまでもなく最終的なインタビューの翻訳と構成の出来映えは、一にかかってインタビュアーで訳者である野元の責任に帰するものである。

注記

1 ［ ］で括った語句及び文は訳者が適宜、発言者の真意を損なわない限りにおいて、説明のために補ったものである。

2 注はランドルト教授からの御教示を組み込みつつ、本文の説明のためにインタビュー中の語句などの解説も加え訳者が作成したものである。

モントリオールの井筒教授――友情の始まり

野元 ランドルト先生、私ども慶應義塾大学の研究プロジェクト「井筒俊彦のイスラーム・ワールド」に、ロンドンでの御多忙なスケジュールをぬって御参加下さり誠に有難うございます。井筒教授を語るにあたって理想的な方を迎えることは私どもにとって誠に名誉なことです。先生は御自身がスーフィズム（イスラーム神秘主義）の最高権威の一人でおられ、井筒教授の親しい同僚でおられたばかりか、数少ない学問上の、またいわば精神的な意味での親友でいらっしゃいました。井筒教授とのおつき合いは確か三〇年に及んだと思いますが。

ランドルト そう、そのとおり。まずはプロジェクトへお招き頂き有難うございます。でも私自身についてのお誉めの言葉は本当のことかどうかわかりませんね。まあ一応形式上のことと受け取って、お誉めの言葉にいちいち反論して時間を費やさないようにしましょう。

野元 いえ、私はすべて本当のこととして、真説として申し上げているのですけど。

ランドルト　まあまあ、タアーロフ（ta'ārof, ペルシア語で「作法」またはそのための言葉）に時間を費やすのはこれくらいにしましょう。

野元　承知しました。まずは「雪に覆われたモントリオール」(snow-covered Montreal) での井筒教授との最初の出会いをお話頂きたいのですが。

ランドルト　「雪に覆われたモントリオール」とは、もう大昔、私が日本で井筒教授を相手にした対談からの引用ですね。あれは確か一九八三年のことでした。

野元　はい、仰る通りです。

ランドルト　うん、それは世界東洋学者の学会のとき……ええと、ＩＳＣＡＣとか言う……今は何と言ったかねえ……。

野元　ＩＣＡＮＡＳ[1]ですね。

ランドルト　そう、ＩＣＡＮＡＳ！　そうだった！　その折に私の優れた旧友である彼と再会したのです。彼といろいろな話題を語り合えたことはとても幸いだったよ。そのとき出た質問は、実際知り合ってどれくらいかということだった。

野元　はい、そうですね。

ランドルト　そう、それが確かそのときの最初の質問だった。最初の出会いはいつだったか、正確に言うと、私がモントリオールへ行った一九六四年のことで、彼はそのときもう何年もマギル McGill[2] で教えていたのだが、そこでは「井筒博士（Dr. Izutsu）」と呼ばれていました。何年か正確なことはわからないが、彼は一九六〇年代の初めに赴任したように思うから、多分三年くらい教えていたでしょう。私はモントリオールで生活した最初の年、つまり一九六四年から六五年の［学年の］間は彼とはあまり交流はなかった。

野元　一年もの間ですか？

ランドルト　そう、最初の一年の間はね。マギル大学イスラーム研究所はそのときモントリオールの中心にある山のてっぺんの寂れた建物にあって、キャンパスから遠く離れていました。その居間が研究室に改装されていたのだが、とても広い一部屋があって、それを井筒教授はベルケス Berkes 教授と共同で使っていました。

野元　トルコ出身のニヤズィ・ベルケス教授ですね。

ランドルト　そうです。しかし二人は全く異なる性格だった。ベルケス教授は研究室にやってくる者とは誰とでも喜んで議論をしました。一方、井筒教授は正反対だった。［誰かが来れば］ときに微笑むこともあったが、それでおしまいでした。そう、私は彼に話しかける機会など全くなかった。

野元　ある意味でとても日本的ですね。

ランドルト　うん、私もそう思う。

野元　あるいは東アジアの賢人のような。

ランドルト　そう。言葉を変えれば、私は彼の態度はムスリム神秘家のいうハームーシー（khāmūshī、ペルシア語）、またはシュニャータ（shunyāta, サンスクリット語）、つまり「沈黙」と訳しうる「虚無」に喩えられるのはないかと思う。井筒教授が同意してくれるかどうかわかりませんが、ともかく私にはそのように見えました。この部屋には神秘的な日本人の学者がいて、微笑んでいるが一言も話さないという印象を受けたのです。かたやベルケス教授に何か話せば、長い返事が返ってきて、議論が始まる。とても議論好きな方でした。

野元　なるほど。そのとき研究所は週に一回お茶の時間があったと思いますが。先生はモントリオールでの生活の最初の頃、そのようなときに井筒教授に話しかけませんでしたか？

ランドルト　実際には私にそういうチャンスはなかった。少なくともそのころ井筒教授はそのお茶の会には来なかったからね。チャンスは後からめぐってきました。これは分かってもらわねばなりませんが、研究所ではイスラーム研究へのある種のパキスタン的なアプローチが支配的でした。つまりそこはまだ創設者であるウィルフレッド・キャントウェル・スミス Wilfred Cantwell Smith（1916–2000）の呪縛のもとにあったのですよ。スミスはパキスタンとインドでキリスト教の宣教師として働きましたが、同じようなムスリムたちがそれに惹かれて研究所にやってきました。[3] そのころイブン・アラビー Ibn ʿArabī（1165–1240）とかスフラワルディー Suhrawardī（1154–91）とかモッラー・サドラー Mollā Ṣadrā（1571/2–1640）とかいった名前は研究所で聞くことはなかったでしょう。

野元　なるほど。まあその類いはそういう人たちがあまり興味を抱かない名前でしょうね。

ランドルト　そう、まさにそのとおり。実際にあの人たちはイブン・アラビーのような思想家はイスラームには他所《よそ》ものと考えていましたね。その思想は彼らの考えるようなイスラームではなかった。だから、井筒教授がそれ（＝イブン・アラビーの思想）に大きな関心を抱いていたことは言うまでもありませんが、授業で取り上げるということはありませんでした。彼は神学やクルアーン研究を教えていたと思う。私が担当したのはいわゆる神秘主義で、最初の年は古典期スーフィズムしかやらず、演習で学生たちとカラーバーズィー Kalābādhī（?–994/5）の *Taʿarruf*（探究）を読みながら、古典期スーフィーたちの性格は何であるか、彼らの教説は何であるかということを一緒に考えていました。でも二年目には大きく方針を変え、一年間イブン・アラビーをやることに決めて、その『叡智の台座』*Fuṣūṣ al-Ḥikam* だけを読んだ。井筒教授はそれに気がつくや、急に暖かく接してくれるようになりました。

野元　ちょっと宜しいでしょうか。*Sufism and Taoism*（スーフィズムと道教）の第二版[4]の冒頭で、井筒教授は、これはもともと一五年以上前、マギル大学イスラーム研究所で教えていたときに書いた本だと記しています。そのとき教授はその『スーフィズムと道教』をちょうど執筆中だったのではないでしょうか。

ランドルト　そうでしょうね。私たちは時を同じくして共通の関心領域を見出したのですが、私はでもマギルで一年目を終えたばかりで気づいていなかった。それで互いに距離をとっていたのです。ともかくそれから二人で一緒に研究するようになって、私的な読書会を互いの家で行なうようになった。井筒教授の家に集まることが多かったけど。そこでイブン・アラビーだけでなくスフラワルディーの *Ḥikmat al-Ishrāq*（照明の叡智）を、その最初の論理学の部分から読んだのです。

野元　本当ですか？　『照明の叡智』のその部分は難しくて、多くの人は避けてとおるという……。

ランドルト　そのとおり！　あれは本当に難解で、あの部分を読みこなせる人を見つけられて本当に幸せだった。そのときの読書会や議論で彼から多くを学ぶことができました。

野元　それでお二人は『照明の叡智』を他のテクストと比較しましたか、例えばイブン・スィーナー

Ibn Sīnā（980–1037）の *Shifā'*（治癒の書）とか *Al-Ishārāt wa-al-Tanbīhāt*（指示と勧告）とかと……。

ランドルト　まあ多少はね。でも実際に私たちが主にやろうとしたのは、スフラワルディーが唯名論者であれ実在論者であれ、何を言わんとしたのかを理解することだった。例えばどうして彼が類や近似の種によるアリストテレスの定義法を否定したのかとか、そういったことです。今でもよく覚えていますが、井筒教授はそのときスフラワルディーの立場は唯名論ではなかったかと言われました。つまりプラトン的なイデアの実在性を否定していたということです。だが私は確信がもてなかった。そこで私たちは興味深い議論をしました。というのも唯名論者といってもスフラワルディーは結局のところ、普通に理解されているありかたではないにしても、プラトン的なイデアの実在性を肯定しているからです。スフラワルディーにとってプラトン的なイデアは言うなれば高次の世界にいる天使たちだった。だからそれらは具体的な普遍者なのです、抽象的な概念ではなくてね。

野元　なるほど。それらのイデアは我々とは異なる、高い次元にある普遍者なのですね？

ランドルト　そのとおり！　それで彼は抽象的な概念の実在性は否定した。そのことは確かだけれども、だからといって彼がそのことでは必ずしも普通理解されているところでの唯名論者とはならない。というのは概念の背後にはスフラワルディーの言うところの *rabb al-nau'*、つまり「種の主」がいるとされるからです。

野元　どの種にもその *rabb*（主）がいる訳ですね？

ランドルト　そうです！　井筒教授はスフラワルディー自身がこの「種の主」をプラトン的イデアと同一視していると言いました。それは抽象的な概念ではないと。ともかく私は彼から多くを学びました。立場上私たちは同僚でしたが、私は彼を教師だと思っていた。彼の方法はソクラテス的だったと思う。つまり彼は多くを語らず、とても簡単な質問をすることで、議論を自分の求める方向へと導くことができたのです。

野元　ある意味で井筒教授は対話に長けた人だったと思われますか？

ランドルト　その通り、本当に対談の名手だった。英語でいう "maieutic technique"、つまり産婆術に優れていたと言えるね。ソクラテスの産婆術では、何かの質問をして、答えたことを取り上げて、さらに「君がそういうのなら、あのことを当然だと思うだろう」と質していくわけです。そうして彼は生徒が自分で発見するようにしむけていく。これがソクラテスの方法です。これこそが彼が、少なくとも私を相手に実践した方法だった。彼が他の学生にもそうしていたかどうかはわからないけれども、何度も言っているように、私は彼から本当に多くを学んだし、今もそのことに感謝しています。

野元　その方法のおかげで、先生は御自分の中に秘められていたものを発見したと思いますが。

ランドルト　そうでしょうね。ともかく私たちの友情は、私がモントリオールに移って二年目に始まって、彼が亡くなる時まで続いたのです。ときにより親しくなる時期もあれば連絡を取らなかった時期もあったが、総じて固い絆が続きました。

新しい出会い、そしてテヘランへ

野元　それからテヘラン大学のメフディー・モハッゲグ Mehdi Mohaghegh 教授が研究所に赴任された

のですね。

ランドルト　そう、それは彼との出会いから一年後のこと、私が来て三年目のことだった。

野元　一九六六年でしたか？

ランドルト　そう。一九六六年から六七年にかけての学年で、そのとき私は最初の研究休暇で大学の公務から離れていた。その間にモハッゲグ博士は研究所に来て、井筒教授を見出したのです。それから私が戻ってきて、三人のグループになりました。この三人組の友情は井筒教授は亡くなったものの今まで続いています。

野元　それで私的な読書会をしたりセミナーを開いたりして、共同研究をしたのですか？

ランドルト　そう、それはとても私的なもので、そのころはまだそういうことができた。今はそんなことはできないでしょう。すべてが官僚的で組織化されていて、研究助成金やらを申請しなければいけなくなる。でもそのころの私たちにはそんなことは思いもよらなかった。共同研究は全くの愉しみでした。もちろん後にマギル大学イスラーム研究所のテヘラン支所が開設されたときには、助成金とか研究奨学金とかそういうものに応募しましたが。そうでなければテヘランで研究するなどもちろん不可能だったでしょう。だがモントリオールでは集まりは全く私的なもので、学生などはいなかった。井筒博士はとても内気な人で、大勢の聴衆が集まる会は決して好まなかった。だから公開講演などをやらねばならない羽目になったら、講義原稿を最初から最後まで一語一語きっちりと準備し、時間一杯まで話すようにしておいて、誰も質問しないようにしていたと打ち明けてくれたこともありました。

野元　本当ですか？

ランドルト　そう！　もちろんある種のジョークとして笑って話してくれたのだけどね。

野元　ええ、でも日本では井筒教授は晩年とても有名になって、大勢の聴衆を集める会合に何回も呼ばれたりしたのですが、聞いたところではほんの短いメモを持ってきて自由に話していたそうです。

ランドルト　まあ、彼はそのころほど内気ではなくなったのでしょう。また多分、英語を話すのは日本語を話すのとはまた違うのでしょう。母国語ではたいていより自由に考えることができるからね。これは私自身の経験からも言えるけれど、本当に自分のものではない言葉で話すのにはいつもハンディがつきものだから。

野元　本当ですか？

ランドルト　もちろんだとも！　英語に多かれ少なかれ馴染んだと言えるようになったのはカナダでの体験の後だった。最初は自分の言いたいことを英語で伝えるのはとても難しかった。誰でも母国語以外で自由に話すのは、よけいに間違えそうでためらうものですよ。

野元　ともかく、一九六〇年代の終わりに先生方お三人でテヘランに移られたのでしたね？

ランドルト　そう、六九年のことだった！　まあでもテヘラン支所開設の準備などは六八年にやったかな。私の記憶が確かなら、テヘラン支所の開所式は、マギルからフロスト学部長を迎えて六九年の初めに現地でやったと思う。それで支所に赴任したのは六九年九月で、家族と一緒にテヘランに六九年から七一年まで二年間滞在しました。井筒教授は夫人と一緒に私たちのところからそう遠くないアパートに住んでいました。それで家族ぐるみでよく会いました。うちの子供たちなどはしょっちゅう呼ばれては、井筒夫妻に随分可愛がってもらいましたよ。

野元　本当に？

ランドルト　ええ！　テヘランの生活は、ある意味で私のモントリオール生活の二年目に始まったことの延長だった。またそこで沢山のテクストを読みました。ときどき一緒にハーフェズ Ḥāfeẓ（1326?–90頃）を読んだことを覚えています。ある時点では井筒教授は、言語学的な見地から、あらゆるペルシア詩人の中で最も有名な、かの詩人の詩的構造に興味を抱いていました。でも最後にはハーフェズには少しがっかりしていました。

野元　またどうして？

ランドルト　まあどうもそれ（ハーフェズの詩）はそんなには深くはないと思われたのでしょう。繰り返しが多い、つまり同じような考えが違う言葉づかいで何回も出てくるという印象がそのときにあったというわけです。でも多分私が一緒にハーフェズを読んだのは間違いだったのでしょう、私は井筒教授にハーフェズをもっと評価するようにするよう説得できませんでしたから。

野元　井筒教授はハーフェズのメタファーとかシンボルの用法には興味をそそられなかったと……？

ランドルト　もちろん興味はありましたよ。でもそこから何も生まれませんでした。私が覚えている限り、彼はハーフェズについては何も論文を書いていないと思う。井筒教授は何か出てくると思っていたでしょうが、結局何も出てこなかった。彼にとってはアイヌルクダート・ハマダーニー ʿAyn al-Quḍāt al-Hamadānī（1098–1131）のほうがもっとずっと興味深かった。

野元　そう、彼は二本か三本論文を書いていますね。

ランドルト　二本だね。面白いことに、彼のアイヌルクダートへの関心は、私たちが一緒にモントリオールでスフラワルディーを読んだときに始まったのです。というのも、あの二人の思想家はある意味で似ているから。刑死したという運命だけでなく、何か思考法の点でも。アイヌルクダートとスフラワルディーは本当に言いたかったことを伝えるには不適当な言語で己れを表現せざるを得なかったのです。それゆえ、二人の共通点にはメタ言語の問題がある、ということもできます。

野元　異なる主題で二つの言語を使い分けるという……。

ランドルト　そうです！　まさに二言語併用の問題ということができます。それはもちろんガザーリー al-Ghazālī（1058–1111）やその他大勢の思想家にもあてはまる問題ですが、あの二人は、つまりアイヌルクダートとスフラワルディーは問題が最も深くなった例でしょう。勿論二人に共通していえることは、純粋に哲学上の関心を純粋に神秘主義的な関心に結び付けた最初の思想家たちであったということです。この種のことはジュナイド al-Junayd（?–910）やムハースィビー al-Muḥāsibī（781–857）ら古典期のスーフィーたちには見られませんが、多分それはガザーリーとともに始まったのです。今やガザーリーは多くの点でアヴィセンナ（イブン・スィーナー）Avicenna（Ibn Sīnā）に倣っていたということがわかってきました。ガザーリーの著書 *Tahāfut al-Falāsifah*（哲学者の自己矛盾）のおかげで、当時そんなことは誰も考えていなかった。誰もが彼は哲学の大敵であると思っていたのです。

野元　リチャード・フランク Richard Frank などの学者たちの努力のおかげで評価が変わったわけですね。

ランドルト　そのとおり！　しかしガザーリーがかつて考えられていたよりもずっとアヴィセンナに影響を受けていたとはいっても、基本的には神学者だったと思います。その点、アイヌルクダートの場合は少なくとも疑わしい。確かにガザーリー程には神学者的ではなかった。彼はガザーリーを四年間も学び、ガザーリーが彼を誤りから救ってくれた——これでガザーリーの著書 *al-Munqidh min al-Dalāl*、つまり『誤りからの救い』を暗示していますが——と言ってはいますが。アイヌルクダートはそれをずっと越えていきました。彼はことにペルシア語の著作において、存在と本質の関係については後代でいう waḥdat al-wujūd（存在の一性）に近いとても強い立場をとり、預言者理論ではワラーヤ（walāyah: 聖者性）の預言者性に対する上位性を説き、さらに多くの点で後代の叡智哲学（ḥikma philosophy）を予告しさえしました。ところで、井筒博士は『照明の叡智』を日本語に訳したのではなかったかな？

野元　実はその企画は岩波書店が大分前に予告していたのですが、結局、残念ながら出版は実現していません。またその翻訳原稿は井筒教授の遺稿の中にあるかどうかも確認されていません。ところで井筒教授にちなんだ企画と言えば、慶應義塾大学出版会が井筒記念の哲学シリーズの出版を始めました。

ランドルト　ええ、もう何冊か出て私も受け取りましたよ。

野元　はい、その中に井筒教授が生前に出版されなかった『老子』の英訳も入っています。

ランドルト　そう。老子研究は井筒教授のアプローチのもつ大きな特徴のひとつだったと思います。つまり彼の知識の幅広さです。彼は私のような極東のことは事実上何一つ知らない西洋のイスラーム学者のようでなく、彼の知識の基本は東洋的な思考で、その東洋的な思考法とイスラームは一つのものだった。それは私にはとても印象的でした、というのは、私はもっと若いころから東洋的な思考法に惹き付けられていましたから。その意味でも、ヴェーダーンタや老子をどう理解したらいいのか、このような東洋の思考法とイスラーム神秘主義に見出されるものの間に関係があるとすればそれは何か、といった問題に答えられる人を見つけたわけです。

エラノス会議へ――エラノスの学風と一九三〇年代、四〇年代の精神

野元　まさにその点だと思います。井筒教授のヨーロッパ思想とイスラーム神秘主義への関心、ヨーロッパの学者の東洋的思考法への関心が相俟って、教授はエラノス会議に参加することになったと思います。

ランドルト　そうそう。それは偶然のことではなかった。君がどれだけその細かいところまで関心を持っておられるか知りませんが。実際に彼が最初にエラノスに参加したのは一九六七年だったろうか。

野元　これが（と論文を見せて）井筒教授がエラノス年報に出した最初の論文です。[6]

ランドルト　それは完全人間についてだったと記憶していますが、どうですか？

野元　はい。道教の完全人間（真人）観を扱っています。これは『スーフィズムと道教』の一部を改訂したものではないでしょうか。

ランドルト　前にもお話ししましたが、最初のサバティカル期間である六六年から六七年の学年にかけて、私はスイスにいて、エラノスを組織していた人たちと接触がありました。そこで以前参加していたが、既に物故した鈴木大拙の代わりをつとめられる人を誰か知っているかと尋ねられました。そこ

で、最初に思い浮かんだのはもちろん井筒教授だったということで彼を推しましたが、結果的に大変よい提案をしたと思います、だって彼はその後、一〇回もエラノスで講演をすることになったのですから。講演は毎年ではありませんでしたが、とにかく一〇年ないし一二年の間、会議にいつも参加していました。これは私にとってとても幸せなことでした。当初はもちろん気づかなかったのですが、テヘランで共に過ごした二年間の後、井筒教授はマギルには戻らずテヘランに留まることになり、一方私はモントリオールに戻らなければならなかったのに、ほぼ毎年夏にエラノスで会う機会ができたのだから。

野元　それで毎年夏に再会を楽しまれた？

ランドルト　まあだいたいそうだね。

野元　エラノスについてですが、井筒教授はそこでの肩の凝らない、うちとけた雰囲気を日本語版エラノス論文選集の序論で書いておられます。先生にはこのリラックスした雰囲気についてもう少しお話いただけないでしょうか。井筒教授、コルバン、ミルチア・エリアーデ Mircia Eliade (1907–1986)[7]、ゲルショム・ショーレム Gershom Scholem (1897–1982)[8] といった学問上の大人物たちが講演以外のときどんな会話をしていたか、思い出をお話いただけませんか。そのリラックスした雰囲気は L'Herne 叢書のコルバンの巻[9]に収められた写真のうちにうかがえますが。

ランドルト　その本にある写真は実際には何枚かはエラノスでとったものだし、まあ例えば井筒氏やコルバンや私が一緒のテーブルについている写真など何枚かは近くのテグナ Tegna という名の村でとったものだと思う。テグナはティツィーノにある農村のひとつで、殆どの建物が石造で、レストランなどでも石のベンチに腰をかけ、石のテーブルについてワインを飲んだり料理を食べたりするわけだ。エラノスの集まりがあれば、一度は皆でそこにいったものでした。

野元　それでよくその店に行かれたのですね？

ランドルト　まあ会議があったときに一、二回はね。古いありかたではあったが、エラノスでの会話はとても面白いもので、霊性上のことや神秘主義のことだけでなく、その当時のことなど、なんでも話題に上った。政治のことは除いてね。概してエラノスは実際かなりのところ非政治的だったから、その点は多くのジャーナリストに批判された。なぜマルクス主義的なアプローチがないのか、とね。九〇年代とか二〇〇六年とは異なり、あのころ、つまり六〇年代はまだマルクス主義が流行していましたが、これは六〇年代のことを言っている訳で、九〇年代とか二〇〇六年のことではない。今でこそ誰もマルクス主義のことを語らなくなってしまいましたが、当時知識人がマルクスに言及せずに人間の問題を語ろうものなら、何か異常なことだと捉えられたのです。その一方で、もちろん、エラノスへの、例えばアードルフ・ポルトマン Adolf Portmann（1897–1982）[10] のような人たちに対する、純粋科学の立場からの批判もあった。ポルトマンは生物学に霊性的なアプローチをとっていた。つまり異なる動物の形態は何かを表しているものと捉える生物研究のアプローチです。彼は動物の形態の世界に顕現した内面性（Innerlichkeit）を語るところまで至りました。

野元　それは何かメタファー、ゲーテ的な意味でのメタファーのことのようですね。

ランドルト　そう、まさにゲーテです！　事実エラノスは、人間存在へのアプローチではある種のゲーテ理解から大いに霊感を受けていました。つまりゲーテがしたと考えられるように自然科学と歴史科学を結び付けることを企図し、西洋と東洋を結ぼうとしていたのです。後者は既にゲーテがあるやり方でやっていました（周知のごとくハーフェズは彼にとってとても重要でした）。恐らくそのようなことが、井筒教授が「うちとけた」と言われる雰囲気だったのでしょう。

野元　またそのような事物や事象の量ではなく質を問う科学を、所謂ニューエイジ系の科学者たちも目指していたというのは興味深いことですね。例えばフリッショフ・カプラ Frithjof Capra[11]とかの……。

ランドルト　そうフリッショフ・カプラとか、デイヴィッド・ボーム David Bohm（1917–1992）[12]などの……。ところで、たまたまですがエラノスの沿革について面白い本がありました。御存知かわかりませんが、ハンス・トーマス・ハックル Hans Thomas Hakl の *Der vorborgene Geist von Eranos*（エラノスの秘められた精神）というもので、エラノスの歴史全体とそこで講演した人物の主なところを扱っています[13]。

野元　それで井筒教授も主要人物の中に入っていますね？

ランドルト　彼も入っています。その本の中ではあまり取り上げられてはいないけれども。早い時期の講演者についてもっと詳しく扱っています。

野元　つまりユングとか……。

ランドルト　そう、ユング、エリアーデ、コルバンその他の人たちです。またこの本は、左翼に反対したばかりでなく、実際に国民社会主義（ナチズム）の影響をも受けていたというエラノスへの有名な非難も扱っていますが、ハックルはこの非難は大いに誇張されたものだと結論づけています。この非難はヤーコプ・ヴィルヘルム・ハウアー Jakob Wilhelm Hauer（1881–1962）などの人々が初期の頃、会議に参加したことと関係しています。ハウアーとは一九二〇年代から三〇年代にテュービンゲン大学で宗教史を研究していた学者ですが、民族主義的で親ナチ的なドイツ信仰運動（Deutsche Glaubensbewegung）やその他の活動に深く関わっていました。

野元　神学者でしたか？

ランドルト　ええ、そうです。もとはインドで宣教師をしていました。そこでインドに強い印象を受け、反対に西洋をヨーガへ改宗させようとするようになりました。

野元　彼はアウグスト・ヴィルヘルム・フォン・シュレーゲル August Wilhelm von Schlegel（1767–1845）などの偉大なロマン主義者たちの、スケールを小さくした後継者だったのでしょうか……。

ランドルト　もちろん！　こういう人たちは多かれ少なかれ、ロマン主義的科学のヘルダー Herder（1744–1803）とかアレクサンダー・フォン・フンボルト Alexander von Humboldt（1769–1859）などの後継者たちでした。彼らはあまりにも政治的にナイーヴだったので、簡単で一見すると有望な当時の非現実的な解決法にひっかかってしまったわけです。だが有り難いことに、ほとんどの人たちは、それは本当の解決ではなかったと気がついたのです。ともかくエラノスには全体としてナチズムと共通するものはほとんどありませんでした。明らかにマルクス主義者のための場所ではなかったけれども、だからといってマルクス主義者ではないことが必然的にナチであることにはならないでしょう。

野元　確かにマルクス主義者でないからといって、ファシストだということにはなりませんね。

ランドルト　もちろん！　しかし物の黒白でわけたがる一部の人々の考え方では自動的にそうなるのでしょう。今でも不幸なことに、この類いの浅薄な「あれかこれか」の考え方——俺の仲間でなければば、お前は敵だという——はまたもや特定の場所では流行っています。例えばスティーヴン・M・ワッサーストローム Steven M. Wasserstrom の *Religion after Religion*（宗教の後《のち》の宗教）[14]のことを言っているのですが、方法論から見ればあれは単なるがらくたです！　マリア・サテルニー Maria Subtelny を知っていますね？

野元　ええ、トロント大学のイラン史の教授ですね。

ランドルト　彼女は書評でその本を方法論の観点からばっさりと切って捨てています。

野元　もっと早い時期に誰かがやるべきでしたね。

ランドルト　全くその通り。サテルニーの書評論文は最近 *Iranian Studies*（『イラン研究誌』）に載ったものですが[15]、これはコルバンとワッサーストロームのコルバン批判についてかなり実質的な議論をしています。

野元　なるほど。さて、一九三〇年代から四〇年代という困難な時代の政治状況に対し、井筒教授がどのような態度をとったかについてはあまり分かっていません。しかし彼の時代状況への関わりは、とても非政治的なものだったとは思いますが。

ランドルト　私もそう思います。いつだったか、彼は冗談まじりに「自分は決して良い兵士ではなかった」と言っていたね。でも、なかには本当に不可解な話をする人たちもいるようですね。例えば私がブダペストで開かれた別のＩＣＡＮＡＳの席上、コルバンについて発表した時、聴衆の中にアメリカ人の学者がいて、ひどく怒って「あなたはコルバンについて何を言っているんですか！　彼はナチだったでしょう、イスタンブルでヘルムート・リッター Hellmut Ritter（1892–1971）と一緒にいたし」

などと言いました。リッターは「好ましからざる人物」としてナチスにドイツから追放され、イスタンブルにいたのですからね。[16] つまりこういうのが、表面的でしかない単純な関連付けによって、理論をこしらえるための簡単なやり方なのです。根拠ない人格攻撃で人を陥れるのは、由々しい誹謗中傷でしょう。In dubito pro reo（疑わしきは罰せず）……非難だけではことを証明したことにはならない。

野元　ではまた井筒教授に戻りましょう。学問の形成については、コルバンと同じくやはり井筒教授も一九三〇年代から四〇年代という時代の子だと思いますが、彼の方法論の中で、その時代の影響は見られるでしょうか？

ランドルト　考えられる唯一のものといえば多分、彼もときおり言及していましたが、レオ・ヴァイスゲルバー Leo Weisgerber（1899–1985）の影響を受けていたということです。つまり彼の言語学的な研究全体への影響です。彼は若いころヴァイスゲルバーにかなり心惹かれていたそうで、彼がまず基本的に言語哲学者、言語学者になった理由のひとつとして挙げられるでしょう。ヴァイスゲルバーもまた、議論が分かれる人物だった。

野元　その民族言語学（Ethno-linguistics）の影響ですか？

ランドルト　そう。それに彼の意味論的フィールド、つまり諸単語のフィールドの理論だね。井筒教授のクルアーン分析などに見られる概念です。

野元　なるほど。ところで、私がイランで現地のある学者から聞いたところでは、井筒教授のクルアーン研究、ことにその民族言語学の応用は、彼の地の学界では大いに注目を浴びていて、修士や博士の学位論文のテーマとしてよく取り上げられるそうです。他の学者たちによれば、これは革命とそれに続くイスラーム復興以後、イランの過去についての学問的関心が高まったためだそうです。

ランドルト それはごく最近のことかね？

野元 ごく最近とは言わなくとも、近年の傾向だそうです。つまり一九九〇年代中ごろ以降、いわゆる改革派が台頭して以降のことです。しかし政治的状況が変わった最近はまた変わってきたのかも知れませんが。

ランドルト まあ、あの国では何でも変わるからね。

井筒とコルバン：その比較1――近似点と相違点

野元 さて、話題を変えて、各々の学風から井筒教授とコルバンを比較して論じていただけないでしょうか。

ランドルト それは難しい質問だね。というのは二人には明らかに同じような関心領域があったし、同じ主題について研究していたのだが、前に言ったように、井筒教授にはコルバンにみられない、とても東洋的なバックグラウンドがあったのだから簡単に比較はできないでしょう。実はコルバンは若いころ、サンスクリットについては長いこと学ぶことを躊躇していました。しかし結局それは止めよう、自分の天職、進むべき道はアブラハム的伝統の研究なのだと心に決めたのです。

野元 それでコルバンは自身をセム的一神教的伝統の研究に限定したという訳ですね？

ランドルト そのとおり！ 彼にとって一神教的伝統の問題はいつも思考の中心を占めていました、

つまり預言者職、預言、ワラーヤ（聖者性）、そしてこれらと終末論との関係は一神教の、預言に基づく諸宗教の問題です。またこれは彼がシーア派へ傾倒していたことへの説明にもなると思います。というのもシーア派は、多分スンナ派よりも――イブン・アラビーを例外として――ずっと預言的な教義、より明確な預言者論をもっているからです。

野元　またシーア派はイマーム論を通して預言の継続性をとても強調していますね？

ランドルト　まさにその終末までの継続性という教義はシーア派思想にある種のダイナミックスを与えていますが、それは、少なくとも遠くから見る限りでは、己れを時間のサイクルのなかに位置づける東洋の諸宗教には見出せないように思われます。そのこと（東洋の諸宗教の性格）から、なぜ井筒教授が例えば構造主義に終末論などより関心があったかを説明できるように思います。全体の構造というものはそれ自身を把持する。また構造というものは、このようなダイナミックスや、一神教や他の預言的宗教に見られる人格化された（personalised）タイプの宗教とは正反対のものです。このことは多くを語るのではないでしょうか。もう一つの点は想像的（imaginal）[17]領域の問題、つまりコルバンがこの中間的世界の重要性を強調していたことです。このようなことは、井筒教授がイブン・アラビーや、誰であれ他の思想家を論じたところでは殆ど聞くことがありません。否定はしませんでしたが、彼にとっては重要ではなかったのです。井筒教授が見た限りでのイブン・アラビーでは大切なことは、ある意味では質料でさえもが霊的であるということ。私の解釈では、井筒教授の見方によれば、イブン・アラビーの考えは物質世界それ自体を霊的なものと理解するだけで充分だということです。より一元論的な見方ですね。

野元　なるほど。また今、一元論について言及されたことで、神秘主義の分類によくとられる人格的と一元論的という二分法を思い出しました。私の印象では、コルバンの有名な著書 *L'imagination créatrice dans le soufisme d'Ibn 'Arabi*（イブン・アラビーのスーフィズムにおける創造的想像力[18]）では、雑駁な言い方になりますが、人格的神秘主義への方向がとられているようです。これに対して井筒教授のアプローチは、おっしゃったようにより一元論的だということです。

ランドルト　そう。そのことはまたもや、学者とは決して完全に客観的たりえないことを示していると思う。これはほぼ避けられません。コルバンにとっては、イブン・アラビーは勿論ある種のキリスト教のグノーシス主義者かシーア派グノーシス主義者だった。井筒教授は彼を禅の老師のように、またはこの場合では道教の賢者のように表現されています。イブン・アラビーには禅仏教の性格があるようにも思えますが……まあ少し誇張してお話していますがね。でも、学者の好みや若い時期から馴染んできたものが、学問的な発見に反映されるという傾向はあります。構造主義と現象学はこの点で同様のものではありますが、現象学はより神学的な方向付けを受けた構造主義なのです。

野元　ところでコルバンは、方法論と言えば、何か「解釈学的な鍵」（clef herméneutique）というものについて言及していますね。

ランドルト　そう、La clef herméneutique ですね！　彼はラテン語で Clavis hermeneutica と呼んでいます。でもどうやって鍵を見つけるのか？　これは大きな問題です。

野元　先生が"Remembering Toshihiko Izutsu"（「井筒俊彦を回想して」）というエッセイ[19]で述べておられるように、井筒博士は直観をとおしてその鍵を見つけたのでしょうね。

ランドルト　そう、彼はただ瞑想して、精神を集中して、己れをこれから書こうとする人物のうちに置いて、ある意味その人物になるに至ったのです。そしてようやく、彼は書き始めた。それはまるで例の竹の物語のようです。

野元　竹を描こうとするなら、竹にならねばならない。

ランドルト　そのとおり！　井筒教授が実際にそれを示したのをテヘランで見たことがあります。彼が当時教えていたテヘランの王立哲学研究所を訪問した時のことです。その時学生たちは彼に、話の内容を具体的に示すようせがんでいたと思います。彼はそうしたくなかったが、結局「わかった、君たちが私の言おうとしたことを実際に見てみたいのなら」と言い、気分が整うまでほんの数秒の間――それ以上ではなかったでしょう――精神を集中したら、チョークを握った手が黒板へすぅっと動いて、さっと何かを描いた。それで完了でした！

野元　何を描いたのでしょう……。

ランドルト　多分、何か日本の伝統的シンボルでしょう。とても美しかった。ほんの一瞬のことだった。短い間描いただけで、もうそれはそこにあった！　すべてが瞬時に起こったのです。

野元　すべてが直観から出てきたもので、論証によるものではなかった、と……。

ランドルト　論証的ではまったくなかった。また彼はそれをチョーク一本でやってのけたが、それは絵筆を振るっても同じようには行かなかったでしょう。

野元　でもコルバンもまた直観を用いる人で、論証的なタイプではなかったですね。

ランドルト　そう、まさにそのとおり！

野元　またコルバンも研究の対象と一体化しようとしたわけですよね？

ランドルト　そう、確かにね。

野元　でも出てきた結果はかなり違いますね？

ランドルト　そう、かなり違った結果が導きだされたということは、とても心惹かれること《ファシネイティング》です。二人の間の相違とは多分、コルバンはそうと心に決めて反理性主義者となったのに対し、井筒教授は反理性主義者ではなく、またそう望めば大変な理性主義者にもなり得た。でも彼が興味を抱いたものは、いうなれば超理性的現象と理性とを分ける境界線だったのです。どんなふうにそれらは結びついているのか？　彼は理性を排除しなかったし、むしろどのように言語とメタ言語が結びついているのかという問題を捉えようとした。ごく一般的に言って、彼は人間の心全体に、または様々な心のタイプ論というものにより関心があったのです、ただ一つの心のありようではなくてね。彼はある特定のものの見方を広めようとする人ではなかったですし。

野元　そう、でもコルバンもまた自らもって任じた哲学者でしたよね？

ランドルト　そう、でも非理性主義の哲学者でした。つまりイメージ的思考のリアリティーの、イマジナル領域の哲学者だったということです。その一因は、一九世紀の典型的なフランス流合理主義への反発と思います。そのために彼はドイツ風の思考法に心惹かれたのです！　彼は神話とか、神話的思考法という術語を好みませんでしたが、そこに達したのです。彼はそれを超歴史的、メタ歴史的と呼ぶでしょうが。例えば *A lastu*（「私は……ではあるまいか」）に関すること全体は彼にとってひどく重要なことだった。

野元　神と人類との契約のメタ歴史的瞬間のことですね？

ランドルト　それは他の文化にあるとすれば「神話的」と呼ぶことが出来るでしょう。また同じことは同じように説明できます、例えば初期イスマーイール・シーア派思想では宇宙論上の最高位の二位格である「先行者」（al-Sābiq）と「後続者」（al-Tālī）がありますが、それらは神話的な存在であって、真実を主張できない造られたものやこしらえものなのではない。それは神話的な思考の在り方を表すもので、全く論証的な合理化ではない。しかし、我々人間は決して一面しか持ち合わせないわけではありません。論証的思考法を全く欠いた文化や、神話的な思考法を欠いた文化というものはあり得ない。［どの文化にも見出せるものは］いつもその二つの組み合わせなのです。

野元　ええ、公式的（体制的）な文化ではどちらかと言えば理性主義が支配的で、民衆文化ではある種の神話的な思考法が優勢であると言えるかもしれません。

ランドルト　また理性主義的文化はそれ自体、神話化することもあり得ます。反理性主義に関しては、コルバンは、意外な哲学者と共通の考えを持っています。カール・ヤスパース Karl Jaspers（1883–1969）です。この二人が共通の考えを抱いていたなど誰も思いもよらないでしょうが、ヤスパースも自分で「科学信仰」（Wissenschaftsglaube）と呼んでいたものに反対していました。つまり科学がなるべきではないイデオロギー、もしくは Glaube（信仰）になったとき、科学は二〇世紀の大多数の人々が信ずる宗教になってしまったというのです。今ではそれ以上のものになってしまったと思いますがね。これは私たちのインタビューの話題ではないだろうけど、大変不思議なことです。ともかく幾つものイデオロギー、神話、信仰が過ぎ去っては、なぜかまた戻ってくる。ある人々は、これが歴史の周期説的解釈の証拠になるのだと考えさえもする。そこには確かに何らかの真実があるのでしょう。実際のところはよくわかりませんが。

野元　ええ、そんな歴史の周期説的解釈さえもが繰り返し出てきますね、ほとんど周期的に。

ランドルト　全く本当だね！

野元　プラトン Platōn（前 428/427–348/347）以来……。

ランドルト　まさに、周期説に戻ってくる！　そう、イブン・ハルドゥーン Ibn Khaldūn（1332–1406）とかトインビー Toynbee（1889–1975）とか。

井筒とコルバン：その比較2——イスラーム研究の現在の状況から

野元　ここまで私たちは神話的思考とか理性主義と超・理性主義の境界線のことなどを議論してきました。ともに井筒教授の学問にとってとても重要であったと思います。さて、次に話題としたいことは、井筒教授は『スーフィズムと道教』などスーフィズムについて重要な著書を遺しましたが、その後、スーフィズムやシーア派についての多くの研究が出てきたということです。例えばイブン・アラビーについてはミシェル・ショドキェウィッツ Michel Chodkiewicz、ウィリアム・チティック William Chittick、ジェームス・モリス James Morris やその他の人々が周辺分野のテクストをも用いつつ、広い思想的文脈のうちにイブン・アラビーの仕事を位置付けながら、重要な研究を明らかにしています。そこで現在の学問的状況から、井筒教授の仕事がどのような可能性を未来に向けて持つか、お聞きしたいと思います。

ランドルト　コルバンの仕事も井筒教授の仕事も今でもその分野では基本的なものですよ。チティックは二人のもとで学んだと思うが。

野元　モリスもそうですね。

ランドルト　コルバンや井筒教授の研究は基本的なものだから、それらをすこしばかり古いからといって捨ててしまうなど問題外です。模倣されるべきではないとは思うが。コルバンも井筒教授も彼らの方法を真似するだけのエピゴーネンなど求めていなかっただろうし、二人の著作は他の人のものと同じく批判的に読むべきでしょう。そこで井筒教授の場合だが、彼のイブン・アラビー解釈は、どこかで彼自身も認めていたように、アブドッラッザーク・カーシャーニー ʿAbd al-Razzāq Kāshānī（?–1329）の注釈書に基礎を置いたものだ。イブン・アラビーは、カーシャーニーを通してではなく、彼自身を通して研究されるべきだと思います。イブン・アラビーを理性主義的に意味をなすように理解したいのなら、カーシャーニーは大変に役に立ちはしますがね。でもそれこそが問題なのかもしれない。恐らくカーシャーニーはイブン・アラビーをあまりにも簡単に理解しやすくしたために、それはもはやイブン・アラビーではなく、その思想は一学派の教義のようになってしまいました。イブン・アラビーはあるときは創造的だが本当は理解しがたい、予測不可能な芸術家であったのにね。さて、ここでも言えることだが、スフラワルディーやモッラー・サドラーなどを研究しているのに、先行研究を無視して誰も以前にそれら思想家を研究したことがないかのように振る舞うことなどできません。それは全く馬鹿馬鹿しいことです。スフラワルディーの『照明の叡智』を訳したコルバンの *Sagesse* *orientale*（東方の叡智）[21]は、暗示的で、その訳はアラビア語の原文と同じくらい難解です。でも最近のゼアーイー Ziai とウォルブリッジ Walbridge の訳[22]は、より原文に則しているとうたってはいるが、コルバンより良いところは殆どない。

野元　英訳は原文に則そうとしているけど、かえって内容を曖昧にしているような印象をうけましたが。

ランドルト　そう、内容を曖昧にしていて、ときには原文に則してさえいない。またあるときは単に解釈を間違えているという具合です。たとえコルバンや井筒教授の言うことに同意できず、また彼らのような人々の言ったことすべて、あるいはその結論、解釈を受け入れられないといっても、我々はそこに立ち戻って、何を言っているかを見てみる必要がある。というのは、彼らの仕事は以後の世代の人々のものより根本的な価値をもつからです。

野元　先生は今、良い「指示と勧告」[23]を示して下さったと思います。ときに後から来た世代は旧世代を乗り越えようとし、あるいは無視さえしようとします。乗り越えようとする分には、それは善い意志から出たものですが、ある意図をもった場合しばしば旧世代の挙げた成果を無視しようとするものです。

ランドルト　もちろん、過去になされたことを無視するなら、それは［知識の］貧困化をもたらします。これら先人たちは今後の研究のための、豊かな基礎となる仕事を創ってきましたが、そのことは彼らの業績のすべてを受け容れねばならないということは意味しない。先人たちも他のあらゆる人々のように批判の対象であるべきです。もしも誰かが彼らが間違えていたという結論に達したのなら、実際に間違えていたのでしょう。絶対的な師匠などはいません。しかし、勿論のこと、彼らは何か新しい道を開く働きを持っていました。それは時代がより適していたためかもしれませんね。さて、我々は異なる時代、既にドアが開かれた時代に生きています。私たちがすべきことは先人の業績をより洗練するか、その誤りを正すかのように思われます。

野元　さてもうひとつ、コルバンと井筒教授について興味深いことと言えば、それぞれの東西の実存主義へのアプローチがありますね。

ランドルト　コルバンの場合、それは若いときにやったことでした。井筒教授の場合、それはもっと後年になってから、サルトル Sartre（1905–1980）とかハイデッガー Heidegger（1889–1976）に興味を抱きはじめたときのことで、テヘランに住んでいたときのことだったように思います。コルバンは三〇年代の初めの頃、まだ学生のときにハイデッガーの *Was ist Metaphysik?*（形而上学とは何か）をフランス語に訳しましたが、それを後年、退けました。御存知かどうか知りませんが、そのことをフィリップ・ネモ Philippe Némo が聞き手をつとめた "De Heidegger à Sohrawardî"（ハイデッガーからスフラワルディーへ）というインタビュー記事の中で述べています[24]。*Cahier de l'Herne* の中に入っていますが、彼にとってハイデッガーは方法論的に興味深かっただけで、哲学的に興味があったという訳でなかった[とそこで言っています]。確信はありませんが、でも単なる方法論にとどまらないものがあったと思う。例えば *En Islam Iranien*（イラン・イスラーム論）とかモッラー・サドラーの *Kitāb al-Mashāʿir*（存在認識の道）の訳への序説[25]とかを考えて御覧なさい。彼はいつもハイデッガーに立ち帰っている。私が理解しているところでは、彼のハイデッガー批判は、彼がモッラー・サドラーを選んだということと関係があると思う。コルバンはモッラー・サドラーに「死へ向かう存在」ではなく「復活へ向かう存在」を見出したのです。

野元　コルバンによればSein zum Jenseits des Todes（死の彼方へ向かう存在）ですね。

ランドルト　… Sein zum Jenseits des Todes. つまり復活です。

野元　コルバンによれば、ハイデッガーは実際には死についてそんなには語らなかったが、イランのムスリム哲学者たちは死と死を越えたものについて多くを語ったそうです。

ランドルト　そう、死を越えたことについてね。それがシーア派にとっては重要なことなのです。これはスンナ派的というよりはシーア派的な現象といっていいと思います。例えばスーフィズムは死についてはは多く語っているが、復活についてはそれほどでもない。しかしシーア派思想では復活や終末論が多く問題となる。より一般的に言えば、宗教的使命というものは死によって終わらないという考え方があって、死の後に来るべき何ものかに期待する、というのがその考えなのです。

野元　井筒教授のモッラー・サドラーへのアプローチはより存在論的立場のもので、コルバンの解釈はより終末論的だと考えられますか？

ランドルト　ええ、そのように言えるでしょう。それは彼らの基本的な関心にかかわることなのです。井筒教授にとって重要なことは「何であるか」ですが、コルバンにとって重要なことは「何であり得るか」ということです。二人の関心は同じではない。

野元　では、言い換えれば井筒教授は「永遠の現在」というものにより関心を抱き、一方、コルバンは「未来に来るべきもの」により関心を抱いていたわけですね。

ランドルト　そう。そのようにも言えると思う。つまり未来に来ると期待されるものについてね。

野元　さて、これは勿論、存在論か終末論か、どちらの関心の持ち方が有効かという問題にはなりませんが、コルバンのアプローチ、つまり［モッラー・サドラーなどの思想に］存在論の終末論への転換を見出す見方は未だ妥当性を持つと考えられますか？

ランドルト　ええと、それは場合によりますね。真にシーア派の思想家の場合、答えはイエスです。確かにその場合は妥当性があります。なぜならそれは彼らが試みていることですし、関心を抱いていることなのですから。しかしイブン・アラビーの場合にはそれほどの妥当性を持ちません、特にショドキェウィッツがコルバンを批判した後ではね。ショドキェウィッツはイブン・アラビーのシーア派化にはミゲル・アシン・パラシオス Miguel Asín Palacios（1877–1944）によるイブン・アラビーのキリスト教化とある意味同様であることを明らかにしています。コルバンはアシンと同じような読み方をしたのですね。でもイブン・アラビーは本当に難解で、決して容易い相手ではない。彼が「ワラーヤ」（前出：聖者性）と言うとき何を言おうとしているのか？　また「アリーは haqīqat asrār al-anbiyā'（預言者たちの秘密のリアリティー）である」と言ったときの、彼の真意とは何だろうか？　まあ概して私にはイブン・アラビーの存在論的側面は、コルバンのアプローチが示唆するよりも強いと思えますがね。だが一方では、この非・存在論的アプローチについて、ショドキェウィッツはコルバンに賛同し、井筒に反対しています。彼は井筒教授があまりにイブン・アラビーから哲学的存在論を作り出していると考えています。勿論イブン・アラビーの語っていることはワラーヤであって、ウジュード（wujūd: 存在）ではないのです。

野元　より預言者論的であると？

ランドルト　そうです。問題は、イブン・アラビーはコルバンが述べたようにシーア派であるか――これをショドキェウィッツは受け容れないわけです――どうかということだけです。しかし基本的にはこのワラーヤに関連することは、イブン・アラビーの思想の中心を占めています。この点ではショドキェウィッツはコルバンの研究を全く支持していますし、またウジュード的、存在論的関心はカーシャーニーのようなイブン・アラビーの弟子を含めた学者たちによって、実際よりも誇張されて取り上げられてきたと考えています。もちろん、チティックの研究もこのような方向で展開しています。まあ私自身は最近の数年間はあまり深くイブン・アラビーを研究していません。若いころはもっとイブン・アラビーに惹かれて興味を抱いていましたが、今はそれほどではありません……だからイブン・アラビーについて誰が正しいか自信をもって語ることは出来ません。

野元　なるほど。でも今のショドキェウィッツの研究などについての御指摘はとても重要な方法論的問題をついていたように思えます。つまりどのようにイブン・アラビー自身に肉迫すべきか、もしくはそのためにはどのようにイブン・アラビーの学派、あるいは「シャイフ・アクバル学派」[26]の思想を利用するのか――その学派の注釈書なしではときにイブン・アラビーの著作の字義的な意味の理解さえ覚束ないものがあります――ということです。

ランドルト　そう、それはディレンマですね。注釈書を使わねば何も理解できない一方で、注釈家たちと師匠（イブン・アラビー）を区別せねばならないし、またこのこと（注釈書の説明）が本当に彼の真意を伝えているか、他に彼が言いたかったことはあるのかを探し出さねばならない。でも誰にそれがわかるでしょう。恐らくイブン・アラビーは「時に応じて（iqtidā᾽an bi-al-waqt）」、毎瞬間、異なる霊感のもとで著述していたわけですから、私たちはあまり一貫性を求めるべきではないのかもしれない。私たちには有名な著述家の著作に一貫性を探し出そうとする傾向があります。その［偉大な］著述家が一貫性を欠いているなどとは想像できない、少なくとも私たちのものの見方からはそんな想像はできないわけです。でもその著述家には私たちの目から逃れるような、何か別のシステムを持ち合わせていたのかもしれません。ここで再びショドキェウィッツに登場してもらいましょう。彼は *Al-Futūḥāt al-Makkīya*（メッカ啓示）の構造について論文を書きました。私はその細部まで覚えてはいませんけども、短く要約してみます。まず『メッカ啓示』を読んでいくと、そこにはあまりシステムが見えないことを誰もが知っています。時にイブン・アラビーはあることを語り、また別のことを語るが、誰にも彼がどうしてそうするのかがわからない。そこにある秩序とは何なのか？　そのような章立てにした理由は何なのか？　そこにシステムが存在しないから、『メッカ啓示』を学位論文として見れば彼は絶対に合格しないでしょう！　試験官たちは「こいつは何か次々に書き散らしているだけだ」と言うでしょうね。しかしイブン・アラビー自身はあるところで、waqt、つまり瞬間があれやこれや書くように自分に霊感を与えているのだと述べています。さて、ショドキェウィッツによれば、『メッカ啓示』には何かある種の秩序がある、それは数的な秩序で、どうも章や副章の数に関係があるようだということです。それはクルアーンにも見られるのと同じ構造だと分かったそうです。

野元　それは何か数の象徴論のようなものですか？

ランドルト　うん、まあ実際には、……そこに秩序はあるけれども、そう簡単には分からないもののようです。私にはショドキェウィッツが正しいかどうか分かりませんが、彼の研究はさらに吟味する必要があります。彼は自分の説を幾つかの例で立証しているだけですから。[27]

井筒とコルバン：その比較3――原典主義、結びにかえて

野元　さて私たちは大思想家とどのように取り組むかというとても根本的な問題――それはまさにこの井筒プロジェクトの主題でもあるでしょう――にふれたようです。井筒教授の学問とは、どのようにしてイブン・アラビーや、老子などの偉大な思想家に、注釈家達を通じて、あるいは直接その著作を通してアプローチするかという問題の例であると思います。

ランドルト　直接的な著作との接触ですか……そうですねえ、そこでこうすればよいという一般的な指示が可能かどうか、確かなことは言えませんが……。もし私に方法があるとすれば、それは折衷的なものでしょうね。私ならそのつど研究対象に一番ぴったりした方法を使うでしょうね。

野元　実用主義のようですね？

ランドルト　そう実用主義です。でも大体、私はいつもまずはその思想家自身を、注釈家を参照する前に理解するように試みますし、そうするよう人にも奨めます。理解できる望みがないときだけ、注釈家を参照します。というのは最初に注釈を見てしまえばすぐに影響されてしまいますからね。もしも注釈家なしに直接に理解ができるのであれば、そちらの方が良いでしょう。本当の理解は直に著者自身に向かい合ってなされねばなりません。これがなすべきことなのです。

野元　それが今日の議論の結論の一つになりますね。

ランドルト　そう、結構です。その結論、気に入りました！

野元　井筒教授もイブン・アラビーや老子の解釈には当然ベストを尽くしたと思います。

ランドルト　勿論、疑うべくもありません。

野元　そのベストを尽くした結果のうちから井筒教授の直観力を学び取るべきでしょう。

ランドルト　二つの能力を持つことが大切だと思います。直観力の導きに身を委ねましょう。しかし同時に監視をする警官として理性を持つべきです。理性による統御がなければ危険だからです。でもたとえ自然科学の分野でも直観なしではやっていけません。エラノスで会った大勢の重要な人々から聞いてきたのですが、偉大な科学者たち、真に創造的な科学者たちは、常に直観こそが彼らの原動力であると認めてきました。また彼らは理性と実験という、ある種の応用的な統御力を持っていました。

野元　確かにそうですね。そのような科学者たちの最初の例の一つがアルキメデスでしょう。またニュートンとか……。

ランドルト　そうそう、ケプラーも有名な例だね。

野元　ときに私たちは井筒教授の研究を、その直観の力のみならず、理性による基礎のゆえに素晴らしいと思うわけです。

ランドルト　全くその通り！　だからこそ私は彼が優れていると思うのです！　それにその明晰さ！　彼が明晰であるがゆえに、直観の他にも強い理性の力を働かせることができるのです。彼は己れの考えを明晰に表現することができました。井筒教授はこのことで確かにコルバンにまさっていた。コルバンはより詩的でしたが、ときにちょっと詩的にすぎることもあった。

野元　まあ、でもコルバンも研究においてテクスト的な基礎と証拠に欠けていたわけではありません。

ランドルト　いや、そういうことを言おうとしているわけではありません。文献学的には彼もとても厳格でした。彼の大きな学問的成果であるスフラワルディーの翻訳と校訂を語った時にもお話ししましたが……スフラワルディーはときにとても難解ですから。

野元　晦渋でさえあります。

ランドルト　それでもしどちらを選ぶかと言われたら、答えはわかりません。二人ともそれぞれに優れた点があり、欠点もあります。

野元　そう、おっしゃった優れた点からは、まだ我々が学ぶべき点が少なからずあります。

ランドルト　勿論！

野元　まずは彼らの正確なテクスト読解から学ぶべきですね。

ランドルト　そのとおり。それは最初にやるべきことであり、また最後のまとめでも（the alpha and the omega）あります。もしも彼らの仕事から何らかの方法論上の結論を引き出すのなら、それはテクストをきちんと読むということです。私はますます、これこそが人文学で堅実な仕事をするための唯一の方法だと確信しています。これは大学のキャンパスで聞けるような洗練されたお話などではありません。その場合、彼ら話し手が話せば話すほど、テクストを実際には知らないということがわかってしまいます。

野元　つまり彼らは何かお伽話をつくっていると？

ランドルト　そう。テクストをして自ら語らしめるためには、前に言及したkhāmūshī（沈黙）が肝要なのです。

野元　なるほど、これがもう一つの結論ですね。

ランドルト　そう思いますね。彼ら二人とも、私に模範を示してくれました。彼らがどれほど多くのことを見出したことか、驚くばかりです。コルバンと井筒、二人ともね。ことにイランにおける哲学の後期の展開についてはそうです。井筒教授はテヘラン滞在の時間を使ってそれについてのテクストを集め、翻訳しました。素晴らしいことです。

野元　またコルバンのシャイヒー派[28]思想研究もありますね。

ランドルト　そうです！　彼以前にそんな研究をした人物はいませんでした。［エドワード・G.］ブラウン Edward G. Browne（1862–1926）は勿論やっていましたが、彼の研究は主にバーブ主義とバハーイー教への関心からだった。だがコルバンはシャイヒー派のテクストを、シャイヒー派思想そのものへの興味のゆえに研究したのです。

野元　とても興味深いことに、井筒教授の蔵書[29]にはかなりの数のシャイヒー派の文献があります。井筒教授もシャイヒー派思想への関心を高めていたのかもしれませんね。

ランドルト　シャイヒー派の文献が沢山あるって？　うん、驚くにはあたりません。事実、彼はとても関心を抱いていました。何回もそれについて議論したことを覚えています。

野元　シャイヒー派思想についてですか？

ランドルト　そうです。彼はシャイフ・アフマド［・アフサーイー］Shaykh Aḥmad al-Aḥsā'ī（1753–

1826）の本質の本源性（aṣālat al-māhiyah）または存在の本源性（aṣālat al-wujūd）に関する立場には評価を留保していましたが。というのはシャイフ・アフマドの立場というのはその折衷案であるからです。井筒博士がこの点について頭を振って［疑問を表現して］いたのを思い出します。そのようなことはあり得ない、本質の本源性か存在の本源性かどちらかに決めねばならない、と。

野元　これは『存在認識の道』の解説で彼自身が述べていることです。何れかに決めないような曖昧な立場は殆どなかったと。彼はシャイフ・アフマド・アフサーイーの立場を例外として扱っています[30]。

ランドルト　私が思うに、井筒教授のとった道にいささかの弱点があるということになるのかもしれないが、シャイフ・アフマドにはこれ以上のもの、つまり本質と存在についての曖昧な立場以上のものがある。たぶんコルバンには、シーア派に内的な近さを持っていたが故に、つまり内的な共感の故に、シャイヒー派思想についてより深いところまで見えてきたのでしょう。一方井筒教授にはシャイヒー派のような考え方は馴染みのないものだった。彼にはアイロニーしか感じなかったのでしょう。また勿論テヘランで仕事をしていたとき、そこの人々に影響を受けていたこともあるでしょう。そこの人々は皆、反シャイヒー派でしたしね。

野元　彼はアッラーマ・タバータバーイー ʿAllāmah Muḥammad Ḥusayn Ṭabāṭabāʾī（1903–81）とも共同研究をしましたか？

ランドルト　知りません。そういうことは聞きませんでした。

野元　現代における最も有名なモッラー・サドラー学派の哲学者の一人セイイェド・ジャラーロッディーン・アーシュティヤーニー Seyyed Jalāl al-Dīn Āshtiyānī 教授と、恐らくより接触があったのでしょうか？

ランドルト　ええ、そうでしょう。彼のことをコルバンがどこかでモッラー・サドラーの「再来」(redivivus) と呼んでいますね。アーシュティヤーニーは確かにシャイヒー派思想にはあまり関心を持っていませんでした。彼はまたホメイニーの弟子でもありましたし。

野元　本当に？　彼はコムでホメイニーの学生だったのですか？

ランドルト　はい、そうです。実際にそのことを長いインタビューで明らかにしています[31]。

野元　実に興味深いことですね。

ランドルト　それを読んだ時、多くの人々が［事情を考えて］首をふりました。恐らく何か政治的な理由から……。ともあれ彼はホメイニーの学生だった。Raḥmat Allāh ʿalayhi.（彼に神の御慈悲あれ）

野元　さて大分私たちはシャイヒー派思想のことを話しましたね。

ランドルト　うん、本当にね。

野元　では本日は長い間、インタビューに答えて下さり有難うございました。今日先生は知識の伝達における口承性、その素晴らしい例を示して下さったように思います。いうまでもなく、知識伝達における口承性は伝統的なイスラーム諸学において不可欠な部分です。

ランドルト　そのとおり、正しい指摘です。私たちはもっと早くにそれを指摘するべきでしたね。口承性！　とても重要なことです。でも私たちの研究対象となるのは常に、残念ですが、みな書かれたものです。私たちはモッラー・サドラーに個人的に直《じか》に話し掛けることはできない。もしも彼がここに座っていて、質問することができたなら、どんなに面白かったことでしょうか。

1　International Congress of Asian and North African Studies.「国際アジア北アフリカ研究会議」。なお一九八三年当時の公式名称は International Congress of Human Sciences in Asia and North Africa（国際アジア北アフリカ人文科学会議：略称はフランス語の頭文字をとりＣＩＳＨＡＡＮであった）であり、東京で開催されたのは第三一回会議である。なお注はランドルト教授から提供頂いた情報を入れて、インタビュー中の語句などの解説も加えて野元が作成した。

2　McGill University マギル大学（カナダ、ケベック州モントリオール市）。

3　スミスが主張するイスラームと他の宗教との対話に共感するムスリムの知識人たちが研究所に学生や教員としてやってきたということ。

4　岩波書店、一九八三年。第一版は *A comparative study of the key philosophical concepts in Sufism and Taoism: Ibn Arabi and Lao-tzu, Chuang-tzu*, 2 vols (Tokyo: Keio Institute of Cultural and Linguistic Studies, 1966–67).

5　Toshihiko Izutsu, "Mysticism and Linguistic Problem of Equivocation in the Thought of ʻAyn al-Quḍāt al-Hamadānī," *Studia Islamica* 31 (1970): pp.153–170; idem, "Creation and the Timeless Order of Things: a Study in the Mystical Philosophy of ʻAyn al-Quḍāt," *Philosophical Forum* 4 (1972): pp.124–140.

6　Toshihiko Izutsu, "The Absolute and the Perfect Man in Taoism," *Eranos-Jahrbuch* 36 (1967) (Zürich, 1968): pp. 379–441.

7　ルーマニア出身の宗教史学者、宗教現象学。主にシカゴ大学で教鞭をとる。『世界宗教史』中村恭子、鶴岡賀雄他訳、全八巻（ちくま学芸文庫、二〇〇〇年）、『エリアーデ著作集』中村恭子他訳、全一三巻（せりか書房、一九七三―一九七八年）、『聖と俗：宗教的なるものの本質について』風間敏夫訳（法政大学出版局、一九六九年）、『シャーマニズム』堀一郎訳（ちくま学芸文庫、二〇〇四年）、『エリアーデ幻想小説全集』住谷春也編：直野敦、住谷春也訳、全三巻（作品社、二〇〇三―五年）など著作の殆どに邦訳がある。

8　ドイツ出身のイスラエルの宗教学者、ユダヤ教学者。ヘブライ大学で長く教鞭をとる。近代的な学問分野としてのユダヤ神秘主義研究を確立した。邦訳に『サバタイ・ツヴィ伝：神秘のメシア』石丸昭二訳、全二巻（法政大学出版局、二〇〇九年）、『錬金術とカバラ』徳永恂訳（作品社、二〇〇一年）、『ユダヤ神秘主義：その主潮流』山下肇他訳（法政大学出版局、一九八五年）、『カバラとその象徴的表現』小岸昭、岡部仁訳（法政大学出版局、一九八五年）などがある。

9　*L'Herne: Henry Corbin*, ed. Christian Jambet (Paris: Édition de L'Herne, 1981).

10　スイスの生物学者。バーゼル大学教授。日本語訳された著書に『生物学から人間学へ：ポルトマンの思索と回想』八杉龍一訳（思索社、一九八一年／再版：新思索社、二〇〇六年）、『動物の形態：動物の外観の意味について』島崎三郎訳（うぶすな書院、一九九〇年）、『脊椎動物比較形態学』島崎三郎訳（岩波書店、一九七九年）、『生命あるものについて：生物の科学と人間』八杉龍一訳（紀伊国屋書店、一九七六年）、『人間はどこまで動物か：新しい人間像のために』高木正孝訳（岩波新書）、一九六一年）、（共著）『一なるものと多なるもの』（エラノス叢書／エラノス会議編六―七）桂芳樹、市川裕、神谷幹夫訳（平凡社、一九九一年）、（共著）『光・形態・色彩』（エラノス叢書／エラノス会議編五）谷口茂［ほか］訳（平凡社、一九九一年）など多数ある。

11　オーストリア出身の物理学者。アメリカ、イギリスで活動。

12　アメリカの物理学者。

13　Hans Thomas Hakl, *Der vorborgene Geist von Eranos* (Bretten: Verlag Neue Wissenschaft, 2001).　ランドルト教授から情報を提供頂いた。

14　Steven M. Wasserstrom, *Religion after Religion* (Princeton, N.J. ; Chichester : Princeton University Press, 1999).

15　Maria Subtelny, "History and Religion: the Fallacy of Metaphysical Questions," *Iranian Studies* 36 (2003): pp.91–101.

16　ナチス支配下のドイツから来たリッターとイスタンブルで交友関係があったコルバンもナチ、という非難は前提からして全く意味をなさないであろう、という言外の意味がある。

17　Imaginal はラテン語をもととしたコルバンの造語。フランス語で通常にいう imaginaire は単なる実体のない「空想的」という意味を持つのでこれを避け、imaginal という造語で、純粋に霊的な世界と感覚的・物質的世界の間にある中間的世界が持つ諸イメージの自立性、またその人間の魂に働きかけ象徴を作り出す力を表現しようとした。

18　H. Corbin, *L'imagination créatrice dans le soufisme d'Ibn 'Arabi* (Paris: Flammarion, 1958; 2nd ed., 1978) (English translation by R. Mannheim as: *Creative Imagination in the Sufism of Ibn 'Arabi* (Princeton, N.J.: Princeton University Press, 1969)).

19　'Remembering Toshihiko Izutsu,' in *Biography and Academic Life of the Late Toshihiko Izutsu 1914–1993* (Tehran: Anjuman-i Āthār u-Mafākhir-i Farhangī (Society for the Appreciation of Cultural Works and Dignitaries), 2001), pp.1–11.

20　クルアーン第七章第一七二節を指す。「それから、お前の主がアーダムの子供たちから――すなわちその腰部から――次々と子孫を引き出して、彼らに自分自身について証言させたことがあったと。「このわしこそ汝らの主ではないか（A lastu bi-

Rabbi-kum)。」すると一同が「はい、その通り確かに間違いございません」と言った、これは、復活の日になって、「私どもまったく知りませんでした」などと汝らに言わせぬため」（『コーラン』井筒俊彦訳（岩波文庫、一九六四年）、上巻、二三〇頁）：割り注を略して引用）。神と人間たちとの歴史以前の、原初に結ばれた契約がここで示唆されているとされる。

21　コルバンによる *Ḥikmat al-Ishrāq* 仏訳のタイトル。*Le livre de la sagesse orientale: Kitāb Ḥikmat ak-Ishrāq/Shihāboddn Yaḥya Sohravardī,* trad. et notes par Henry Corbin, établies et introduites par Christian Jambet (Lagrasse: Verdier, 1986).

22　*The Philosophy of Illumination: A New Critical Edition of the Text of Ḥikmat al-Ishrāq,* with English translation, Notes, Commentary, and Introduction by J. Walbridge and H. Ziai (Provo, Utah: Brigham Young University Press, 1999)

23　『指示と勧告』（*Ishārāt wa-Tanbīhāt*）はイブン・スィーナーの最晩年の作品の一つの題名。

24　Henry Corbin, "De Heidegger à Sohrawardı," in *L'Herne: Henry Corbin,* pp.23–37.

25　井筒教授による翻訳がある。モッラー・サドラー『存在認識の道――存在と本質について――』井筒俊彦訳・解説（岩波書店、一九七八年）。ここで挙げられたコルバンの著書は *En Islam iranien: aspects spirituels et philosophiques* (Paris: Gallimard, 1971–1972)。またコルバンのモッラー・サドラーの訳と序説は Molla Sadra Shirazi, *Le livre des pénétrations métaphysiques = (Kitâb al-mašâ'ir),* traduit de l'arabe, annoté et introduit par Henry Corbin (Lagrasse: Verdier, 1988) の版が入手しやすい。

26　「シャイフ・アクバル」（al-shaykh al-akbar）とは「最大の師」の意味で、イブン・アラビーはこの尊称で呼ばれることがある。

27　彼による次の研究を見よ。M. Chodkiewicz, "The Futūḥāt al-Makkıya and its Commentators: Some Unresolved Enigmas" in *The Legacy of Medieval Persian Sufism,* ed. Leonard Lewisohn (London/New York: Khaniqahi Nimatullah Publications, 1992): pp.219–32.　ランドルト教授から提供頂いた情報による。

28　後述のアラビア半島東岸出身で一八世紀後半から一九世紀初頭にかけて生き、主にイランで活動した神学者シャイフ・アフマド・アフサーイー（本文で言及）が創始した十二イマーム・シーア派中の学派。「お隠れ」（ghaybah）中のイマームとの交信を説くなど、神秘体験や霊的直観に基づく知識を重視し神智思想への傾きが強い。十二イマーム派主流から異端視されるが、イランのケルマーンを中心に存続し、革命後はその中心をイラクに移す。一九世紀中頃に十二イマーム派から後に離れたバーブ教はこの派から出た。またさらにバーブ教からバハーイー教が出ている。

29　現在、慶應義塾大学メディアセンターが動態保存し、一定の条件下に研究者に公開している。

30　『存在認識の道』訳者解説二一八頁。

31　インタビューは以下に出版された。*Kayhān-i Farhangī* 2, Shahriyār 1364, pp.5–18.　ランドルト教授から提供頂いた情報による。

井筒俊彦の本質直観

鈴木孝夫 ―― インタビュアー：松原秀一

慶應義塾大学経済学部から仏文の大学院に行き、フランス大使館文化部でアルバイトをしている時に佐藤朔さんから副手にならないかと電話があり、筆者は文学部仏文科の副手になった。一九五四年（昭和二九）の秋であった。当時、仏文と英文は共同の研究室であったから、英文科助手の鈴木孝夫さんと知り合うことになる。井筒さんは英文科助教授であった。井筒さんの「言語学概論」は経済学部生の時から聴講していたし、大学院でもシュトロマイヤーを使っての英仏比較文体論や、バイイの『一般言語学とフランス語言語学』などの授業も受けていたし、教授会など時間の無駄だと出られない井筒さんは我々学生とはバスク語の研究会、クワインの読書会など気軽に付き合って下さった。二年ほどして筆者はフランスに、井筒さんと鈴木さんはカナダに出掛けた。井筒さんとはその四年後にパリでお目に掛かったが、筆者が帰国した時にはもう英文科にはおられず、新しくなった研究室では英文科と仏文科は別になったが、新研究室の教員談話室では鈴木さんを中心に座談のグループができ、十時厳周、高橋潤二郎、島田晴雄など法、経、商など学部の違う常連が集まった。後に国際シンポジウムを開き、湘南藤沢キャンパスを作るさいのコアとなっている。

鈴木さんと筆者は対照的に違う。鈴木さんは宮崎友愛さんなどと、早くから自家用車で学校に来る少ない教員の一人であったが筆者は運転ができない。筆者は早くからワープロ、パソコンを使っているが、鈴木さんはもっぱら電話かファックスでインターネットは孫まかせである。鈴木さんは姉、兄と四人兄弟の末っ子で、筆者は長男である。鈴木さんは大正一五年も年末の昭和元年近くの生まれの大正っ子、筆者は昭和五年の昭和っ子、仲良くしながら見ている世界が全く違う。校庭を歩くと鈴木さんは時々身をかがめて釘を拾う。筆者には釘が見付からない。筆者の見分ける鳥は鳶、烏、鳩、雀くらいだが鈴木さんは何百という鳥を見分け、聞き分ける。植物、昆虫、茸なども細かく見分ける。人間の手の加わらぬものについての該博な知識にはいつも驚かされる。その代わり博物館、美術展、古書店、映画館、寄席などにはとんと興味を示さない。

しかし共通点もあり、二人ともバー、赤提灯などには縁がなく、食べ歩きも誘いもしない。鈴木さんは一時プロレスをテレヴィで音声を消して観る趣味があったようだが、二人とも野球、ゴルフなど興味がない。

レアリアの世界に留まっているこの二人が、レアリアの裏側の世界を常に求めていた井筒さんをどう見ていたかが以下のインタビューである。「従僕に偉人なし」だが、俗界でも独り立ちできぬ半端者同士の対話から、井筒さんの姿の片鱗が浮かび上がればという想いである。

このインタビューは、二〇〇八年三月二五日、慶應義塾大学三田キャンパスで行われた。（松原秀一）

厨川文夫と井筒俊彦

松原　今日は、鈴木さんと井筒先生の話をすることになっていまして、どうも話しにくいんだけど（笑）。鈴木さんは、もともと慶應義塾大学の医学部にいらっしゃったわけでしょう？

鈴木　そうです。戦争中はね。

松原　それで、医者にならずに文学部へ来られるのは、英語とか語学をやりたいということですよね。その時、文学部には西脇順三郎とか、厨川文夫とかね、そういう人がいた頃ですね。井筒先生の話は当時聞かれましたか？

鈴木　私が、文学部に転科したいということで、文学部の先生方に接触したときに、井筒俊彦という名前は、誰からも出ないし、私も知らなかったのです。西脇、厨川、この二人についてちょっと調べると、古代英語という、英語の一番古い時代ね。紀元六〇〇年くらいからある、それが、ドイツ語の親戚なんです。ゲルマン語としてはまだあまり分化していない、今みたいにならない状態のね。その専門家がお二人も揃っているなら好都合だ、私は文学的なタイプではないから語学をやりたいと。ゲルマン比較言語学、あわよくばヨーロッパ比較言語学みたいなことをしたいという、非常に無責任、大雑把な気持ちで、「どうか英文科へ入れて下さい」と言ったのです。

そうしたら厨川さんは、もうすごく喜ばれてね。というのは、御承知でしょうけど、当時の文学部には、日本の戦後の事情もあって、ドイツ語のできる生徒なんて殆どいなかったんです。だから英語だけしかできないんですよね。ところが、古代英語というのは、英語というよりはドイツ語にむしろ近いでしょう。厨川先生は、ご自分の専門の後継者、学問をつなげる人間がいないかと思っておられた。そこへドイツ語のできる私が行ったから、待ち人来たれりで、大歓迎してくれた。何しろ当時の医学部はまだドイツ医学の時代でしたからね。

でも、西脇先生は別に歓迎ではない。胡散臭そうに、「君、ジョーンズって知ってる？」とかってね（笑）。「先生、ジョーンズの発音辞典なら、何版も古いのまでを、私、古本屋で買って全部暗記していますから、何版と何版のどこが違うというような質問だったら、いつでもお受けします」と言ったら、先生はむこう向いて、「君、ジョーンズって田舎者ですよ」とポッと言われたことを覚えています（笑）。だけど、この発言は意味があるんですよ。田舎者だから発音の細かい違いがよく分かるのね。日本でも、方言とかやる人は田舎者が多い。中央の人間というのは、自分の言語を自覚しないから。だから当然、ジョーンズは田舎者でしょう。

それで、細かいことは厨川君に訊きたまえということでお許しが出た。厨川先生は、戦災で家を焼かれて本も焼いてしまわれ、当時は山崎さんという文部次官か何かをされた、知りあいの駒場の家に住んでおられたの。私が間借りされているそこへ行くと、先生は焼いてしまった本を神田の古本屋で探したりして、月給も安いし食べ物もないしというあの時代に、せっかく買われた古本を私に下さるわけ。来たばかりの若造の私にね。「これ勉強しなさい、あれ勉強しなさい」と。そういうことで、一生懸命育てて下さった。私も、厨川先生の後継者ということで、それこそベオウルフから始めてあれこれと勉強し出したわけです。

そうしたら、文学部の授業の中に、井筒先生の言語学概論があったので、当然それをとったわけ。すると、途端に井筒先生の魅力と、学問の面白さに惹かれて、厨川先生のほうを……。

松原　ネグってしまったわけね。

鈴木　そうそう。大変申し訳ないことをした。あれだけ世話して下さった先生の期待を裏切る、非常に心苦しい時代がそれから何年か続いたんです。でも最後には厨川先生とはっきり別れて、井筒先生のほうについて、英文科の助教授から言語文化研究所の助教授に横滑りしたんですよ。そこにいくまで、まあ一〇年くらいありますけどね。そのあいだは、二兎追う者だか、二股かけたんだか、とにかく厨川先生と井筒先生のあいだで非常に苦しかったです。井筒先生はそんなこと全く気にしないで、「こっちをやりたいならやればいい」と。

でも同じ文学部の中で、厨川先生の助手だと決まった人間が、教授でもない井筒先生のところへ行くというのは、いろんな問題があったと思うんですよ。

鈴木孝夫氏（左）と松原秀一氏（2009年3月4日）
早川法氏撮影

松原　井筒さんは、当時は英文の助教授でしょう？

鈴木　形はそうなんです。ところが英文の授業は一つも持っていない。文学部全体の学生にむけての言語学概論を持っておられるだけね。

松原　あとギリシア語を教えていらしたでしょう？

鈴木　ギリシア語は教えておられましたね。

松原　トルコ語は？

鈴木　いや、トルコ語はなかった。トルコ語は授業として教えられたことは、私の記憶では一度もない。トルコ語の授業はなかったと思うな。

井筒邸に住み込むまで

松原　鈴木さんは、文学部へ来るときに西洋史の間崎万里さんに、「本気で文学部へ来るのかどうか分らない」と言われたとか。

鈴木　医学部の生徒が一体なんで文学部に来るんだとね。当時、間崎万里という、西洋史の気骨ある文学部長がおられてね。厨川先生が、「何をおいても、文学部へ入るんだから間崎さんの了解を得なければ、教授会を通らない。だから、挨拶してらっしゃい」と言われ、私は間崎さんの家に行ったわけですよ。

そうしたら、玄関で「俺は文学部長だから、文学部にいかにくだらない人間が集まっているか、できない生徒がいるかをよく知っている」と。「医学部というのは、癪だけど秀才が集まっている。その秀才の医学部から、ダメな人間の文学部に自ら来るというのは、怪しい」と云われた。当時の常識としては考えられないことなんだね。

それで、間崎先生は一つ考えられる理由が、代々木の共産党本部の秘密指令で、三田にオルグを作るために来たのではないかと。医学部というのは、当時は「アカ」の巣窟だったんですよ。看護婦もそうだったし、あの頃いろんな理由でね。だから、「お前は、オルグを作るために密かに派遣される密使であって、文学部を掻き回しに来たんだ、だから許さん」と言うんですよ、玄関先でね。それで、私もびっくりしてしまって、「私は政治なんて興味ないし、まったく世間知らずの、ただ語学がやりたいだけの人間だから、そんなことない」と言ったら、先生は少し考えてから、「俺の信用する人物の、人物証明を取ってこい」と言うの。つまり、鈴木孝夫は怪しい者ではございませんという証明ね(笑)。

そこで私がすぐ、「でも先生、今日はじめてお目にかかって、先生がどなたを信用されているか、私は分からない」と言ったら、「うむ、それもそうだな」と困ってね。しばらくして、「お前、慶應に入ったんだから、誰か知り合いがいて入っているんじゃないか」と。「いや、私は一人で、入るつもりもなく、どこかの動物学部に行きたかったけど戦争で行かれないから、人間も動物だということで、家から通える慶應の医学部に、たまたま試験受けたら入っただけです」と言ったら、困ってしまってね。「誰かお前の親戚か知り合いに、慶應関係の人間がいるだろう」と。

そのときハッと、「そうだ、おじさんが慶應の医学部長だ」ということを思い出したわけ(笑)。でも、それが付き合ったことも見たこともないわけ。うちの母が九人兄弟で、その何番目かのお姉さんの旦那とかだから。西野といって名前も違うしね。「そうだ、西野病院長、医学部長は、うちの母がいつも言うところの、親戚だと聞いておりますが」と言ったら、急に間崎さんはもう満面の笑みになってね。「ああ、西野君の、君は甥なのか。早くそれを言えばいいのに」と(笑)。「さっさと西野君のところへ行って、紹介状をもらってくれれば、問題ないよ」と言うわけ。それで、今度は西野さんのところへ行って、「すいません、私、あなたの甥なんですけど」と、初めて会って（笑）。「医学部辞めたいんですけど、証明書か何かを書いて下さい」と言ったら、「不思議な男だ」と。普通、甥とか何かは、医学部を受けたいから紹介状を書いてくれと言うのに、「黙って入っておいて、医学部を辞めたいからと初めて会いに来るというのも不思議だ。まあしょうがない、辞めたいと言うならそれもいいだろう」と。

それでもう間崎さんは喜んでね。この人は豊沢に住んでいたから、私が渋谷からバスで三田に行くと、朝ときどき会うわけ。そうすると、「君は慶應のホープだ」と言って、必ず背中を叩くんだよね（笑）。共産党のオルグから慶應のホープに変身した（笑）。慶應というのは、そういう想像もできない面白いことがあった。ことに戦争直後はね。

松原　まだ少人数の、小さい学校だったしね。

鈴木　そうです。だから、理事とかが、知り合いの先生に会って、「君、今、月給いくらだ」と。その金額があまりに少ないのに驚いて「明日から倍だ」と言ったとかね。

松原　そうそう。

鈴木　そういう滅茶苦茶なことが、まだできた時代の名残があったんです。ところが新制大学になって、急に文部省の規則で、研究室がなければいけないとか。それまで三田の慶應には研究室がなかったんですよ。大学といっても教員室しかなかった。塾監局の二階に、先生がたむろする*NED*などの辞書類があって、机があった。先生方がそこでお茶を飲んで、風呂敷にその日の講義の資料を包んで、それで授業に行ったらもう帰って来ないですよ。銀座へ行くか家へ帰るかね。先生方がこの三田の山にとどまって勉強する、場所もスペースも何もなかったですよ。当時は勉強というのは家でするものだったんです。

松原 図書館の汚いガラス張りの小さな、階段の踊り場のところに小部屋があっただけですね。

鈴木 ですから、アカデミックな雰囲気などなくて、まったく独特な個人の集合体。それが、新制大学になって、東大と同じように研究室ができて、教授や助教授が集まって、言語学なら言語学の雑誌のバックナンバーを揃えて、それをちゃんと調べて資格審査するとかいうのが始まったのは、戦後なんですよ。

それで、三田の三二番教室とかをベニヤで仕切りましてね。助手とか助教授の部屋を急につくったんですよ。入って行って、あの心理学実験のネズミの迷路みたいなところを行くと、そこに「おお、八代君、君ここか」とか、また少し行くと誰とかって（笑）。

研究室の蔵書なんかも、審査があるとどこからか借りてくるんですよ。何かが揃ってなきゃダメというと、借りてきて審査のとき見せるわけね。それで、直ぐまた返す。戦後の慶應は、そういう格好づけで始まったから、今の慶應の若い人、ことに研究室のスタッフなどが、設備とか費用とかいろんなこと考えているのを見ると、ずいぶん慶應も立派になったというか、官僚化したというか、面白みがなくなったね。豪傑がいなくなった。

松原 井筒さんがまさにそうで、授業が終わって家に帰れば、普通の人が持ってないような書斎を持ってたわけでしょう。

鈴木　そうそう。

松原　膨大な蔵書があって。西脇さんもそうだったね。

鈴木　そう、みんな一人ひとりが変わっているんですよ。だから井筒先生も、学校に滞在するのはわずかで、授業のすんだあとは二、三の学生と、「ちょっとそこへお茶飲みに行こうか」と山をおりてしまう。

松原　福茶屋とかね。

鈴木　ええ。電車通りの向こう側へ。飲もうと言っても、先生がご馳走して下さるわけですよ。あの頃は、慶應の月給も少ないどころか遅配でね。月給日に経理課の辺りをうろうろしてないと、金庫にお札がなくなってしまう。

松原　半月に一回払っていたでしょう。

鈴木　そうそう、小出しにね。しかもそれがなくなるので、ラテン語の樋口という先生は、教員室で真っ赤な顔して待っているから、「先生、今日は授業ですか」と言うと、「いや、そうじゃない。今日は月給日で、月給を持ってかないと家内から文句言われるから、酒飲んでさっきから待ってるんだ」とね（笑）。それで、「月給が出ました」というと、わっと行く。遅く行った人は、権利はあっても、お札が、大蔵省からだか日銀からだか、十分に来ないんですね。そういう時代なんです。ですから、ボーナスなんてもちろん、助手になってもありませんよ。月給は五千円でした。

だから井筒先生は、ご自分が学生におごって、面白そうな話を聞き出して、「一緒に丸善へ行こうや」と言って、田町から電車に乗って行く。戦争中はヨーロッパ、アメリカの学問と日本は途切れていたんですね、洋書の輸入がないから。だから戦後はもう、それまで足踏みしていた三〇年分くらいのヨーロッパ、アメリカの書物がいっぺんに来るわけです。それを井筒先生がご覧になって、「これ面白そうだ、あれ面白そうだ」と、丸善でたくさん買って。それを僕も先生も持って、中央線に乗って西荻窪のお宅へ行った。晩御飯をご馳走になってそのあと先生は勉強をいろいろして下さった。

それで、私はたいてい終電で渋谷まで帰るわけ。それで、渋谷から道玄坂を歩いて家へ行こうと思うと、必ず慶應の仏文の連中に出くわすんです。あれはまた飲む連中で。

松原　佐藤さんとか白井浩司さんとか。

鈴木　上の方から歩道狭しとゆらゆら来るわけ。それで、「鈴木、冷たい奴だな。お前、一緒に飲まないか」と言うから、僕は捕まらないように「さよならー！」と逃げるんだけど。横部さん、白井さん、もう顔ぶれは決まってますよ。そこへときどき哲学の沢田さんや大出さん。あのグループは、渋谷駅のそばに行きつけのバーがあったのね。

松原　バーもあったし、それから、おでん屋みたい飲み屋があったんですよ。そこは慶應の仏文だけではなくて、辰野隆とか色々な人がいた。

鈴木　あ、そういう一種の知的な集まり。

松原　フランス文学というのは、東大が独占していると。そこへどうやって潜り込むかということがあったわけでしょう。

鈴木　あったんですね。国立は本当に権威主義で、また絶対権力を持っていた。ことに国立大学の教授というのは、全国の大学の教員の任命権を握っていたから、もう神様ですよ。お嫁さんなんかも、

「これをもらえ」と言われたら、「嫌です」なんて言えない。言ったらもう一生うだつが上がらないとかね（笑）。むしろそれをもらうことで出世しようという人もいたらしいけどね。

だから、慶應はそういう意味では恵まれていました。私はあの頃二二、三歳、井筒先生は三〇代の後半でしょう。全然そういう分け隔てなく、ご自分の家で世話して下さった。そのうち、「山手線で帰ると、仏文の悪者に捕まる」と話したら、「時間の無駄だから、俺の家に泊れ、下宿しろ」と。「でも、先生、部屋はどうします」ときいた。

当時、先生のおばさんがまだ生きておられて、廊下を仕切って向こうはおばさんの領域でした。どういう親族の関係か知らないけど。だから部屋は二階の先生の寝室、書斎、下は客間と台所しかないんです。「私、ここに住みこめと言われても、どこへ住むんですか?」と言うと、「台所が広いから、あそこにベッドを持ち込んで、つい立てして、そこで寝ろ」と。一九五三、四年（昭和二七、八）の頃、もう私は五二年に結婚していたけど、「妻子なんて言っていたら学問などできない」ということで、新婚なのに引き離されて、先生の家の台所にベッドとつい立てを置いて、そこで勉強して、慶應に行く時は先生と一緒に行ってという生活が始まったんです。奥さんが夜、二階から下りてきて、トントンとまな板でお刺身を作ったりして、「鈴木さん、御飯よ」と言うと一緒に食べてた。

先生は食後に少し座談したあと、「よし、今日はギリシア語のプラトンをやろう」とか言ってね、勉強をそれから二時間くらいして下さるんですよ。私はその台所でプラトンを暗唱したり、ロシア語だというときはプーシキンとかレールモントフとかをやったりね。ドイツ語でリルケをやったり、まあとにかく日替わりメニューで。

井筒の〈魔力〉、慶應の魅力

鈴木 後で判ったんですけど、あの先生でも、東大とか慶應で教えるときは下調べなさるわけね。そうすると、それに使うペルシア語とかアラビア語、ギリシア語、トルコ語、またはフランス語の文献を私と一緒に勉強して下さったんです。あの頃先生はマラルメとかボードレール、ヴァレリー、それからブランシェールという、あのサンボリストたちの一種の神秘体験というか、彼岸に対する体験ね。それからカトリックのイルミナシオン、つまり照明体験、禅の悟りと似ているような。そういう問題に興味をもたれていた。いろんなフランス文学の例とか、それからリルケとかを、前もって先生はご自分でも復習なさるんだけど、私に勉強材料として与えて下さるわけです。そうすると僕は、必死になってドイツ語を調べ、フランス語をやり、ギリシア語を読んだ。あの先生は天才だから、必要と思ってやりだすと、あっという間にできるわけ。しかし天才の困ることは、ほかの人も一生懸命やればできると本気で思うらしいんだ。「お前には無理だよ」とかではない。たいていの偉い人はみんなそうね。自分がやれると……。

松原 誰でもできると思う（笑）。

鈴木 それで井筒先生のところには、僕だけでなくて、僕以前にも、僕と同時にも、若い慶應の学生、またはその人が友達を連れて来たりして、いつもたくさんの若い男女が、井筒先生を中心に知的なサロンみたいに群れるんですよ。それが次々に脱落していくわけ。誰でも、ちょっと気の利いたことを言ったり、「やりたい」なんて言うと、先生は「お前には無理だ」とか、「どうせ嘘だろう」という風に思われないで、みんな面倒を見るわけ。すると付いていかれなくなって、いつの間にかいなくなるわけ。

私はそんなことに当時は興味なくて、自分の勉強、とにかく今日に間に合わせるための勉強で、一週間大変でしたもんね。だって、ギリシア語を何ページ読むといっても、正式に古典の教育を受けてないでしょう。もう私は全部独学、井筒先生に教わるという意味での独学だから、時間がかかるんですよ。

松原　それに耐えたわけだな、その教育に（笑）。

鈴木　そう。だから、「井筒バス」は無料で快適だけど、「降りたい」と言っても絶対にスピードを緩めない。それで飛び降りた人は……。

松原　足をくじくわけね（笑）。

鈴木　それどころか、運の悪い人は首を折るわけ。だから、「井筒バス」の周りは死屍累累ということになる。これは、西脇先生もそうなんです。厨川先生もそうなんです。三人とも表面的な型は違うんだけど、結局は先生方の偉大な学力というか、魅力を慕って来た人の息が切れてしまう。その人のすべてが吸い取られてしまうんです。

いろんな意味で、私は慶應の三人の「吸い取り型」を見て知っていたから、私は慶應の研究所に入って、ただの一人も意識的に弟子にしなかったし、うちに学生を呼んだりもしなかった。つまり、教室では一生懸命休まずにやるけど、あとは付き合わないということにしたのね。人間関係で付き合うと、僕に会わなかったほうが良かった人がきっと出て来る。井筒先生、厨川先生、西脇先生ほどのカリスマではないけど、ある意味で、私はカリスマ型のタイプなの。だから、自ら別格官幣大社みたいに（笑）世俗から自分を隔離して、格付けを離れて自分一人になった。だから、「長にはなりません。盲腸にもなりません」なんて、私がふざけていつも言うのは、そういう大学や学界のヒエラルヒーから外れないと、私による弊害のほうが多くなると考えたからなんです。それは井筒先生、厨川先生、西脇先生を見て、つくづく思いました。

特に井筒先生の場合は、桁違いに魔力があった。日本人は自己確立が弱いから、井筒先生と接すると吸われてしまって、付いて行かれずにひょろひょろになってダメになるのかと思ったら、カナダのマギル大学ででもそうなので驚きました。

井筒先生は慶應から、最初は一年おきにマギルに行かれたんです。ある段階から、慶應を辞めてマギルの正教授になりますが、何年かは併任で、半年ごとか一年ごとに行かれてたんです。向こうでは、それまでイギリス、スイス、方々の国から来た偉い教授にそれぞれの学生がいたわけですよ、PhDを取るためにの研究所にね。それが、井筒先生が向こうへ行くと、みんな井筒先生のところへ集まってしまうんです。そうすると、ほかの先生たちはみんな面白くないでしょう。でも、しばらくすると学生の息が切れるんです。そうするともうほかの先生は、「俺のとこへすごすごと戻って来たって知らんよ」となるから、学生は研究を辞めるとか、本国に帰るとか、タクシーの運転手になるとか、いろいろとエピソードがあるんですよ。

それで、アダムスという当時の所長が非常に困ってね。スミスという、すごいカリスマのあるワンマンの前の研究所長が、井筒先生を、もとは引っ張ったんだけど、井筒先生が実際に赴任されたときは、アダムスという、穏やかなアメリカ系のイスラーム学者が所長でね。その人が、井筒先生を、有難がると同時にすごく困っていた。私が聞いたところによると、ほかの先生たちは井筒さんに弟子を取られて、それが全員PhDになれば——アメリカやカナダの研究所はPhDが何人出たかが箔付け、評価になるわけですから——問題はないものの、取られた人たちが生き残らない。だから困るわけですよ。

ところが井筒先生は、ほかの先生たちが出さないうちに、あの研究所の名前でどんどん世界一級の本を出された。だから、研究所の名声は井筒先生のパブリケーションでどんどん上がるけど、世俗的な意味でのPhDは、前より生産力が落ちてしまうとかね。やっぱり井筒先生は大天才だから、行くところで、必ずそういうふうに世俗的な問題が起きるんですねえ。

そんなことで、井筒先生が私をご自分の家へ引き取って下さって、一日中どこも行かないで、「おい、○○を読もうや」というような調子で、勉強を教えて下さった。自分だったら勉強しないような、カフカの『城』とか。カフカというのも、この世のものとは思えない問題意識のある文学者でした。それからリルケ。そして、私が一生、一人ではやりっこなかったボードレールの『悪の華』を一冊、井筒先生が僕に読ませて、「そこ違うよ」とか、「ひどいな」とかってね。「あんたは耳の格好はいいけど、付け根が悪いようだね」とか、もう悪態の限りなんですよ(笑)。付け根が悪いというのは、頭が悪いということだからね。

私が井筒先生についていて、本当にこれだけは、今でもなんであんなに偉い人がいるのかと思う一つは、アラビア語でもギリシア語でも、井筒先生はテクストを読むときに、私たちが逆立ちして、「ああじゃないか、こうじゃないか」と苦労しても分からないものが、すぱっと分かるの。どうしてなのかと思ったら、「秘密は何もない」と言われる。「先入主を全部捨てて、虚心坦懐に、書いてあるように読めば、何でもないんだ」と。「それをお前たちは、これまでのいろんな人生で得た先入主を持ちながら読むから、正しく理解できない」と。

それを私が一番端的に体験したのが、ある古いアラビア語の文章を読んでいるとき。「今は海の底に沈んでしまったギリシア」と、そこに書いてあったのが、私はどうしても分からなかった。ギリシアは海に沈んだことは一回もないし、「これはどういうことですか?」と言ったら、「お前の、現代人としての、過去のギリシアの知識ではダメだ」と。「これを書いた人々には、ギリシアがもう海に沈んで、無いんだと、そのときは思う情報があったんだ」と。この人たちにとってはそうなんだというのは、もしかしたらサントリーニ火山の大爆発があって沢山の島が無くなったでしょう。だから、「今は無きギリシア」というのはそのことかも知れないと。

とにかく、「その人々が、その時代に思ったことを虚心坦懐に、現代人としての常識とか知識とか入れないで見れば分かるはずだ」と。それが、言われてみるとそうだけど、やっぱり日本人としての、現代人としての、私としてのたくさんの澱《おり》があってテクストを読むから、「テクストをそのままに見ればいいんだ」と言われても、あるがままのテクストを見てることになってないわけね。だから井筒先生は、注釈書を最初に読んではいけないとうるさく言われた。また翻訳を読んではいけない。何よりも原典を先に読めと。そうすると、分からないことはほとんどないと。それで、「自分がもしどうしても分からないことが書いてあったら、向こうが頭悪いんだ」と思うことだとかね。ことに現代の注釈で分からないことがあったら、「付けた人が分かっちゃいないんだ」と思えばいいと。すごいですよね。

松原　僕は、井筒先生自身もそういう経験をしたんだと思うんですよ。

鈴木　ああ、そうですか。

松原　それは、慶應へ来て、折口信夫さんの授業を聞いて。

鈴木　あ、なるほどね。

松原　そして、『伊勢物語』かな、習ったときに、「この古臭いテクストが、こんなに生き生きと、面白い世界なのかという発見をした」と、何かに書いてあったね。

鈴木　なるほどね。それじゃ、それを今度はご自分の古典解読とかに適用できたわけね。

松原　そうそう。西脇さんについてもそうだと思うんですよね。西脇さんの英語というのは、イギリスへ行って二〇歳代でイギリス女性と熱烈な恋愛をして結婚して連れ帰ってくる。そして、しかもオックスフォードに行って、ゴート語から勉強する傍ら英語で詩を書く。

鈴木　そうそう。だからラテン語で……。

松原　ラテン語で論文を書いたり、詩を書いたりするからね。それで帰ってきて、非常に厳格な言語学の講義をしたんですね。それで、高松義雄さんという音声学者が、当時ノートをとっていて、僕の父はもう卒業していたんですけど、そのノートを借りてヨーロッパ言語学のいろんな概略みたいのを、高松さんのノートで知ったの。

鈴木　ああ、そうですか。

松原　だから西脇さんは、はじめの一、二年というのは非常にアカデミックな授業をしたみたいで（笑）。

鈴木　そういう素地があるからね。飄々としているようだけど、はじめから斜め読みしたり、拾い読みしてるわけではないんだね。

松原　うん。たいへんな読書量でしょう。西脇さんが戦後、疎開していた本を全部、津田塾だったか、日本女子大だかへやって。

鈴木　そう。いくつか分散したね。

松原　うん。それで家を買ったんだからね（笑）。だから普通では考えられない量ですよ。そういう蓄積のある先生に、井筒さんは学生のときに接してるんですね。

鈴木　井筒先生は青山学院から、どういうわけだか慶應に西脇順三郎という人がいるというんで、惹かれて、青山学院から慶應の経済に入った。

経済というのは、あの頃慶應に行くなら経済しかなかったですよ。文学部なんて、そんなのもうね、乞食との差が紙一重というくらい（笑）。いまは文学部にも立派な紳士や学者がいるけど、あの頃文学部の先生というのは……。

松原　だいたい病んでるとかね。肺病であるとか（笑）。

鈴木　それから、お金はあるんだけど、どこも行かないでぶらぶらしていると、近所の手前、具合が悪いから、慶應の先生にでもなるかということで、なるとかね。面白い、とにかく慶應というのは面白いんですよ。

松原　日本橋の若旦那みたいのが、みんないるわけですよ。なぜかというと、東大へ行くと、学者になったり、官吏や会社員になってしまう。慶應に行けば家を継いでくれるだろうという考え方なんですよね。

鈴木　あ、そうかもしれない。家業の後継者ね。

松原　うん。日本橋なんか、老舗では東大に受かるような子供でも、東大なんか受けさせない。あんなところ行ったら、ダメだと。逆に、田舎から来ると、慶應を出ると角帯を締めて丁稚にさせられるから、東大に行くという（笑）。そういう社会的なものがあったんですね。今それはなくなってしまったけれども。

鈴木　でも今は第二東大、第三東大みたいなかたちになったよね。

松原　池田弥三郎さんなんか「天金」の息子だからね。慶應を受けて、あの人一中出身でしょう。だから当然、一高とか、そういう道を辿れる人だったんだけど、慶應へ来て。しかも慶應を受験した帰りに、三田の高橋洋服店で制服を作ってしまうんですよ。それで帰ってきて遊んでるわけでしょう。だから、小僧さんが弥三郎さんの遊んでる所に駆けつけて、「慶應受かりました！」と言ったら、弥三郎さん、「あんなところ落ちるか」と言ったらしい（笑）。

鈴木　（笑）。

松原　そういう時代ね。そのかわり自由で好きなことができた。

鈴木　本当。だから私、国内では北海道大学から沖縄まで、二〇くらいの大学で非常勤講師として、言語社会学とか言語人類学とかを、この短い人生で教えたんですよ。でもやっぱり慶應は面白い。もっとも私が一人で面白がって、みんなは迷惑がっているという説もあるけどね（笑）。慶應はやっぱり……。

松原　やりたいことができる。

鈴木　本当。やらなきゃいけないという強制がないから、落ちる人はもう無限に底辺まで落ちるわけ。ただ、それを追い出す強制力もないから、最後までいるけどね。やりたいと思いだしたら、面白いことができるし、しかも能力のある、ずば抜けた人が出る。

だから私は、慶應は、「間欠温泉型」の大学だと、このあいだ岩波の対談かなんかで言ったけどね。もう学者が出ないんじゃないかと思うと、突然ばーっと井筒俊彦とか、偉い人が出てね。それじゃ、これから大変かと思うと、あとまたしゅんとしてね（笑）。松本正夫みたいのが出て、あとは、とか。松本信広さんだって大した人ですよ。いまだにパリで信広さんのフランス語の本が出ているからね。あの人はベトナムにしても、クメールにしてもね、あの時代に日本語の起源論をやったり、面白いよね。

決裂

鈴木　話を井筒先生に戻すと、私がお宅に住み込んでたしか二年目くらいのとき、ロックフェラー財団から人材発掘の仕事をしていたギル・パトリックというアイルランド系の人が、ゴヒーンという哲学者の紹介で、井筒先生を西荻窪に訪ねて来られたの。それで、ギル・パトリックは、井筒先生に完全にいかれちゃってね。いまだ先生が外国に一度も行ったことがないと聞いて驚愕して、是非ということで、二年で三万ドルとかいう、当時としては破格のお金をもらって、先生は世界漫遊に行かれたんです。それで、エジプトの学士院で学士院会員にされたり、ペルシアへ行ったり、イギリスへ行ったり、そしてパリ、ドイツ、カナダとかね。

それで、井筒先生がギル・パトリックに、私も売り込もうと思われて、「この男も」と紹介して下さったの。それで、面接を受けた。当時、私は鳥の声と人間の声が、コミュニケーションの問題でサルよりも近いという研究をしていて、九官鳥を飼っていたの。それで九官鳥の話をしたら、彼が途端に、「私は myna bird には興味がない」と言ってね（笑）。つまり、やっぱり人文系のスカウトだったんだね。だから自然科学的な、九官鳥の発声とか、そういう実験心理学的なことに興味なかったんだ。それで井筒先生と奥さんが、「どうしてお前のことに興味持って援助しないのか」と残念そうに言って下さったのを覚えています。

それで、井筒先生は一九五八年から外国へ二年行かれたわけね。その前にすでに、私と井筒先生の間に、何年もあとに決定的な決裂をする種が、どんどん大きくなっていたの。それは今から見ると、非常に簡単なことで、井筒先生は人間に対するすごい興味を持っておられるけれど、人間を、神の端くれというか、神のほうから見るわけ。私は、人間を動物から見る。私は、小さい時から鳥とか生物とか自然とかが好きで。ところが井筒先生の頭の中には、自然も何もないわけ。典型的な、人間だけへの興味ね。それも、神に呼ばれるか、召命されるか、とにかく上へ上へと志向する人間ね。僕は、実存主義とも違うんだけど、人間はどこまでいかに動物かという、本能の問題とか、動物として見るという、体質的にそれがあるわけ。井筒先生は自分にそれがないから私に興味を持たれるわけ。私は井筒先生の、魂の話、悟りの話、すごく興味があるんだけど、私自身の中に受け皿というか、自前のアンテナがないから。井筒先生に照らされているあいだは面白いけど、要するにオリジナルな自分のバネというか力の源がない。

松原　自分の内心のものではないのね。

鈴木　ないんですね。人間にはどうもそういう決定的な違いがあってね。それで私は、井筒先生の興味を持たれることは勉強はするけど、どうもそれが自分の本当の体質ではない、心から好きではないと。それで、いろんな意味で井筒先生と意見の対立があった。

それから、人間としての生き方が、私はきわめて普通の、山の手の常識人として育ったものだから、どうしても井筒先生のようには残酷になれないです。井筒先生はやっぱり、すごい神の世界とか悟りの世界を見て、この有限の人生のあいだに何とかそれを極めたい、という情熱があるから、下々の者の悩みとか、平凡な人間的な問題というものは、眼中にないというと大げさだけど、相対的に重要度が低いわけね。そんなもので悩まされたり、悩んで寝られないなんてことはないわけ。

私は、お世話になっていながら、ときどきそういう点で先生に反抗した。「お前は菩薩だなあ」なんて馬鹿にされるわけよね（笑）。私は全部の人を救いたい、フェアな精神でやりたい。出発点で用意ドンで並んで走りだしたとき、頭がいいから勝つというのはいいんだけど、はじめからハンディキャップをつけて、先に行っているとか、裏回りするとかというのは、なんかフェアではないという考えが、どうしても僕の頭にあるんだか知らないけど。非常に子供っぽい、公平観みたいな感覚がある。有名なことだけど、井筒先生は教授会なんてほとんど出ないんですよ。「あんなくだらない議論」、確かにそうだよね（笑）、「三時間も付き合って馬鹿みたい。この短い人生の無駄だから出ない」と。そういう既存の価値体系に対する挑戦が、結局、井筒先生に対する他の教授の中の、「なぜ井筒だけを特別待遇するのか」という不満の原因だったたんです。ところが、井筒先生の非凡さを見抜いた松本正夫さん、松本信広さんとか、西脇先生もそうだけど、そういう人たちが、「やっぱり普通のレベルで測ってはダメなんだ」と、井筒先生を守っていたんですね。

それが、とあるとき、京都大学の泉井久之助というラテン語の主任教授が、井筒先生を京都の正教授に引き抜きたいという申出をなさったんです。

松原　そのとき松本信広さんと正夫さんが京都まで行ってますからね。

鈴木　そのとおり。行って、慶應の宝を、慶應がみすみす手放すわけにはいかないと断った。そこで、戦争中に先生たちが月給をもらうための救済策として、語学研究所というのがあったことが思い出された。そこで研究していれば、月給がもらえる。授業は、学徒出陣で文科系の学生はみんないなくなって、無かったしね。だいたい文科系の研究は、当面の国の方針に合わないでしょう。その語学研究所を井筒さんを慶應に留めておくため言語文化研究所に改組したんです。

松原　その語学研究所の時代に、西脇さんが所長で、井筒さんが主事でね。トルコ語だとかいろんな言葉をやってたんですね。

鈴木　アラビア語の教科書も作ったし、東大の服部四郎さんを呼んで蒙古語をやるとか、まあ当時の国策に合うような、アジア、中東の学問とかもやっていました。それで、当時のNHKに、アラビア語圏に対する日本の放送、Voice of America みたいのがあったんです。井筒先生はそれの放送をアラビア語でやって、それが放送された。そうすると向こうからは井筒先生に対してラブレターがたくさん来るとかね(笑)。そういう雑音的な噂もいろんな人から聞きましたけど、ご本人は私にはあんまりそのことの多くは語らなかった。

とにかくそういうわけで、一九六二年に言語文化研究所をつくって、井筒先生を文学部教授から言語文化研究所教授に移そうと。研究所というカゴの中の鳥として、飛んでいかないようにしたわけです。教授会もない、何の義務もない、とにかく月給だけもらって下さればいいんです、というのが言語文化研究所だった。ところが、一人じゃ研究所にならないから、似た奴を助教授にというので、厨川先生と井筒先生の板挟みで悩んでいた僕を、英文科の助教授から言語文化研究所の助教授に横滑りさせて、教授、助教授。それから助手は、川本邦衛という人、中国語だけではなくて、ベトナム語とか、幅が広くて、井筒先生の家でギリシア語も個人的に習っていた。そして、同時ではないと思うけど、サンスクリットの辻直四郎さんが東大を定年退職して、言語文化研究所の所長ということにして格好をつけたのね。三年くらいあとかな、東洋文庫長になって辞められたけどね。そういうわけで、井筒先生が言語文化研究所に入られた直接の動機は、京都大学の泉井さんの動きだったんです。

泉井さんは、言語学会の昔の長老政治の委員会のときに井筒先生の鬼才ぶりをよく知っておられたのでしょうけれど、直接のきっかけは、私の理解ではこういうことだと思います。General Semantics 一般意味論という学問、もういま日本ではそんなことを話題にするは人いないけど、それがアメリカで戦後の知的世界を覆い尽くすほどの勢いで流行ったんですね。ポーランド系のコージブスキーという人の*Science and Sanity*、『科学と正気』という、分厚い本が出まして、私も買ったけど全部は読めなかった（笑）。それの解説、紹介をしたスチュアート・チェイスの*Tyranny of Words*も有名だった。そんなときに井筒先生は、いち早く丸善で*Science and Sanity*を発見されて、「この本は、東洋の思想が西洋人の白か黒かの二分法ではない、と大騒ぎしているけど、これは何のことは無い我々のことだよ」と言うんで、読んで下さった。

それが、どういうわけか泉井さんのところに知れて、井筒先生が京都大学の集中講義に呼ばれたんです。それがもとで、その次に教授になれとね。私も井筒先生の尻尾について、泉井先生のお宅まで伺ったのを覚えてますよ。だから泉井先生は、非常に井筒先生を高く買われて、引っ張られた。慶應はあわてて井筒先生をどうにか守ったんですね。

この後しばらくして、世界漫遊でカナダを訪れたときに、当時のマギル大学のスミス所長と会われて、結局何年後かに先生はカナダへと飛び立ってしまわれたということですね。

私との関係でいえば、私はだんだんと井筒先生の学問が私の体質にあわないと思い始めていました。それからもう一つ大きいことは、僕が井筒先生についていると、若造の僕に、当時の国立大学の主任教授たちが、向こうから挨拶して、私を下へも置かぬ待遇で、ありとあらゆる意味で僕が特別扱いされたことです。それは、僕が、井筒俊彦の名代だからであって、僕自身の実力ではないんです。

言語学会は、今は民主的で選挙がありますけど、あの頃は創立委員というのがいて、金田一京助や新村出とか、あの世代の偉い人たちが発起人として委員会をつくっていたんです。いわば天下り発生的に、日本言語学会があったわけ。それで戦後はほとんど国立大学の教授が委員で、まだ私立なんかには鼻もひっかけないという時代ですよね。

井筒先生は、戦争中から辻さんとか、そういう先生たちに実力を認められて、そんなレベルをもう超えてしまっているから、「面倒だから、鈴木、お前が代わりに出ろ」と言われて委員会にも出席されなかった。そうすると委員会では僕だけが助手で、あとは全部教授。そんなのが通った時代ですよ。井筒先生が私の背後にいるから、私に対して「お前は格が違う」とか誰も言わないわけ。それで私は年が若く、学問上の業績のないわりに、すごくいい待遇や便宜を受けたわけ。私は虎の威を借る狐だった。「僕にお辞儀しているのではなくて、僕の背後の目に見えない井筒俊彦にお辞儀してるんだ」と、分かって僕は愕然としたのですよ。「やっぱり僕は、井筒先生にはかなわないかもしれないけど、痩せても枯れても僕は僕だっていう道を歩きたい」。このままだと井筒先生が何と言われようと、エピゴーネンになってしまうと。

ところが、先生が世界漫遊から帰って来られたときに、「もうお前は弟子じゃない。世界中周ってみても、お前ぐらいの人間は、そうはたくさんいないから、これからは同僚として対等に研究協力しようや」と言われたんですよ。だけどそれも一、二年経つと、先生が嘘ついたわけではないけど、やっぱり先生のスケールと魅力で、上下関係が当然できてしまうんです。そうすると、もとの木阿弥になるわけ。

それで一九六四年に、井筒先生がマギル大から研究費を取って下さった。しかし大したお金ではなかったから、ちょっと井筒先生も不満で、我々家族が行って一年暮らすには十分ではないけど、とにかく僕を慶應からマギル大学に呼んで下さったの。呼ばれてカナダに行ったその晩に、井筒先生と生涯の決裂をしたわけ。非常に皮肉だった。

松原　トルコの神秘主義かなんかで。

鈴木　そうそう。井筒先生は手紙を書いてもあまり返事を下さらない方なんです。会えばいくらでも話すのに。「私を呼ぶことにしたよ」という、井筒先生からのお知らせがあったときに、「いったい僕は何をすることを求められているのか、どういう地位で、何を期待されているのか、準備もあるからそれを知りたい」と、何遍手紙を書いても音沙汰なしです。来れば分かるだろうと。

それで行ったら、「お前はトルコの神秘主義の大家ということにしてある」とね（笑）。ここにはニヤーズィ・ベルケスという、文学者ではないけど、すごくトルコのことが分かる社会学者で、トルコ政府によって追放されて、カナダに来て英語で本を書いた人だけど、これはうるさい人ですよ、ここでの実力者だから。君は尻尾も出さずにうまくやってくれと。それで僕はもう、怒ったというか、「これはもうついていかれない」と決断した。僕は、トルコ語は一生懸命やってずいぶんできるけど、トルコの神秘主義の大家と言われると、ちょっとね。井筒先生は例によって大丈夫だと思っているの。買いかぶりというか、「大丈夫だよ！」と、こうおっしゃるわけ。

それで僕は、「申し訳ないけど、先生と縁を切らないと、私は破滅する」と。このままでは私自身であり得なくなる。呼んで下さって到着した、その晩の挨拶の席で、「僕は一生、ふたたび先生にお目にかからない、接触しません」と。「そうでなければ私はダメになります」と宣言した。

だから、一年間マギルにいて、ほとんど会わない、パーティーとかでも一緒にいないから、みんな変だと思ったでしょうね。それで、僕が「反井筒」というか、井筒先生と縁が切れていることを知ったいろんな人から、さっき話したような噂、学生が井筒先生のところに集まってPhDを取れなくなるとか、そういう下世話的な、井筒先生の社会的に困る面を聞きました。だから、アダムス所長は、井筒先生と会えば抱擁する仲なんだけど、「本当は困っているんだ」とね。そういう、いわく言い難い話を、たくさん聞いたんですよね。「そりゃまあそうだろうな、あの井筒先生なら」と思いながら。

私が驚いたのは、相手が日本人の場合は、自我が確立していないから、井筒先生に魂まで吸い取られるのであって、ヨーロッパ人や中近東の人間は、すごい固いエゴがあるから、井筒先生のいいところだけ取って、本人が抜け殻になることはないだろうと思ったら、そんなことない。いつも井筒先生の英文の原稿を助けていた人とか、いろいろ私も知っているんだけど、その人がダメだと分かると井筒先生は鼻にもひっかけなくなる。だから世界的に見ても、あの先生の魅力というかマグネティズムは桁違いですね。

話は飛ぶけど、それを証明するのが、たとえば司馬遼太郎が、井筒先生が日本に帰って来られて対談したときに、とにかくヘナヘナになってしまう。それから河合隼雄も、井筒ファンになって。そんなふうに、日本の一流の文化人が、井筒先生に会うと型なしというかね、すごくなるんですよ。だから、もうちょっと先生が生きていらしたら、文化勲章はもちろんだったのに、と思うと非常に残念なんだけど。

とにかく、現在の私の九八パーセントくらいは井筒先生の影響ではないかと思います。あとは西脇先生とか厨川先生とか、短期間とはいえ影響はあるけど、ほとんど私の発想とか読んだものとかは先生の影響ですね。

松原　鈴木さんは、井筒さんに影響を与えたという点もあるね。*Language and Magic* だと、鳥の話なんていうのは、これは鈴木孝夫から引いたと書いてありますね。珍しい例だと思うな、井筒さんがこう書くのは（笑）。

鈴木　私は、西脇さんにも影響を与えた数少ない人間だと思う。このあいだ西脇先生の記念講演会でも言いましたが、たいていの人は西脇さんに吸い取られるけど、私は西脇さんにむしろ与えたと思うんです。吸い取られなかった。なぜかというと、興味が全然違うからなんです。だから、お互いに競合するものもない。一緒に散歩してて、「ママコノシリヌグイ」という草の名を先生におしえるとか、そういうのを西脇さんが、「うわあ、面白い名前ですね」と言って、ちょっと経つと、詩に「ママコノシリヌグイ」と出るわけ。だから、西脇さんの持ってない関心の面を補うという意味で、私は西脇先生とは結構うまくいった。同じ文学者タイプの人は反発するか……。

松原　吸い取られちゃう（笑）。

鈴木　まあ、そうなってしまうわけね。井筒先生の場合は、僕は、井筒先生に影響を与えたとはあんまり思わないんだけど。でも、あれだけ先生が、一〇年以上も家に置いて下さったり、軽井沢でのことを考えれば、そうかもしれません。先生は、西荻窪に住んでおられたでしょう。夏は暑くて、ほかの学者はみんな避暑に行くというので、先生も一年、最初は北軽井沢に行かれました。先生の教えた生徒の山小屋が、北軽井沢にあったわけ。そこをひと夏借りて、ほかの若い者もがやがや集まって。

それからもうひと夏、千ヶ滝の貸別荘を借りられて。三年目かに、土地を買って千ヶ滝にご自分の別荘をつくられたのね。そうすると、私も夏、また先生の家に住み込むわけ。例によって、また台所にベッドを持ち込んで、つい立てをやって、という暮らしが始まったわけね。黒田壽郎君も僕のあとそれをやったけどね。

そうこうしているうちに、私の子供が二人になったし、子供と家内と別れ別れになっているのも難しいと。いろいろ家庭の問題もあったから。そうしたら井筒先生が、「お前も山小屋を立てたらいい」と。「土地、買っておいたよ」と言われた（笑）。「先生は土地まで買って下さったのか」と思ったら、「いや、話をしただけで、金はお前が出すんだ」と（笑）。私が一万円の月給のときに、一二万円の土地を、先生は勝手に買ったわけ。それで僕は親戚から金を借りて、やっと払って、それで山小屋を建てたのです。

そうすると、先生の別荘と私の別荘は、直線距離にすると二、三〇〇メートルなんだけど、真ん中に谷がある。山の上まで行って、回っていくと一時間くらいかかるから、谷をまっすぐ下りて行って、丸太かなんかを橋にして、川をぴょんと渡れば一五分くらいで行かれると思って、僕は、井筒先生の家に行くまっすぐの道を、鍬と鋸とで森の中に作ったわけ。まだ今のような別荘ブームではないから、所有者が誰かも分からないしね。それで、川に丸太を置いて、毎日、朝は井筒先生の家に行って、昼に戻ってくる。

面白いことに、井筒先生は午後三時か四時か、必ず一日一遍、時計のように決まった時間に散歩される。その散歩も、あの先生は世捨て人だから、行くところがないわけ。だって、知り合いに会うと藪へ隠れてしまうんだから。それで結局、散歩のときはうちに来られたの。それで、「鈴木さん」と奥さんが声をかけられて、いることが確かめられると、先生が後ろからぬうっと現れてね。それで、うちでお茶菓子と、うちの小さい子、今はもう五〇過ぎた娘をからかったりされて。それで帰られるとき私も一緒してという、うちが散歩コースになったの。私は、井筒先生と縁を切ったとき、道に柵をつくって、「井筒先生入らないで下さい」と（笑）。「葷酒山門に入るべからず」、みたいにね。

松原　井筒さんのところに住み込んで、いったい何を習ったの？　ギリシア語ですか？

鈴木　いや、まとまったものではなくてね。先生の興味のあるものを、その時その時にね。先生も、私が何か触発されたり、噴出するだろうと思われたのかもしれないけど、いろいろ雑多でしたね。

松原　ギリシア語はプラトンを習ってやったんでしょう？

鈴木　ギリシア語はほとんどプラトンです。プロティノスとか、先生の神秘主義の研究になったものではなくて、オーソドックスのね。プラトンのアポロギアとか、クリトンとか、プラトンの最初のいくつかの作品があるんですよ。そういうのを、習ったというか、体系だってどうこうというのではなくやりました。

ロシア語は、レールモントフの『現代の英雄』を全部暗記したことがあるけど、それはやっぱり先生が、この作品の中に、この世ではない、つまり彼岸の世界を見ていたんでしょう。詩なんかも、夜半の空を天使が飛んで、というようなのを覚えています。

昔、三田に慶應外語学校の木造の古い建物があったでしょう。あそこで井筒先生がロシア文学を講義されるときに、当時はテクストがない。戦後は紙がないしね。そうすると、私が先生の授業の三〇分くらい前に来て、黒板に全部ロシア語で、先生が今日使われるテクストの主なものを書くわけ。そうすると先生がいらして、それを使って講義された。そういうような、今から見ると筋が通ってなくて、バラバラね。だけど私はそれまで、レールモントフとかプーシキンとかでロシア語を勉強していたから、まあ井筒先生にそういうものを教わらないでもやれたし。

しかし、ペルシア語なんていうのは、ちょっとしか教わらなかったな。『シャー・ナーメ』とか。井筒先生はニコルソンという、イギリスの学者の神秘主義研究がお好きでね。私が一九五〇年にアメリカへ留学に行ったでしょう。そのとき、お土産に、ニューヨークの東洋学の本屋から、先生が欲しいとおっしゃっていたニコルソンの全集をすごい価格で買って帰ったんですよ。黒田君が、後でその系統の研究を本式にやったみたいですね。

面白いことに、僕が井筒先生と接触したときには、戦争中に蓄積されたヨーロッパ、アメリカでの知的な人文活動を井筒先生が消化される時であって、イスラームの「イ」の字もないですよ。つまり、イスラーム中断期。だから、「先生、もとはイスラームなのに、イスラームはもうやめてしまったんですか?」と聞いたくらい、私と井筒先生が接触しているときは、イスラームは全く関係なかったですね。

だから、意味論的な知的探索、ライズィとかヴァイスゲルバー、それからポルツィヒもそうかな。それから、イギリスのバートランド・ラッセルの言語哲学。ああいうのを私と一緒に読んで下さった。それからカール・ビューラーという、オーストリアの言語心理学者、夫婦ともそうです。それの *Sprachtheorie* という分厚い難しいドイツ語の本を、始めから終りまで読んだ。私が読み通したのはこの本ぐらい、というぐらい。それは、人間の言語が成立する基本的な条件について、話し手がいて、聞き手がいて、語る対象があるという、三機能説と言われるもので、日本でも心理学者の佐久間鼎さんがやりましたけどね。

だから、この時期は井筒先生の次の発展、マギルに行かれるようになっていよいよ昔やったイスラームにテコを入れるときの新しい武器の準備期間ですね。ただイスラームが面白い、好きだ、というのではなく、西洋人に分らせるための理論的な分析方法を求められる知的な十何年が、私とのお付き合いの時期だったんです。だから、私は、井筒先生に、*Language and Reality* のマーシャル・アーバンから始めて、前に言ったコージブスキーの『科学と正気』とかを教わりました。今にして思うと、戦前戦後の欧米の知的活動の三〇年がぐっと詰まって、どっと丸善に輸入された、それを先生が、私に教えて下さり、また先生自身もそれを勉強された。それが意味論として、ヴァイスゲルバーとライズィの両方の結合したものとして、井筒独特のイスラームを分析する意味論へつながったんですね。ヨーロッパの学者が一番驚いたのはそれだと思うんですよ。確かに、論より証拠でありながら、今までの彼らの方法とあまりにも違うからね。しかしその話は、私が先生と別れるまではまだ出てこなかった。

松原　構築時代だったんだな。

鈴木　そうそう。それで、私がさよならしてからどんどん、先生は急に面白い学者になった。それで次に禅の研究だのエラノスだの、と幅が広がるでしょう。私はもうその頃は全然、関係ないし、井筒先生も慶應を辞められてしまうからね。

そのあとは、私はもう自分自身の、何と言ったらいいか分らないけど、井筒さんでもない、厨川さんでもない、外国の誰でもない、「俺の言語学」というのをやりだしたから。

ひとつ面白い話をしますとね、私、若い頃は頭痛の神様だったんです。ことに厨川先生と付き合った時代はやっぱりいろいろ悩んだんですね。先生に散々お世話になり、面倒を見ていただいて、先生は私のアングロ＝サクソンの研究を楽しみにされていたのに、僕は井筒さんのところへ行ってしまうとかで。とにかく慶應から帰ると、家中を真っ暗にして、ご飯も食べないで、氷嚢を頭に置いて、大変な頭痛だったの。薬は、サリドン、セデス、しまいにはリン酸コデイン、リンコデという、医者の処方がなければもらえないのをやったりして、頭痛頭痛でたいへんだったんです。

それが、「俺の学問はこれだ」と、分かった途端に、「頭痛ってどんなものだか教えてください」というくらいに治ってしまった。井筒先生と別れて、岩波から一九七三年に『ことばと文化』という本を出す、あそこに至るまでに、「これは俺しかできない、世界の誰にもできない視点だ」というのを見つけた途端に、頭痛がなくなってしまったの。それまでは、何だかひ弱で神経質な、家内に言わせると、「今にも死ぬかと思ったのが、急に元気になった」と。

松原　ストレスだね、やっぱり。

鈴木　うん、所を得たんだね。だから、所を得るためには、井筒先生はお陰と邪魔であるという、両方あったわけだ（笑）。だから、離れずにくっついていたら、いつまでも頭痛持ちで、社会的にはうまく行っても、心は鬱々して楽しくない。

だから、何とも申し訳ないこと、大恩のある師を裏切るということを二人の先生にしたために、「俺はこれでしかない、これでいいんだ」というものに達したと言えますね。

井筒の修業時代と交友

松原 どういう人に習うかというのは、すごく重要だと思うんですね。井筒さんは、ロシア語を、早稲田の外語かな、「もぐり」で習ったみたいです。

鈴木 そういうことは私にはおっしゃらなかったけどね。

松原 それは学生時代なのかな。それで、実につまらない先生たちだったと。そうしたら一人だけ偉いのが除村吉太郎で、それでロシア語が好きになったみたいです。

鈴木 あの人は、外務省か何かの講師でしたね。

松原 もう一つは、鈴木さんが住み込んでいた頃、井筒さんは、胸の病気で入院したりはしませんでした？

鈴木 しない。先生は慶應に戦後復帰されてからは、すごいハイカラーにネクタイを締めて、一九世紀のイギリス人みたいなスタイルでね。あれ以来、病気はないですね。

松原 いつなんですか、入院してらっしゃったのは？　僕が言語学の授業を受けていたときに一遍休講になって、「途中で具合が悪くなって四谷へ寄ったので、先週は失礼しました」なんていうことがありました。

鈴木 そうですか。井筒先生と一緒にいて、軽井沢でも西荻窪でも、足かけ十何年、あまりそういうことはなかったです。だから、われわれが知りあう前、戦争中にアラビア語放送をしたりしているときに、結核が発病したんじゃないかな。

松原 入院するときに、プーシキンの全集を買って行って読んでいたということですね。

鈴木 ロシア語は、先生は病床で一人なさって、あれだけできるようになったんだね。

松原 早稲田の夜間で習われたそうです。あとはアテネ・フランセへ通ってコットさんからギリシア語とラテン語を習ったと。

鈴木 ええ。私もアテネ・フランセへ行った時、コットさんはもう年老いていたけど、いらっしゃった。

松原 アテネでは、井筒さんの出来は神話的でしたね。

鈴木 ああ、そうでしょうね。

井筒先生に関していうと、辻直四郎さんが、井筒君が若いときにサンスクリットの手に入らない文献、ヴェーダかなんかを借りに来たと言ってました。「どうせ読めないだろうと思ったけど、せっかく借りに来たから貸して、一ヶ月経ったら彼は返しに来た」と。「一行も読めないだろうと思って、ちょっと聞いたら、全部暗記してて、全部分かってる」と（笑）。「すごい奴が、人間にはいるもんだ」と、辻さんが、確か僕に言われたと思うけどね。

そういうふうに、一流の人が舌を巻くような、一言でいうと「鬼才」だと思う。「天才」というのも変だし、やっぱりちょっと「鬼気迫る」というか（笑）。

松原 メフィストテレス的なんだな（笑）。

鈴木 そういうところがある人というふうに感じましたね。だから、私のような凡人は、ついていくと息が切れる（笑）。

松原　慶應で比較言語学やフランス文学の授業をしているとき、あのころレオ・シュピッツァーなんかが言語美学とか文体論とかをね。ああいうのを僕は井筒さんに習ったわけだけども。

鈴木　カール・フォスラーとかね。私がいま、ヨーロッパの言語学者で知っている名前は、考えてみると、井筒先生が授業でおっしゃって、「ポルツィヒって面白いんだ」と言われれば、買って読むとかね。先生が蓋を開けると、すぐ中へ入ってね（笑）。恐ろしいと思うんですよ。

松原　それから、よい啓蒙書を読まれたと思うんですね。ペリカンとかペンギンみたいなやつね。それでずいぶん、動物言語とか、みんな英語で読まれて。いいことは、イギリスにはいい啓蒙書があるということね。

鈴木　そして井筒先生は、何年かに一遍、「自分がかつてやった大事な言語を、入門書で復習しておかないと、忘れてしまうから」と言ってやるんです。それに気がついたのは何語だったか……。「先生、今頃そんなものを？」と言ったら、「いや、こうして時々やっておかないと」と。

松原　ブラッシュアップだね、まさに（笑）。

鈴木　だから、あの先生なりの努力もなさっているんですよ。戦術もあるわけよ。だけど、それ以上にやっぱり鬼才というかな、すごい努力家ではあるけれども。

それと集中力ね。ほかのものを全部排除する。それは、やっぱり井筒先生によれば、親父からの禅の指導のおかげだと。「心」という字を書いて、「実相観入」とか言っていつまでもジーと見るんです。私もやってみろと言われて、いろいろそういう禅的な真似事もしたけど、全然。頭フラフラになるだけでね（笑）。私、そういうのは向いてないわけ。あの先生は、お父さんに、臨済禅かな、習われた。だけど、お父さんの話、おばさんとの関係は一言も話されないし、まったく人間関係については私に話をされませんでしたね。それから、品川で遊んだとか、池田弥三郎さんと乗馬したとか。大学で池田さんなんかと会って、向こうがからかうと、井筒先生は「へいへい」とか言われるけど、「そうだったなあ」とか、「あの頃は若かったねえ」みたいな思い出話は、絶対しない。だから、私たちが知りあう前の井筒先生のことは私は殆ど知らないですね。芸者に帯を買ってやったとかね。それは井筒先生自身がおっしゃった。

松原　帯一本で転ぶとかいう話ね。

鈴木　そうそう。だけど、最初、僕が一九四七、八年（昭和二二、三）にお会いしたころは、まだその前の井筒先生の生活の余韻が残っていたのかもしれない。それ以後はだいぶ違ったんですよね。

松原　それで鈴木さんは、アラビア語はどうしたんですか？　井筒さんから習ったの？

鈴木　もちろんそうです。

松原　何を教わったの？

鈴木　一番覚えているのは、ケンブリッジの *Arabic Reader* というのを全部使ってやるとかね。それから文法は、ライトの古典的な、本当に難しいのがあるんですが、それを買ってね。三冊だったかな。だけど、私はアラビア語もあんまりしないうちに井筒先生と別れた。イスラームの言語はだいたい、トルコ語、ペルシア語、アラビア語、それにインドネシア語やウルドゥー語を入れると五つ。このうちの、一番僕が深く、自分が面白いと思って井筒先生と無関係にやったのが、トルコ語ね。

松原　トルコ語は井筒さんからは習わなかったの？

鈴木　習いませんでしたね。それで、慶應で私はトルコ語を一〇年か二〇年、教えたわけね。その後は水野さんという、以前慶應で生物学の先生だった人の娘さんが講師でいらしゃったから交代しましたが。ギリシア語も私は十数年教えたけど。

とにかく私は、やればできる、先生が教えて下さるものは何でも習うという学生だったんです。好きで好きで、という自発性のあるものは少なかった。「やったものだけはよく分かりますけど、それ以外のこと聞かれても知りません」みたいな。つまり受身の片手間でした。

私は、厨川さんに、「英文科の教授になりたくない」と言って断ったのは、まさにそういうわけなんです。「あなたを、慶應の歴史にないほど早く教授にする手筈が整っているから、辞めないでくれ」と言われた。そのとき私は、「私が寝ても覚めても英語が気になり、好きでやっているならば、僕は頼んでも英語の先生になりたい」と。だけど僕は、英語が心から好きというわけではなかった。でもやればできる。それも人並み以上にできるというだけだったんです。それでは生徒がかわいそうだと思いましたね。

松原　英語は手段であるということね。

鈴木　英語も好きで面白いけども、別に英語と心中したいわけではないのね。英文科の正教授は、英語と心中したいような人になってもらわないと、やっぱり困る。厨川先生は、「あなたは片手間とおっしゃるけど、ほかの人より結構、上ですよ」と言われたけど、レベルの問題ではないの。教えている人間の心情なんですね。僕は英語、イギリスって、面白いとは思ったけど、全身全霊でのめり込むほどではなかったから。

松原　井筒さん自身が、「英語はあまり好きではなかった」と言ってましたね。それで、あるときに、「複数」というのを発見して、途端に面白くなったとか。

鈴木　あ、そう。それは知らない（笑）。

松原　学校からの帰りに、青山学院のときに。

鈴木　あ、そんなお若いころね。

松原　それから急に英語が好きになったと。

　だけど、井筒さんの英語というのも、神話的でしたね。予科に来たときに、経済の予科の先生だから、かなりいい人が教えていたと思うんだけど、井筒さんが、その先生の誤訳を全部リストにして、夏休みに送ったという話がありますね。あの先生の英語というのは、青山学院が原点なんですかね、やっぱり。あそこはアメリカ人がいたから。

鈴木　そうかも知れないね。あそこはミッションの先生や学者が、あの頃ことに多かったから。

松原　井筒さんはね、たとえば我々なんかと座談しているとき、「あいつは馬鹿だ」とか、「あの人はできませんね」というのは、すごくはっきり言うんです。でも、決してその交友関係というか、人間関係でまずくなるようなことは、公的なところでは言わなかったね。

鈴木　それも私は腹が立つんですね。

松原　（笑）。

鈴木　「利用できる人間は利用すればいいんであって、その人間にわざわざ嫌われることはないよ」

と、井筒先生は僕にいつも言うわけ。だけど僕は、まだ若かったせいもあって純粋というか、一本気というか馬鹿正直だったんです。

松原　表、裏というのが嫌だったのね。

鈴木　だけど井筒先生は、「そんなこと言うなよ」と。「いろいろやってくれてるんだから、いいじゃないか」と言う。その点は非常に常識的な、ギブ・アンド・テイクで。外国でもそうです。私がうまくいかないのは、「やっぱりそれはよくない」というようなところなんでしょう（笑）。つまり僕は、悪魔的にでも正しくありたいという願望がある。計算がないんですよ。もう、かーっとするわけよ。「俺が嫌だ」と、「俺がいけないと言ったから、一〇〇人がいいと言おうと嫌なんだよ」と、スパッとやりたいわけ。およそ政治的でないし、常識的でないんだけど。私、やっぱり末っ子なの。長男のあなたと違って。

松原　（笑）。長男と末っ子の対談？

鈴木　末っ子は爆弾型なんですよ。それはいつでもそうだと思う。井筒先生は、一人っ子だよね。だけど非常にその点は長男型ね、人をうまく利用する、おだてる。そういう意味では、無駄な突っかかりはしない。そんなことをして問題を起こしたり、時間を使うよりも、早く自分のことを、という考えなんです。だから、ご自分の知的な探求心、勉強の意志がすごく強いんですよね。ですから、なるべく問題を起こしたくない。

教授会をボイコットするなんていうのは、問題が起きないとちゃんと踏んでるからなんだね。それは、松本正夫さんとか何人かの先生たち、長老が押さえているでしょう。だから、若い先生たちに、

「なんで井筒が出てこないのか」なんていうことを言わせないわけ。

松原　胸が悪いとか言ってね（笑）。

鈴木　私のような性質の人間から見ると、井筒先生だけでなく人間が誰でも持っている幅とか深さ、ずるさとか政治性とか、そういうのを、井筒先生が示されたときにも私は突っかかるわけね。

　ところが、黒田君というのは、その点は大人で、僕と違うんですよ。だから、黒田君はうまく、僕のあと井筒先生を扱ったんだけども。でも、やっぱりストレスがあったと見えて、井筒先生がカナダへ行く日、羽田で飛行機を見送ったら、そこで彼は倒れてね。そうやって歯をくいしばって頑張った。そのかわり彼は、アラビア語もよく勉強したしね。同じ弟子でも、牧野信也さんのようなイスラームそれ自体への関心ではなくて、黒田さんはちょっと現代政治の方かな。

松原　そうね、黒田さんは政治が好きだね。

鈴木　その政治の面でのイスラーム、地域研究的な興味がある。

松原　でも、ああいう興味をもった五十嵐一なんかは、最後まで井筒さんとイランにいたんでしょう？

鈴木　そうそう。革命の混乱のとき飛行機の手配から大使館の連絡からして、日本へ井筒夫妻を、無事に最後の日航機で連れて来たのは、五十嵐のおかげ。その彼が、筑波大学のエレベータの中でペルシア人に殺されてしまった。

松原　井筒さんが入院した時かな、僕が井筒さんのところへ行って、どんな人が見舞いに来るかと思って、「五十嵐君は来ましたか？」と言ったら、「いや、ラシュディを訳しているから来ません」と、井筒さんが言ったのを覚えてますけどね。

鈴木 どうしてあんなに頭のいい人間が、ああいう翻訳をすれば恨みを買って殺されるかもしれないことは知っていた筈なのにね……。

松原 危険だということを、分からなかったのかね。

鈴木 アサシンの伝統がまだ生きているというのをです。私はよく知らないけどね。

松原 五十嵐に会ったのは、言語文化研究所の年次総会が最後でしたね。そのすぐあとに殺された。

鈴木 彼を言語文化の所員にしようと、私はずいぶんいろいろ画策したんだけどね。ダメでした。

松原 研究員かなんかで来てはいましたね。

鈴木 そう。それで慶應外語で教えさせたりしたけれど、最後に彼は、筑波の英語の先生になったんだね。筑波には、本来彼のやりたいイスラームではない、英語の先生で職を得たんですけどね。安東伸介の弟子なんですよ。

松原 駒場で習ったんですね。

話は変わるけど井筒さんと慶應で仲が良かったのは哲学者でカトリック教会の重鎮だった松本正夫さん、先輩だけどね。

鈴木 そうです、そうです。

松原 始終、田園調布の松本さんの家へ行ったりしたでしょう。それから沢田さん。

鈴木 ただ沢田さんはあんまり井筒さんに心酔してはいなかった。あの人は実存主義だったし、専門は論理実証主義のクワインね。ご自分は、ニューギニアでのすごい体験があるしね。あんまり井筒さんに心酔しているタイプではないね。

松原　松本正夫さんとの関係は不思議で、歳はかなり違うでしょう？　松本さんのほうが上ですね。

鈴木　どういう関係なのかな。松本さんと井筒先生の親近感というのは、僕にはよく分からなかった。井筒先生に、「先生、イスラームとキリスト教と、もし本当に自分が信徒になるとしたらどちらですか？」と言ったら、「それはキリスト教だね」と。

松原　カトリックでしょう？

鈴木　カトリックが一番、自分の精神的な性に合うと。それは、「なぜイスラームに改宗しないか」という文脈で聞いたわけ。先生は、カトリックが一番合うと。カトリック教徒には、自分はならないけども。強いて言えば、非常にカトリック的な世界が近いとねイリュミナシオンの話などして下さった。

松原　カトリックの中でも聖ベルナールとか、神秘的なカトリックでしょうね。

井筒俊彦の直観

鈴木　僕はいつも言うんだけど、動物としての人間、ホモサピエンスは地球上の様々な所に広がっているけど、結局、根は一つでしょう。だから、表層構造では、たとえば住んでいる場所が熱帯だったり、北極だったりして、言語・人種・風俗・習慣も違うけど、深いところとなると、最後には同じところに収斂するんですよ。だから、深い所に行ってみたら、「なんだお前もここにいたのか」ということがあるわけです。禅宗の坊主が、イスラームのスーフィーや、ロシア正教の司祭と出会うと。「何だお前、出発点の世界は、これほど違うのに」というように、みんな収斂するわけ。言語学でいうと、チョムスキーがいまそれをやっている。だから、私にはつまらないんです。

つまり、もとは結局、同じなんだよということを言語発達のレヴェルで証明しようとしている。ホモサピエンスはアフリカで生まれて、もとは一つが広がったんだということが分かっている以上、深く奥へと行けば、同じになるのは当たり前だからね。だから私は表層の違いのほうが興味がある。

松原 見たままでの違いのほうが大事なわけね。

鈴木 そのほうが私にとっては面白い。だから人によっては、面白いと思う点、興味が違うけど、論理哲学的傾向のある人は、深いほうがいいのかもしれないけどね。沢田さんや一部の人が、「井筒先生は、あんなに違う言語・文化の世界をやりながら、よく一人で理解できるな」と言うけど、理解できるようなものが発現、顕現しているところだけ、先生は興味があるんであってね。ロシア全部が分かるわけではない。フランスが全部分かるわけでもない。だから、フランス文学、マラルメとか、ドイツのリルケ、カフカにしても、みんなその要素がある人は、ここにもある、あそこにもある、というふうに自分と親近性のあるものが見えるわけ。頭の中に本物がある人はね。それがない人は、多様性で、一つの文化や言語に一生かかって、「ロシアやって、次にサンスクリットなんて、そんなものもうできませんよ」と言うけど、井筒先生の場合は決まった狙いどころを見つける能力がある。

松原 本能みたいなもんだな(笑)。

鈴木 嗅覚があるわけ。僕はお酒好きじゃないけど、呑み助は、知らない町に行っても、どこにバーがあるか分かるんだって（笑）。見当つけて行くと、ちゃんとあるというね。僕はなんか、酒好きじゃないし、そんなもの関心ないでしょう。呑み助は、ちゃんと間違わずに酒場にたどり着くんです。

松原　初めての町でもね。

鈴木　初めてでも、そう（笑）。だから、井筒先生をバーを見つける嗅覚に譬えて悪いけど、初めての言語・文化でも、その先生が求めるものが、人間であるがゆえに、全員ではないけどどこかにあるわけですよ。その表れがすぐ分かる。だから、驚くべきことが出来る。

これを私は、別の譬えで言うんです。雲の上に、ヒマラヤとかアンデスとか、頂上が出るわけ。麓は熱帯林だったり砂漠だったりと、それぞれ全く様相が違うね。それでみんな苦労して登って、やっと雲の上へ抜けてぱっと見ると、下界では全然違う風土の山、キリマンジャロとかアルプスが雲の上に頭を出しているわけね。「なんだ、お前もか」と、コレスポンダンスが始まるわけ。そういう世界を感知できる能力が井筒先生の、普通の人にはあまりないその性質が、凝縮されている。そういう意味では私はすごく羨ましいと思うけどね、でも……。

松原　ああはなりたくないって（笑）？

鈴木　ああはなりたくない。だって、百花繚乱、この面白い表層、チョムスキー的に言うと surface、それが面白いんでね。deep structure なんて言って深くて暗い所で、これとこれが同じだという、そんなもの分かったって、どうということない。ホモサピエンスがもともと一種である以上、もとが同じでなければおかしいんで。生物学的にも、ガラパゴスのいろいろと形や性質の違うカメとかフィンチが、たった一種から来て分かれたんだ、もとは一種だということは分かってるわけね。それと同じことを人間にも感じてね。だから、まさかと思う表層のカラフルな違いが面白い。

私がいつも言うのは、虹の色が日本だと七色で、フランスも七でしょう。どちらも文部省があるせいじゃないかと、最近思ってるんですけどね（笑）。こうだと決めるからね。そして、イギリスが六で、ドイツが五なんです。そうすると、五、六、七なんです。そんなことを明治以来、誰も気づいた人がいなかったね。それは、富国強兵のための外国語研究であって、人間研究としての、文化人類学的な、役にも立たない、一銭にもならない研究はなかったからなんだね。私はそれが面白くて。同じヨーロッパで何百年も付き合ったり、戦争してるのに、見上げた虹がドイツ人は五、イギリス人は判で押したように六と言う。しかも、学校で七だということを強制的に覚えさせる手段まで、たくさん編み出した。フランス人は、「七に決まってるじゃないか」と言う。日本と同じだからね。日本と同じフランスは、文部省があって、そうなるという。そういう絵解き。「あ、そうか！」という、「アハー」体験みたいのが、私は面白いなと。「それ知ったって、どうってことないでしょう」と言われたら、もうおしまいね（笑）。

松原　そう。だから我々のやっていることなんか無駄ということだよね（笑）。

鈴木　井筒先生のものは、やっぱり知ると、知った人間は、人間が違ってくるんだろうなと思う。分かんないけどね。僕のは、「知って結局何なの？」と言われたら、もうおしまいね（笑）。

松原　だけど、井筒さんには探究する姿勢がある一方で、世俗の生活では、若いころは馬に乗ったり、スケートに非常に凝って、赤坂のスケートリンクかな、松本正夫さんが迎えに行かないと学校に来ないということがあったり。

それから、僕なんかが知っている頃だと、チャンバラ映画を観に、西荻までちょっと行って。

鈴木 あの先生はチャンバラが大好きだった。深刻なものよりも、チャンバラが一番頭が解放されると。ギリシア哲学とかロシア文学をやるときに、その前に七面倒くさい社会派のものとか、そんなものを見ていたらダメなんだとね。頭を空《から》にしてからやる。ヴィットリオ・デ・シーカの『自転車泥棒』だとか、ああいう悩むような映画は観ないで、パンパンパンとね（笑）。チャンバラが一番いいと何遍もおっしゃった。私はチャンバラ映画なんて聞くのも嫌でね、生まれてからまだ一度も見たことないけどね（笑）。

松原 晩年は、もちろんそういうことはしなかったわけだけども、何が気分解放の道具だったんですかね。音楽をお聴きになるわけではないし。

鈴木 音楽は、あの先生は実際に聴いて評論するというよりも。モーツァルトやベートーヴェンに関して、ベートーヴェンの交響曲が奇数と偶数でディオニュソスとアポロンの交替だとかいうのは、フランスの評論家、ロマン・ロランだっけなあ。先生は本を読んで、そこから仕入れた意見が音楽に関しては多いんですよね

松原 ニーチェとか、そういうことになるのかな。

鈴木 あの先生に見えるものというのは、すべてが皆に見えるものじゃないんですよね。だから、やっぱり本質直観みたいなものがあるんだと思うなあ。インテリの中には、簡単に「そうだ」と言ったら自分の立場がないから、反対する人が多いですよね。でも、私が見ていると、やっぱり先生はすごい。そういう目がある江頭淳夫（江藤淳）君なんかは、井筒さんの『ロシア的人間』を、すごく高く

評価して、私から初版本を借りてそのまま返さないから、催促して取り返したのを覚えてるけどね（笑）。とにかく、彼みたいな見抜く目のある人は、井筒さんのような見方を評価するんだろうな。

さっきも言ったけど、私は先生に言われてみるとその通りということが多かった。「なぜ俺が自分でそのことに気がつかなかったのか」と、地団駄踏むことがよくあった。井筒さんといて、「そんなのはじめから、そこに見えているじゃないか」と一言言われると、途端に全部分かるの。だけど、自分だけではそこまで見えない。それが悔しくてね。これが、天才と、努力でやった人間の違いかなと、僕は今でも悔しく思います。さっきのアラビア語の話もそうだけど、先生に言われたら、「もう、それしかないよなあ」と、先生に言いたいくらいなの。「なぜはじめからそれを言わないの」と先生は言うけど、はじめからは言えないんです。あれはどういう能力の差なのかね。

松原　僕は、最後は井筒先生のアラビア語を習って、鈴木さんと一緒にミッキーマウスのアラビア語訳か何かを読もうと言って、行ったら井筒さんが反対していた。われわれに神秘思想みたいのを読ませようとして。みんな辞めてしまったことがありましたよね。僕なんかはリーダー・ダイジェストのアラビア語版とか、そういうのから入ったほうがいいんじゃないかと思うわけだけど、井筒さんはもうそういう興味が全くない。

鈴木　ないない。ヨーロッパの一般の学者がなぜできないかというと、ジャーヒリーヤ、あの無明時代の精神が表われている詩を、暗記するほど読んでないから、それを踏まえたその後のイスラームのことが分からない。あれを知っていればなんでもないのに、知らないための誤訳とか、苦労がたくさんあるんだと。だから、やっぱりジャーヒリーヤの無明の時代をとても問題にした。だから俗語というか、シリアとエジプトのアラビア語はどこが違うかとか、そういうのはあまり興味ないんだよね。

松原 イランで暮らされても、おそらく古典アラビア語とか、古典ペルシア語で暮らしていたんでしょうね。

鈴木 そうです。あとは英語ね。あの先生は、政治的問題にまったく興味がない。だから、マギルで、パフラヴィー国王が、皇后と一緒にカナダへいらっしゃったときに、そうしたら、昨日まで僕たちと仲良くやっていたペルシアの学者が、一人も来なかった。

松原 そりゃあそうだ。みんな追放されたりしたんだから。

鈴木 亡命して来てるからね。だから、「今に俺たちの天下になる」、「革命を起こしてやる」と。そういう人たちが、口々に僕に、なぜ昨日来なかったのかということに関して言っていました。

松原 倒すべき相手が来たからだろうね（笑）。

鈴木 そうしたら、数年足らずのうちに革命が起きたでしょう。日本政府のお役人は、だいたいペルシア語、アラビア語をやらないで、英語のできるイランの人と付き合うから、そんな人たちは「俺たちの国に革命が起きる」なんて言わないわけ。だから、バザールとか、タクシーの運転手とか、そういう人とアラビア語やペルシア語で、外務省の役人が情報を取れば、いかに王様が人気がないか分かったでしょう。

それで僕は、「そうか、イランでは革命が起きるほど不満があるのか」と思って、日本に帰った。そうしたら次の年に、外務省と通産省が、イランは「カントリー・リスク・ゼロ」だと。「中近東で一番政治的に安定しているのが、イランだ」という声明を出したわけ。それで三井物産の八尋俊邦さんという社長が、八千億だか出して、「イラン・ジャパン石油化学会社」というのをつくったの。途端に革命が起きて、莫大な投資を回収できなくて。しかも、何かの理由で保険が取れなくてね。それはもう四苦八苦したんです。だから、「カントリー・リスク・ゼロ」というけど、私たちみたいな人間でもマギルにいて、ペルシア人と話せば、いかにリスクが多いか分かるのに、外務省の人たちは、そういう層とは接触しないいんだな。

僕は、それを五〇年前だけどトルコに行った時も感じました。僕は、トルコ語ができるからトルコの大使館の人に伺うと、トルコの日本大使館でトルコ語ができるのは、若い人たった一人だって。その人に、「どうして日本人の外交官はトルコ語ができないのか」と聞いたら、一つは、自分がトルコのような小さな国の専門家だと知れると……。

松原　トルコ以外に行かれなくなってしまうんだ。

鈴木　メインから外されてしまうんだね。それからもう一つは、現地住民の言葉が分かると、愛情が湧いて、客観的判断ができなくなってしまうと。

松原　残酷にならないといけないいんだね（笑）。

鈴木　そうそう。それは確かにそうで、日本人は、イギリスをやれば「祖国・イギリス」になるし、ドイツをやれば「ヒトラー万歳」になる。対象依存で、向こうに吸収されてしまう。それは確かにそうなんだけど、トルコにいてトルコ語の新聞も読まず、トルコ人とも話さないで、旅行するときも町を通り抜けて、屋外で野外炊飯するというから、「せっかく現地にいるのに、なんで」と思ったんですよ。

松原　それはやっぱり鈴木さんの発想なのかな。井筒さんなんか、まったくそういうことに興味がないからね。

鈴木　そうそう。井筒さんはそういうことに全く興味なくてね。だから人間、いろいろなタイプがあるわけだね。それが、どうしてこう一緒になって、一〇年も先生は私の面倒を見て下さったのかね（笑）。奥さんも私のためにご飯を作ってくれて、「鈴木さん、ご飯よ」とね（笑）。

松原　われわれがバスク語の研究会やったり、クワインの読書会をやったり、井筒さんはいろんなことに無償で、学校でわれわれわれわれに教えてくれるわけですよね。

鈴木　そうなんです。教授会に出ないし、わけの分らない来訪者があって玄関のベルを鳴らしても、「今に帰るよ」と言って出ない。そういう意味では日常的な人間のつながりを無駄だと考える人が、よくまあ私たちに大変な時間を割いて下さった。だから、教育者としてはすごい情熱というかな。ただ、「この人はダメ」とか、「表だけ」とか、そういうことを初めから見抜く眼力はない人ね。

それにつけても仏文学の佐藤朔さんは、この人はどういう人で、これやらせたらダメだけど、こっちならいいというような、振付師的な目のある教授だと、僕は思うね。

松原　佐藤朔さんは、そういう意味で非常に世話好きで。『神秘哲学』が出版されたのも朔さんの仲介なんですよね。全く関係ないんだろうけど、井筒さんの世話をしているというかな。

鈴木　だから、ああいうタイプの先生は、本人は博士だというけど、どんな論文を書いているの？ボードレールの顔の話とか、ちょっと疑問の残るものでしょう。そこで評価するのではなくて、振付師として見るべきでしょうね。

さあ、そろそろ時間じゃない？

第二部　私の一冊

扉：井筒俊彦（1979 年、アスコナにて）
井筒豊子氏提供

『アラビア語入門』――「井筒言語学」の曙光

大河原知樹

本書を私が執筆したのは、今からもう八年も前、昭和一六年〔一九四一年〕の晩秋のことであった。その頃私は、アラビア語で生活し、謂わば文字通りアラビア語を生きていた。朝起きるときから、明け方近く床につくまで、アラビア語を読み、アラビア語を書き、アラビア語を話し、アラビア語を教えるという、今憶えばまるで嘘のようなアラビア語の明け暮れであった。〔〔 〕は筆者による補足。また、漢字・仮名は現在通行の字体に改めた。以下同じ〕

『アラビア語入門』は、誰もが認める「語学の天才」井筒俊彦が、その研究人生の創成期に日本語で執筆したアラビア語文法入門である。文法書という性質上、ほかの論考や著書と同列に論じることは難しい。また、筆者（大河原）がアラビア語を習い始めた一九八五年当時、既に本書はアラビア語学習の定番ではなくなっていた。黒柳恒男・飯森嘉助『アラビア語入門』[1]が初学者に、池田修『アラビア語入門』[2]が中級者のために存在し、ほどなくして上級者のためのW・ライト『アラビア語文典』[3]の翻訳も出版された。本書を初めて読んだとき、筆者は既に大学院に進んでいた。（その際、稀覯本となって久しい本書を手に入れる千載一遇の機会を逃してしまった。[4]）そのときは、ただ日本のアラビア語教育史の原点に触れた感慨だけが残った。ただ今回、依頼を受けて本書を読み直して改めて気づいたことも多い。それを踏まえて筆者なりに本書の意義を考えてみたいと思う。

井筒がアラビア語学習を開始したのは一九三七年、二三歳の時であった。当時、井筒は小辻節三主催「聖書原典研究所」のヘブライ語学友、関根正雄とともにアラビア語、ギリシア語の勉強会を組織し、また在京のタタール人アブデュルレシト・イブラヒムに頼み込んでアラビア語を教わることになったと言う。慶應義塾大学文学部助手に就任したばかりのこの時期は、井筒にとって、まさに研究人生の創成期でもあった。その井筒が、処女出版『アラビア思想史』を世に問うた一九四一年、二七歳の「アラビア語の明け暮れ」頃に執筆したのが本書である。執筆動機は、序文で明確に示されている。やや長いが次に引用しよう。

何らかの意味で東洋に関係する学問をしたことのある人は、誰でもアラビア語の確実な知識が如何に必要であるかということを身に沁みて痛感している筈である。（中略）然るに、アラビア語がこれほど重要であることは誰にも分っているのに、実際はこの言語を完全に学習し、山積する貴重な文献を自由自在に活用できるような学者は、日本はおろかヨーロッパの東洋学界にも数える程しか居ないのだ。何故だろう？　簡単に言って了えば、アラビア語が余りにもむずかしいからである。むずかしいと言うより寧ろ、余りに繊細で複雑すぎるのである。それは譬えてみれば、丁度、精巧を極めた、そして無限に複雑な機械を持つ時計のようなものである。そのこまかい歯車の一つ一つを人は次々に順序正しく覚えて行かなければならない。歯車をただ一つでも等閑にしたら時計は動かなくなってしまうのである。のみならず語彙にも問題がある。アラビア語は語彙が驚くほど豊富である上に、よくもこれほど種々様々な意味が出て来たものだと感嘆せざるを得ないほどに一々の単語の意味領域が広い。だから英仏独のような近代ヨーロッパ語の一つを学習するつもりでこの言葉に向ったなら、挫折することは初めからわかり切っている。（傍線は筆者による。以下同じ）

これに続けて、第一講のはじめに「西アジアに現に行われている文化語のうちで恐らく最も学習困難な言語である上に、それを書き写す文字がまた初めての人には如何にも奇妙な、親しみ難い感じを与えるものである」と述べて、アラビア語の難しさを強調する。

本書は全部で二二講からなり、第一講で発音を、第二講から名詞を、第四講から動詞をというように進んでいく。その至るところで、読者への叱咤激励が飛ぶ。例えば「完了形（例えば kataba）で真中に当る母音が、未完了形では a になるか i になるか u になるか分らない（中略）故、初学の人は余りあせらずに、一つ一つの動詞の意味と、その未完了形の母音とを憶えて行くのが、一番確実な途である。多くの人々がアラビア語を長年勉強しても、少しも進歩しないのは、こういうところで努力を惜しむためである」、「さて普通の動詞の完了形にはğalasaの如きもの、fariḥaの如きもの、kaburaの如きものと都合三つの型があるので、（中略）辞書とか教師とかについて一つ一つ憶えなければならない。これは決して安易な仕事ではない。多くの人々はせっかくアラビア語を学び始めても、この種の難関に当面して絶望してしまうのである。このような殆んど無限に難しい言語を習得するためには、余りあせらずに、一つずつ確実に暗記して行くより他に捷径は無いのである」、「動詞の完了形及び未完了形の変化を暗記出来ていない人は、今度こそはっきり憶えてしまわなければならない。アラビア語の文法組織特に動詞のシステムは実に複雑である。それ故、もしその中の一つを曖昧のまま棄てて置けば次から次へと曖昧なものが重なって、最後には全然何もわからなくなってしまうのである」、「言語の学習に於ては理解はその第一歩にすぎないのであって、要するに一番大切な問題はこれを自由に使いこなせるか否かである。そして、それには不断の練習が必要である」と、随所で読者に努力と暗記の重要性を促している。

当時の読者は、井筒の訓導に忍耐をもって従ったのであろうか？　仮にそうだとしても、全体の三分の二を越した所で尚「だから要するにアラビア語に精通したいと思う人は個々の動詞についてその派生形（語根により第一形から第十形まで全部揃うものもあるが、揃わぬものの方が多い）の一つ一つの意味を丹念に憶えて行くより仕方がないのであって、さればこそアラビア語の完全な学習には十年二十年の長き努力を要するのである」という容赦ない言葉の「難関に当面」した読者の多くは「絶望して」しまったのではなかろうか？　一方で、じっくりと辛抱強く本書を読み進めていった読者も確かに存在したのだろう。例えば、岩見隆である。井筒門下からは岩見や牧野信也といった、才気溢るる学者たちが輩出した。筆者は彼等からアラビア語を学んだが、その背後に井筒俊彦が存在していると感じることがしばしばあった。筆者もアラビア語に加えて、トルコ語、ペルシア語、独仏、現代ヘブライ語、ギリシア語をかじり、仙台に居を移してからも、アルメニア語、聖書ヘブライ語、アラム語、シリア語、ラテン語というように細々と新しい言語を増やしてきた。言語を教わり教えしていてつくづく身に沁みたのは、外国語学上達には優れた文法書と辞書、とりわけ良き師の助力が欠かせないということである。

その点、正直に言って、本書は初学者向きとは言い難い。例えば、名詞の不規則複数形三〇パターンについて数講にわたって詳細に解説していたり、「普通の読み物には先ず絶対に出て来ないと見てよい」と断った上で動詞派生形第一一形から第一五形まで説明している。さらには訳読の難度が初学者にとっては総じて高い上に、読み方と訳文はしばしば省略されている。何よりもアラビア文字の使用を抑えてローマ字を多用しているために、アラビア文字になかなか慣れることができない。これは大きな問題であろう。

ただし、本書の訳読に選ばれた文章は、いずれも実に味わい深いものである。第四講から第六講までの訳読の例文は、イスラーム神学哲学界最大の学者ガザーリーの著書から採られており、その訳文も「一たい祈禱と云うものは宗教の柱、真理の支え、善行の首たるものにして又神に対する服従の行為中最も秀たものである」と非常に格調高い。ほかにも古典アラビア文献の寓話、史書、韻文、格言から珠玉の名文が集まり、聖典クルアーンの一節も含まれている。

筆者の専門は歴史学なので、第八、第一一、第一二、第一九、第二〇、第二二講に選ばれたウマル二世、ハッジャージュ、ウマル一世、サッファーフのごとき王侯の人物描写や表現の妙を味わった。一つ、隠者イブラーヒーム・イブン・アドハム隠遁の訳文を引用しよう。[5]

私の父はホラーサーンの王侯の一人であった。そして私は［まだ］若かった。さて（fa）ある日のこと私は一匹の犬を伴い、馬に跨って猟に出掛け、一匹の狐の跡を追った。ところが、私がその狐を探し求めているうち、不意に誰か私に呼びかけるものがある、『お前はこんなことのために創られたのか。それともお前はこんなことをせよと命じられでもしたのか』と。そこで私はぎょっとして立留った［が、それきり何事もないので］暫くしてまたまた馬を駆った。しかるに彼（＝その誰とも知らず呼びかける人）は同じようなことを三遍も繰り返した。そこで私は心の中で考えた。『いやいや断じて私はこんなことのために創られたのでもなく、またこんなことを命じられたのでもないのだ』と。それから私は馬を降り、丁度偶然にも私の父の牧者の一人に出遇ったので、彼から羊毛の外衣を貰ってそれを身にまとい、彼には私の馬と、それから身につけていたもの悉くを与え、それから隠遁の生活に入ったのであった［。］

また、第六、第一一、第一五講の韻文、格言の訳読は声に出して読みたい名文であろう。第一一講の訳読を引用する（カタカナは筆者による。「ートゥ」の脚韻に注目）。

現世とは儚きものにほかならず、現世には恒常性は無い。
インナマッ・ドゥンヤー　ファナーゥン、ライサ　リッ・ドゥンヤー　スブートゥ
現世とは蜘蛛が織った家の如きものである。
インナマッ・ドゥンヤー　カ・バイティン、ナサジャトゥ・フ　ル・アンカブートゥ
その中に在るものは全て、必ずや間もなく過ぎ去ってしまうであろう。
クッル　マー　フィー・ハー　ラ・アムリー、アン　カリーリン　サ・ヤフートゥ
されば、おお物事をよく考える人よ、現世のうちで糧食だけで君には充分であろう。
ワ・ラ・カドゥ　ヤクフィー・カ　ミン・ハー、アイユ・ハ　ル・アーキル　クートゥ

これらの文章は、恐らく井筒自らが文法説明のためにアラビア古典文献の中から特に吟味して選んだものと思われる。

とは言え、本書の全体的な構成は、序文で挙げられているブロッケルマンのアラビア語文法と前述のライト『アラビア語文典』、特に後者から大きな影響を受けていることが明らかに窺える。例えば、不規則複数の説明は、パターンも単語例もライトの記述と同じである。この点、本書は概してヨーロッパ東洋学のアラビア語文法体系の枠組みの中にある。井筒はイブラヒムの後、やはり在京のタタール人ムーサー・ジャールッラーの下でシーバワイヒのアラビア文法学を修めたとされるが、本書においてはほとんどその影響は見られず、第一〇講訳読IIを始めとする古典アラビア語の例文に僅かな痕跡を認めるのみである。

数字の解説もやはりライトに酷似するが、ライトが ١٨٧٤（1874：恐らく文法書第二版出版年を意味する）と例示したところを、井筒が ١٩٣٧（1937）としているのは興味深い。一九三七年と言えば、前述のごとく、井筒が関根と、またイブラヒムとアラビア語学習を開始した記念すべき年である。思うに、この頃既に本書の執筆を始めていたのかも知れない。

既に述べたように、今これからアラビア語を学ばんとする方に本書は薦められない。ただし、本書は少し違った角度から読み、評価することができるのではないかと思う。例えば、井筒は、アラビア語名詞の単数・両数（双数）・複数、限定・非限定といった言語学的なこだわりを本書のそこかしこに散りばめている。[6] 同じことは、同時期に執筆していたアラビア語やセム系諸語に関する論考、特に『世界言語概説 下巻』[7] 所収の「アラビア語」項目にも当てはまる。特に井筒が注目していたのは、動詞の時制の問題であった。インド＝ヨーロッパ語族とセム系諸語との大きな相違点である時制の問題について、井筒はかなり強く意識していたようである。

古い昔のセム人は動詞的な事態を、過去——現在——未来という時間的な秩序に従っては把握しなかったのである。何かある事件が表象されれば、それが過去のことか現在のことか或はまた未来に起るべきことかという時間的規定が必ず一緒に心に浮んでくるのは近代的人間にとっては極く自然のことで、人間である以上誰でもそのように考えるのがまるであたりまえであるかの如く我々は信じているが、現実界の時間的把握は、あり得べき色々な様式の一つであるに過ぎない。[8] だから古代人や未開人の世界観に入って見ると、これとは全く違った物の見方に逢着して我々はとまどいしてしまう。いづれにしても太古のセム人は現実を時間的には受容していなかった。（中略）或る事態ないし出来事の時間的関連は要するにそれの主観的、主体的様相にほかならない。古代セム人はそういう主観的様相に大して注意を向けなかったし、また従って彼等の言語もそれを表現すべき特定の手段を用意していなかった。別にその必要もなかったからである。然るにこれに反して何かある出来事の客観的な、客体的な側面に対しては古代セム人は異常に鋭い視線を向けていた。従って彼等の言語もまたこの方面では始めから可成り複雑な形態を所有していた。動作、事件、状態など広い意味で動詞的事態と呼べるようなことがらに就いて、それの示す種々な客体的様相を、この言語は色々な側面から照明して見せようとする。

つまり、井筒は、アラビア語における動詞の完了、未完了をラテン語における完了、未完了と同様に捉えることへの違和感を表明し、これを力説している。また、大部の論考「アッカド語の -ma 構文について」では、欧米の並居る学者を批判し、あるいは評価しつつ、英独仏ギリシア、ヘブライ、アラビア語を駆使してアッカド語の関係節についての統語論を展開する。その上で、

嘗てセム語を研究した人々は、（中略）セム語は非常に原始的な言語であって、其処では Relativsatz〔関係節〕等も何等独立文と形を更えずに並べるだけである、セム語の Syntax〔統語論〕は簡単だと言う様な誤解も抱き、ヘブライ語の教師等は盛んにそうした皮相的な見解を生徒に教えたので、今日でも日本のある論理学の教本では「ヘブライ語の如き原始語に於ては」と言う様

な滑稽な言葉が見られる有様である。

と述べて、インド＝ヨーロッパ語族を文明的かつ最も重要な言語、セム系諸語を原始的かつ二次的な言語と断ずる当時の言語学界の風潮を糾弾するのである。[9] このような批判的姿勢は、井筒のほかの論考にも見てとることができる。

やや専門的になるけれど、アラビア語の時制[10]や聖書ヘブライ語のヴァヴ倒置法（ヴァヴ継続法[11]）の問題にも通ずるセム系諸語の大きな問題の一つに、鋭敏な井筒は既に気づいていたのであろう。残念ながら、その後、これらの言語学的な諸問題についてさらに深く掘り下げた論考が発表されることはなかった。しかしながら、この時期の井筒は、言語学と言語のあらゆる前提に疑いを持って、大胆にアラビア語を、セム系諸語を論じようと試みたとは言えないだろうか。その意味で、本書は、井筒が、若々しく瑞々しい気概に溢れて、精力的に言語学に取り組んだ時期の象徴的存在と言えるであろう。したがって、本書に興味を抱く者には、『世界言語概説』「アラビア語」項目と（専論を除いた）「アッカド語の -ma 構文について」を併せ読むことを薦めたい。ここに井筒のセム系諸語への考えが、分かり易く示されている。[12] 結局、未完に終わったとも言える「井筒言語学」をより良く理解するためには、井筒のほかの論考や慶應義塾における言語学概説の講義内容を検討することも必要だろう。

なお、本書出版の翌一九五一年、慶應義塾における井筒の同僚にしてやはり卓越したイスラーム研究者の前嶋信次が本書を評し、「我国の学界に井筒氏の如き卓越したアラビザン〔アラビア語専門家〕が現れて、本書の如き好著を世に送ったと云うことは、殆ど奇蹟的の突発事と見る外ない[13]」と述べる。

これを見ると、いかに当時の日本の学界が遅れていたかと感じられるかも知れない。しかしながら、事実はちょっと違っていたようにも思われる。井筒は本書序文で「元来、私がこの本を書いたのは、その頃丁度華々しく創設されたばかりの慶應義塾語学研究所及び外国語学校の事業の一つとして、世界の主な言語を全部網羅した語学入門叢書を刊行する計画が出来て、このアラビア語入門書を第一巻とするつもりだったのである。そして私自身も、これに引続いて、ヘブライ語、シリア語、ペルシア語、トルコ語というような順で、東洋の文化的意義のある言語の文法を次々に書いていく計画であった」と述べている。井筒が活躍できる下地は戦前において既に整っていたのであった。[14]

この慶應義塾語学研究所及び外国語学校は一九四二年九月に設立され、旧制中学四年修了者或いはそれと同等以上の学力ありと認められる者は誰でも学ぶことができたそうであるが、開校当時設置されていた言語は実に三〇余を数え（実用語学科として支那語、西蔵語、蒙古語、安南語、泰語、マライ語、ビルマ語、ヒンドスターニー語、アラビア語、トルコ語、イラン語、ロシア語、イタリア語、オランダ語、スペイン語、ポルトガル語の一六カ国語、学術語学科として支那語、ドイツ語、フランス語、イギリス語、梵語、巴利語、ギリシア語、ラテン語の八カ国語）、アラビア語履修者の数にしても一七名もいたと言う。少なくとも慶應義塾においては、アラビア語は国際的に重要な言語としてのお墨付きを得ていたのである。井筒が本書をこの学校の教本用に執筆した可能性もある。したがって、本書を、戦前における日本のイスラーム研究の水準の高さを検証する文献の一つとして再評価することも可能だろう。

余談になるが、二一世紀になったばかりの二〇〇一年一二月に千葉で開催された、五年に及ぶ国際学術研究プロジェクト（通称「イスラーム地域研究」）を総括する国際会議最終日の全体討論の場で、ある外国人研究者が、今後の日本のイスラーム研究の展望についてコメントを加え、最後に「イヅツはどこにいるのか？」と問いかけた瞬間、会場は水を打ったように静まりかえり、誰もが返答に窮した。筆者はその光景を今でも鮮明に憶えている。この問いかけは、井筒俊彦という「知の巨人」の業績を問い直していくプロセスにおいて、改めて省察されなければならないと思う。

1　一九七六年泰流社刊。現在は大学書林から『現代アラビア語入門』として刊行。
2　一九七六年に岩波書店から刊行。
3　上下巻とも一九八七年にごとう書房から刊行。
4　某日、湯川武研究室にて本書を希望する院生三名による公正なジャンケン勝負に負けたので。その本は優秀な後輩院生女子Mさんが勝ちとった。もちろん大変に悔しかったのだが、同時に、本も人を選ぶのだなあ、としみじみ思った記憶がある。
5　聖者イブラーヒーム隠遁の逸話には実に多くのバリエーションがある。佐藤次高『聖者イブラーヒーム伝説』角川書店、二〇〇一年。
6　ただし、名詞の限定・非限定についての井筒の見解は再考が必要であろう。
7　一九五五年に研究社から刊行。
8　原文は「あにる」だったが、筆者の判断で改めた。
9　『言語研究』四号、一九三九年（『読むと書く　井筒俊彦エッセイ集』慶應義塾大学出版会、二〇〇九年に再録）。なお、この論は「私はプラトンを読む度に」で始まり、「言語学者も当然、ゲーテ的な精神を有たなくてはならない」で終わる。学術論文ながら、読後に独特の余韻が残る、まさに「井筒調」の文体である。
10　例えば、ライトは「セム語における完了形もしくは未完了形の動詞はそれ自体の時制関係も、また同動詞と併置して述べられている他の行為との間の時制関係も、なんら指定してはいない」と指摘する。前出『アラビア語文典　上巻』七七頁。
11　例えば、聖書創世記の「『光あれ。』こうして光があった。（イェヒー・オール　ワ・イェヒー・オール）」の「あれ」も「あった」も同じ動詞未完了形（イェヒー）である。

12　次のエッセイを加えても良いかも知れない。「アラビア語」慶應義塾大学語学研究所編『世界の言語』慶應出版社、一九四三年（前出『読むと書く　井筒俊彦エッセイ集』に再録）。

13　前嶋信次「書評　井筒俊彦著　アラビア語入門（慶應義塾大学語学研究所　語学論叢　昭和二十五年九月、慶應出版社、四百円）」『史学』二五―一、一九五一年。

14　満鉄東亜経済調査局、回教圏研究所での彼の研究活動もこれに加えてよかろう。

〔付記〕　本書には少なからぬ誤植が存在する。次の論考を参照されたい。西村正身「井筒俊彦『アラビア語入門』のための付録」『作新学院大学紀要』一六、二〇〇六年。

『アラビア語入門』慶應出版社、一九五〇年。
↓『井筒俊彦著作集』第二巻、中央公論社、一九九三年。

『イスラーム生誕』——ムハンマド伝をめぐって

後藤明

私が、本書をいつ読んだのか定かではない。初版が一九七九年一〇月一〇日とあるから、その直後なのだろう。本書は二部に分かれている。その第一部は「ムハンマド伝」である。本書のはしがきによれば、昭和二七年にアテネ文庫の一冊として著された『マホメット』が、その原本であるという。西暦では一九五二年の刊行物である。この小冊子は、私が高校生のとき、すなわち一九五七年から六〇年の間に、読んだ記憶がある。

高校の何年生のときであったかは忘れたが、クルアーン（コーラン）の翻訳を読もうと決意した。高校の図書室に大川周明訳の『古蘭』があったのだが、それよりはと思い、岩波文庫の翻訳本三巻を購入して、それを読破しようとしたのであった。無謀であった。何が書かれているのか、わからない。

繰り返し読んでもわからなかった。訳文がわからないのではない。丁寧な割注があって、文節の意味は明瞭である。しかし、数ページ単位でみれば、支離滅裂で著者が何を主張しようとしているかがわからない。解説を読むと、著者は神だという。クルアーン全体は百を超える章に分かれているが、それぞれの章の主張がわからない。神は一体何を我々人類に伝えようとしているのか。旧約聖書の創世記や出エジプト記も並行して読んだ。こちらのほうは話がわかる。もっとも、それから五〇年たった今日、大学院生と一緒に出エジプト記を改めて読んでいるのだが、知らなかったことがたくさん書いてある。高校生のとき何がわかったのか今では疑問であるが、当時はクルアーンよりは旧約聖書のほうがはるかにわかりやすいという感想をもった。

　クルアーンの翻訳者は、井筒俊彦とある。そこで、井筒俊彦著の『マホメット』を読んだ。私にとってイスラーム学ことはじめであった。本書は、詩とクルアーンによってムハンマドが出現した社会的背景とムハンマドの思想を説きあかす書である。高校生にとってはかなり難しい。何とか読破して、クルアーンの文言も少しは分かったつもりになった。ついでに図書室にあった、大宅壮一他訳『千夜一夜物語』も全巻読破して、イスラーム世界の不思議な雰囲気を楽しんだ。当時、平凡社から中国古典文学叢書が毎月一巻ずつ刊行されていた。それをも毎月購入して楽しく読んでいたのだから、イスラーム世界一辺倒であったわけではない。なんでも読もうとする乱読の世界にいた少年であった。その少年の頭の中に、井筒俊彦という名前ははっきりと刻まれていた。

大学生になって、マルクス、レーニン、ウェーバーなどを読まなくてはならないと思ったが、彼らの著作は何か物足りなかった。中国の古典や千夜一夜物語の世界を彼らは知らないのだと、結論付けた。結局、文学部に進学する際に、東洋史学という学問分野を選んだ。たまたま中央大学の嶋田襄平教授が東大に出講してアラビア語を教えていた。それを受講した結果としてムハンマドの時代のアラブ社会について卒論と修論で扱うことになった。その過程で、井筒俊彦とは知の巨人であると認識した。ムハンマドの時代のアラブ社会理解のための基礎史料はクルアーンに他ならない。当時の私にとって、クルアーンのアラビア語は手に負える代物ではなかった。井筒先生の日本語訳をはじめ、いくつかの英訳を手元に置いて、それらを参照しつつクルアーンをかじり読みする。何種類かの翻訳のうち、井筒訳が私にとっては一番であった。日本語であることが何よりもうれしかったが、慣れてくれば、翻訳として読みやすく、確かだと感じられたのである。むろん、井筒先生の『マホメット』も、私のムハンマド理解の基礎となった。

大学院の修士課程時代の私の指導教員は、名目的には東大の榎一雄教授であったが、実質的には中央大学の嶋田襄平教授であった。私は、中央大学の偽大学院生であったのである。当時の中央大学は神田にあって、夏には冷房がきいたビルの一室が嶋田ゼミの開講場所であった。東大の教室は暖房はあっても冷房などなかった時代である。嶋田ゼミには、東大や早稲田の院生も参加して盛んに議論した。中央の院生は花田宇秋さんともう一人だけで、この冷房の経費は我々二人の授業料から出ているのだと、冗談を言われていた。それはともあれ、ゼミはアラビア語の史料を読解することが課題である。古典のアラビア語読解は大変な努力を必要とする。ゼミの受講生全員が苦労を強いられた。アラビア語の古典文献の日本語訳は、井筒先生のクルアーンと、『マホメット』で紹介している詩以外にはほとんどなかった時代である。井筒先生は、この難解なアラビア語をどうやって習得したのだろうか。そのことが何回か話題になった。若いころ、先生は数年間、アラブ人の知識人を雇って、一対一の環境で集中的にアラビア語を学んだのだと聞かされた。真偽のほどは定かではないが、そうなのであろうと納得した。

修士課程終了後、修論をもとに、私は何編かの論文を発表した。それらは、ムハンマド時代のアラブ社会は、いわゆる「部族社会」とは異なるのだという主張も含んでいた。井筒先生のジャーヒリーヤ時代理解とはいささか異なる主張である。また、部族長という概念について恩師である嶋田先生の見解の一部を否定するものでもあった。しばらくして大阪で、関西大学の藤本勝次先生にお会いする機会を得た。関西におけるイスラーム学の権威であるが、私のような若造も気安く酒場にさそってくれる。大阪の十三の安酒場で藤本先生を囲んで数名で杯を重ねていたときのことである。「君が後藤君かね」と先生は声をかけてくれた。つづけて「恩師や大家に失礼な論文をよく書くね」ときた。きつい叱責のようでもあるが、温かみのある励ましのようでもあった。私は、論文の中で井筒先生や嶋田先生を真正面から批判したわけではない。ただ、二人とは異なる、私なりの理解を述べただけであるのだが、炯眼の藤本先生はあっさり見抜いていたのである。そのあとしばらく、井筒先生の業績がいかに偉大であるのかを語ってくれた。私は、井筒先生の宗教者としてのムハンマド理解を、そしてムハンマドが説き起こしたイスラームに関する井筒先生の理解を踏まえて論文を書いたつもりであったので、その場の話はそれなりに盛り上がったように記憶している。

研究者として、少しずつではあるが成長していったと自覚していた私にとって、井筒先生は遠い存在だった。慶應大学で教鞭をとられていた時代、先生はめったに学会や研究会などに出席することはなかったのではないかと思う。私には、先生と個人的に接触する機会はなかった。慶應には、前嶋信次先生もおられたが、前嶋先生は研究会などによく参加されていて、何度もお目にかかる機会があった。慶應の両巨頭のうち、井筒先生は遠くから仰ぎ見る存在でありつづけた。先生がテヘランに行かれてからも、またイラン革命の後帰国されてからも、親しく話をする機会はないままであった。その意味で遠い存在であったわけだが、同時に、クルアーンの意味論的解釈に関するいくつもの研究業績も難しすぎた。生半可な知識では、先生の業績は遠い存在のままなのである。

私が山形大学で教鞭をとっていた時代のことである。たまたま手にしたのが本書『イスラーム生誕』であった。その第二部は「イスラームとは何か」と題している。ここでは、クルアーンの難しい意味論的解釈が展開されているわけではない。先生の長年にわたるクルアーン研究の結果が、平易な形でまとめられている。これを読んで、改めて先生の英文の大著を読み直すと、理解は多少進んだような気がしたのを覚えている。本書は、このときの私にとっては分かりやすい本であった。当然のことながら、山形大学の史学専攻の学生に読むことを薦めた。ゼミで、本書をもとに発表する学生もいた。学生にとっては、とんでもなく難しい本であることを知った。教師として、一生懸命解説することを通じて、本書に大分親しんだことになる。しかし、不届き者によって本書はいつの間にか私の研究室の書架から消えてしまった。

国外の学会に出席すると、必ずといってよいほど「お前は井筒を知っているか」と問われる。クルアーンやムハンマドについて研究発表をする日本人研究者なのだから、かの有名な井筒先生の弟子筋の人間なのだろうと、海外の研究者は勝手に想像する。欧米の研究者にとっても、アラブ圏の研究者にとっても、プロフェッサー井筒は偉大なのである。「井筒先生の学恩は間接的に受けているが、弟子ではない」と答えるのだが、簡単には許してくれない。先生の業績をめぐって議論がつづく。しかし、多くの場合、海外の研究者にとっても、井筒先生の業績は難しい、ということがすぐ分かってしまう。何とか話を合わせることができたのは『イスラーム生誕』の第二部のおかげと言ってよい。

一〇年と少し前から、私はイブン・イスハークの『預言者伝』の翻訳に取り組んできた。イスラームを説き起こしたムハンマドの伝記である。余談だが、井筒先生の『マホメット』は、『イスラーム生誕』の第一部では「ムハンマド伝」となっている。私の最初の著作は一九八〇年（昭和五五）刊の『ムハンマドとアラブ』であるが、朝日文庫におさめられたときは『マホメットとアラブ』になってしまった。井筒先生も、大正時代ごろからの日本語の慣例に従いマホメットと表記していたのが、あるときからムハンマドと表記するようになった。それはともあれ、イブン・イスハークの『預言者伝』は、ムハンマドの祖先に関してもかなり詳しい叙述がある。ムハンマドとその祖先に関する系譜、逸話、詩、クルアーンの文言などがちりばめられた書物である。ジャーヒリーヤ時代の詩とコーランの文言の正確な翻訳が求められている。何のことはない。井筒先生の『イスラーム生誕』の世界の後追いなのである。

井筒先生は孤高の人で、一人で詩を読み、クルアーンを翻訳した。私には到底出来ぬ業である。かなり早い時期から翻訳する気はあったのだが、なかなか着手できなかった。あるとき医王秀行さんと高田康一さんとで、共訳しようと話がまとまった。医王さんは、ジャーヒリーヤ時代から初期イスラーム時代にかけての歴史の専門家で、優れた論文をいくつも発表している研究者である。高田さんは、井筒先生の孫弟子とでもいうべき立場の人で、アラビア語の読みに関しては特段に優れた才能の持主である。共訳の作業をはじめて半年ほどたったときから、高野太輔さんが作業に加わった。若手の歴史研究者であると同時に、アラブ系譜学に関して世界的な業績をあげつつある人物である。三人寄れば文殊の知恵と言うが、私を加えて四人で悪戦苦闘しながら、一〇年余をかけて翻訳は完成し、岩波書店から出版された（二〇一〇～二〇一一年）。

四人組の、暗黙のうちでの目標は、井筒先生を超えることである。井筒先生はまさに大先達である。アラビア語の古典を本格的に研究したのは、日本では先生が最初である。それからときはたった。井筒先生からみれば嶋田襄平教授などは若手なのであるが、その嶋田先生や藤本先生たちもすでにこの世を去った。それにつづく世代が私を含む世代ということになる。そして四人組のうち三人は、私よりもさらに若い世代である。日本のイスラーム研究も世界的レベルに達している。いつまでも、井筒先生の業績に頼るわけにはいかない。そんな大それた気持ちを抱いての共同作業である。

イブン・イスハークの預言者伝には、アラブの系譜情報が豊かにある。本来は哲学者である井筒先生は、系譜にはほとんど興味を抱かなかったと思われる。我々の翻訳は系譜に関しては、最高レベルのものと自負している。高野さんは、共同作業をしている間にアラブの系譜学について論じた博士論文を完成させた。その博論は『アラブ系譜体系の誕生と発展』（山川出版社、二〇〇八年）と題して出版されている。その高野さんが、共同作業の系譜に関する部分の中心を担ったのであるから、完成度の高い翻訳になった。系譜に関しては、井筒先生の業績は参照軸にはならなかった。

おおきな問題のひとつは、クルアーンの文言にあった。当初は、我々のアラビア語のレベルでは、井筒訳『コーラン』を超えることは不可能だと思われた。井筒訳を下敷きにして、それを我々の文章に手直しする作業が基調となった。イブン・イスハークの記述が、ムハンマドの祖先の時代を過ぎて、ムハンマドその人の時代となると、クルアーンの引用が多くなる。イブン・イスハークは、具体的な出来事に関連してコーランの文言を引用する。そして、彼なりの解釈を加える。井筒先生は、一三世紀の人バイダーウィーのクルアーン解釈を基調に据えて翻訳している。イスラーム世界における最高レベルのクルアーン解釈学を咀嚼したうえでの翻訳なのだが、イブン・イスハークは八世紀の人なのである。彼の時代、クルアーン解釈学は未成熟であった。我々は、イブン・イスハークの理解に従って翻訳しなければならなくなった。井筒訳を下敷きにするわけにはいかない。

井筒先生の孫弟子筋にあたる高田さんがぜん張り切りだした。一語一語丁寧に分析していった。医王さんも、リチャード・ベルの『コーラン入門』を全訳して出版した。四人組のクルアーン理解は、それなりに深まった。その間、中田香織訳、中田考監修『タフスィール・アル・ジャラーライン』が刊行された。井筒先生が参照したバイダーウィーと並ぶ、クルアーン解釈学の最高レベルの書物の翻訳である。アラビア語や欧米の言語の本よりは、やはり日本語訳はありがたい。大いに参照した。井筒先生の時代より、確かに日本のイスラーム研究の層は厚くなっているのである。我々四人組のクルアーンの文言の翻訳が、井筒訳を超えたかどうかわからない。しかし、全く別の視点からの新しい訳を提示したことは間違いない。

クルアーンの翻訳とともにもう一つの大問題は詩の訳である。この面では、どうみても井筒先生を超えることはできなかった。我が国では、杉田英明さんという天才肌の文人がいて、アラビア語の詩の見事な翻訳を大部な本として何点も出版している。また、大阪の池田修先生は、ジャーヒリーヤ時代の詩の翻訳を着実にだしつづけている。井筒先生の後継者はいるわけだが、我々四人組は皆、詩の才能はそれほどはなかったようだ。

逸話は、四人とも得意な分野である。とくに医王さんは、共同作業の期間中に優れた論文を何本も発表し、博士論文をまとめた。歴史研究の素材を提供するという点では、我々の作業は後学に大いに貢献すると自負している。井筒先生を意識しながらの我々の作業は無事完了した。

坂本勉さんから『イスラーム生誕』に関連して何か書けと言われて、改めて本書を通読してみる気になった。しかし、私の書架を探しても、本書は見当たらない。どうやら山形時代に消えてしまったことに気付いた。そこで高野さんから本書を借りて通読した。久しぶりに出合ったのである。卒論や修論のときに抱いた不満、すなわち、ジャーヒリーヤ時代の部族社会理解にいささかの不満があるとはいえ、井筒先生のムハンマド理解やイスラーム理解は、本質をみごとについている。我々は偉大な先達をもったものだと、しみじみ思う。

『イスラーム生誕』人文書院、一九七九年。
↓中公文庫、一九九〇年。『井筒俊彦著作集』第二巻、中央公論社、一九九三年。

『コーラン』と『コーランを読む』――コトバの深奥へ

大川玲子

鮮明に記憶しているが、井筒俊彦氏ご逝去のニュースが流れたのは、私が卒業論文を提出する直前のことであった。結局のところ、直接お目にかかる機会は得られず、残念でならない。だが、卒論に現代エジプトの女性クルアーン（コーラン）解釈者ビント・シャーティウ（アーイシャ・アブドッラフマーン）を扱っていた私は、当然のことながら、井筒氏の研究成果から多くを学んでいるところであった。例えば私の所有する『コーランを読む』には一九九二年四月七日に読了したとのメモ書きがある。これは大学三年、つまり東京大学文学部のイスラム学専門課程に進学したばかりの頃である。今振り返ると、良いタイミングでこの書を読めたのは幸いなことであったと実感できる。

その後、クルアーン解釈（タフスィール）史を専門とすることに決め、井筒氏の業績からますます大きな影響を受けることになっていった。氏の「言語現象としての『啓示』」という論文[1]に感銘を受け、私も啓示理論に関する論文を著したが[2]、これはその後の研究につながっている[3]。また『コーランを読む』を今回を機に読み返し、ここからいかに自らの研究テーマ設定に影響を受けてきたのかを再確認することになり、正直驚いている[4]。

『コーラン』[5]と『コーランを読む』[6]（以下『読む』）についてその特徴を論じていきたい。刊行年には逆行することになるが、まず『読む』をとりあげ、井筒氏（以下敬称略）によるクルアーンの扱い方のスタンスを探ってみたい。次いで、この井筒のスタンスをふまえつつ、そのクルアーンの翻訳書を見ていくことにしたい。

『読む』は、一九八二年に一〇回の講座で語られた内容の記録である。初学者を対象にしたものであり、平易に読むことができる。しかしその内容は明快だが単純なものではなく、井筒解釈学の根幹とも言える重厚な理論が展開されている。

構成も全一〇講からなり、そのなかで、クルアーン第一章の「開扉」章をどう「読む」のかという議論が展開されていく。これは全部で七節という短い章であるが、ムスリムが最初に覚える章とされ、極めて重要な句である。これを井筒的な解釈方法論に基づき、一句一句丁寧に「読む」つまり「解釈する」ことが、本書の主旨となっている。この進め方ゆえに、この書は、ムスリムによるクルアーン解釈であるタフスィール的な様相を呈してもいる。またここでは「読み方＝解釈方法」のあり方について極めて多くのことが論じられており、井筒のクルアーンへの対し方、扱い方のスタンスを知ることができる。

その方法論は、井筒の呼ぶところの「意味論的解釈」というもので、クルアーンを「言語テクストとして読む」ということになる。また「タフスィール的」であるという側面から見れば、「クルアーンによるクルアーン解釈（tafsīr al-Qurʾān biʾl-Qurʾān）」というイスラームの聖典解釈の伝統に近似しているとも言えるかもしれない。これは、クルアーン以外のテクストを用いることなく、クルアーンのテクストそのものを純粋に分析していこうとする手法である。それは井筒の言う「創造的解釈」[7]とは反対の方向、つまりテクストの奥へ、根源へと向かっていく解釈であるとも言えるだろう。

井筒はこの意味論的解釈方法論について、「開扉」章の解釈に劣らぬほど言葉を費やして論じているが、次の言葉がそれを端的に説明しているであろう。

> エクリチュールとして与えられている『コーラン』のテクストを、もとの状況《シチュエーション》まで引き戻して、神が預言者に親しく語りかけるという具体的な発話行為《パロール》の状況において、『コーラン』のコトバをまず理解する。そして、そのような原初的テクスト了解の上で、さらにもう一歩進んでその奥にあるものを探ってみたい。……根源的世界了解、存在感覚、気分的世界像、とでも呼ぶべきものを探り出してみようというのです。[8]
>
> 私がこれからやってみようとしている『コーラン』の読み方は、エクリチュールの次元で与えられている『コーラン』のテクストをパロールの次元に引き戻す作業から始まります。すなわち書かれたコトバを話されたコトバの濃密な状況性のなかに引き戻すことが『コーラン』解釈の第一

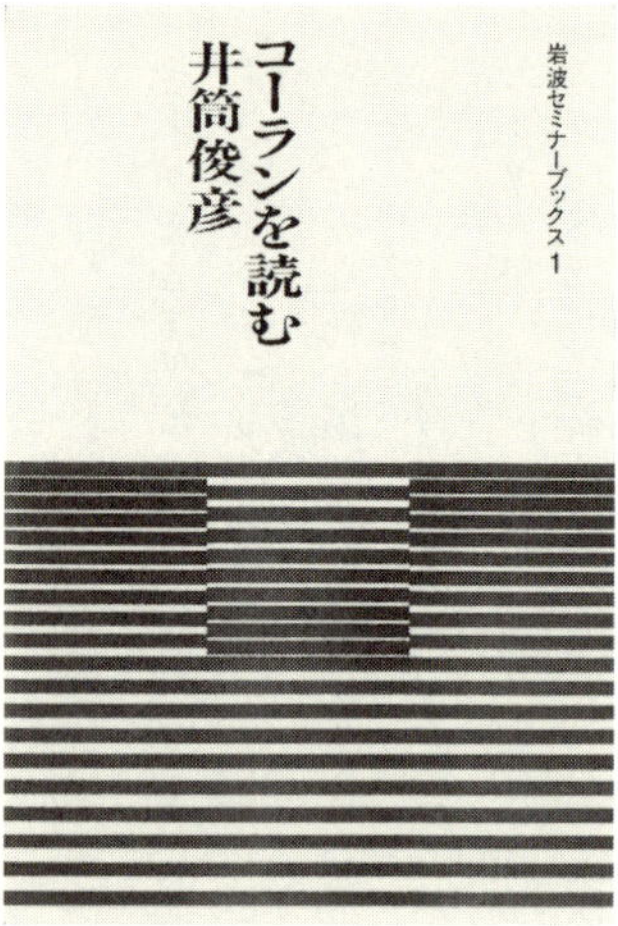

段。次に、パロールの底に働いている下意識的意味聯関まで掘り下げていく。あるいは『コーラン』的な存在感覚のようなものを浮かび上がらせようというわけです。気分的には、それは漠然たる存在感覚であるかも知れませんが、本当は一つの複雑な意味聯関的全体構造なのです。[9]

この方法論に関して、パキスタン出身でアメリカで活躍したイスラーム学者ファズルル・ラフマーンのクルアーン解釈方法論と比較すると、その共通性とともに相違が明らかになってくる。興味深いのは、どちらも解釈に二つの段階を設定している点である。ラフマーンの方法論は「二重運動理論（double movement theory）」とも呼ばれているように、まず、クルアーンにおける具体的な事柄から、当時の関連する社会状況を考慮しながら、一般的法則へと移す「第一の運動」を行う。次に、この一般的なレベルから、現実の関連する社会状況を考慮しながら、具体的な立法作業に戻るという「第二の運動」を行う、というものである。[10] このように第一段階は原意の確定という方向性で共通しているが、その後、全く逆の方向を目指しているのである。ラフマーンは現実問題の解決策を、井筒はさらにコトバの奥底にある世界観を探ろうとしている。例えば第一章六―七節「汝の御怒りを蒙る人々や、踏みまよう人々の道ではなく、汝の嘉し給う人々の道を歩ましめ給え」の解釈に関して次のように述べている。

第六―七節は表面的には、ほとんど概念的といってもいいようなコトバを連ねた、ごく普通の命令文であって、うっかり読むと読みとばしてしまいそうですが、私が今まで十回にわたってお話してきたことを頭に置いてごらんになると、この一見平凡な文章の底に、最後の審判の日に露顕する二種類の人間のイマージュが強烈に働いていることがおわかりになると思います。……言語表現としては醒めた意識のコトバですけれども、内容的には色彩濃厚な終末論的イマージュの連鎖なのです[11]。

この方法論の相違は、両者の立場、求めているものの違いに起因していると考えられる。イスラーム国出身のラフマーンは、クルアーンを倫理の書として用いることで、ムスリムに生じている様々な現実問題の解決をはかりたいと考えていた。他方、井筒は非ムスリムの日本人として、クルアーンがそもそも持っている世界観は一体何なのかという思想的問題を解明したいと考えたのである。そしてこの井筒のスタンスの背後には、元来有していた、コトバへの強いこだわり・関心が横たわっていることも指摘しておかなければならないだろう。そしてこのこだわりがクルアーンの翻訳書『コーラン』においても極めて強く見られるのである。

では次に翻訳書『コーラン』について述べていきたい。まず刊行の経緯であるが、一九五七―五八年にかけて上中下三巻が刊行され、その後、一九六四年に改定がなされている。この改定にはクルアーンを口語で訳しつつも、その原文の「比類のない荘重さ」[12]を表現したいという井筒の強いこだわりがはたらいていた。「改訳の序」でこう述べている。

『コーラン』の翻訳はむずかしい、と言うよりむしろ端的に不可能事である。特に現代日本語の口語の制限内では原文のもつ比類のない荘重さが殆んど全て消えてしまうからなおさらその感が深い。しかしされぱと言って、急速に生命のない過去の遺物になりつつある文語に訳しかえて見たところで今さらどうなるものでもない。とすれば、やはり一度完了した口語訳を僅か数歩でも理想的形に近付けるよう常に努力することが訳者としての自分の義務であると思う。……この改訳は単に部分的な改竄ではなく、想を新たにして全部訳し直したものである。一番大切な問題である文体を、口語の枠内で徹底的に改めた……。[13]

このように井筒は、クルアーンがそもそも口語で下された啓示であることを重視し、その原文の言語的特徴を日本語でも再現することを強く意図していたのである。[14]

この文体については後で述べるとして、訳に見られる他の特徴についてふれておきたい。まず節番号であるが、フリューゲル版（現在ほとんど用いられていない）を底本としているため、エジプト標準版（昨今の主流）のそれが併記されてはいるが、節を探しにくいという難点がある。しかし割注が豊富で、かつ話題の転換時に（クルアーンではこれが頻繁に突然生じる）行空けがなされており、文体の明解さとあいまって、一読で分かった気にさせてくれる。このように翻訳でありながら、一種の解説・解釈書としての役割をも併せ持っているのである（言うまでもなく、そもそもアラビア語以外のクルアーンは解説・解釈書に過ぎないというのがイスラームの公式見解ではあるが）。

現在入手可能な日本語によるクルアーンは、大川周明訳と藤本勝次他訳、三田了一訳の三点が存在する。[15]全てそれぞれの特長を持つ有益な訳書である。大川訳は終戦直後に執筆が始められ、そこでは荘重な文語が用いられている。井筒は戦前に大川と研究上の付き合いがあったこともあり、当然大川による文語訳を念頭に置いて翻訳に取り組んだはずである。よってその口語訳へのこだわりは、日本のクルアーン翻訳上、画期的な転換であったと言える。そして井筒訳の後に刊行された他の二点では比較的簡素な標準的文体が用いられ、井筒訳ほどの文体へのこだわりは見られないように思われる。

しかし井筒は、初版「はしがき」の冒頭でこの訳は「口語訳」だと明記し、その後、「解説」や「後記」で繰り返し述べているように文体に強いこだわりをもっている。これは『読む』からも明らかであるように、井筒自身のコトバへの強い関心・こだわりに起因していると考えられる。従って、井筒訳の文体は、口語（口調・リズム）が重視されている。例えば『読む』で、「慈悲ふかく慈愛あまねきアッラーの御名において」といういわゆるバスマラの訳について、「私の訳では『慈悲ふかく慈愛あまねき』となっておりますが、これは日本語の口調上、そのほうがいいと思ってそうしたのでして、正確な意味を表わすためには、順序をむしろ逆にしなければなりません――『慈愛あまねく慈悲ふかき』という風に[16]」と述べている。

そして何よりも、クルアーンの文体が押韻散文と呼ばれるサジュウ体であることに強く意識が向けられている。これはクルアーン当時のカーヒン（巫者）が用いた独特の「異様な文体」である。井筒はこのサジュウ体の訳出方法について苦心したようであり[17]、結果、厳密なものではないが、訳の文体が五七調になるという傾向が生じている。例としてここでは、第一〇七章（全七節）の訳を見て見よう。原文は第一、三、四節が「イーン īn」、第二節が「イーム īm」、第五―七節が「ウーン ūn」という韻を踏んで終えられている。

これ、どう思う、／お裁きを／嘘よばわりする／者がある。　7／5／8／5
ああいう者は、／孤児《みなしご》と／見れば邪険に／追い払い、　7／5／7／5
貧者の養いにも／気乗り薄。　8／5
ええ呪われよ、／あの者どもは／祈りはしても　7／7／7
祈りに一向／みが入らず、　8／6
見てくれがしの／体裁ばかり、　7／7
慈善行為は／お断り。　7／5

言うまでもなく、全てこのような法則が当てはまるわけではないが、日本語の口語でのリズム感を表すために、自然と五七調が表れ出たのではないかと推測される。このように翻訳においても、口語であることへの強いこだわりが見てとれるであろう。

さて最後に、井筒のクルアーン研究者としての位置づけについて簡単にふれて、本稿を終えることにしたい。クルアーン研究者には大きくわけて二つの種類があると考えられる。一つは、テクストそのものの内容や編纂の歴史的経緯を研究するタイプ、もう一つがテクストをとりまくムスリムの思想的もしくは生活上の伝統を研究するタイプで、こちらはタフスィール研究や社会学・人類学的研究などに派生していく。当然ながら井筒は前者に属し、クルアーンのテクスト分析にまさに正面から取り組んだ研究者であった。その成果は、世界的に高い評価を得た *God and Man in the Koran: Semantics of the Koranic Weltanschauung*[18] などに結実されていることは周知の通りであろう。井筒クルアーン学の最大の意義は、クルアーンという言語的に極めて特徴のある聖典を、現代の言語学・解釈学の知見でもって理解しようとしたことであろう。それは言うまでもなく、道具がよければ簡単にできるわけではなく、それを使う者の力量が最も試されるものである。よって私には、生半可な研究者にはなかなか手が出せない手法である、と感じられるのである。

1　井筒俊彦「言語現象としての『啓示』」長尾雅人ほか編『岩波講座東洋思想　イスラーム思想2』(岩波書店、一九九一年)、四―四七頁。
2　大川玲子「イスラームの啓示観―ファフルッディーン・ラーズィーの啓示(ワフイ)観―」市川裕・鎌田繁編『聖典と人間』(大明堂、一九九八年)、一八七―二〇五頁。

3　例えば、大川玲子『イスラームにおける運命と啓示　クルアーン解釈書に見られる「天の書」概念をめぐって』晃洋書房、二〇〇九年。

4　例えば、大川玲子「イスティアーザの祈禱句に見られるクルアーンの受容に関して」『オリエント』四〇―一（一九九七年）、九〇―一〇五頁。

5　本稿では、岩波文庫所収の井筒俊彦訳『コーラン（上中下）』（岩波書店、一九九〇年）を用いるが、同書は井筒俊彦著作集（第七巻、中央公論新社、一九九二年）にも所収されている。

6　本稿では、井筒俊彦『コーランを読む（岩波セミナーブックス）』（岩波書店、一九八三年）を用いるが、同書は井筒俊彦著作集（第八巻、中央公論新社、一九九一年）にも所収されている。

7　『読む』、四五―四六頁。

8　『読む』、四六頁。

9　『読む』、七二頁。

10　Fazlur Rahman, *Islam & Modernity: Transformation of an Intellectual Tradition* (Chicago: University of Chicago Press, 1984), pp.5–8. ただしラフマーンは実際には解釈を提示することはなかった。「二重運動理論」に関しては次の論考を参照のこと。大川玲子「アミーナ・ワドゥードのクルアーン（コーラン）解釈方法論―ファズルル・ラフマーン理論の継承と発展―」『国際学研究』三五（二〇〇九年）、三八頁。

11　『読む』、四三八頁。

12　『コーラン（上）』、五頁。

13　『コーラン（上）』、五頁。

14　この点に関しては、上巻の「解説」で詳述されている。『コーラン（上）』、二九八―三〇五頁。

15　大川周明『文語訳　古蘭（上下）』書肆心水、二〇〇九年／藤本勝次・伴健哉・池田修訳『コーラン（一・二）』（中公クラシックス）中央公論新社、二〇〇二年／『日亜対訳注解　聖クルアーン』（改定版）日本ムスリム協会、一九八二年。日本語によるクルアーン訳の歴史に関しては、大川玲子『聖典「クルアーン」の思想　イスラームの世界観』（講談社、二〇〇四年）の第四章「日本人とクルアーン」（一九〇―二二七頁）を参照されたい。

16　『読む』、九〇頁。

17 『コーラン（上）』、三〇〇―三〇五頁。

18 Toshihiko Izutsu, *God and Man in the Koran: Semantics of the Koranic Weltanschauung*, Tokyo: Keio Institute of Cultural and Linguistic Studies, 1964. ラフマーンもこの著作に関して、「しばしば井筒教授とは意見を異にしているが、……極めて有益であると薦めたい」と高く評価している。Fazlur Rahman, *Major Themes of the Qur'ān* (Minneapolis: Bibliotheca Islamica, 1994), p.xvi.

『コーラン』岩波文庫、一九五七―五八年。改訳、岩波文庫、一九六四年。
↓『井筒俊彦著作集』第七巻、中央公論社、一九九二年。
『コーランを読む』岩波書店、一九八三年。
↓『井筒俊彦著作集』第八巻、中央公論社、一九九一年。

『意味の構造』——意味論的分析によるクルアーン読解

牧野信也

本書は井筒俊彦教授の代表的著作の一つ *The Structure of the Ethical Terms in the Koran*, Tokyo, 1959（後述するように、これは一九六六年に *Ethico-Religious Concepts in the Qur'ān* という標題の下にマギル大学より改訂版が出された）の邦訳であるが、[註]その解説に先立ち、井筒教授自身について、そして殊に教授の今日までの学問上の業績について触れておく必要があると思われる。というのは、程なく述べるように、教授がその学問上の方法及び視点に関して独創的であること、そして研究の対象への理解が極めて深く、しかもその対象の範囲たるや、世界的規模に於いて洋の東西に亘って驚くべき程広い点でたぐいまれな天才的学者であることは、むしろ諸外国で非常に高く評価されているが、主としてその業績が外国語で、しかも純粋に学問的著作の形で公にされていることなどのため、残念ながら日本に於いては学

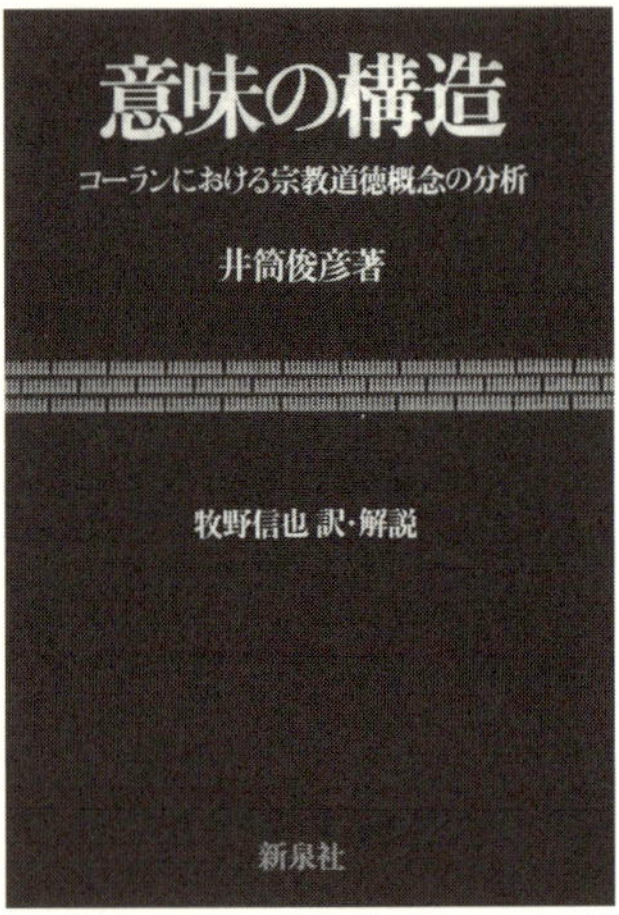

界を除いて一般にはさ程広くは知られていないからである。そこで、これまでになされた著作のうち主要なものについて見て行くことによって教授の業績を先ず概観してみたい。

　教授は昭和一〇年代から三〇年余に亘って母校慶應義塾大学文学部及び言語文化研究所に於いて主として言語学及び哲学を講じられたのであるが、研究の面から見るとき、先ずセム語及びイスラーム学の分野で活動を開始された。その成果は二十数歳の頃の処女作『アラビア思想史』という形をとって現れた。これは日本のイスラーム学が未だ全くの揺籃期にあった時、豊富なアラビア語文献を自在に駆使し、西欧の諸研究からの知識を基礎として書かれたものであるが、驚くべきことに、我が国のイスラーム学の極く最初の時期にありながら、西欧の研究に対する厳しい批判が本書の随所に見うけられるのであり、ここにすでに著者の非凡な学的能力が窺われる。そして半世紀以上を経た今日に於いてもその学問的価値は失われていない。

　このように『アラビア思想史』は優れた処女作であった。しかし敢て言うならば、そこには著者自身の一貫した独特な視点というものは未だ見られず、それは次に現われる大著『神秘哲学』に求めねばならない。ここでは発生期から更に下ってプラトン、アリストテレス、プロティノスに至るギリシア哲学の歴史的展開が教授の独自な神秘主義的観点から把えられ、豊富なギリシア語原典を駆使して論述されている。その序文に於いて自ら述べているように、教授は幼少の頃より碧巌録、無門関、臨済録等に親しみつつ禅の実践を行った。そしてそこで教えられたものは、修道の途中はもとより、たとえ道を極めた後でも、これに知的詮索を加えることは許されず、「思惟すべからず」ということであった。つまり、このような観照的生は徹頭徹尾純粋無雑な実践道であって、これについて思惟することは絶対許されないと信じていた。いわんや人間の思惟の典型的活動としての哲学が観照的生の体験を基礎として成立し得るなどとは全く考えられもしなかった。然るに、後日、ギリシアの哲人達の著作に触れるようになったとき、教授は彼等の哲学の底にその哲学的思惟の根源として正に上述の観照的生の脱自的体験が前提とされていることを非常な驚きをもって発見した。プラトンからアリストテレスを経てプロティノスに至るギリシアの代表的な哲人達はいずれも謂わゆる観照的生 Via Contemplativa を哲学的思索の根底に置いた人々であった。この意味に於いて彼らは哲学者である以前に神秘家であった。かつてイェーガーがパルメニデスについて認めたように、哲学的思惟が窮極に於いて一種の知的密儀宗教となることこそギリシア哲学を貫く特徴である。このような観点から、ギリシア哲学の発展がその三人の代表者プラトン、アリストテレス、プロティノスについてロゴス以前の観照体験にまで掘り下げて考察されており、従って本書は普通の意味でのギリシア哲学史ではなく、むしろ謂わゆるギリシア哲学史の表面に現われている学説の底に脈々と流れ、それを支えている実存的生の基盤について叙述されている。

次に書かれたのは『マホメット』という小著であるが、預言者ムハンマド自身及び彼をとりかこむ当時の精神的状況をこれほど生き生きと描いているものは他に見当らない。これは一方では、当時の文献に通じている著書の知識の深さによることは勿論であるが、他方、ムハンマドという極めて難解な人間に対する上述のような教授の神秘主義的立場からする理解の深さによることが大きいと思われる。年代を追えば、この次に『ロシア的人間』という書物があるが、これについてここではその名を挙げるにとどめておこう。

次に是非触れておかなければならないのはクルアーン（コーラン）の邦訳である。これまでにもクルアーンの日本語訳は幾つか試みられてはいたが、原文からの学問的翻訳は教授によって初めてなされた。この訳の特徴は先ず第一に学問的な厳密さ、正確さであり、訳文も従来のような文語体ではなく、口語体によってその意味が的確、明晰に表わされている。これはロックフェラー基金による教授の第一回外遊後、その際イスラーム諸国の学者との論議により得た知識をもとに全面的に改訳され、今日見られる形となった。

これ以降、教授の業績の多くは英文で書かれ、慶應義塾大学言語文化研究所及びカナダ・マギル大学イスラーム研究所をはじめとする諸外国の学会、研究所より出版されている。その第一をなすものは一九五五年に公にされた *Language and Magic: Studies in the Magical Function of Speech* である。言語というものは我々をとりまく外界の事物や我々をとりまく外界の事物や我々の思想を記述し、伝達する手段と考えられ、その限りに於いては論理的であり、又そうあらねばならないのであるが、しかし例えば、言語の論理性、客観性が最も厳しく要求される自然科学及び論理学の領域についてみると、そこでは言語は客観的記述のためにはあまりにも不完全な道具であることがわかる。又現代の我々をとりまく状況から目を古代人の世界に転じてみると、そこでは言語は事物を客観的に描写、記述、伝達するのみでなく、或る魔術的な機能を果たしていることがいずれの民族についてもみられる。言語の機能に於けるこのような魔術的な要素は我々近代人にはもはや強くは感じられず、殆んど忘れ去られてさえいるが、実は我々の中にも形を変えて脈々と生きつづけているのである。このような観点から著者は、言語の機能を論理と魔術の二つの面の対立、葛藤という従来試みられなかった新しい角度から把え、解明している。この *Language and Magic* を発表して以来、教授は次第に外国の学界で注目されるようになって行った。

一九五九年、これに続いて刊行されたのが、ここで書評として取り上げるものの原本、*The Structure of the Ethical Terms in the Koran* であり、そのカナダから出された改訂版 *Ethico-Religious Concepts in the Qur'ān* と相俟って国際的意味論学者、イスラーム学者としての教授の地位を確固たるものにした。これについては後程やや詳細な説明を加えることになるが、ここで順序として一言するならば、この時期に教授は諸民族の道徳観念の本質とその展開とをそれぞれの言語を手がかりに明らかにする研究を計画し、その一つの具体的な場合として、イスラームの出現によって多神教からイスラーム化するアラブ社会をとりあげ、これが言語的に表出されているコーランより宗教・道徳上の用語を択び出し、その意味を通時論的及び共時論的に分析することによって当時のアラブの道徳意識の本質、発展を究明している。

これに続くのは、カナダ・マギル大学イスラーム研究所に於いて客員教授として行った講義を骨子に一九六四年慶應義塾大学言語文化研究所から出版された *God and Man in the Koran: Semantics of the Koranic Weltanschauung* である。前著 *The Structure of the Ethical Terms in the Koran* に於いてはクルアーンに於ける道徳上の鍵概念の分析という基礎的、実証的作業がなされたのであったが、この *God and Man* に於いては、そこで得られた成果の上に立ってイスラーム倫理のうちで最も重要なものの一つである神と人間との関係が徹底的に分析されている。或いは、クルアーンに示されている初期イスラームの思想世界が神と人間という二つの局の対立という面から構造論的に解明されているといってもよいであろう。この本で示されている斬新な方法による厳密な分析の結果はヨーロッパのイスラーム学者のみならず、クルアーン解釈に関して千数百年の伝統をもつイスラーム圏の学者達の注意をも惹きつけずにはおかなかった。

上記の二書 *The Structure of the Ethical Terms in the Koran* 及び *God and Man in the Koran* に於いては、ともにクルアーンの世界がその舞台であったが、次の著作 *The Concept of Belief in Islamic Theology* でとり扱われているのはクルアーン以降展開した神学上の問題としての「信仰」の概念である。クルアーンに於いても「信仰」の根本に関して述べられているが、予言者の死後、イスラーム共同体の成立にともない当時のムスリム達はこの「信仰」の問題を更に理論的に深化し、明確化する必要に迫られた。かくして「信仰」の問題に関して多くの分派が出現したのであったが、これら分派の主張相互間の関係を明らかにする文献は極めて少く、また「信仰」の概念そのものについても或る体系的な叙述が行われているわけでもなく、当時の書物のそこここにかなり雑然とした形で「信仰」に関する議論が見出されるにすぎない。このような研究上、非常に困難な領域に教授は敢てその独自の意味論的分析の方法をもって挑戦し、イスラームに於ける「信仰」の概念の構造及びその歴史的展開を明らかにしている。上述の三著作によって教授のイスラーム学者としての地位は不動のものとなった。

その後、教授の視野は更に拡げられ、これまでのいわばイスラームの枠内での研究から、イスラームの思想を他の宗教の思想と比較する方向に向った。その具体的成果の一つとしては *The Key Philosophical Concepts in Sufism and Taoism* 2vols., Tokyo, 1967 である。すでに述べたように教授の研究の方法論の基礎をなすものは意味論的分析であるが、この方法はイスラームと他の宗教という異質の文化相互の比較研究の場合も極めて有効な手段となり得ることが実証された。この本に於いて具体的な比較の対象とされているものはイスラーム神秘哲学者イブン・アラビーの思想と老荘の哲学とである。中世のイスラーム神秘哲学者と古代中国の老荘の哲人との対比は非常に突飛で、両者の間には一見、全く何らの関連も共通性も認められないように思われる。しかしよく見て行くと、両者の思想の間にはその根本的な構造の点で驚くべき類似性が存在することを教授は指摘し、先ず第一巻でイブン・アラビーの思想の基本構造を示し、次いで第二巻に於いては老荘思想の場合について論述し、最後にそれぞれの哲学体系に於ける主要概念を択び出し、厳密に分析することによって両者の比較を行い、そこに見られる共通性を抽出している。かようにしてイスラーム神秘哲学と道教思想との基本構造に於ける類似性が明らかにされるのであるが、それと並行してイスラーム哲学と仏教哲学との比較考察もおしすすめられている。そして教授は更に高い次元に問題を移し、これらの比較の上に立って広く東洋全体に於ける神秘哲学の理念型ともいうべきものをとり出す壮大な計画に着手されている。

一九六九年、教授は多年教鞭をとられた慶應義塾大学を退職され、マギル大学イスラーム研究所テヘラン支所長となられた。イスラーム圏に本拠を移された教授は最良の環境を十二分に活用し、早速イランの学者と共同の研究を開始し、一九世紀イラン最大の哲学者ザブザワーリーの代表的著作の編纂という形でその成果は結実した。これはアラビア語で書かれた形而上学で、イラン人の学者にとっても極めて難解なものである。九百頁になんなんとする本書は本文及び註訳とよりなり、それに井筒教授の論文 "The Fundamental Structure of Sabzawārī's Metaphysics" が加えられている。これは一九七一年に慶應義塾大学言語文化研究所から出版された *The concept and reality of existence* に収められた独立の論文 "The basic structure of metaphysical thinking in Islam" からも窺われるように、ただ単にイランの一哲学者の著作の解説ではなく、より普遍的な見地からのイスラーム形而上学についての独創的論究である。以上、我々は井筒教授の著作のうち主たるものを紹介することによって、これまでになされた業績について極く概略を述べた。そこで最後に『意味の構造』自身について若干説明を加えておきたいと思う。

前述の通り、本書では諸民族に於ける道徳観念の本質とその展開とを解明しようとする一つの具体的なケースとして、多神教から絶対的唯一神教としてのイスラームへ移行する時代のアラブの場合がとりあげられているのであるが、先ず第一に注目すべきことに、ここで一大変革期に於けるアラブの道徳観念という研究の対象と同時に、それを分析、解明して行くための方法論の問題が極めて重要なこととして考えられ、それが徹底的に追究されている。そしてこの問題をとり扱うのに際して教授は上述の意味論的分析の方法を援用する。即ちイスラーム化するアラブの道徳意識が言語の面に表されているクルアーンから宗教・道徳上の主要語を択び出し、それらの意味の構造を分析する。この方法論に関しては現代の欧米の意味論、とりわけJ・L・ヴァイスゲルバーの学説に負っていることを教授自身認めているが、ここでそれがイスラームの道徳意識という特殊な対象の分析に完全に適合するよう組変えられている。そしてその際、極めて重要となる点の一つは、それぞれの主要語の意味の客観的且正確な規定である。語の意味の規定の仕方として古くから種々の方法がとられて来た。そのうちの一つは意味不明の語の内容を母国語のそれに対応すると考えられる語で説明するやり方であるが、これは単なる間に合わせの手段であるばかりでなく、問題となる語の意味が異なる文化圏に於いて用いられている他の語を通して歪んで把握されることになる。語の意味のこのような間接的説明ではなく、いわばその直接的規定を教授は考え、一定の語を母国語の或る語に対応させるのでなく、我々をとりまく言語外の事物の世界の或る部分に直接対応させる。より具体的に言えば、或る問題の語が用いられるためにはどのような条件が満たされねばならないかを観察し、それらを一つ一つ客観的に記述して行くことによってその語の意味は正確に把えられると考える。そしてこのような過程をたどることによってはじめて、道徳・宗教上の用語といった高度に抽象的な語乃至は概念の内容が、例えば「歩く」、「見る」というような具体的内容の語の意味の場合と原理的に全く同じように把握、規定されることになる。また別の観点から見るならば、著者が行っていることは要するに原典をして自ら語らしめることともいえる。つまり、これは厳密な意味での原典の文脈から解釈する方法である。著者は先ず、イスラーム以前の謂わゆるジャーヒリーヤ時代の精神的状況を多くの例を用いて説明し、次に当時の倫理的状況を明らかに示す重要語を択び出してその意味を規定した後、それらの語がクルアーンの中でどのような意味上の変化を受けたかを通じて検討している。そしてこれらの基礎の上に立っていよいよクルアーン自身に於ける宗教・道徳上の概念の分析に入るのであるが、ここでクルアーンの道徳観念の世界の構造を探るに当たって、その要《かなめ》としての役割を果たす kufr という語を把え、その意味の構造を上述のような方法で徹底的に分析している。この kufr という語は本来、「覆い隠す」、

「無視する」という内容をもっていたのであるが、クルアーンに於いては「神の恩恵を無視する」という意味から更にすすんで、殊にこの語が「信仰」を表す imān という語と非常に屢々対立して用いられることから、「不信」を表わすようになる。この「不信」の具体的なあらわれとしては例えば、takdhīb「神を偽りとする」、iftirā' al-kadhib「偽りを捏造する」という形をとる。また、kufr と今述べた imān の対立は、現世のみでなく、更に来世に於けるあらゆる問題を信、不信という観点から大きく二分するのであり、これはイスラーム道徳の全体系の拠って立つ基盤といえる。他方、この kufr という語はコーランに於いて例えば fisq' fajr' ẓulm といった相互に類似しつつ、しかもある点では異なる語と密接に関連しつつ、一つの意味の場を形作っている。このように、クルアーンの文脈そのものを手がかりに kufr 自身のもつ意味の内部構造を明らかにし、又この語が他の様々な語との間に張りめぐらす網の目のような複雑な関係を探り出すことは、とりも直さず当時のアラブの宗教・道徳的世界観の構造を解明することになるのである。

註　この邦訳は、著者並びに慶應義塾大学言語文化研究所の諒解の下に、一九五九年版及び一九六六年の改訂版の両者から内容を適宜取捨選択しつつ評者が行ったものである。

〔編者付記〕本稿は、『意味の構造』新泉社版の解説（三八五〜三九五頁）を転載したものである。

『意味の構造―コーランにおける宗教道徳概念の分析―』（牧野信也訳）新泉社、一九七二年。

↓『井筒俊彦著作集』第四巻、中央公論社、一九九二年。

『イスラーム文化』——雄弁な啓蒙と呑み込まれた言葉

長谷部史彦

本書が刊行された一九八一年は、私が慶應義塾大学の文学部に入学した年である。気がつけば既に三〇年も前のことで定かではないが、著者独特の知的躍動を随所に示すこの本を初めて読んだのは、その翌年に東洋史学専攻に進んだときのことだったと思う。当時は網野善彦、阿部謹也、二宮宏之といった方々の「下からの社会史」の諸作品に大いに魅了されていたころであり、本書の力強い論調に導かれ一息に読了し、全く知らなかった問題の在り処をいろいろと教示されながらも、何か違和感が残っていたように記憶している。今になって読み返してみれば、三時間程の一般向け講演の記録でこの内容の凝縮度と独創的展開は尋常ではないと分かるのだが、当時の青二才には、求めていたイスラーム世界の庶民やリアルな生活世界が語られないのが不満だったということだろう。

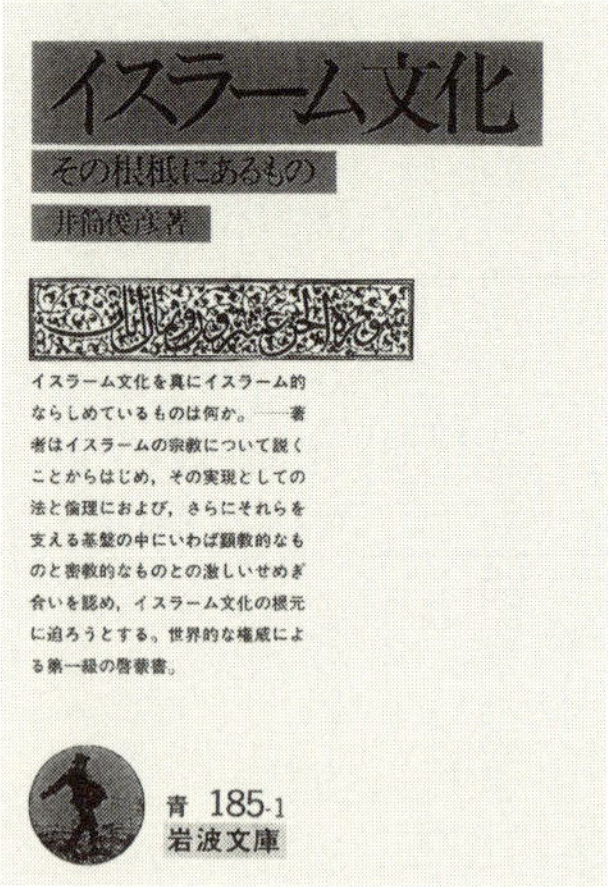

井筒俊彦から小高正直をどうしても連想してしまうのは、私だけかもしれない。外務省のアラビストでシリアの特命全権大使などの重職を歴任され、学者としても著名な小高先生は、一九一五年のお生まれで、一九九四年になくなられたから、井筒先生と本当に同時代を歩まれたことになる。そして、お二人は長らく親交を保たれ、これは小高先生からの直接情報だが、国内の何処かの山を一緒に登られたこともあったという。卒業論文をまとめる時期に指導教授であった湯川武先生が外務省専門調査員としてカイロに赴任され、私は先行きに不安を感じていたが、坂本勉先生のご配慮もあって幸いにも晩年の小高先生にご指導いただく機会に恵まれた。盲目の反骨詩人マアッリーやシュウービーヤ運動、二〇世紀エジプトの大作家アッカード、イラクの現代政治などについての含蓄ある御講義、さらには、第二次大戦直前のカイロやアレクサンドリアの情景がリアルに浮かぶ貴重な経験談を伺った。アラブ近現代史の大家ホーラーニーとも親交があり、名著『アラブの人々の歴史』の日本語訳を御本人と約束され、三田の山へと持ち込んでくださった小高先生は、アラブ世界のことを幅広く捉えることの重要性を絶えず強調され、マムルーク朝研究に夢中になりつつあった私に「長谷部君、マムルークだけでは駄目だねえ」と繰り返された。若いころから現地で本格的に修業された先生のアラビア語の発音は流麗で美しい響きだったので、レバノン内戦に関するアラビア語新聞記事の講読の際など読み上げるのが恥ずかしかった。授業の後には

今は亡き「幻の門」の近くにあった岡田屋などで昼間から贅沢に御馳走をいただいたことが少なからずあり、そして、食事中でさえイスラーム思想史を専攻し続ける先輩の野元晋さんの所為で、天ぷらを食べながら井筒先生に話が及ぶことがあった。直接謦咳に接する機会のなかった井筒先生について、私たちは主に伝聞に基づきその天才ぶりについて讃辞を重ねるのが常であったが、そんな時に優しい眼の小高先生が度々、「井筒君はどんどん神話化されて行くねえ」と釘を刺されたことが強く印象に残っている。今思えば、井筒先生が東京で流浪のタタール人にアラビア語を習っていた一九三〇年代、エジプト社会に暮らしつつ研鑽を積まれた小高先生としては、それに続く色々な言葉を呑み込まれていたのだろう。

「宗教」・「法と倫理」・「内面への道」の各章からなる本書は、何よりも論の展開の勢いと明快さが印象に残る著作である。「イスラーム文化をしてイスラーム文化たらしめている要素の中で特に顕著なもの」について一般読者に分かりやすく説いたものであり、そこに網羅性や包括性を求めるべきではないだろう。しかし、その点を踏まえても、スーフィー教団の増殖や活動、聖者信仰の流行と深化、イスラーム的救貧とワクフの発展、預言者ムハンマドやその血統保持者たちへの崇敬の隆盛といった一九九〇年代以降の学界で特段の注目を集めつつあるイスラーム史上の重要テーマが殆ど論じられていないのは、今回読み直して本当に意外であった。それは、井筒学の中心的視界の特徴を示すもの、あるいは時代的な制約として理解すべきなのだろうか。時系列的にみれば、スンナ派社会における大きな転機ともいえる一二・一三世紀とその後の展開について、著者は具体的には殆ど言及していない。けれども、「イジュティハードの門の閉鎖」以降、「活発な論理的思考の生命の根を切られてしまったイスラームは、文化的生命の枯渇という重大な危険に身をさらすこと」になり、それが「近世におけるイスラーム文化の凋落の大きな原因の一つ」であったとの大胆な見通しは提示されている。マムルーク朝とオスマン帝国の時代のスンナ派世界を研究してきた者としては、対象を全否定されてしまったように感じる部分である。マクリーズィー、スユーティー、シャアラーニー、ジャバルティーといったカイロ生まれの中世後期から近世にかけてのムスリム知識人たちの多彩な著述に私は個人的に心ひかれてきたのだが、彼らの精力的な仕事が著者のイスラーム研究に影響を与えることはなかったとすれば残念である。関連して付記すれば、いわゆる「イジュティハードの門の閉鎖」以降、オスマン帝国期に至っても、種々の問題についてスンナ派イスラームの法解釈は実際にはかなり柔軟な変化を示していたことが既に明らかとなっている。

著者による中世後期以降のスンナ派世界の軽視は、サファヴィー朝以降のイラン的シーア派世界への高い評価と表裏をなしているが、こうしたスタンスは、上記の欠落とともに、一般にガザーリーの「回心」から説明されるウラマーのスーフィズムへの理解と融和といった歴史的展開が本書で全く無視された一因ともなっている。著者の見方は、「内面化された宗教を第一義的なものとするウラファー」と「宗教としてのイスラームをそのままシャリーアと同一視し、法即宗教と考えるウラマー」が体現する「二つの正反対の文化パターン」の「文字どおり命がけの相克がいろいろな形で一〇〇〇年以上も続いて今日に及ぶ」という指摘に最も明瞭にあらわれている。少なくともマムルーク朝期以降についていえば、先述のカイロの知識人たちを含めてスンナ派ウラマーがタサウウフ（スーフィズム）を肯定的に捉え、さらには存在一性論で知られるイブン・アラビーの思想が彼らのみならず社会全般に影響を及ぼしていった面が近年では注目されており、スーフィズムが「歴史的に危険分子として今日まで存続して」きたという理解は如何なものであろうか。さらにいえば、著者が深く研究されたイブン・アラビーに関する紹介や論究が本書でみられない点も少々不思議といわねばならない。

ウラマーとウラファーの対立のみならず、対比的な提示、対峙する二要素の衝突が生み出すダイナミズムの強調は、まさに本書の力強い語りの原動力となっているようにみえる。それは、「はじめに」における「全く違った伝統的文化価値体系の激突によって惹き起こされる文化的危機」への注目、メッカ期の「タクワー（怖れ）」とメディナ期の「シュクル（感謝）」の対比、さらには、今日ではおそらく多くの反論を招くことが予想される、「外面への道」／スンナ派／アラブ／現実主義／非連続的存在観と「内面への道」／シーア派／イラン／幻想性／連続的存在観というコントラストの設定など、いくつも確認される。こうした多分に二項対立的な言説は、おそらくは一般の聴衆や読者を強く意識しての啓蒙的配慮からの単純化に相違ない。しかしながら、「イスラームが宗教的共同体の理念をひっさげて真正面から衝突していった」砂漠的人間の精神をめぐる次のような箇所、

血の連帯感と口でいいますと何でもないようですが、砂漠的人間においては、それは実に凄じいまでに強烈な存在感覚だった。それが決定的な特徴です。いわば全身に逆巻くものすごい情熱、理屈ではとうてい説明できない非合理的な、ほとんどデモーニッシュな力なのでありました。そういう非合理的なデモーニッシュな力として、それが砂漠的人間の行動、ものの感じ方、考え方のいっさいを支配したのであります。

に接すると、リアリティーを追い求めてしまう社会史の学徒としては、そのロマン主義的ともいうべき叙述の力に圧倒されながら、どうしても疑念を消すことができない。イスラーム出現以前のアラビア半島において、日々生業に勤しみ、家族生活を営んで、様々な喜怒哀楽を表現していたに違いないアラブの老若男女に対して、何となく申し訳なく思えてくるのである。

多くの読者に支持されてきた第一級の啓蒙書について、思いつくままに記してきた。井筒先生のイスラーム研究に関する貴重なインタビューを中心に編まれたこの自由な企画に、その偉大なる足跡の確認や再評価は勿論のこと、知的営為の常として「脱神話化」の側面もあることを信じて、この短い雑文を終えることにしたい。

『イスラーム文化―その根柢にあるもの―』岩波書店、一九八一年。
↓岩波文庫、一九九一年。『井筒俊彦著作集』第二巻、中央公論社、一九九三年。

『イスラーム思想史』——沙漠の思想か共生の思想か

塩尻和子

イスラームを理解するために

イスラーム思想はその発祥当初から周辺地域の諸宗教や諸思想を柔軟に取り入れて、イスラームの教義に適合するように合理的な解釈を加えながら、自己のものとしてきた。それは同じ神からの啓示を共有するユダヤ教・キリスト教という「啓典の宗教」だけでなく、表向きには多神教・偶像崇拝として排斥すべきゾロアスター教、マニ教、ヒンドゥー教、仏教などにも寛容な対応をしてきた。それは、自らの文化や社会の発展に役立つと思われる情報を貪欲に吸収しようとしたからである。とくになかば廃れていたギリシア思想や科学を取り込み、大いに利用したことは、特筆される事実である。そこにはイスラームという宗教が本来的に包含している理性主義と実践的共存の理念がみられる。

このような活発な思想的営為の歴史から、今日の私たちが学ぶべきことは、イスラームが本来もっている宗教的寛容と学問的情熱の奥行きの深さである。イスラーム思想の深淵に迫る研究は、宗教的理想と歴史的現実とを混同することなく、リベラルな立場から今日のイスラームを理解するための手引きともなると思われるからである。

しかし、このような研究は世界的にみても量、質ともに極めて少ないと言わなければならない。日本でも近年、イスラームに関連する書籍がかなり多く出版されてきているが、その大部分は一元的にイスラームを解説するだけのものか、西洋キリスト教世界を敵視しながら最後の一神教としてのイスラームの優越性を説く護教的なものか、あるいは、それに反して、イスラームバッシングを目的としてイスラームの危険性を強調する偏見と蔑視に満ちたものかに分けられる。これらのいずれにも属さず、毅然として広い見地からイスラーム思想を検討する立場は、世間の評価を得にくい側面がある。

井筒俊彦の『イスラーム思想史』（岩波書店、一九七五年）は客観的な視点からイスラーム思想を研究した成果であり、ひろく比較思想学的な見地からイスラームを捉えたものであり、イスラームの思想的営為を俯瞰的に学ぶことができるすぐれた著作である。イスラーム神学思想カラームから、神秘主義思想、イスラーム哲学まで詳細に論じられている。しかも、私の手元にある中公文庫版（一九九一年三月発行）には、最後に付記として一九八九年に発表された、イスラーム神秘主義者バスターミーの思想とウパニシャッド哲学との対比研究が収められている。

井筒は若い時期から儒教や道教といった東洋的思想に深く関心を示していたが、特に晩年には仏教思想や老荘思想とイスラーム思想との比較研究を多く手がけ、ユニークな宗教哲学を打ち立てられた。この独自の「井筒哲学」は欧米の哲学者や文学者にも大きな影響を与えており、Izutsu の名前は欧米で出版された書籍で目にすることが多い。

アラブの思想

もう四〇年以上も昔のことになるが、クセジュ文庫版の『アラブの思想』（アンリ・セルーヤ著、矢島文夫訳）をはじめて読んだ時には、和辻哲郎が『風土　人間学的考察』で展開した風土論に似た印象を持ったものである。つまり、アラビア半島の沙漠地帯のように、乾燥と高温という峻厳な気象条件のもとでは、人々は自分の目で見て、手で触って、耳で聞いて、実際に感知したものでなければ、その存在を信じることができない。彼らには抽象的、観念的な物事を考える習慣も能力もなく、きわめて物質的で直観主義的な考えしか持っていない。そのような人々に、現実世界から隔絶した超越的で絶対的な全知全能の神の存在を説くことがいかに困難を極める作業であったか、イスラームの創唱者、預言者ムハンマドの苦難がいかに厳しいものであったか、などについて、手に取るように描かれていたものである。

この沙漠の思想について論じた翻訳書を読んでからまもなく、私は井筒が最初に出した『アラビア思想史』（一九四一年）を手に取ることになった。その中で、とくに冒頭部分では、先にあげた翻訳書とほとんど同じ記述に遭遇して、大変に驚愕してしまったことを思い出す。そこでは沙漠の民の現実性と物質主義、直観主義について、クルアーンの記述を例にあげながら詳細に論じられていたが、大半の表現は前述の翻訳書と共通するものであった。

その後、イスラーム神学思想の研究を志して、欧米で出版された著作をひとつひとつ、ひも解いていくうちに、ダンカン・マクドナルドの *Development of Muslim Theology*（London, 1903）の中に『アラビア思想史』と全く同じ表現の文章が何ページもあることに気がついた。井筒も一九七五年にこの改定版となる『イスラーム思想史』を出版したとき、その「後記」で三〇年以上も前に出した『アラビア思想史』に触れて、「今よみなおして見ると至るところに欠点が目立つ」（四一〇頁）として、正直に反省を記している。しかし、当時のまだ若かった私は潔癖で不寛容であり、引用元についての注も記述もなく、そのまま著者自身の文章として何ページにもわたって書かれているところに、前述の翻訳書の記述の件も相まって、かなりの反感を抱いたことも事実である。

しかし、後年、井筒思想の真髄に出会うことになって、その偉大さをあらためて確認したことは、いうまでもない。

沙漠の思想か

いわゆる「風土論」は、今日でも別の視点から意気揚々と論じられることがある。それは「乾燥して茫漠とした厳しい気候風土の土地では厳格な神を奉じる一神教が起こり、温暖で降雨の多い土地では、恵まれた自然環境に感謝するために多神教が生まれた」というものであり、このような見解を主張する研究者は、現在でも少なくない。しかし、イスラームが生まれる以前のアラビア半島は、乾燥した峻厳な気候に反して、多神教世界であったことを、風土論者たちは、どう見るのであろうか。アラビア半島だけでなく、ユダヤ教が生まれたメソポタミアも乾燥した沙漠や荒地の多い地域である。文化の違いの根拠について「風土論」を主張する人々によれば、乾燥した地域からは一神教が発生し、温暖な気候のもとでは多神教が生まれることになるが、ユダヤ教は、その長い歴史を通じ、多神教の世界という大海の中の小舟にしか過ぎなかったことを、どのように説明することができるのか。

さすがに井筒は、イスラームが発生した要因を沙漠的環境に起因するという風土説を採ってはいないが、『イスラーム思想史』の第一部「アラビア沙漠の精神とコーラン」のなかで、以下のように述べている。

（前略）視覚的・聴覚的であるアラビア人が、結局、本質において感覚的であり物質主義者であったことは当然である。仮に彼らを哲学者に見たてるならば、彼らは個物主義者であり、ノミナリストであった。感覚的な現実の彼方に、それを超越するイデア的なものの実在を信じるレアリストではあり得なかった。(二三頁)

アラビアの精神には「激烈な、妥協を許さぬ現実主義、徹底的な感覚主義と個物主義がそこにあった」(二四頁)とあるが、この徹底した物質主義のただなかから、ムハンマドの召命があり、クルアーンが聖典として出現した、と井筒は言うのである。イスラームはこの決定的な逆説の中から立ち上がり、逆説を巧みに利用することによって、沙漠の民の心を摑んだ。井筒によれば、クルアーンに色濃く反映されている沙漠的感覚的なアラビアの思想は、イスラームの発祥の大きな要因となっている。

イスラームが始まって以来今日に至るまで、あらゆる宗教的、精神的活動の源泉となって来たコーランが、このように非論理的な精神の生み出したものである一事は、イスラーム思想の発展を辿ろうとする者が充分に注意しなければならぬ点である。(一七頁)

「聖典」という性格からみれば、クルアーンの記述の多くが感覚的で絵画的であるとしても、それと同時に抽象的で精神的な記述も多くみられることは当然であろう。イスラームと同系の兄弟宗教と言われるユダヤ教もキリスト教も「沙漠地域で発祥した宗教」である。インドのバラモン教やヒンドゥー教も、そして仏教も、やはり暑く乾燥して荒れた土地に発生した。「沙漠の宗教」はイスラームだけではない。ある意味で宗教には「非論理的な精神」はつきものである。「イスラームは沙漠の宗教である」という表現は、今日では「イスラームは後進的で野蛮な宗教である」といった誤解を招くもとになってはいないであろうか。

都市の思想か

井筒の立場に反して、最近ではイスラームは「都市の宗教である」という主張がみられる。もともと預言者ムハンマドがイスラームを唱えたころ、メッカはインド洋海域と地中海圏とを結ぶ中継貿易によって繁栄していた。乾燥した沙漠地帯のなかにありながら、東西を結ぶ交易の要所としての役割を果たすことによって、小さいながらも都市としての形態と機能を持っていたとする考え方が優勢となってきた。

板垣雄三は、この考えをさらに進めて、七世紀初頭のイスラームの発祥こそが、今日の「近代」の始まりであったとして、以下のように主張している。

七世紀、アラビア半島のメディナという都市を中心に成立したイスラームのウンマ（「国民」国家とその社会）が発揮しはじめた近代性が、ヨーロッパはもちろん、やがてアジア全域、さらには日本まで大きなネットワークの中に包む込む形で、独特の近代性と都市性をグローバル化してきました。（『イスラーム誤認』岩波書店、二〇〇三年、一九三頁）

板垣は、イスラームの近代性と都市性こそが、本来の「近代」の土台であり、人類の生き残りが懸念される現代のグローバリズムにおいて、イスラームの普遍性が改めて問われなければならないと考えている。これまでのアメリカ主導のグローバリズムに対して疑問が呈される今、グローバリズムの本質を再考するためには、イスラームの近代性と都市性を再考する必要があるのではないかと言う。筆者もイスラーム思想の中に「地球上のすべての人間は神の被造物であり、神のもとでまったく平等である」というグローバリゼーションの本来の概念がみられると考える（拙稿「イスラームをめぐる宗教間対話」『グローバル時代の宗教間対話』大正大学出版会、二〇〇四年、一〇三―一〇四頁）。

そういう立場からみると、イスラーム思想は「沙漠の思想」でも「アラブの思想」でもなく、都市の思想であり、グローバル思想でもあるということになる。

共生の思想

井筒は、前述のように『イスラーム思想史』の冒頭で、「イスラームのあらゆる宗教的、精神的活動の源泉であるクルアーンは、沙漠の伝統である非論理的な精神が生み出したものであるということを、イスラーム思想の研究者は充分に注意しなければならない」と言っている。しかし、「アラビア砂漠の精神とコーラン」を除いては、『イスラーム思想史』全体を通じて、沙漠の伝統が強調されているところは、ほとんどみられない。

井筒自身も、新生イスラームは、大量の水が堰を切ってあふれ出るように、間もなくアラビア半島の外へと歴史的大展開を成し遂げ、思想史的にも大きな転換を経験することになったと記述している。井筒はこの思想史的大転換を以下のように描写している。

純アラビア的沙漠的精神は後退し、そこにできた空間にビザンチン的キリスト教の神学が、古代ギリシャ的哲学精神が、ゾロアスタ教的二元論が、シリアの透徹した理性が、ヘレニズム的グノーシスと神秘主義が目もあやに錯綜しつつ新しい思想を織り出して行く。（二五頁）

第一部二以降の本書の記述は、このような新しい思想を縦横に検討し解説したものになっている。第一部三「思弁神学の発生」の冒頭では、ムハンマド没後のイスラームでは、遊牧生活から都市生活への移転や周辺諸民族の高度の文化的伝統に触れたことなどを背景として、アラビアの沙漠的精神が早くも動揺をきたしたことが挙げられている。つまり、これまでクルアーンの思想の原点でもあった「砂漠の思想」が、社会の進展に合わせて「都市の思想」へと変化したことが、イスラーム思想の多様性を生み出したとされるのである。

しかし、近年多くの学者が主張するように、イスラーム思想そのものが、当初から砂漠の思想ではなく、近代性を備えた都市の思想であったことを考えるなら、イスラーム思想の大転回の要因は、イスラームそのものの中にあったということができよう。

私自身はこれまでイスラーム思想史のなかでも、とくに最初期の大思想運動を展開したムウタズィラ学派の理性主義的な神学思想を、後の多数派神学スンナ派思想のもととなったアシュアリー学派の見解と対比しながら研究してきた。イスラームの理性主義的な立場は、一一世紀以降、ムウタズィラ学派が周縁地域に追いやられたのちも消滅することなく、伝統的な宗教思想の内側においても機能的に展開してきた。そういう意味では、ムウタズィラ学派の思想を丁寧に検討することは、イスラーム神学思想の深淵にせまるために極めて有意義な手法であると思われるからである。

今、改めて井筒の「第一部イスラーム神学」を読み返してみると、ムウタズィラ学派についても、アブドゥル・ジャッバールの al-Mughni がまだ刊本となって出版されていない時期に書かれたものであるが、きわめて詳細に説明されていることに気付く。

そのほかの部分も、イスラーム神秘主義思想、東方哲学思想、西方哲学思想の順に資料に基づいて解説しながら、ギリシア思想やスコラ哲学、近代ヨーロッパ哲学との比較検討も随所に行なっている。つまり、井筒の立場は、イスラームの中にのみ埋没して一元的にイスラームを解説するだけのものでもなく、西洋キリスト教世界を敵視しながら最後の一神教としてのイスラームの優越性を説く護教的なものでもない。「沙漠の思想」を出発点としているところは、ある意味で時代的な潮流を感じる点ではあるが、本書全体を通してみた限り、井筒のイスラーム思想は、実は「共生の思想」として考えられている。

ムウタズィラ学派とアシュアリーの対比を検討したイスラーム神学思想カラームの研究、宗教的修行から始まり神秘的合一の奥義を究めようとする神秘主義者が形成した神秘哲学の展開、ギリシア哲学をいかにイスラーム思想と合致させようかと苦難をかさねる哲学者の苦悩の姿などが、世界の諸思想との比較や、さまざまなエピソードを多用した「劇場型」の著述になっていて、専門性の高い研究書でありながら、読みやすい構成になっている。

そのせいか、本書が出版されてから三四年にもなるのに、インターネットを検索すると、二〇〇八年のブログで読後感が寄せられているのがみつかる。しかし、「キリスト教の考え方とも日本人の考え方ともまったく違う思想」という感想がみられるのは、やはり冒頭の「砂漠の思想」の印象が強すぎるのかもしれない。

もし、井筒が今でも生きていたら、きっと「砂漠の思想」を冒頭に出すことを控えて、むしろイスラームが「都市性の宗教」であり、その思想が「共生の思想」であることを強調したのではないかと想像する。井筒の没後、一九年になるが、九・一一のテロ事件だけでなく、今日のイスラームを取り巻く世界は、ますます厳しさを増している。国際政治や政策の問題だけでなく、本来の意味のグローバリズム、いいかえると「人類の共存」という意識を包含した都市の宗教であるイスラームが、その普遍主義的人間性を回復するためには、悪意と偏見に満ちた安易なイスラーム批判に乗ることではなく、客観的で正当なイスラーム理解が必要である。

宗教においては、通事的研究ももちろん重要であるが、宗教的教義や信条を共時的に把握し理解する作業もまた重要な視点であり、この作業が欠けているなら、その宗教の本質を理解することは不可能であろう。そういう意味ではイスラーム思想の総合的な研究と、現代世界の平和構築のために急務とされるイスラーム理解へむける研究は、密接に重なり合っている。むしろ、イスラームという世界宗教のもつ理念的思惟的な側面を明らかにすることが、現今の世界に蔓延するイスラーム蔑視に傾くことなく、たがいに人間としての共通点を見つめなおして、平和と共存の道を探る試みとなると思われる。

そういう意味でも、井筒がギリシア思想やヨーロッパのスコラ哲学だけでなく、仏教思想、インド思想、老荘思想、道教、儒教にまで広げてイスラーム思想との共時的比較研究を成し遂げたことは、今の時代にこそ必要な学的営為でもあると思われる。井筒が私たちに遺した課題は大きいといわなければならないであろう。

『イスラーム思想史』岩波書店、一九七五年。
→中公文庫、一九九一年。『井筒俊彦著作集』第五巻、中央公論社、一九九二年。

『イスラーム哲学の原像』――神秘主義と哲学の融合、そして「東洋」をめぐって

野元晋

はじめに――『イスラーム哲学の原像』と私

この本、『イスラーム哲学の原像』はまさに大学に入学したての私の人生の只中に入り込んだ本である。この本の発刊を教えてくれたクラスの友人の声や、六月初めの青葉が色を濃くし、外気がやや暑くなった雰囲気さえも未だ印象も鮮やかに心に残っている。その内容はスペイン出身のイブン・アラビー（1165–1240）という、「魁偉な」神秘家[1]によるイスラーム神秘主義と哲学が「融合」した思想を叙述したものである。まだイスラームのみならず、一般的にも読書経験が浅かった私はそのような

融合が起こり得て、かつ一三世紀以降のイスラーム哲学の流れを方向づけたという記述にまず一驚した。ふりかえれば自分はあれから四半世紀以上、その驚き（哲学には「驚き」は最も大切な体験の一つであろうが）と、あるときは自覚し、あるときは無自覚ながらに歩んでいたように思う。

その構成と内容——何がどのように書いてあるのか？

では、若い私を一驚させた本書のテーマ、一般的通念では成り立ち得ないであろう神秘主義と哲学との融合はどのように起こったのか。『イスラーム哲学の原像』における叙述を見てみたい。この本は短い「序」、全体の七割近くを占める「第一部　イスラーム哲学の原点—神秘主義的主体性のコギト—」、やや短い「第二部　存在顕現の形而上学」の三つの部分からなる。その「序」では、著者はイブン・アラビー系の「存在一性論」という神秘哲学の流れに、以後のイスラーム思想史を「規定」する「根源的思惟形態」が在るとする（『原像』ⅰ頁）。

この存在一性論とは「観想」の体験から「存在を窮極的一者」として捉え、世界はその一者が自己を「限定」し多者として現れた姿であるとする思想的立場であるという。そして本書の狙いとしては、このような存在の体験は、「東洋」と言われる地域に見られるとして、イブン・アラビー系の思想が持つ構造と体験とともに、「東洋哲学」の新しい「構造化、解釈学的再構成への準備」となるべく記述しようとすることにある（『原像』ⅰ—ⅱ頁）。

さて著者は本書がとる二部構成に触れて、これは七〇年代に行われた「三つの独立した講演」を再構成したもので、うち二つの講演には「重複」した箇所も多く、「螺旋状にぐるぐるめぐりながら進行する低廻的な叙述形式」になってしまったと述べる（『原像』ix―xii頁）。言い換えれば著者は直線的《リニアー》に議論を運ぶ論文形式とは異なる、思想的な主題を次々に変奏させるような叙述形式をとったのである。後に上梓された『意識と本質』は、存在の「本質」が観想意識に現れるという本書のテーマをいよいよ東洋哲学全体に敷衍して論ずるが、やはりこの変奏曲的な叙述形式を採用している。そこで一つの思想的テーマが異なる時代や地域という文脈ごとに見せる多様性と豊かさを示すのに成功している。[2]

さて「序」の紹介が長くなったが、第一部を見てみよう。著者は理性の営みである（はずの）哲学と神秘主義――学界においてはイスラームでは様々な思潮や運動を包括するスーフィズム[3]という大きな歴史的現象に含まれるが、以下便宜的にイスラーム神秘主義をスーフィズムと呼ぶこととする――の融合はイスラームの哲学の「原点の一つ」であるとして次のように言う。

> 神秘主義的な実在体験と、哲学的思惟の根源的な結びつき、両者の歴史的ならびに本質的な接点をそのような原点の一つとして立ててみたい。
> （『原像』六頁）

そしてスーフィズムと哲学という本来は二つの別の流れがイブン・アラビーとイラン出身の神秘哲学者スフラワルディー（1154–91）によって歴史的に接点を持つことになり、やがて融合していく（『原像』一一一一七頁）。（なおこの哲学史観ではイスラームにおけるアリストテレス哲学の受容運動の完成者イブン・スィーナー（アヴィセンナ）（980–1037）は、同時にこの神秘主義と哲学の融合に先鞭をつけた人物として捉えられる。[4]）

第一部の中頃の数十頁は著者によるスーフィズム概論ともいえる。著者はスーフィズム文献を駆使しながら、スーフィーが修行によって意識の深化を行い、感覚に遮られた表層意識から離れ深層意識へと向い、そこで如何なる「イマージュ」に遭遇するかを描き出す（二三一五五頁）。やがて修行により自我意識とそこに映ずる存在界の無化を徹底することで、スーフィーの自己は神の顕現の場としての「神的われ」へと変貌する。この意識の様態は西洋神秘主義でいう「神秘的合一」（unio mystica）に対応するであろうが、著者は「意識のゼロ・ポイント」と呼び、そこに「実在のゼロ・ポイント」が現れるとし、後者は東洋思想の伝統では「老荘の「道」」、「易の「太極」」、「大乗仏教の「真如」とか「空」」（一二二頁）と呼ばれたという。

この「実在のゼロ・ポイント」では存在は、「分節」を持たないとする窮極的一者であることが示唆される。その「ゼロ・ポイント」で哲学的思惟を始める者もおり、彼にはもはや「花が存在する」でなく無分節の「存在」がやがて「花する」ことになる。そのような「神秘主義的主体」としてイブン・アラビーも自らの思想を展開するが、著者によれば、彼にとって全存在界は、絶対無限定者が、……根源的アーキタイプの柔軟に変転する鋳型を通って、……つぎつぎに自己限定を重ねながら、……一瞬ごとに新しく立ち現れてくるダイナミックな存在の自己顕現……の絶えることのない永遠の過程として理解されるのであります。[5]（『原像』一三二頁）

そして「存在一性論」に、「終始一貫して「存在」と呼ばれる宇宙的エネルギーの自己顕現のシステム」という一つの定義を与えて第一部を結ぶ。

第二部は第一部の議論の深化であり、イスラームの哲学者たちや中世のキリスト教西欧も重んじた存在と本質の議論の歴史がとりあげられる。著者によればイスラームの哲学者たちは例えば「花が存在する」という事物の存立を示す基本的命題を、「花」なる事物の「本質」（それが何であるか（＝花）ということ）と「存在」の二つの部分に分け、何れが実在界では先行的リアリティーを持つかという問題について議論を戦わせてきた。イブン・アラビーに端を発し、イランのシーア派哲学者モッラー・サドラー（1571/2–1640）で頂点に達し、その後もイランの思想界で連綿と継承された「存在一性論」の流れは、「存在」の先行的リアリティーを主張する。それに対して「本質」のリアリティーを主張するのが、前に触れたスフラワルディーである。さて著者は「存在一性論」の、存在すなわち一者の自己顕現として存在界をとらえる思想に類似の「東洋」の思想としては、インドのシャンカラのヴェーダーンタ哲学、大乗仏教の『大乗起信論』、『易経』、『荘子』などを挙げる。

さらに著者は末尾に興味深い一文を記している。存在者は全く一者＝存在に依存しきっているように見えるが、実は存在一性論の立場では一者と存在者は互いに、前者のやむにやまれぬ存在顕現と後者の受容によって支え合っているという。

……つまり現象的多者が存在しなければ一者の形而上的存立もありえない、ということでありま
す。（中略）［存在リアリティーが］自己分節的に顕現するということがなければ、存在が存在であ
りえないことはもちろん、絶対無すら絶対無ではありえない。（『原像』二〇九―二一〇頁）

興味深いことに、井筒氏とともに一時代のイスラーム思想研究を牽引したフランスの碩学アンリ・コルバンも違う角度から、イブン・アラビーの思想に一者と存在者の相互の支え合いを読み込んだ。つまり修道した智者は神と共感と愛の交歓のうちにお互いに支え合うのだという[6]。コルバンはイスラーム圏を含めた広義の「西洋」の神秘思想と神秘哲学の基層にはある秘教主義的・グノーシス的伝統があると想定し、それを徐々に再構成するという独自の思想的プロジェクトを持っていた。ユーラシアの東端と西端にあって、両者は「東洋」と「西洋」それぞれの哲学と神秘思想の融合する伝統を探求したが、イブン・アラビーに関してある類似の思想に到達した可能性があるが、両者が捉えた共感の思想それぞれにどれほどの共通性があるか考究する必要があるだろう。

『原像』における問題1――哲学と神秘主義

さてイブン・アラビー研究は井筒氏の『原像』以降も大きく進展したが、それは専門的な問題にな

るため、ここでは触れない[7]。また他によく指摘されて来た問題を挙げれば、「どこから井筒が始まり、どこからイブン・アラビーが始まるかわからない」ことがある[8]。つまり強い共感か、あるいは強い心理的な一体感のために、対象と己れが一体化する傾向が出てくると言える。またこれと関わるが、井筒氏は、極めてユニークにも御自分の思想的教養の中にある仏教、道家、またインド思想の用語をもって――イブン・アラビー自身が生きた文脈からは異なる文化圏のものである――、イブン・アラビーの思想を叙述している。無論この方法は『原像』以降も展開していった「東洋哲学」のプロジェクトの根幹に関わるもので、あえて論ずるべきではないのかもしれない。しかし、やはり読者は『原像』のイブン・アラビーは井筒氏が捉えたイブン・アラビーであることを意識しつつ、同書を読む必要があるだろう。

上の問題に加えて、『原像』に現れた、井筒氏が遺し、現在でもイスラーム思想研究、または思想全般の研究にアクチュアルであると考えられる問題をさらに二つ挙げて、『意識と本質』を始めとする他の著作とも絡めて短く論じてみたい。第一はこの本の主題の一つ、哲学的思考と神秘主義の融合の問題、第二には、この本以降も井筒氏が継続的に考えたパラダイムとしての「東洋哲学」の「東洋」の問題である。

上述の第一の問題であるが、これが「井筒思想」、「井筒哲学」を早い時期から貫くモティーフであることは、晩年の諸著作の読者も、古代ギリシアの哲学者たちの思想が存在の実相の実存的体験に裏打ちされていたかを論じた、初期の大作『神秘哲学』を繙けばわかるであろう[9]。この問題をイスラーム思想史とその研究動向の文脈に移してみたい。前述したように、井筒氏とアンリ・コルバンは哲学と神秘主義の融合は、イブン・スィーナーの晩年にはその傾向が既にあったという。しかしここ二〇年余の学界では、精緻な文献学的研究から、イブン・スィーナーにそのような傾向があった可能性は低いとされ、彼は主として合理主義的なアリストテレス哲学の伝統に立って著述をしていたことを強調する研究が主流となっている。[10] そしてアリストテレス的伝統に立つ哲学者たち、つまりイブン・スィーナー、ファーラービー、そしてアリストテレスの著作の殆どに膨大な注釈をなしたイブン・ルシュド(1126–98)の研究は長足の進歩を遂げ、国際会議も盛んに開かれている。

そのようにイブン・ルシュドまでの哲学の研究は盛んとなったが、それに比して一三世紀以降の哲学潮流の研究は、井筒氏とコルバン以降にも優れた業績はあるにせよ、量としてはやや少ない。これはよく指摘されるようにその時代の哲学著作にテクストの批判校訂刊本が極めて少ないことが理由の第一に挙げられよう。しかしアリストテレス的伝統の強調のみでは、その流れには摑みきれないものがあることも影響していないだろうか。その可能性を示唆するものに、例えばケンブリッジ・コンパニオン叢書の『アラビア語哲学』*Cambridge Companion to Arabic Philosophy* の巻の編者が一三世紀以降の神秘哲学、とりわけその代表者モッラー・サドラーについて記した言葉がある。

我々には神秘主義とは[モッラー・]サドラーの極めて専門的かつ理論的な形而上学的内省を補完するものであると理解出来よう。[11]

「補完するもの」(complement)という言い方は正しい事実の描写とは考えられても、一三世紀のムスリム（イスラーム教徒）の哲学者たちの言説から見れば少し疑問が残る表現である。むしろ神秘主義は一三世紀以降のムスリムの哲学的営為の大きな部分において不可欠の部分ではなかったのか[12]。神秘主義と哲学の融合の歴史の発端にあるスフラワルディーも、己れの主著たる『照明の叡智学』*Hikmat al-Ishrāq* を読むに相応しいのは、アリストテレス哲学をすべて理解し、かつ四〇日間の間精進潔斎し、酒色は勿論肉食も遠ざけた禁欲生活を送った者のみと述べている[13]。このような傾向を正しく見て評価するには井筒氏の神秘主義と哲学の融合を強調するイスラーム哲学史観にあらためて注意を払うべきであろう。

さらにイスラーム哲学の中で「普遍的な」哲学に通ずるもの、例えば充分に西洋の伝統と対話可能なものを探し評価するという姿勢をとる研究者もいるが、これにも問題が残る。これは他者の基準をもって対象を価値判断することにならないだろうか。その判断の基準とは具体的にはアリストテレスなどのギリシア的伝統をより発展させたか否かということになるのであろうか[14]。このような研究方法よりも、一三世紀以降のムスリムの哲学伝統に、哲学と神秘主義の融合を主要モティーフとして考察する井筒氏のアプローチは、その内在的理解をもたらす方法をひらく可能性を提示するのではないだろうか。

『原像』における問題2——「東洋哲学」及び「東洋」の概念をめぐって

井筒氏は、上でも少し触れたが『イスラーム哲学の原像』で、ギリシア哲学の受容と展開という哲学史のパラダイムとはまた別の「東洋哲学」というパラダイム、またはヘブライズムとヘレニズムの織りなす「西洋思想」のパラダイムとは別の「東洋思想」というパラダイムを提示した。そしてこの「東洋哲学」、「東洋思想」というモティーフは井筒氏の以後の著作の中で主要主題になっていく。

> [「東洋哲学」を纏め上げるための]理論的、知的操作の、少なくとも一つの可能な形態として、私は共時的構造化ということを考えてみた。この操作は、……東洋の主要な哲学的諸伝統を、現在の時点で、一つの理念的平面に移し、空間的に配置しなおすことから始まる。つまり東洋哲学の諸伝統を、（中略）構造的に包み込む一つの思想連関的空間を、人為的に創り出そうとするのだ。[15]

　これらの著作では井筒氏は通時的な見方は脇に置いて、そこにおける存在の本質の体験、もしくはその記述を見出し、その基本的原型と言えるものを取り出そうとする。そして「有機的統一体」としての東洋哲学像を提示しようとする。

　ここで一つ基本的なことであるが、ではなぜ「東洋哲学」なのか、という質問を発し、それをめぐって考えてみたい。幾らか西洋の思想史の知識を持つ者であれば、存在の本質の体験が根幹にある哲学は東洋だけでなく、西洋にも新プラトン主義とその系譜などに見られるのではないか、という疑問も持つであろう。井筒氏自身の初期の著作『神秘哲学』はプロティノスに至るまでのギリシア哲学における存在の本質の体験の流れを辿ったもので、もとは古代ギリシアから近世のスペイン神秘主義に至る西洋の神秘哲学思想史を扱う構想と企画の最初の巻として著された。まさに存在の本質の体験の流れを辿る哲学思想史は東洋だけには限定されないのである。そこでここから既に指摘されていることだが、井筒氏の思想的「東洋」、または「精神的東洋」の範囲は地理的概念と一致しないのである。[16]

井筒氏は「東洋」の範囲として「中国・インド・中近東」などを考える。しかしそこで発達した思想の中に、『意識と本質』に見られるように、一二世紀から一三世紀にかけて南仏、及びスペインで発達したユダヤ教神秘思想であるカバラー（井筒氏の表記では「カッバーラー」）をも加える。つまり「東洋」の範囲は中世のイベリア半島や南仏にも広がるとも言える。[17] イベリア半島ではムスリムの支配地域はまだまだ広く、ローマ・カトリック教会とその思想を文化的支柱とする西欧世界としての性格は強くなかった。[18] つまり井筒氏の考える「東洋」の思想圏は、実際には中世末から近代にかけて「西欧」に統合されてしまった地域を含む、我々の一般的通念上の「西洋」に深く食い込んでいる。さらにまた、このような通念上の「西洋」は他にも、九世紀から一一世紀末までムスリムの支配下にあり、その文化の強い影響が残ったシチリアや、さらには一四世紀後半から一九世紀までオスマン帝国の支配を受けたバルカン半島などを含むが、それらの地域は有史以来一貫して「西洋」または「ヨーロッパ」と言えるかこれらの経緯を見れば疑問が残る。[19]

井筒氏が柔軟に設定した思想的「東洋」の範囲は、このような通念上の「西洋」の範囲の再考をも促していると思われる。哲学であれ、宗教であれ、また政治であれ、人と物の流れであれ、それらの展開の実態を見てみれば、「ヨーロッパ」や「アジア」、または「中東」などの境界をはみ出すことが見て取れる。それはいつもヨーロッパのアイデンティティーとともに語られるキリスト教が、古代末期以降どこに展開していたかを見ればわかるであろう。それは東西の北ヨーロッパ以外にも環地中海地域と、エチオピアを含むその周辺、及びシリア・コーカサスなどの周辺・南インドの一部など西ユーラシアの大きな部分であった。

井筒氏の「東洋」を考えると我々はさらに井筒氏をして「東洋」を一つの思想的地域として分けしめたものは何かという問題に、またさらに大きな、「東洋」に対するに「西洋」と「西洋哲学」とは何かという問題に直面する。これらはこの小論の範囲を遥かに越えた問題となるであろう。また井筒俊彦氏は『意識と本質』の「あとがき」で東西比較思想における現代日本人の役割とでも云うべきものを提示する。つまり近代以降の、「西洋化」の波を受けた日本人の意識には西欧的表層と東洋的深層が形成されたと指摘し、これは前近代には中国文化の影響を受けた日本人が文化形成において古来繰り返して来たことであるとし、

そして今また我々現代の日本人が、こういう東西二座標軸的意識をもって、「東洋的なるもの」を考えなおし、再評価していく。そこにこそ日本の置かれた現在的世界状況における東洋哲学の意義と問題性とがある、と私は信じる。[20]

確かに日本の大文明に対する周辺的特殊性はよく指摘されているもので、現代の日本の文化状況について説得力のある言葉である。しかし西欧的表層と非西欧的なままの深層という、意識の二重構造という上の図式を「東洋」と「西洋」という二項対立とともに受け入れるとしても、そのような意識の状況は程度の差こそあれアジアや他の非ヨーロッパ地域の文化でも見られるのではないだろうか。こ

のような文化的状況は今、日本が専有を主張出来るのであろうか。[21] 現今の世界の状況から考えれば（あるいは以前からも?）、井筒氏の言われる「東西比較哲学」の展開する舞台はまだ広がるのではないか。今後、井筒氏の「東洋哲学」構築のプロジェクトを考える際にはこのことを考え続ける必要もあろう。

1　東長靖「イブン・アラビー」、大塚和夫・小杉泰・小松久男等編『岩波イスラーム辞典』（岩波書店、二〇〇二年）、一八六頁における表現。

2　井筒俊彦『意識と本質――精神的東洋を索めて』（岩波書店、一九八三年）［以下『意識と本質』と略記］。ここから、内容上も形式面でも『原像』は『意識と本質』の準備篇であったとも言える。なお、最近上梓された、井筒氏の思想を包括的に論じた評論であり最初の本格的評伝ともいえる若松英輔『井筒俊彦――叡知の哲学』（慶應義塾大学出版会、二〇一一年）は『意識と本質』を井筒氏の「主著」と捉えるが、本論準備においてこの視点は大いに参考にさせて頂いた。

3　イスラーム思想史では修行者は粗末な「羊毛」（ṣūf）を纏うことから、スーフィー（ṣūfī）と呼ばれ、神秘修行道は「タサッウフ」（taṣawwuf）と呼ばれると説明されるが、「スーフィズム」は西洋の学界でスーフィーを元にして造語された、神秘主義や中世以降発展したいわゆる教団活動などを包括すると考えられた思潮を指す呼称である。

4　この哲学史観は基本的には、スフラワルディー以降の神秘哲学の西欧などイラン文化圏外での評価確立に力のあったアンリ・コルバン（1903–1978）（本節末尾で再述）のそれを踏襲したものである。コルバンの哲学史観は H. Corbin, *Histoire de la philosophie islamique* (Paris: Gallimard, 1986^2), pp.15–17（旧版（Paris: Gallimard, 1964）の邦訳：黒田壽郎・柏木英彦訳『イスラーム哲学史』（岩波書店、一九七四年）、x–xii頁）を見よ。

5　ここの引用部分では、「根源的アーキタイプ」と著者が捉えた「有無中道の実在」（アラビア語では aʿyān thābita で「永遠の範型」とも訳される）、そして一者の「自己顕現」とした「タジャッリー」（tajallī）という二つの術語は省いた。なお以下「…」は中略を表す。

6　コルバンはそのイブン・アラビー論の大成である以下の著書の“Sympathie et théopathie”と題する第一部をその思想の議論にあてた。H. Corbin, *L' imagination créatrice dans le soufisme d'Ibn 'Arabi*, 2nd ed. (Paris: Flammarion, 1978; reprint, Paris: Éditions Médicis-Entrelacs, 2006), pp.125–190 (English translation of the 1st ed. (Paris: Flammarion, 1958) by R. Manheim as: *Crearive Imagination in the Ṣūfism of Ibn 'Arabi* (Princeton: Princeton University Press, 1969), pp.105–75), ことに pp.139–153 (English transl., pp.120–135) を見よ。またこのような相互関係の思想をイブン・アラビーは説かなかったとするW. Chitrick, *The Self-Disclosure of God: Principles of Ibn al-'Arabi's Cosmology* (Albany, NY: SUNY, 1998) pp.130–132も参照。なお井筒氏とコルバンのイブン・アラビー研究は後進の研究者が意識せねばならない双璧であったことは、両者をイブン・アラビー研究史の叙述で併記したW. Chitrick, *The Sufi Path of Knowledge: Ibn al-'Arabi's Metaphysics of Imagination* (Albany, NY.: SUNY, 1989), pp.ix–x, xvi–xx を見よ。

7　以下のものを代表的な研究の幾つかの例として挙げておく。イブン・アラビーの「完全人間」の概念を取り上げ、スーフィズム思想史の中に位置づけようとしたMasataka Takeshita（竹下政孝）, *Ibn 'Arabi's Theory of the Perfect Man and its Place in the History of Islamic thought* (Tokyo: Institute for the Study of Languages and Cultures of Asia and Africa, 1987)、また井筒氏がその哲学的側面を主に扱ったイブン・アラビーの主著の一つ『叡智の台座』のスーフィー聖者論を整理したM. Chodkiewicz, *Les sceau des saints: Prophétie et sainteté dans la doctrine d'Ibn Arabi* (Paris: Gallimard, 1986) (English transl. by L. Sherrard as *Seal of the Saints: Orohethood and Sainthood in the Doctrine of Ibn 'Arabi* (Cambridge: Islamic Text Society, 1993))、『叡智の台座』以外にも大著『メッカ啓示』やその他の著作により、イブン・アラビーの思想全体の網羅的な把握と叙述的な分析を試みたChitrick, *The Sufi Path of Knowledge*及び同じく*The Self-Disclosure of God*（詳細は書誌情報は上記注6を参照）、また同じく『メッカ啓示』における、神のヴィジョン、清浄化された心、救世主マフディーなどの諸問題についての思索を分析したW. Morris, *The Reflected Heart: Discovering Spiritual Intelligence in Ibn 'Arabi's Meccan Illuminations* (LouisvilleKY: Fonts Vitae, 2005) がある。さらに『叡智の台座』の預言者思想を可能な限りイブン・アラビー自身の言葉で語らしめようと努力したR. Netler, *Sufi Metaphysics and Qur'ānic Prophets: Ibn 'Arabi's Thought and Method in the Fuṣūṣ al-Ḥikam*, (Cambridge: Islamic Text Society, 2003) もある。この中にはチティックやモリス、ネトラーなどイランやカナダで井筒氏の薫陶を受けた学者がいるのは興味深い。二〇〇〇年代後半以降の例については長くなるので他の機会に譲りたい。

8　Chitrick, *The Sufi Path of Knowledge*.

9　この書の初版は一九四九年に刊行され、前ソクラテス期からプラトン、アリストテレスらの巨人を経て、プロティノスまでの古代ギリシア哲学史をカヴァーしている。なお既に牧野信也教授が、「井筒哲学」の「根源的テーマ」として「哲学的思惟と神秘主義との関係」を挙げている。牧野信也「井筒哲学の特質をめぐって——その主題と方法」『慶應義塾大学言語文化研究所紀要』二四（一九九二年）、五一—二頁。

10　この動向を決定づけた研究書として D. Gutas, *Avicenna and Aristotelian Tradition: Introduction to Reading Avicenna's Philosophical Works* (Leiden: E. J. Brill, 1987）が挙げられる。

11　P. Adamson and R. Taylor, "Introduction," in P. Adamson and R. Taylor (eds.), *The Cambridge Companion to Arabic Philosophy* (Cambridge: Cambridge Unuiversity Press, 2005), pp.1–9.

12　S. Rizvi, "Mysticism and Philosophy: Ibn ʻArabī and Mullā Ṣadrā," in P. Adamson and R. Taylor (eds.), *The Cambridge Companion to Arabic Philosophy*, pp.224–246 の全体を見よ。これはプラトンが主張した究極の「善」へ人を導く哲学の救済的機能を受け継いだのが、イブン・アラビーとスフラワルディー以降のイスラーム哲学であると簡潔に論じた優れた論文である。

13　Shihāb al-Dīn Yaḥyā Suhrawardī, *Kitāb Ḥikmat al-Ishrāq*, ed. by H. Corbin in Suhrawardī, *Majmūʻah-yi Muṣannafāt-i Shaykh al-Ishrāq/Œuvres philosophique et mystique*, II (Tehran, 1954: Institute Franco-Iranien; reprint, Tehran: Institute d'Études et des Recherches Culturelles, 2001), p.258 (English transl. with new critical edition of the text by J. Walbridge and H. Ziai as: *The Philosophy of Illumination* (Provo, Utah: Brigham Young University Press, 1999), p.162/Partial French transl. by H. Corbin as *Le livre de la sagesse orientale* (ed. and intro. by C. Jambet) (Lagrasse: Verdier, 1986), p.232). この箇所の解釈については H. Ziai, "Shihāb al-Dīn Suhrawardī: Founder of the Illuminationist School," in S. H. Nasr and O. Leaman (eds.), *History of Islamic Philosophy*, part 1 (London: Routledge, 1996), pp.449–50 に従う。

14　例えばイスラーム哲学研究者オリヴァー・リーマンは対象となる哲学を、単なる思想史的興味からではなく、哲学自体の価値と哲学史への寄与から見ることを提唱している。O. Leaman, "Orientalism and Islamic Philsophy," in S.H.Nasr and O.Leaman (eds.), *History of Islamic Philosophy*, part 2 (London: Routledge, 1996), p.1146. 他の著作でリーマンはこのアプローチが持つ陥穽を示しているように思う。彼は「ギリシア哲学がイスラム世界のムスリムに思想的影響を与えた比較的短い期間は、アヴェロエスとともに終焉した」とし、「アヴェロエス以後のイスラム哲学の思想的水準は、ファーラービーからアヴィセンナに至る時期に見られた議論のレベルにはとうてい及ぶべくもない」と述べる（オリバー・リーマン『イスラム哲学への扉：理性と啓示をめぐって』中村廣治郎訳（筑摩書房、一九八八年）、四八—九頁（訳者による解説（四六八頁）も参照）。コルバン以前、西欧の学界ではイスラームの哲学は西洋哲学界に影響を与えた一二世紀までの発展のみを価値ありとしていた訳だが、ここで引用した言葉はそこに戻ってしまった感がある。それ以降もムスリム社会では哲学的営為は続いていた訳であり、このアプローチはその発展史を価値なし切り捨てることにならないだろうか。

15 『意識と本質』四二九頁。また「東洋」の形而上学は「「コトバ以前」に窮極する」と説く最後の著作『東洋哲学覚書 意識の形而上学——『大乗起信論』の哲学』（中央公論新社（中公文庫）、二〇〇一年）（中央公論社、一九九三年刊の再版）、二一頁も参照。

16 纏まった形での指摘は、若松『井筒俊彦——叡知の哲学』、三五四―六〇頁、三九五―六頁を見よ。

17 若松、前掲書、三五六頁も参照。

18 また南仏における当時の二元論的異端派としてのカタリ派の影響も、西欧の文化の中心を成したとされるローマ・カトリック教会の精神的統制をはみ出るものとして看過出来ないが、それが古代末期以来のマニ教の中世版か否かという性格規定には注意を要する。

19 本論の筆者は一九八〇年代中頃学部と大学院で、中東をフィールドとするも地域横断的な研究を展開しておられた歴史人類学者、三木亘氏の一般通念的なヨーロッパの文明・文化圏の範囲を鋭く問う議論（例えば「イタリア、スペイン、ギリシアはむしろ中東」など）に影響を受けたが、ここでも同氏が現在まで一貫して説く議論を参考としている。三木氏の議論は例えば、その『世界史の第二ラウンドは可能か——イスラム世界の視点から』（平凡社（平凡社新書）、一九九八年）及び「解説」、W・モンゴメリ・ワット『地中海世界のイスラム——ヨーロッパとの出会い』三木亘訳（筑摩書房（ちくま学芸文庫）、二〇〇八年）（筑摩書房、一九八四年の再版）に見られる。また東西文明論の「古典」ともなった飯塚浩二『東洋史と西洋史のあいだ』（岩波書店、一九六三年）及び飯塚浩二『ヨーロッパ・対・非ヨーロッパ』（岩波書店、一九七一年）も参照。

20 『意識と本質』四三二―三頁。

21 例えば同じく中国文化圏の周縁に位置しその影響を深甚に受けながら、現在に至るまで独自の展開を遂げている朝鮮半島やヴェトナムの文化状況も考察する必要があるが、これは本論が扱う範囲から大きくはみ出る問題である。近現代の日本の文化状況を特別視する観点については例えば子安宣邦『「アジア」はどう語られてきたか——近代日本のオリエンタリズム』（青土社、二〇〇三年）、ことに「I.「世界史」とアジアと日本」（二一―五一頁）と「II. ヘーゲル「東洋」概念の呪縛」（五一―八一頁）の批判的視点を参照。なお日本以外のアジア諸国からの東西比較思想の業績の一例として、韓国の哲学界からフッサール現象学及び後期ハイデガーの思想と老荘思想を比較し論じた見事な成果、曺街京（チョウ・カー・キョング）『意識と自然——現象学的な東西のかけはし』志水紀代子・山本博史監訳（法政大学出版局、一九九四年）を挙げておく。近現代日本のアジア論の思想史に井筒氏の学問を位置づけようとする研究に安藤礼二『近代論──危機の時代のアルシーヴ』（NTT出版、二〇〇八年）より「第五章　戦争論──井筒俊彦」（二三七─八五頁）及び臼杵陽『大川周明──イスラームと天皇制のはざまで』（青土社、二〇一〇年）がある。ことに臼杵陽氏の井筒氏の「東洋哲学」の思想と、大川周明（1886-1957）のアジアの統一性を求める思想とイスラーム研究を比較する視点は貴重である。これらの問題に加えて井筒氏の方法としてのザーヒル（外面）とバーティン（内面）、スンナ派とシーア派、イスラームとジャーヒリーヤ（「無明」、イスラーム以前の文化と時代）、アラブとイランなどを対比的に論じる二項対立的論法については今後も考究していく必要がある。それを直接の主題としないが、井筒氏のアジアへの視点を把握するという問題意識の上で、本稿準備にあたり参考になったのは池内恵「井筒俊彦の日本的イスラーム論」『アステイオン』七〇（二〇〇九年）、一七二─九頁、ことに一七四─五頁である。

『イスラーム哲学の原像』岩波新書、一九八〇年。
↓『井筒俊彦著作集』第五巻、中央公論社、一九九二年。

『存在認識の道』――井筒東洋哲学を支えるもの

鎌田繁

『存在認識の道』（一九七八年）はモッラー・サドラーという一七世紀のイスラームの哲学者がアラビア語で書いた論考を井筒俊彦が日本語訳したものである。本書には「存在と本質について」という副題がつけられ、存在と本質という概念、あるいはその言葉をとおして指示されている当のもの、実在性（リアリティー）、をめぐる哲学的問題が、とくに存在こそが実在性の根源であるという視点から、論じられている。

イスラームのひろい学問領域のなかに、ファルサファと呼ばれる伝統がある。一言でいえば、ギリシア哲学。名前自体もギリシア語のフィロソフィア（愛知・哲学）をアラビア語化したもので、とくにプラトン的な背景のもとにアリストテレスの思想を理解した哲学体系である。西洋哲学史の書物を

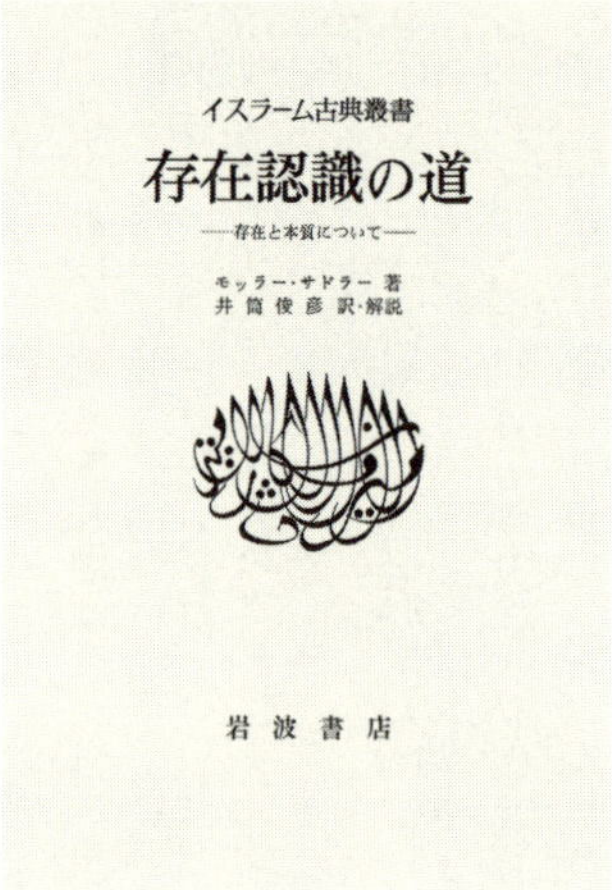

繙けば、中世哲学のなかにアラビアの哲学者という一節があり、キンディーに始まり、イブン・スィーナー（アヴィセンナ）を代表とする哲学者たちの記述が続き、最後にイブン・ルシュド（アヴェロエス）の名前で終わる。「哲学者」アリストテレスの「注釈者」としてのアヴェロエスを最後に〈西洋哲学史〉のなかでのアラブ／イスラームの哲学者たちの存在は消える。しかしながら、イスラームの世界ではその後も哲学的思索は独自の発展を続けた。イブン・ルシュド以降の、この後期の哲学を特徴づけるのはイスラームの一元論的神秘主義の思索との合流であり、この潮流と重なることで、イスラーム特有の神秘哲学が生み出された。他のユニークな思想家たちとともに、モッラー・サドラーはこの流れのなかに位置づけられる。

本書で扱われた存在と本質の問題は、アリストテレス哲学をイスラーム哲学経由で継承した西洋のスコラ哲学でも同じように重要な問題であった。西洋の中世哲学を代表するトマス・アクィナスに、小さいが重要な論考『存在者と本質について』がある[1]。このなかではイブン・スィーナーやイブン・ルシュドなどの哲学者の議論を引きながら、本質の意味や存在様態を論じている。合理主義的なアプローチで扱える範囲に限定して議論を進めており、ヨーロッパ的合理主義のひとつの典型になるもののように思われる。ヨーロッパ世界へ影響を及ぼした後、イスラーム世界のなかで独自に展開していった哲学は、ヨーロッパ的合理主義の方向へは向かわず、神秘主義的思索を強めてモッラー・サドラーのような思想家を生んでいくのであるが、同じ古代ギリシアに起源を持ちながら、哲学的思索が異なる方向に進んでいったのは興味深い。

モッラー・サドラーはイスラームの神秘思想の直観的実在把握とともに、それをイブン・スィーナーに代表されるファルサファの論理性によって厳密に表現するような哲学を構想した。モッラー・サドラーに影響を与えた神秘思想家に、イブン・アラビー（一二四〇年没）とスフラワルディー（一一九一年没）というふたりの偉大な先駆者がいた。実在の本源、何かが「ある（存在する）」という場合の「ある」ということの根本を「存在」（ウジュード）と名づけたり、「光」（ヌール）と名づけたり、言葉は違うが、ありとあらゆる種類の存在しているもの、最高の存在者である神から人間や動物、植物などに至るまで、すべてはこの存在／光という言葉が指示する、世界に遍満する「あること」、「存在すること」の事実、実在性の、さまざまな次元での現れである、という直観が二人には共通している。一元論的神秘思想というのは、ある意味で、一神教の究極の理解でもある。すなわち、一なる神が最高の実在であるとともに、それのみが真の存在者であり、その他のすべては存在しているように見えるだけで、それ自体は無である、という理解である。この文脈のなかでは神という、我々の理解のなかで捉えているものも、我々に捉えられるものであるかぎりで、限定されたものであり、真の意味での実在そのものではなく、その実在が、我々の意識のなかに最高度に顕現したものである、という言い方をする。人間の意識の枠をこえた、理解不能の「真の実在」（それ自体を名づけることは本来不可能であるが、仮にそのような表現をしておく）が最高度の実在性をもって顕現するものが神と表象され、その他のすべての存在者は、その真の実在がさまざまな段階のなかで顕現したものである、と考える。神から石ころに至るまですべてのものはこの真の実在とここで呼んでいる実在の根源の現れである限りで一であるが、強弱、濃淡、遅速などさまざまな顕現の度合いを実現することによって互いに異なる存在者となるのである。

モッラー・サドラーはこのような神秘思想の流れが育てた直観に基づいて、存在を捉え、本質の意味を考える。たとえば、目の前に一冊の本が置かれている。これを見て我々は「本がある（存在する）」という。このような状況を分析するために、本という本質、そして存在という性質（属性）のふたつの要素を哲学者は持ち出す。本とは何か、という本の定義、本の本質はとりあえず文字の書かれた紙を綴じ合わせたもの、といっていいだろう（ちなみに「本質」というアラビア語はマーヒーヤという語で示されるが、これは「それは何であるか」という表現を抽象名詞化したものである）。この本質という要素と「ある」（「存在する」）という要素の合体によって、本質をもったもの、ここでは本、が目の前に姿を現すという状況が説明される。このように「本がある」という命題は、我々の意識のなかでは本という本質のものがとりあえずあって、それが「存在」という性質をもつことによって実現する、ということである。「とりあえずあって」という奥歯にもののはさまったような表現をしたが、ある本質が既にあって、それが存在するという言い方はおかしなもので、存在という性質を得る前の本質がとりあえずあるというその存在性はいったい何なのか、という問題が生じてしまう。これはイブン・スィーナーにまで遡及する議論であるが、「ものが何であるか」ということ（本質）と「ものがある」ということ（存在）、このふたつの観点で、存在しているさまざまなもののあり方を考えることができる。

モッラー・サドラーはこのような本が目の前にある、という状況を現実化している要素はどちらなのか、という点に着目し、最終的に存在こそ、森羅万象の多様なものごとが現象している事態（多様な本質の顕現）の根本であるとした。彼に至るまで、また彼の後にも、現象世界の根本は存在ではなく本質であるという学者はいたが、モッラー・サドラーは存在の根源性を強く主張し、その後の議論の方向を定めることになった。存在は唯一の実在として具体的に実現しているものであるが、そのありかたは主観と客観との対立による認識の発生以前の一性の状態であるため、通常の認識によって捉えることができない。それは直観的把握、自覚による以外にない。モッラー・サドラー自身、本書のなかで、この存在の実相を体得したことについて以下のように述べている。


かく言う私自身にしても、若年の頃には、本質こそリアリティーであり、存在は心の措定した抽象的観念にすぎないという考え方の熱烈な支持者だったのだ。

だがついに神の導き手が私に差し伸べられ、（存在の実在性が）確固不動の証拠を以て示された。その時始めて、（存在の）真相は、一般に哲学者たちが考え、確言するところと正反対であることがありありと私の心眼に映じたのであった。

思えばまことに有難いことだ。神が直観の光を以て私を妄念の暗黒から引き出し給うたのだ。それまで私の胸に重苦しくかぶさっていた疑惑の黒雲は吹き払われ、真理の太陽の暁光が心の地平に射しそめた。神の尊い配慮によって、私は現世においても来世においても永劫に揺らぐことのない確固たる見解にどっしりと腰を据えるに至ったのだ。[2]

主観客観の対立に基づく認識ではない、実在性の直覚、これを神秘直観と呼ぶのであるが、この直観の基礎のうえに組み立てられた思想を神秘哲学という。一般人に理解不能のあやしげな議論をする哲学ではない。表現される哲学そのものは哲学的記述として厳密な論理性を要求されるが、その議論の出発点に対象的認識では把握できない直覚的実在把握を置く哲学のことである。森羅万象は一なる存在がさまざまな次元で顕現したものであり、その個々の顕現が異なる本質をとるのである。目の前にひろがる世界は矛盾したり衝突したり、互いに異なるさまざまな事物に満ちているように見えるが、それは本質という互いの差異性を指示する、本来は無以外のなにものでもないものに心を奪われているからである。神秘的直観を得た者は、この多様な現象を見ると同時に、その多様性の背後に存在という唯一の実在をも看破するのである。

このようにモッラー・サドラーは世界の多彩な姿を唯一の実在である存在の多様な顕現であると見た。その多彩な性質や意味が本質という言葉の示すものであるが、本質はそこに顕現した個々のものにはなんの実在性を与えるものでもないのである。本質を本源とする立場に立つならば、世界はばらばらの個物の集成となり、統一的な視点から世界全体を捉えることができなくなる、ということになってしまうのであろう。彼の一神教理解は多様な現象世界を存在という唯一の実在の顕現として捉える一元論的神秘直観にいきつき、その立場から本質本源論を否定し、存在という根源的実在がさまざまな姿（これが本質）をとることでこの世界が形作られていると見るのであった。モッラー・サドラーの言葉によれば、以下のようになる。

個々の事物の個別的存在は、いずれも真の（神的）光明、永劫不滅不変の存在の四方八方に拡散した光に他ならない。ただ、それら個々別々の存在の一つ一つに（存在限定者としての）様々な本質的性質が備わり、様々な理性的意味が備わっていて、それらの性質や意味がいわゆる本質となるのである。[3]

人間の対象的認識を越えた無限定な実在（モッラー・サドラーは存在という言葉でそれを指示する）があり、これが人間に理解可能な本質を備え切り分けられるという形で人間の知的認識の枠のなかに入ってくる、というのがモッラー・サドラーの思考の大筋となっているといえよう。

井筒俊彦が晩年『意識と本質　精神的東洋を索めて』（一九八三年）という書物にまとめた論考は、イスラーム、ユダヤ、インド、仏教（真言、禅）、中国の老荘思想や宋学など東西の諸思想を縦横にとりあげ、まさにこの人間の対象的認識を越えた生の実在に彼らがどう向き合い、それをどのように分節化して理解可能な世界観を引き出して行ったかを論じたものだといえるだろう。

それ自体は対象的認識の対象とはならない無限定の存在そのものが、人間の認識作用によって切り分けられ、井筒の用語をもちいるならば、言語のもつ意味分節化作用を通して、人間の認識の対象となり、ひとつの世界を現出する。この結果、異なる文化、それは言語を基本的な媒体とするのであるが、その違いによって、分節化され現れる世界像もまた固有の特徴をもつことになる。分節化される前の渾沌（カオス）とした生の存在が、言語を不可避的にその表出手段としている人間の認識作用を通して、さまざまな分節化を経、理解可能な秩序／宇宙（コスモス）となるのである。井筒の学問的関心はこの渾沌たる実在を意味をもつ体系として現出させる分節化の働き、言語のもつ根源的な機能、に焦点をおいていた。

井筒は多くの宗教家がその根本聖典とするような宗教的思想テキストを読んだが、彼の記述から得られる印象は宗教的あるいは求道的ともいえるような態度は希薄である。論理的に明晰にテキストを分析し、その背後の意味を引き出す学者の議論である。これは特に英文の著作で顕著である。しかし、早い時期の著作である『神秘哲学（ギリシアの部）』では珍しく、父君に強制されたとも言える彼の宗教的求道の様子を述べている一節があり、[4]彼の思想を考える上で重要な視点を提供していると思う。「無」の体現を目指すことを生活の中心におくような時期を過ごしていたことが、彼の思索の方向を定めたといえるのではないだろうか。神との合一、真の実在の体認などをいういわゆる神秘主義的な思想に関心をいだき、この根本直観に基づいてさまざまな世界観が生じてくる、その生成の原初様態を探求するのが彼の基本的姿勢であったと思われる。直観によってしか把握できない無（未）分節の実在が言語の働きによって分節化され、主客対立の対象的認識の枠組みのなかで人間理性に理解可能な姿をとるようになる。この原初の出現形態が異なる文化では異なる姿をとることに着目し、それを東西の古典的テキストのなかに読み取るのが井筒の学問の基礎になっている。

通常の宗教者であれば究極の実在、存在のリアリティーと井筒がいうもの、それにいかに到達するか、それをいかに獲得するか、という問題が前面に来るであろう。この向上道とでもいう道筋については先の『神秘哲学』の一節に記されている程度しか井筒は触れていないように思う。実在の体験、このリアリティーの直覚の重要性は井筒の思想を考える場合、無視することはできない。しかし、井筒はこの面については多くは語らず、哲学者としてこの真実在のリアリティーがいかに現実の世界として顕現してくるのかという向下道に学問的関心を集中したといえるのではないか。『神秘哲学』のなかで神秘主義を論じていて、単に神に到達するだけでは真の神秘主義ではなく、そこから現実にもどってくる道を備えて本当の神秘主義になる、というようなことを述べている[5]。井筒の関心はこの神秘家が神秘体験の秘奥に達したあと、いかに現実社会に戻って来るか、という局面に哲学的探求を進めたともいえるだろう。

このような井筒の思想の全体像から見ると、上に素描したモッラー・サドラーの思想との近さが理解されてくる。井筒の親しんできた東アジア的精神世界とはまったく異なる相貌を提示するイスラームのなかで実在の直覚的把握に基づいて存在世界を解き明かそうというモッラー・サドラーの営みには、井筒のイスラーム思想の単なる研究対象の次元を越えて、井筒自身の精神性の共有を見ることができるのではないか。井筒のイスラームに対する関心のあり様は、神秘主義とともにクルアーン研究や神学の研究が大きな比重をもっているように見えるが、古代ギリシアを対象とした初期の『神秘哲学』にも窺われるような、究極的実在の体認によって人間はいかにその世界を説明できるのか、という点に集約されており、その問題を直接、自らの問題として語るモッラー・サドラーのような思想家の営みにもっとも親近感を覚えたのではないだろうか、と思われるのである。

1 上智大学中世思想研究所編訳／監修『中世思想原典集成14 トマス・アクィナス』平凡社、一九九三年に須藤和夫による翻訳が収められている。
2 井筒俊彦訳『存在認識の道』岩波書店、一九七八年、一一六―一一七頁。
3 『存在認識の道』一一七頁。
4 井筒俊彦『神秘哲学（ギリシアの部）』光の書房、一九四九年、七―一〇頁。
5 『神秘哲学』六八頁。

モッラー・サドラー『存在認識の道―存在と本質について―』岩波書店、一九七八年。
↓『井筒俊彦著作集』第一〇巻、中央公論社、一九九三年。

『ルーミー語録』――その意義をめぐって

藤井守男

『ルーミー語録』は、西暦一二七三年、現在のトルコ共和国のコニヤで没したペルシア語の神秘主義詩人の最高峰、ジャラールッディーン・ムハンマド・ルーミー（イランではモウラーナー、モウラヴィーと呼ばれる）が生前に行った講話や談話を、ルーミーの死後に編集した作品とされる。一説には、ルーミー自身が、書き取られた文章に眼を通したという。原文はペルシア語で（一部、編者がアラビア語に訳出した箇所もある）ルーミーが語った言葉が、ルーミーの口調そのままに再現されている極めて貴重な著作である。

ペルシア語の著作の翻訳と解説という点でみれば、井筒俊彦氏の数ある本格的な研究書や著書の中でも異色の著作といえるであろう。しかし、達意にして格調高い訳文と、ルーミーを中心としながら

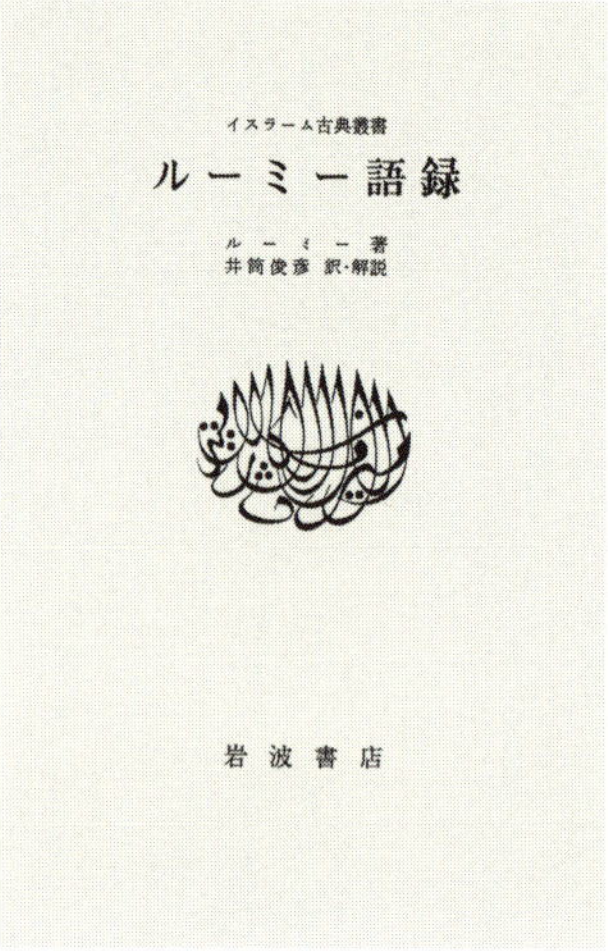

スーフィズムそのものの本質に迫る優れた「解説」により、今や、イスラーム神秘思想、ペルシア神秘主義文学に係わる邦語の古典的名著として定着しているといえる。西暦十二世紀初頭のサナーイー（一一三四年没）の登場から、アッタール（一二二九／三〇年没）の深遠な詩文を経て発展する古典期ペルシア神秘主義文学の、いわば頂点に位置するルーミーの神秘主義的特徴を、これほど見事に解き明かした邦語の解説は未だにない。

ルーミーの父バハー・ワラドは、現在のアフガニスタン東北部（及び、現在のタジキスタンも一部係わる）の教養高い説教師であった。為政者との不和、あるいは、モンゴル族の侵攻を恐れた彼は一家を率いて旅立ち、一〇年間の艱難辛苦の末、コニヤに移住を果たす。バハー・ワラドが没すると、ルーミーは、徐々に宗教諸学の学徒の訓育に従事するようになる。一二四四年頃、当時のイールハーン朝下の混乱の中、イラン西北部のアゼルバイジャーンのタブリーズに登場した怪偉のスーフィー、シャムスッディーン・タブリーズィーとの出会いにより、ルーミーは、教条的、公教的なイスラームからの脱却へと突き動かされる。シャムスへの心酔を通じてルーミーに芽生えた詩的天才は、『シャムセ・タブリーズ詩集』という人間存在の根源への希求を詠った抒情詩群を生みだす。シャムセ・タブリーズがルーミーの前から完全に姿を消すと、ルーミーは信徒への公の説教講話からも身を引き、自らの代理者として、サラーフッディーン、次に、フサームッディーン・チャラビーが、ルーミーの衆徒たちとかかわることになる。こうした精神的激動を経て、成熟した知的蓄積を背景として、霊的蘊奥の中から『精神的マスナウィー』（本書中の表記）が徐々に紡がれていく。

『ルーミー語録』の内容から、この談話集は、ルーミーが心酔したシャムセ・タブリーズがコニヤに戻りながら（一二四七年頃）、再度、失踪するに及んで、ルーミーが教団の実際の活動から徐々に身を引き始めた頃から筆記が開始され、『精神的マスナウィー』が生み出される晩年にまで続いていたことが見えてくる。談話二〇には（本文：一五六頁）、失踪していたシャムセ・タブリーズが戻ってきたことを伝える内容があり、本書の校訂者であり、イランにおけるスーフィズム研究の泰斗、故フルーザンファルは、この箇所が、本書で最も古い情報を伝える箇所であろうと推察している（ペルシア語テクストの註：三〇一頁）。『ルーミー語録』の原題は、「フィーヒ・マー・フィーヒ *Kitāb Fīhi Mā Fīhi*」であるが、これもルーミーの死後に付された題名とされる。フルーザンファルは、同時期に活動した神秘哲学者イブン・アラビーの著作中の言葉から採られたものであろうと推量している。ルーミー自身は、その主著『精神的マスナウィー』の中で、この自らの講話集を「マカーラート（講話集）」と呼んでいる（『精神的マスナウィー』ニコルソン版：第五巻：二六八四）。また、井筒訳『ルーミー語録』でも、アーベリーの英訳と同様、ルーミーの話の内容を七一の談話に分けて訳出しているが、写本情報を伝える研究書によると、本書の写本における「ファスル（章）」の内容は前後しており、これを分ける論理的な理由は見出せず、学問的な検証を経たものではないとされている。この点は本書の校訂の今後の課題とされているという。

『ルーミー語録』は、いわば成熟期のルーミー思想の実際を知る上で重要な情報を伝えている。特に、クルアーンの句に関するルーミーの解釈が忌憚なく披瀝されている箇所や、『精神的マスナウィー』のいくつかの詩句に関する注釈的な文言など、まさに、ルーミー研究における第一級の価値を持つものである。フルーザンファルは、ルーミー研究上の『ルーミー語録』の位置づけに関連して、『精神的マスナウィー』の注釈の役割をもつと述べているが、本書全体の印象からすると、むしろ、『精神的マスナウィー』理解のための入門の書、いわば、『精神的マスナウィー』の序説といった方が本書の性格に近いであろう。『精神的マスナウィー』がルーミーの神秘主義的意識の詩的結晶体とすれば、『ルーミー語録』は、詩に昇華する前のルーミーの生の言葉であるという点でもそれはいえるであろう。

ルーミーに代表されるペルシア神秘主義文学の研究という視点から見るとき、井筒俊彦の研究の魅力は、なんと言っても、高度で抽象度の高い緻密な思想研究での論考や発言の示す内容が、個々のテクストの言語上の解釈の段階での議論の実際と見事に連結している点であろう。もっぱらテクストの細部に係わり、テクストの地場的地点からの発想が支配的であるようなタイプの研究者、例えば、筆者のようなペルシア文学の研究者にとってみても、井筒俊彦の提示する、洗練を経た高度な知的達成の高見からする、犀利にして的確な視点が、違和感なく、文学テクストの解釈の場に溶け込む過程は、ある種、爽快な知的経験の契機となっている。井筒の研究の向かう先端は、ちょうどテクストという混沌の図面に降ろされた求心力ある測鉛にも似て、瞬く間に図の全体の構成を秩序立てる。もっぱらテクストに埋没している者にとって、井筒俊彦の研究に内在する堅牢な知的力学から醸成されるこうした学問的求心力は、大きな驚きであり、また尽きぬ魅力でもある。

本書の解説の中には、何気ない指摘でありながら、これが、ペルシア文学やペルシア語の神秘主義文学の本質を穿つ視点を潜在させているものが多々覗える。

神秘主義的体験の内容を詩的言語によって表現し、描写したというようなことではない。詩的体験がすなわち神秘主義体験だというのである。（解説：四一七頁）

あるいは、

それを読者の心にじかに伝えるための無数の物語等はすべて神秘家としてのルーミーの生々しい実在体験の反映である。（「解説」：四一九頁）

といった指摘は、神秘体験と文学的表出の結びつきの本質を捉えて見事である。また、『精神的マスナウィー』に関連して、「形象化」がルーミーの詩的言語の本源的特質としている点も、井筒俊彦が、ルーミーの文学的特質に留まらず、イランの文化風土に根ざしたペルシア文学の特質といえるものを把捉していることを如実に示している。井筒俊彦の洞察力は、思想研究分野から発しながら、文化認識の領域にまで及んでいる。

彼の実在体験は形象体験である。(「解説」：四二一頁)

形象を超えた無象の観念をも、形象以下の質量的事物をも共に形象化し、一切を形象として構成し直し形象として体験し直す。(「解説」：四二一頁)

井筒は、詩人としてのルーミーを、スーフィズムの意識の次元としての「根源的形象の世界」(アーラムル・ミサール)の住人としているが、こうした論点は、観念や想念を具象化して表現することやアレゴリカルな表現形態が、ペルシア文学の一大特徴である点を考えれば、実に正鵠を得た指摘であるといえる。形象化は「喩える」行為と結びつくという点でも、ルーミーに限らず、ペルシア文学に「喩える」という表現行為がもつ重要な意味合いを思えば、井筒の指摘は、まさに、ペルシア文学に現れる詩的言語の本質を突いているといえる。

イスラーム革命(一九七九年二月)後、イラン国内でも、従来から指摘された、『精神的マスナウィー』と聖典クルアーンとの構造上の近似性の問題や、イブン・アラビーと、彼の高弟で、実質的にイブン・アラビーの神秘思想をひとつの神秘哲学として体系化したサドル・ッ・ディーン・コニヤウィーらが構築したイブン・アラビー派の神秘哲学と、ルーミーの神秘主義との相関に関する本格的な研究書が登場している。イスラーム革命前、一九七七年八月に脱稿、翌七八年五月に出版された『ルーミー語録』には、イスラーム革命後のイランにおけるスーフィズム研究の潮流に現れるこうした研究傾向を先取りしている点が看取できる。まさに、この点でも、井筒俊彦の文化認識の深さと、彼のイスラーム思想分野での並外れた洞察力と学問的感性を見せつけられる思いがする。

イスラーム革命後、イブン・アラビー派の哲学的神秘主義と、バーヤズィード・バスターミー（八四八年、あるいは、八七四年没）に淵源し、ルーミーに至って爛熟の境地に入るホラサーン派神秘主義との識別という問題が学問的関心事の一つになっている。絶対者と宇宙の本源的一性を説く、いわば、スーフィズムの思弁的・理念的傾向に対して、神秘体験の経験的位相を重視するホラサーン派神秘主義の意義付けが学問的課題として意識化されたイランの研究動向を予見するかのように、本書の解説の中で、井筒は次のようにルーミーの神秘主義を意味付けしている。

実在体験の深遠をここでは醒めた心、醒めた意識が反省し、反省的意識によって捉えられたものが言語の次元に移される。……時代を同じくした偉大な神秘哲学者イブン・アラビーやその高弟で、またルーミー自身の親友でもあったサドル・ッ・ディーン・コニヤウィーとは違って、彼はこの形而上学的世界像を哲学として呈示することはせず、美しい詩的形象の長い断続的な連鎖、あるいは厖大な累積としてのみ表現した。（「解説」：四一九頁）

井筒は、『精神的マスナウィー』に付与されている哲学性は、「我々が一見哲学的思惟とはなんの関係もなさそうに見える詩的形象を一度哲学的に解釈し直さなくては露出しないような哲学性」と説いている。ルーミーの神秘主義、あるいは、「哲学」の本質を説くに、井筒が、この二つの神秘主義（神秘哲学）の性質を十分に意識した上で、本書の訳業に取り組んでいたことが窺われる。

また、イスラーム革命後、スーフィズムの背景として、イスラーム神学、とりわけ、正統派のアシュアリー派神学の影響関係を読み取る傾向が見られるが、この点での関連で言えば、スーフィズムの形成過程におけるアシュアリー派神学のいくつかの教義（来世において神の姿を見る「見神」論や、「神の慣習」として世界理解、神の属性、など）の役割に関する議論が進められ、中でも、「内在言語論」（カラーム・ナフスィー）という言語観とスーフィズムとの関連性の重要性が指摘されている。本書の本文中に、井筒が独自に注を付した箇所の中で、「内的言語」として意図的に注が付されている箇所があり（本文：三四五頁）、これは、ルーミーを読み解くに「内在言語」論に注目すべしとの井筒からのメッセージとして注目したい。ルーミーが批判的にとりあげている「ムウタズィラ派神学」に係わる箇所にも井筒が独自の注を本文に付している（本文：三四九頁）ことから考えて、ルーミーの神秘主義の背景にアシュアリー派神学が重要な要素となっていることが、少なくとも、本書の枠内では理解されることになろう。イスラーム神学研究の蓄積からの慧眼とはいえ、井筒俊彦のイラン文化理解の深さに感嘆するものである。

本書の巻末に付された解説は、現在でも、ルーミーとその作品の本質を解き明かす文章して、わが国では最も良質な文章である。例えば、「聞け　嫋嫋たるこの葦笛の語る言葉を　葦笛はしめやかに別れの愁いを語る」（井筒俊彦訳）で始まる『精神的マスナウィー』冒頭の十八句（「葦笛の調べ」）に関する解釈も、イスラームの神秘主義の本源を踏まえたペルシア神秘主義詩の注解として、学術的にも、また、文学的側面からも、普遍性を備えた見事な解釈となっている。

無限に錯綜するこの現象的多者の世界に生きながら、自覚者は現象の奥に働く一者の気配を感じる。現象的多を否定するこの一者がどのようなもので、どこにあるのかは皆目わからない。だが、それが現象的多を否定しながらも、しかもそれの源泉であり、また彼自身の実存の太源であることを彼は痛切に意識する。この痛切な意識は生々しい別離感となって彼を悩まし、苛立たせる。哲学的にいうと、これは個物が己の存在の太源に還ろうとする本然的な傾向である。個物であること、個物として自覚的に存在するということは、個物が自らを万有の太源から切り離された、儚くも頼りないものとして自覚することだ。ちょうど、一面に葦の生え茂る川岸から切り取られて葦笛に作り上げられた一本の葦のように。悲しげに葦笛は啜り泣く。(「解説」四三〇頁)

哀調を帯びた葦笛の調べを、「個として存在させられていることの悲哀」、「無限なる一としての実在的普遍者への思慕」とする解釈を示すこの箇所は、本書発刊後、『精神的マスナウィー』の解釈を試みるわが国の研究者がまず立ち戻るべきルーミー解釈の原点となっている。

『ルーミー語録』を手にするとき、井筒俊彦という稀有な学究が、ペルシア神秘主義文学ばかりか、イスラーム期イランの文化的精髄であるペルシア文学の本質に係わる言葉を残していること自体が、わが国のペルシア文学研究における僥倖であることに改めて思いをいたすものである。

『ルーミー語録』岩波書店、一九七八年。
→『井筒俊彦著作集』第一一巻、中央公論社、一九九三年。

『ロシア的人間』——全一的双面性の洞見者

谷寿美

井筒俊彦の名を耳にするようになったのは、七〇年代半ば、ロシア語の習得に本腰をいれはじめた頃のことである。三田の自由科目で文法の一通りは教えられたものの、格変化はなかなか頭に入らぬまま、いきなり読むことになったのはまるで雲を摑むような哲学論文だった。しかも一回に進む講読量が半端でないことに、思わず息をついていると、院での講読の師であり、ソ連邦哲学研究所仕込みの今は亡き三浦和男から叱咤激励されたものだった。「自分が井筒から教えられた時にはこんな生ぬるいものではなかった、恐ろしいほどの厳しさだった」と。

あまたの言語を自在に操るポリグロットでありながら、それぞれの言語圏のたった一語も蔑ろにすることのない天才語学者、井筒俊彦の名が、三田で直接井筒から露語を習った人物を通して私に刻み

込まれたのはこの時であった。以来、その鋭利な知性と厳しさに直に触れなば身も切られんと、思い込んでいたそのイメージが覆されたのは、十数年も後のこと、ふとした機縁で送られてきた一枚の葉書によってであった。ソ連邦崩壊の頃にモスクワの哲学研究所で開催された小規模の国際会議に出席した折、招聘者側のステパニアン女史というスーフィズム哲学の研究者から、ぜひ自分の論稿を井筒に届けてほしいと頼まれた。海外での評価が飛び抜けて高いことは聞いていたが、その事実を実感して帰国したあと、依頼を果たすにしても、一面識もなくただ送りつけるのもと、自己紹介代わりに自著を同封して送ったことに対する返信の葉書であった。既に病臥闘病中でいらしたはずで、そのことを伝え聞いて送付していたので返事は期待していなかった。にもかかわらず、見ず知らずの者に向けても自筆で記して下さった思いもかけないあたたかい言葉に驚いた。かけがえのない言葉の贈り物となった。帰天の報を聞いたのはそれからさほど時を経ぬ頃である。一枚の葉書ばかりの縁には違いない。しかし、その後、折にふれては井筒作品から触発を受け、また或る点に関しては共感を重ねてきた私の側からすれば、一方的なものではあるが、親近感は増しこそすれ減ずるものではない。それだけに今回、『ロシア的人間』をテーマにしての一文の依頼は嬉しく、さっそく学生時代に読んだこの作品に再び向かい合ってみたのである。

『ロシア的人間』は戦後まもなく三田でなされた講義「ロシア文学」を元に四八年には一部慶應出版で活字化され、その後加筆されて弘文堂から五三年に出版された作品である。その後も出版社を変えて再刊再録されており、マギル大学に移られる前の最初期の代表作の一つである。また文学を真正面から論じたものとしては唯一の作品である。三〇年後の北洋社版の後記には次のような言葉が見られる。

> 学生時代以来、一九世紀ロシア文学は私の情熱だった。ロシア文学との出逢いは私を異常な精神的体験とヴィジョンの世界の中に曳きこんだ。本書は、そのような世界の興奮の奔流の中に巻きこまれてゆく感覚を、自分自身のなまの言葉で、そのままじかにぶちまけたものだ。この意味で、これは私の「学問以前」であり、もう二度とかけない作品である。

「自己形成途上」の一通過点とはされるものの、であればこそ、「烈しい主体的関わり」をもって、ロシアの異常な天分の作家たちに肉薄することもできたのであろう。個性的といえば個性的にすぎるほどの彼らの本質に迫ろうとする言葉は、時に熱気をはらみ、断定的である。しかも強調せんとするところに深く没入して、畳みかけるように同義の言葉が重ねられていくその集中度は、読み手の側にもかなりの緊張を強いる。確かにこれは「なまの言葉」には違いない。速射砲のように次々と繰り出される形容の多い表現に幻惑されかねないが、しかしそこで語られていることの内実、直観的な洞察の内容に目を凝らせば、尋常でない深みが見てとれる。ロシア文学に魅了された者は誰もがそれぞれに何事か語り得るであろう、が、このようには決して語り得ないと、再読して今更ながらにその特異性を痛感した。

それにしても、井筒俊彦という稀代の学者をして「異常な精神的体験とヴィジョンの世界に曳きこんだ」のが、なぜロシア文学であって、他の文学ではなかったのか。この問題は、思いのほか底が深いかもしれない。ほどなく「なまの言葉」を封印して、「学問」の、しかも多岐に渡る「学問」領域に身を投じて結果的に積み上げられた作品群、構想展開された諸々の見解に至るゼロポイントがこの問題を考える時に、何がしか透けて見えてくるように思われる。次に作品の一部を見ながらその点を考えてみたい。

前半第四章まではロシア的なるものの感性と歴史の総論的概説的な紹介、第五章からプーシキン、レールモントフ、ゴーゴリ、ベリンスキー、チュチェフ、ゴンチャロフ、トゥルゲーネフ、トルストイ、ドストエフスキー、チェホフら一〇人の作家が個々に取り上げられている。それぞれに言及できればよいが、紙数は限られている。それ故ここでは、第九章の「チュチェフ」に焦点を絞ろうと思う。この詩人に寄せられた関心のありどころが、その後の井筒作品において度々語りだされる論点と呼応しており、この詩人についての論述は、いわばのちの栴檀の最初の二葉のようなものとも考えられるからである。作品中では「チュチェフ」と記されているが、現在は「チュッチェフ」が一般的なので、引用以外では以下後者の表記に準ずることとしておく。

プーシキンと生年をほぼ同じくしながら、五〇歳を過ぎるまで正当な評価を受けず、トゥルゲーネフらの尽力で詩集が出たあとは、卓越した象徴的詩作によってロシアの純粋芸術を代表する者となり、また二〇世紀のロシア・シンボリズムの詩歌の淵源にも立つこととなったこの詩人は、『ロシア的人間』の中では次のように喝破されている。「〝深淵の感覚〟を宿命的に身につけて生まれてきた人」と。深淵、即ち「宇宙の根源的暗黒」、「底知れぬ深みにおける原初の混沌《カオス》」、あるいは言い換えて「一切の存在のもっとも深い地層にひそむ絶対に非合理的な根柢」、この「太古のカオス」を、詩人は有為転変の現象の底に見ているという。その淵を否応なく透し見てしまう者にとっては、明るみの通常の存在世界は、ただ「実在界のあまりにも恐ろしい本当の姿が脆弱な人の目に直接露呈しないように、誰かが上からそっと投げかけた煙幕」、「真の現実を隠蔽する被覆」にすぎない。帷が落ちたときに目の当たりにする根源的な闇の恐怖、それが詩人を名高からしめた「昼と夜」という詩に謳われているという。その一部……。

……名づける名もないこの深淵の上に、
神々のいと高き御心によって
金糸の繍の垂ぎぬが掛かっている。
昼、目にもあやに燦めく帷
昼、地の子供らの蘇生の時、
……しかし、日は次第に翳り、夜は来る。
夜だ！　……
すると突然、我々の目の前にむき出しになるのだ、恐怖と霧にとざされた深淵の姿が。
そして我々はそれとじかに向かい合う。
だからこそ、夜はあんなに恐ろしいのだ。

Dyen' i Noch, 1839

このチュッチェフを語るに際して、次のようにきっぱりと断言されている文章が目につく。

彼の詩の源には一種の異常な形而上的体験があり、宇宙の本源的根基に対する直観的認識があって、それがこのポエジーを難解にする。民衆的な詩歌とはそれは全く立場を異にする。チュチエフにとっては、宇宙の根底、存在の最深層を直観的に把握し、その認識を可視的な形象によって象徴的に表現することこそ詩の第一義的な目的なのであって、（中略）それこそ詩人の唯一の義務であり、またその特権である。だからチュチェフにおいては、……詩は形而上的認識の手段である。そして事実、彼の作品の異常な魅惑は、ただひとえに彼の特殊な存在体験から来る。抽象的思弁的ではないが、このポエジーは根本的に哲学的である。

一文の中で二度までも「一種の異常な形而上的体験」、「特殊な存在体験」ありきと語られ、彼の詩歌の「異常な魅惑」はそこに起因すると言い切るその確信は、一体どこから来ているのだろう。チュッチェフを語るに様々な論があり、『ロシア的人間』の中でも少なくとも、同時代の詩人ネクラーソフと哲学者ソロヴィヨフのチュッチェフ論が引用されている。が、上のような「体験」発言はどちらにも見あたらず、既存の論に感化されてのことではない。これはひとえに断言する人自身の見解であり、確信事項である。

　では、体験の内容がどのように考えられているかと言えば、先の詩のようなメタファーとしての「昼と夜」、明るみに顕現している世界《コスモス》とその裏面に潜む深淵《カオス》の両面を共に同時に洞見すること。ことに、「人間の眼が本来見ることを許されていない」後者、「宇宙の根源的暗黒」に宿命的に魅入られた詩人の懊悩の声は、「自分で本当に……心の耳に聴いたことのある人だけにわかる」ものであろう。チュッチェフ無題の詩の中の狂おしいまでの叫び……。

おお、その恐ろしい歌をうたわないでくれ、
太古のカオス、ふるさとなるカオスの歌を。
夜の魂の群は貪るに
この歌の蠱惑に聴き入って、
死すべき胸から身を解き放ち、
無限のうちに溶け入ろうと悩みもだえる。
おお、眠りに入った嵐をめざますな。
その下にはカオスがうごめいているではないか。

チュッチェフを介してとり上げられたこのカオスの問題は、その後、例えば三〇年後、『意味の深

みへ』（一九八五年）に採録された論稿「渾沌―無と有のあいだ―」でも扱われている。ウパニシャッドの「非有《アサト》」の釈義から始めて、西洋思想のカオス、東洋では特に荘子の「渾沌」概念が同義的に対応することを縦横無尽に語る哲学的エッセーであるが、ここには見事な栴檀の木にまで育った思索の一つの精髄が集約されている。そのごく一部を覗いておけば、まず「非有《アサト》」とは「全てのものが混融する存在昏迷、いずれがいずれとも識別されず、どこにも分割線の引かれていない、渾然として捉えどころのないようなあり方、つまりカオスということ」とされている。その上で、そうした「絶対無分節存在状態」は、旧約天地創造譚の冒頭部分（創世記1：2）で語られるトーフー・ワ・ボーフー（tofu-wa-vohu: 井筒訳は「曠々漠々」、新共同訳は「地は混沌であって」の混沌）、あるいは、テホーム（tehom: 井筒訳「底知れぬ水」、新共同訳は「闇が深淵《カオス》の面にあり」の深淵）等のヘブライ語で指し示される状態と「本質的にはまったく同じ思考パターン」を示しているという。どこに由来するものか、揺るぎない確信をもって、その絶対無分節の状態が、あたかもそれを親しく見知るかのように解説される。

　茫漠と拡がるこの原始の水の上に、濃い暗闇が、濛々と立ち込める。闇もまた、いうまでもなく、カオスの象徴的形象化。闇の中では、あらゆるものが互いに混入し、融合して無差別であり、〈無〉にひとしい状態にある。ということは、物と物との境界線が全然見えないということだ。可能態とか、存在可能性ということを考えるなら、物はすべて、そこに有るのかもしれない。だが実は、相互の区別がなく、無差別状態にある物は、物としての自己固定性を保持しない。すなわち、この境位では、〈有〉が〈無〉にひとしいという奇妙な事態が成立する。この矛盾的事態をカオスというのだ。

神の天地創造に関してよく言われる「無からの創造」の無は、虚無ではなく、このような「カオスという意味に解されなければならない」と言う。そしてそこに「光あれ」に始まる「神のコトバ」が創造の始点となって、分節化された存在秩序の世界が顕現する。「コトバと光の合力によって」、非顕現、無分節のカオスの夜は、「燦爛たるコスモスの真昼に変わる」と、独自の分節理論がそこでも流麗に展開されている。

論稿『渾沌』の中では、このあと荘子が論じられ、「荘子のような思想家にとっては、〈渾沌〉こそ存在の真相であり、深層である」とされる。そこから結論づけられていく内容も興味深いが、今そこに踏み込む余地はなく、ただその事に関連して、そのような渾沌を熟視することが高い意味を持つ東洋思想に対し、「同一の事態である」カオスは、西欧文化の深層において「否定的・拒否的態度」で扱われると指摘されている点に留意しておきたい。

本題の『ロシア的人間』に戻るならば、『渾沌』での「西洋思想はカオスを嫌う」と同じ文意が、チュッチェフを語る第九章でも見いだされるからである。

恐らくゲーテですら、世界存在の根源をチュチェフほどには深く把握しなかったし、かの謎に満ちた一切の生命の基底を彼ほどに強烈に感受し、明瞭に認識することもなかった。しかしこの基底の上にこそ、世界の発展の意味も、人間の魂の運命も、そしてまた全人類の歴史も懸かっているのだ。

このくだりは、ソロヴィヨフの「F・I・チュッチェフの詩」という小論から井筒が引用している部分である。この一文だけではわかりにくいかもしれないが、ソロヴィヨフは、上の部分に続いて、ヨーロッパの詩人を代表するゲーテが「この明るい昼の世界が原初のものではなく、その下には全く別の恐ろしいものが隠されていることは知っていたが、自分のオリュンポス的安寧をかき乱さぬために、そのことを考え続けることを望まなかった」のに対し、ロシアの「われらが詩人は現実のこの二つの側面については等しく鋭敏である」ことを語っており、その原文が読み込まれた上で、先の文章が引用されているのである。

ヨーロッパ的精神が、ロゴスの光に照らされた秩序ある世界にのみ目を向け、反面、光の照射を受けず暗くアナーキーで窺い知れぬものを無意識の淵に押し込み、その闇から目をそむけがちとすれば、ロシア的感性からは、なぜかチュッチェフのような「太古のカオス」の底無しの淵に親近する者が現れ、合理の「昼」のみならず非合理の「夜」をも覗き込んで、光と闇の両極を共に同時に感受する人間性が育まれるという、この相違は何なのか。『ロシア的人間』第一章の中でも、相違は様々な角度から語られている。西欧の人間は自然から離脱し自然に対立して、理性によって捉えられる世界に実存の中核を置いたのに対し、そのような見える氷山の一角ではなく、理をもってはもはや捉えきれない水面下の「非合理的な存在と実存の深層」に「ロシア的人間の精神は棲息する」云々と。しかし、違いとその理由は様々考えられようと、ともかくも、非合理なるものを退けず、それをまともに生き且つ見据えるロシア的人間性に共振し、心を震わせた一人の青年がいたことは疑いを容れない。合理と非合理のはざまを揺れるのはいずこの人間性にも見られることながら、「ロシアは普通の秤では量れない（チュッチェフ）」。涯なくどこまでも際限なく無限にも思える大地の広がりに育まれて、人の魂も限定のしようもないものとはなった。「到底これは知性や理性だけで解釈できるものではない。この魂には宇宙の風が吹き通っており、この恐るべき矛盾錯綜はディオニュソス的性格のものである。」魂も歴史も「常に極端から極端へ飛躍」して、両極のどちらに留まることもなく、それ故どちらも切り捨てられることなく内に抱え込むロシア的精神の背反的二面性、相反する二が同時に切り離されず一体であることを表出するその文学は、他のどの文学よりも、それと同質の傾向を持つ者の琴線に触れたのであろう。

第一章の永遠のロシアで紹介されているアレクセイ・トルストイの詩は、その意味で青年井筒俊彦の琴線を特に震わせた作品かもしれない。意識あるいは心、あるいは、大いなる生命を秘めるものの象徴ともとれる本源的な海の静と動の二面とそれぞれ一体である「私」がうたい上げられている。感ずる者には何事かを伝えてくれる詩と言えよう。それにしても、A・トルストイにせよ、チュッチェフにせよ、よくぞこうした詩人を丁寧に取り上げてくれたものと思う。プーシキンのようにより多くの人の感性に寄りそう詩歌でもなく、レフ・トルストイやドストエフスキーのような強烈な個性に対抗するような自己主張も持たないが、詩でしか表現できない極めて繊細な深みを精緻に表現している詩人たちである。しかし、ロシア文学の広野がいかに肥沃であれ、翻訳のベールの下に歩いていては、彼らの詩の魅力にまでは目が開かれなかったであろう。驚異的な語学力の持ち主であればこそ可能になったこととは思うが、一体全体、井筒は青年期のごく短期間にこの沃野をどこまで踏破、読破していたのだろうと驚くことがある。

例えば、何気なく引用されていた前述のソロヴィヨフのチュッチェフ論も驚いたことの一つであった。この論は、雑誌『ヨーロッパ通報』に掲載（一八九五年）されたのち、没後に著作集に収録されたもので、入手しやすい単行本で読める作品ではない。とすれば、井筒はソロヴィヨフの一九〇四年までに出た八巻本の最初の著作集か、一〇巻本の第二版（一九一四年）を手にしてこの論稿を読んでいたということになるが、それは一体どのようにして可能になったのだろう。戦前の日本においてソロヴィヨフが紹介された十指に満たない事例のうち、大川周明が一九二八年に『善の基礎付け』の一部「戦争の意味」を抄訳して紹介している例があるが、あるいはそうした大川との接点が何らか関わっているようなことがあるのだろうか。蔵書に現在ロシア語関係が見当たらないと聞いている以上、どう考えても推測の域を出ることはない。が、ともかくもチュッチェフを論ずるに際して、井筒はソロヴィヨフの立論を原文できっちりと読み込んでいる。しかし、それを忠実に紹介するというよりは、むしろその言を借りて自身の視点を明確にしているのである。そのことで特に思わず唸ってしまったのは、ソロヴィヨフを引用しての或る言葉につけられた訳語であった。

一切の矛盾と一切の醜悪の、ぱっくり口開けた不気味な深淵《カオス》、裏返しの無限性（ソロヴィヨフ）であるカオスは、今でも依然として地下深いところに生き続け、のたうっているのだ。

「裏返しの」と訳されている個所でソロヴィヨフが用いている表現は、アトリツァーツェリヌィという語で、普通であれば、否定的、消極的、あるいはせいぜいネガティブと訳して終わるところである。しかるに「裏返しの」と訳されたのには、陰陽の陰極がイメージされたのだろうか、対極的な二面の不即不離を唱える東洋的感性に長けた井筒ならでは訳語の選択であろうが、この一語の意味するところは実は予想以上に興味深いものがある。

ソロヴィヨフがチュッチェフ論で語るその文脈においては、カオスにそのような裏返し的な意味は込められていない。「存在の深奥部のカオス的、非合理的原理」、即ち「闇が現実的な力である」としても、「明るい光の原理は、暗き力を意のままにし、自分に従わせる」上位の先行原理であって、「カオスは、肯定的なもの一切に対抗して生じる」としても、対等の対立関係ではなく、まして相補的関係にはない。キリスト教思想であれば当然ではあろうが、それでも「世界霊魂の最深の本質、全存在の根底的基底」としてのカオスに異例なほど注目し言挙げしている点は、キリスト教圏では稀なことであって、やはりロシア、正教キリスト教の東方に育った思想家の形而上学的視点ではある。

一方、井筒の「裏返しの」という理解は、一層に東洋的であるには違いない。しかし、それ以上に、……ここからは独断と偏見であるが、イスラームであれ、仏教であれ、中国哲学であれ、東洋の諸思想の至るところに類例が見出されている或る本質的な事態というもの、その核心部分を井筒はまず自身で体感していたのではないか、それは直観と同時に確信事項となっていて、あとから様々東洋哲学の概念で言表化しているような、そんな気がしてならない。紙数に余裕がないので、その本質的事態についての言明を検証しつつ詳しく述べることはできないが、無謀ながらここで敢えて約言を試みておくなら、一方に、非顕現、前現象的、無分節の本源的な「一」があり、他方に、ことばや神名、名称によって分節化され、それぞれ連関しながら顕現し続ける諸現象の世界の「多」ないし「全」、このまったく相反する状態の一と多、一と全のその二極が切り離されず、まるごと一体であるような、そうした両極的事態の表裏一体的関係性を何らか体験的に感受していたのではないか。

『ロシア的人間』では昼と夜とか、カオスとコスモスといったメタファーでまだ漠然と語られていた二極性ではあったが、カオスの「否定的な無限」が「裏返しの無限」と訳されている点からすると、既にその思想形成の早い時期から、その両極が、つまり、一と全が、形而上的な直観の眼差しから見て、反転、翻転するような感覚を強く持っていたような気がする。でなければ、例えば、遺稿となった『意識の形而上学』で、大乗起信論の「一心」の本来的な不動心と分節化された一切と解釈されている「衆生心」に関し、両者が「常に相互転換している」というような表現、これは出てこないのではないだろうか。

東大寺の森本公誠氏が、井筒俊彦著作集に付された附録の中で「恐らくご自身がお持ちの神秘的体験がその根底におありなのだろうから、その体験のお話を伺いたいと思ったが、……」と書いておられるが、生前にお目にかかる機会があったなら、本当にそのことをお伺いしてみたかったと思う。しかし、個人的体験的な事柄は、やはり言わぬが花、聞かぬが花でもあろう。先に述べたことは、言うまでもなく、花を知らぬ無粋者の単なる憶測である。『ロシア的人間』を再読するうちに、その激しく情熱的な「なまの言葉」に感化されてしまったのかもしれない。チュッチェフを語るに際しての、先の引用のように、確たる根拠はなくとも「彼の思想の源には一種の異常な形而上的体験があり、宇宙の本源的根基に対する直観的認識があって、……」と語る人は、一体何を観て語ったのか、ふと想像を逞しくしてみたくなったのである。

ロシア的魂の極端な双面性に対しては、拒絶反応を示す人、関心を示さぬ人、様々であるが、その文学を通して「魂を根底から震撼させ」、「哲学を生きる」ことを学び得て、そこから思索の創造的営為を終世続け得た人というのは希少であろう。晩年に東洋思想の壮大な全体像をまとめようとしておられたその人が、出発点となった東西のはざまのロシア的なるものに何を見ていたのか、目を凝らしてみたが、見えるようで、やはり茫漠として見えない。せめて若き井筒の琴線を震わせたであろうA・トルストイの詩を記して、意識の海の不動面と、刻々連なって波打つ生動面とのそれぞれと一つとなって、しかもそれを共に観ているかの見者を思いつつ、この一文を終えておくことにしたい。

海は泡立たず、波はしぶかない。
鬱蒼として暗い樅の枝に風はそよがない。
世界をば鏡のように己が姿に宿しつつ
澄みきって、海は静かによこたわる。
　私は岩に腰かけている。頭上には羊毛のようなちぎれ雲が
　藍青の空深くじっと浮んで動かない。
　私の魂はふかぶかと鎮まって行く。

静かな海と私は一体だ。

砕け、飛び散り、怒涛は私の瞼に塩辛い涙を投げつける。
身動きもせず岩に腰かけた私の胸にすがすがしい清涼の気が流れ込む。
寄せては返し、また寄せて、激浪は絶えまなく私の城塞に打ちかかる。
波頭には白雪のような飛沫がきらきらと輝く。
一体私は誰に戦いを挑んだらいいのだ、力強い海よ。
漲り来るこの力を誰に向かって試したらいいのだ。
私の心は今こそ生命の美に触れた。
おお波よ、お前達はわが胸の憂愁を洗い流した。
お前達の咆哮とその水しぶきは私の魂を喚び醒ました。
この潮騒と私は一体だ。

『ロシア的人間—近代ロシア文学史—』弘文堂、一九五三年。
↓北洋社、一九七八年。中公文庫、一九八九年。『井筒俊彦著作集』第三巻、
中央公論社、一九九二年。

『超越のことば』――自我滅却の哲学のゆくえ

市川裕

『超越のことば』(岩波書店、一九九一年)は、書き下ろしではなく、論文集である。副題「イスラーム・ユダヤ哲学における神と人」から明らかなように、ここでは、イスラーム哲学とともに、中世ユダヤ哲学に関する論考も収録され、その中心となる諸論文は、一九八八年に刊行が開始された『岩波講座東洋思想』シリーズの、ユダヤ思想とイスラーム思想で既に公表されたものである。しかも本書は、そのほかに中世印度哲学の一論考「マーヤー的世界認識」も加わって、井筒東洋思想学の真髄が推察できる構成となっている。今から考えれば、そう紹介できるのであるが、わたしにその真髄がほのぼのと見え出したのはつい最近のことである。

そうした深い内容とは別に、この本を手にとって目次を眺めていると、一九八六年に氏にはじめて

面会したときの記憶がなつかしく鮮明によみがえる。当時、ユダヤ教研究を始めたばかりのわたしは、エルサレム留学から帰って間もない頃で、岩波講座の「タルムード期のユダヤ思想」（後日『ユダヤ思想1』に収録）について執筆する機会を与えられたことがきっかけで、北鎌倉のお宅まで出向いたのであった。願ってもない主題だったため、四〇〇字詰め原稿用紙五〇枚のところを三倍の一五〇枚書かせてもらうことになり、喜びに浸ったことを記憶するが、肝心の、井筒東洋思想学においてなぜユダヤ・イスラーム思想が本質的意義をもつのかについては、思い及ぶべくもなかった。たまたま話題がゲルショム・ショーレムに及ぶと、彼は哲学者ではなく、宗教史家でしょう、との感想が強く印象に残っているが、実はわたし自身は、タルムードも知らずしてカバラーに手を出すことは不謹慎と考えていて、ユダヤ神秘主義についての知識をほとんど持ち合わせていなかった。井筒は当時すでにエラノス会議等を通して、ショーレムと親交を結んでいたはずであり、本書には、井筒がヘブライ大学でショーレムやピネス、サンブルスキーといった巨匠を前に、イスラーム神秘哲学の本質について行った講演も改訂されて収録されている。

東洋思想のなかに、なぜユダヤとイスラームが入るのか。わたしにとって、この問いを考えるうえで大きなヒントになったのは、そのエルサレム講演を聴いたショーレム夫人のコメントである。井筒は、その言葉を「なんとなく印象深く耳に残った」として、本書のあとがきに記録してくれたのである。夫人曰く、「イスラーム哲学がこれほどまでにユダヤ神秘主義と通じ合う面をもっていたとはいままで知らなかった」と。

注目したいのは、イスラーム哲学が、中世ユダヤ哲学とではなく、ユダヤ神秘主義と通じ合う、という点である。ここでいわれているイスラーム哲学とは、主として一三世紀以後に主流となるイブン・アラビーの存在一性論とスフラワルディーの照明哲学であって、それ以前のアヴィセンナやアヴエロエスの哲学のことではない。すなわち、ギリシア的なスコラ哲学から離脱して、イスラーム独自の哲学が構築されてからの思想のことである。この独自な哲学の主要な関心は、神秘哲学である。これは、自我が滅却され神の自己顕現が体験されてはじめて成立する形而上学であるといわれるものである。ここにイスラーム思想の独自性が顕著となる。しかしその独自性は、自我滅却を経て語りだされるという東洋的思惟の本質的パタンに合致することになる。そして、この点にこそ、東洋思想としてのイスラーム神秘哲学の意義が顕在化するのである。したがって、ショーレム夫人のいうように、イスラーム神秘哲学がユダヤ哲学ではなく、ユダヤ神秘主義と通底するのであれば、そのことの意味は自ずと明らかになる。ユダヤ神秘主義には、自我滅却的思惟構造が想定されうる、ということである。

こうして、その内容に踏み込んで考えれば、『超越のことば』は、中世ユダヤ哲学に続いてユダヤ神秘主義が含まれてこそ、その本来の一貫性をより鮮明に提示しえたかもしれない。しかし、井筒は、自らそこまで学問的著述を展開することを控えた。それはなぜだったか。おそらくは、ユダヤ教において、哲学と神秘主義との関係が、イスラームとは事情を異にしていたことが、その理由の一端であると思う。その領域は、イスラームにおける幸福な学的融合が行われなかった。神秘主義哲学者と呼びうる哲学者が輩出されることはなく、神秘主義を哲学的に体系化する思惟は構築されなかった。それどころか、ユダヤ神秘主義、いわゆるカバラーは、信者のあいだでこそ熱烈に崇拝され探求されたが、知識人にとっては理性に反する迷信の巣窟と見下されて、とうてい学問的な研究対象とはみなされてこなかったのである。

こうした学術的状況を根底から覆したのが、ゲルショム・ショーレムであった。ショーレムは、当時まったく無視されていたカバラーの学問的意義を闡明し、神秘主義思想の体系的構造を記述する仕事を、一九二五年にエルサレムで創設されたヘブライ大学において展開していくのである。一九三八年には、ニューヨークで『ユダヤ神秘主義の諸潮流』を講義して、その意義を世界的に認知させていった。こうして、ユダヤ神秘主義の学問的成果は、いわば井筒東洋学と同時進行的に開拓されてきたというべきである。しかしそれはあくまで、歴史学的な記述を基礎とした学問であって、イスラーム哲学のような、それ自身が一つの神秘哲学としての営みではなかった。ショーレムは宗教史家だったのだ。

そうした事情もあってか、岩波講座ユダヤ思想のカバラーに関する論文執筆者の人選が難航していて、わたしは、急遽、執筆者を探すよう依頼された。後日、わたしが指導を受けたヘブライ大学のシュムエル・サフライ教授に頼んで、ヨセフ・ダン教授を推薦してもらうことができた。ショーレム亡きあと、その弟子によって、『東洋思想　ユダヤ思想2』の「ユダヤ神秘主義」の項目が執筆されたことは、今にして思えば、最良の選択ができたといえるかもしれない。そしてわたしは、予期せずにその翻訳も担当することになり、新しい分野を学ぶ機会を与えられたのであった。

『超越のことば』が扱う最大の主題は、宗教と哲学の出会いである。セム的唯一神教の啓示理解とギリシア哲学の存在論との邂逅、そしてその後の葛藤と離別のありかたである。ギリシア思想との出会いは、イスラームにとってはこれが初めてであるが、ユダヤ教にとっては、二度目である。そしてさらに、一九世紀西欧における同化ユダヤ人において、三度目の邂逅が待っている。

一度目の邂逅と離別は、ちょうどタルムード期のユダヤ思想成立と不可分の関係にあるため、この第二の遭遇がどんな展開を見せるかは、すこぶる興味ある主題である。本書でも、第一の遭遇について、アレクサンドリアのフィロン（本書ではピローン）を中心に若干触れられているが、ヘレニズムとの遭遇は、これまで想定されてきた以上に、はるかに強烈な影響をパレスチナのユダヤ文化全体に及ぼしたことが認識されてきた。それゆえ、文化的邂逅のエネルギーの強さ、したがってその影響力の大きさを知ることは、本書の主題のもつ重要性を実証することにつながると思う。

タルムードの賢者たちは、ギリシア思想の魅力とともにその脅威を自覚していた。そのため、学問の領域に制限を設け、またギリシア語という言語の学習を子供に禁じた。

ミシュナの規定の中に、子どもにギリシア語を学習させないという教えがある（ソタ九：一四）。事実、ラビ・ユダヤ教においては、ギリシア語の著作は継承されることがなかった。ギリシア語訳聖書、旧約聖書外典、黙示文学、神秘主義的教説しかりである。しかも、ギリシア語による著作では個人名の論文が一般的で、個人の思想が表に出る文化であるとすれば、ユダヤ的学問は、神の言葉そのものを表に出す文化を作り出した。タルムードにしろ、ミドラシュにしろ、編纂された著作はすべて神の言葉と教えを中心に据えるものであった。これが、ラビ・ユダヤ教の学問観の大きく違うところである。

言語の自覚的な廃棄と、ある種の学問領域の自覚的な廃棄とは密接に結びついていたと思われる。トーラーの啓示に対する絶対的な信頼を破ってはならないという大前提から、四つの学問領域が忌避されることになった。四つとは、「上、下、前、後ろ」に対する探究である。上とは形而上の世界、あるいは天の玉座の観想であり、下とは死後の生命や霊魂の行方についての思索である。前とは、天地創造の始まりであり、後ろとは、世の終わりをめぐる思索である。これら四つの事柄に思いを致す者は、この世に生まれてこない方がよかったとさえいわれた（ミシュナ・ハギガー二：一）。

これらの四つは、ヘレニズム時代のイスラエルでは、神殿祭司層を中心に黙示文学と呼ばれる文学ジャンルの主要なテーマであった。人間の魂が天に上昇し、各天球の領域を通過して神の玉座メルカヴァーに至るという天界飛行は格好の主題であった。また、世界の始まりは、言葉による天地創造の業マアセ・ベレシートを究明する学問へと発展したが、万物の原因と原初を究明する「アルケーの学」は、ギリシア哲学の本領である。また、世の終わりは、「エスカトスの学」として黙示文学の格好の題材であった。霊魂の不死に至っては、プラトン主義やピタゴラス派の主題である。

ラビ・ユダヤ教はこれら四つの事柄が、経験的に知り得ない領域の知識であって、生半可な知識は軽率に神の権威を疑い、トーラーの根拠を揺るがしかねないとして忌避したのである。ユダヤ教が定める人間の歩むべき義なる道ハラハーとは、経験世界における日々の営みにおいて、何が正しく何が邪な行いであり、何が許され何が禁じられ、何が清く何が穢れているかに関する実践的な識別の学であり、これを深く理解し実践することこそが、この世において神の栄光を宣揚することに他ならなかったのである。

こうして、一度はきっぱりとギリシアの学問を拒絶してタルムード文化を発展させた中世ユダヤ社会に、イスラームの登場とともに、ギリシアの学問が、今度はギリシア語ではなくアラビア語に翻訳されて、圧倒的魅力をもって立ち現れた。

本書においては、ユダヤ哲学は、何よりもアラビア語による哲学であることが強調され、第一級の哲学者のみに注目して、イスラーム思想の歩みに追随して発展したその足跡がたどられている。サアディア・ガオンにおいては、イスラーム的理性主義に立脚したカラーム神学の影響の下で、「四つの事柄」やクレドに関わる神学的主題が初めて哲学的に論じられたことが示される。続いて、舞台はムスリム・スペインに移り、哲学の領域で、まずはネオプラトニズムが興隆し、夭折した天才的詩人で思索家のイブン・ガビロールの『生命の泉』が紹介される。さらに、哲学に反発しつつユダヤ思想を哲学したユダ・ハレーヴィーの独自の思想が、『ハザール（クザリ）の書』を中心に示される。そして、一二世紀後半に至って、ネオプラトニズムを払拭できないとはいえ、アヴェロエスにおいてアリストテレス主義が回帰したちょうど同世代に、中世ユダヤ哲学の頂点を極めるべく登場したのが、マイモニデスであった。ユダヤ哲学はここで頂点に達するとともに衰退に向かい、一三世紀からはカバラー神秘主義がユダヤ思想の中枢を担うことになり、中世ユダヤ哲学は、一四世紀のハスダイ・クレスカスにおいて終焉を迎えたとされる。

このように全体を振り返るとき、中世ユダヤ哲学とは一体なんだったのか。ユダヤ的精神にどんな刻印を残したといえるのであろうか。

ユダヤ教は、二度のギリシア哲学との遭遇において、おそらくは二度ともギリシア哲学と離別してしまった。なぜイスラームのような、哲学と神秘主義の実りある融合が生まれなかったのだろうか。

ユダヤ教の中世哲学がアラビア語で行われたということは、イスラームの思想圏内でのみ栄える運命にあったともいえる。キリスト教圏においては、たとえスペインであっても、アラビア語によるユダヤ哲学は決して行われなかった。井筒もわずかに一四世紀のハスダイ・クレスカスを挙げたのみであった。その宗教独自の思索が展開されるためには、その宗教本来の言語による営みであることが不可欠であるとすれば、そこに一つの問題が伏在していた。イスラームにおいては、哲学もスーフィズムもアラビア語で思索されたが、ユダヤ教において、ヘブライ語とアラム語で思索を深めることができたのは、ハラハーとアガダーの領域以外では、まさにカバラーだったのである。

ギリシア思想に対するイスラームとユダヤ教の見解の相違も無視できない要素である。イスラームには、六信五行に代表されるように、霊魂論や終末論に関する思想が信仰の基本的要素として含まれている。これに対して、ラビ・ユダヤ教では、既に第一回目のギリシアとの遭遇以来、「四つの事柄」への躊躇には、強固なものがあった。そして、その躊躇をいとも簡単に突破して神秘主義的思惟を深めていったのは、第二神殿時代の祭司的なユダヤ教の流れであった。つまり、ラビたちが押さえ込んだ思想が、カバラーとともに、ユダヤ教の中に再度、頭角をあらわし始めたということができるのである。

そのカバラー独自の思想は、一二世紀初頭、ある匿名の著作の出現とともに始まるといわれる。それを宣言したのは、ショーレムであった。まだパレスチナへ入植する以前、彼が、西欧の諸大学での研鑽の末、一九二二年にミュンヘン大学に提出した博士論文の主題は、その匿名の書『バヒールの書』であった。ショーレムはその書の意義を、「ラビ・ユダヤ教の心臓部における神話的表象の炸裂」と評した。そしてその一〇〇年後には、カバラーの金字塔である『ゾーハルの書』の出現となるのである。その一〇〇年間は、ちょうどマイモニデスの七〇年の生涯とほぼ重なっていた。これ以後、アラビア語のユダヤ哲学はすたれ、ヘブライ語・アラム語のカバラーは、ラビ・ユダヤ教との確執や葛藤の中で、その存在感を確実に浸透させていくのである。その際、カバラーが新プラトン主義の影響を受けて出現したとすれば、そこには、ギリシア思想と神秘主義とのある確かな融合が生起していたといえるかもしれない。

このように見てくると、一二世紀はちょうどユダヤ教における三つの知的領域が、三すくみの状態で共存を果たした最初の時代として捉えることができる。ユダヤ法学（ハラハー）と哲学とカバラーである。ハラハーと哲学の確執は、一二世紀のマイモニデスにおいて哲学が体系化されると同時に、ユダヤ教内部において、「マイモニデス論争」がすぐに展開されることになった。本論の延長線上には、スピノザやメンデルスゾーン、そしてユダヤ啓蒙主義、さらには一九世紀西欧近代の巨人たちへの知的系譜をたどることができる。そして、ハラハーとカバラーの葛藤は、一九世紀東欧において、リトアニアのタルムード学とウクライナのハシディズムとの確執と融合のなかにその最後の輝きを認めるまで、連綿と続いていく。

したがって、この中世ユダヤ哲学という学問的営為は、あらためてユダヤ教の豊饒な精神的営みの深さと広がりを思い出させてくれる。しかも本書は、それを、イスラーム哲学との比較を通して、東洋的思惟への広がりを絶えず要請して止まない知的触媒の役を果たしている。

『超越のことば――イスラーム・ユダヤ哲学における神と人――』岩波書店、一九九一年。

『神秘哲学』と『意識と本質』――二つの主著

若松英輔

井筒俊彦は、「読む」あるいは「書く」という行為に、いっぷう変わった認識をもっていた。「『読む』と『書く』」と題するエッセイに彼は次のように書いている。

書き手が並べた透明なコトバの連鎖を通して、その向う側に、書き手の心に始めから存立していた意味――つまり言語化前のリアリティ――を理解する、それが「読む」ということだ。

「読む」とは、書き手の意図を理解することではない。むしろ、「書き手の心に始めから存立していた意味」を理解すること、言葉を超えて「コトバ」に出会うことだというのである。ここで井筒俊彦が意味する「コトバ」とは、すでに単なる言語ではない。その領域をはるかに超えた、何ものかである。彼はそれを明示するために、『意識と本質』を書かなくてはならなかった。そして、この著作が彼の主著となる。

また彼は、「コトバ」は書き手が作り出すのではなく、すでに語られる以前に「書き手の心に」存立している、書き手の仕事とは「コトバ」を語ることではなく、むしろ、「コトバ」が自ら顕われ出る、その通路と化すことだ、というのである。

かつて同じことをいった哲学者がいた。彼は、私たちが目にする存在の奥に、「真実在《イデア》」と呼ぶべき実在があると説く。人間が行い得るのは、何かを創造することではなく、イデアを想い出すことだともいった。プラトンである。『神秘哲学』初版の序文に井筒俊彦は、自らを称して「その世界観に於て純然たる一のギリシア主義者でありプラトニストであるに過ぎない」と書いている。「読む」とは、すでに「書かれている」イデアを発見することであると言うとき、井筒の念頭にあったのも、プラトンが説く「想起」だったに違いない。

このとき彼が、先の一節をどれほどの意味を込めて書いたかはあまり重大なことではない。書き手とは、しばしば後年の自分を驚かす言葉を書いているものである。「純然たる一のギリシア主義者でありプラトニストであるに過ぎない」という一節も今日からみるとき、そこで語られている言葉が、生涯変わることのなかった、彼の哲学的信仰の最初の宣言だったことがわかる。

井筒にとって「哲学」は、知解する対象ではなかった。いうなれば、それは「道《みち》」だった。「道」は、知られることによってだけでなく、同時に生きられたときにその存在が証しされる。そのことは彼にも深く認識されていた。『神秘哲学』で彼が、哲学の神秘にふれ、「神秘主義」ではなく、しばしば「神秘道」と書くのはそのためである。

『神秘哲学』は後年、著者自ら「思想的原点」と述懐したように、思想的種子となる問題群、鍵概念が生まれた井筒俊彦初期の代表作だといってよい。

この本は、哲学の起源をもとめて、神話時代にさかのぼる。『イリアス』『オデュッセイア』はもちろん、ディオニュソスの来襲も「現実」の出来事として論じられる。井筒にとってギリシアの神々は観念ではない。それは今も姿を変えて世界に語りかける異神という実在である。

魂の救済を渇望する古代ギリシアの民、その苛烈な願いが「密儀宗教《ミュステリオン》」を生んだ。井筒俊彦が見るギリシア哲学は、密儀宗教の血脈を継承している。むしろ、人間の真摯な祈願を成就するために、「宗教」を根柢でささえていた叡知が、いっそう強靭な普遍性をもって顕現したのが「哲学」である。「宗教」は信仰者に道を開くが、「哲学」は万人にむかって門を開く。教祖、経典あるいは教義への服従は必要ない。真摯な魂があれば足りたのである。

この著作の鍵言語は「叡知《ヌース》」である。それは「純粋知性」「能動的知性」と書かれることもある。叡知は「真実在界」にあって、人間が暮らす「現実界」にむかっていつも自らを顕わそうとする。叡知は何かに付随して述語的に存在するのではなく、何ごとに依存することなく、いつも主語的に自己を顕現する。さらにいえば万物を在らしめている働きもまた、「ヌース」である。森羅万象の根源を追究することがギリシア哲学であるなら、それは「ヌース」の探究の歴程だといってよい。

「古代ギリシアの観照精神はプロティノスに於て最終にして最大なる結実に達した（中略）プロテ

ィノス精神の真の継承者はプロクロスでもイアンブリコスでもなくして、聖アウグスティヌスその人である」と井筒は書く。キリスト教の伝統は「叡知」を「霊」と呼ぶ。それは人間の魂を超える何ものかであるとともに、存在そのものを基底するものである。この著作ではキリスト教中世の神秘家たち、アウグスティヌス、エリウゲナ、トマス・アクィナス、アヴィラのテレジア、そして十字架のヨハネにまで言及されている。井筒がキリスト教の神秘哲学に直接的に言及した著作としても注目してよい。

また、この本の読者は、ギリシアの抒情詩人たちの使命と、果たした役割の大きさに気が付かせられる。クセノファネス、ピンダロス、といった抒情詩人は詩神の使いであるだけでなく、自然哲学者の登場を告げる「予言者」でもあった。哲学は詩を内包して誕生したのである。

さらにイオニア学派からピュタゴラス、ヘラクレイトス、パルメニデスそしてプラトンへと続く「哲学」の系譜において、中心にあったのは知的認識の作業ではなく、万人に奉仕する実践だったことが反復的に論じられる。その志を失った者はすでに、「愛知者」ではない。井筒は、哲学者はいつも、真実の意味における神秘家だといい、その実相を次のように記している。

> 現世を超脱して永遠の生命を味識するプラトン的哲人は、澄潭の如き忘我静観の秘境を後にして、またふたたび現世に帰り、其処に孜々として永遠の世界を建設せねばならぬ。イデア界を究尽して遂に超越的生命の秘奥に参入せる人は、現象界に降り来って現象界の只中に超越的生命の燈を点火し、相対的世界のイデア化に努むべき神聖なる義務を有する。(『神秘哲学』初版)

哲学者にとって「光り」にふれることが第一の役割ではない。その使命とはむしろ、「忘我静観の秘境」である「イデア界」での出来事、すなわち光の経験を、この喧騒たる現実世界によみがえらせることだというのである。井筒はここでしばしば、神秘家の営みを山登りにたとえる。頂上を目指すだけでは道程の半分に過ぎず、眼目は下界への降り道にある。

恩恵にあずかることは、即時的に何かを託されることでもある。恵まれた者は託された者でもある。彼は必要とする者を見つけ出し、委託されたものを届ける義務を背負う。

哲学者は、尽きることのない叡知の水のごとき何ものかを、人々に手渡すことを託されている。渇く者を前に、水を注がない者は「愛知者」と呼ぶに値しないというのである。さらにいえば、「哲学」とは、叡知を託された者が、それを必要とする者に手渡すという、まさにその行いにおいてはじめて生まれる、ひとつの秘儀である。

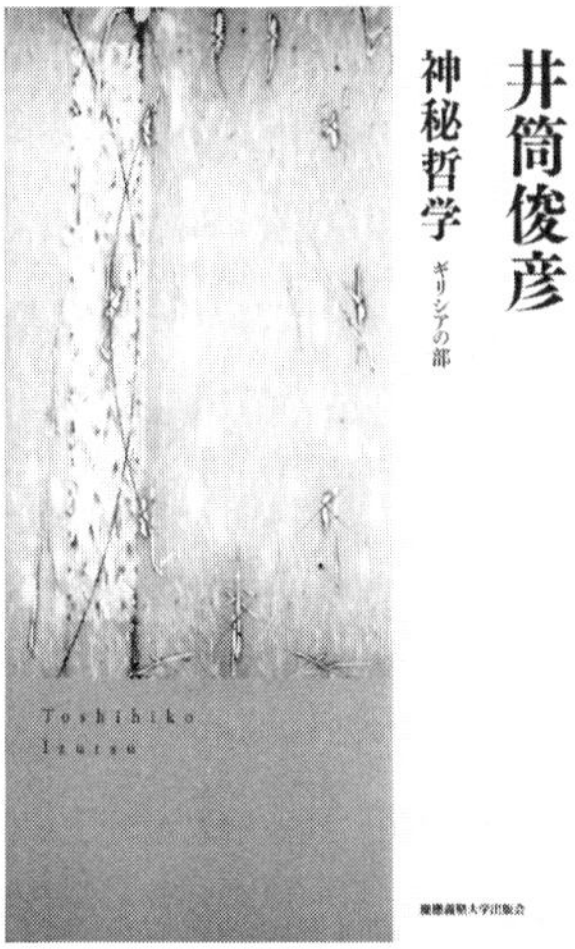

『神秘哲学』の執筆が、哲学者井筒俊彦を生んだ。その完成が、ではない。書き始めたとき、彼は無事に終えることなど夢想だにしなかっただろう。若き日の遺言、というと、七九歳まで生きた彼の生涯を前にすると奇妙に聞こえるが、この著作を一言で表現すると、そうなる。井筒はこの作品を、文字通り「血を吐きながら」書いた。

病が彼の肉体をむしばんでいたのである。遺言に刻まれた真の意味を読みとろうとするものは、その始原のかたちに立ち戻らなくてはならない。その「冒頭」に彼はこう書いた。

悠邈たる過去幾千年の時の彼方より、四周の雑音を高らかに圧しつつ或る巨大なものの声がこの胸に通い来る。殷々として耳を聾せんばかりに響き寄せるこの不思議な音声は、多くの人々の胸の琴線にいささかも触るることなく、ただ徒らにその傍らを流れ去ってしまうらしい。人は冷然としてこれを聞きながし、その音に全く無感覚なるもののごとくにも思われる。併《しか》し乍《なが》らこの怖るべき音声を己が胸中の絃ひと筋に受けて、これに相応え相和しつつ、心臓も破れんばかり鳴響する魂もあるのだ。

私は十数年前はじめて識った激しき心の鼓動を今ふたたび茲に繰り返しつつ、この宇宙的音声の蠱惑に充てる恐怖について語りたい。

もう二〇年以上前になる。この一文をはじめて読んだときの光景を、今でもはっきり覚えている。ギリシアの哲人を通じて「巨大なものの声」が、若き日の井筒に迫り来たように、このときの私には──今の私にもまた──井筒俊彦の言葉を通路にして、それが迫って来たのだった。

これが哲学者によって書かれたのだとしたら、これまで自分が読んできた哲学者の文章とはいったい何だったのか。この文体と語調で哲学が語られ得るのであれば、今日流布している哲学とは何か。そんな思いから離れることができないでいた。過去形で書いたが、この問いに、私は今も明確に答えられないでいる。

いつわらずに言えば、このとき私の心を揺さぶり、自己の内心にはもう一つの心、魂と呼ぶべき実在があることを教えてくれたのは、井筒の発する言葉の意味ではなく、律動である。言葉を前に、私たちが動かされるのは語意によってばかりではないだろう。そこに蔵された真実の光によってではないだろうか。その光は年月を経ても薄まりもしなければ、弱まることもないのである。井筒はプロティノス論で、この哲人の著作『エンネアデス』の一節を引く。

その時ひとは見ずして見る。そしてその時こそ本当に見るのである。何故なら光り自体を見るのであるから。それまで見て来た全てのものはただ光り輝くものであって、光りではなかった。

同じ論考で井筒は、こうも書いている。「光に照らされて燦爛と輝きわたる事物も確かに美しいが、光りそのものは更に美しい。霊魂はかかる光りに促されて、先ず照り輝く事物に至り、次に其等の美しき事物を悉く後に見棄てて、遂に光りそのものの裡に進み入るのである」。彼にとって哲学とは光に照らされた「事物」をよりよく見るための方法ではなかった。あくまでも彼が探究したのは「光り」それ自体である。

光り輝くものは、光それ自体ではない。その事物は光を受けて光るのである。さらにいえば、闇すら光の変現であるという確信が、井筒にはある。光がなければ闇はない。また、闇は光の喪失ではなく、その一点への収斂であることを知った人間にとって、闇に光の働きを発見することは、何ものかに託された「神聖なる義務」となる。

『神秘哲学』には、光の書房版と著作集版と二つの版がある。さきに「始原のかたち」といったのは前者である。

この著作は一九四九年（昭和二四）、上田光雄が社長をつとめる光の書房から刊行された。井筒俊彦にとっては、二冊目の単著である。この本は、慶應義塾大学で戦前から行われていた講義「ギリシア神秘思想史」をもとに書き下ろされた。

一九九一年に『井筒俊彦著作集』の刊行が始まった。その第一巻は『神秘哲学』である。この論考を著作集の最初に据えたのは著者自身である。イスラーム思想に関する論考ではなく、ギリシア哲学を論じた著作を、第一巻とするには井筒の明確な意図がある。また、この本の扉には「豊子に」という献辞があり、永年連れ添った妻井筒豊子にささげられている。そのことも、作者の特別な思い入れを傍証している。

著作集版の『神秘哲学』は、二部構成になっている。第一部が「自然神秘主義とギリシア」、第二部は、「神秘主義のギリシア哲学的展開」と題された。実際に書かれた時期を反映しているのは、むしろ著作集版である。だが、著作集で私たちが読むのは、整えられた文体であり、文章である。光の書房版は違っていた。第二部から始まり、第一部は「付録」として収められている。

光の書房版を一読すればわかるように、著者のほとばしるような筆致は、初版刊行時には「付録」となった論述において、むしろ鮮烈に表れている（この版は現在、慶應義塾大学出版会から復刊されている）。

本を前に、言語の意味を拾うことを止め、「コトバ」の海に身を預けてみる。すると次第に本の方から何かを語り始めるのに気がつく。そのときにはじめて私たちに、「言語化前のリアリティを理解する」道が開けるのではないだろうか。

＊　＊

『意識と本質』は、必ずしも通読する必要はない。読者は好きなところから好きなだけ読み、自由に解釈を楽しむこともできる。この著作の価値が読み方によって減ぜられることはない。部分的に繙く、といった読み手の気まぐれにもまったく動じない。それが恣意的な、ときに独断に満ちた「誤読」であったとしてもである。

「『誤読』のプロセスを経ることによってこそ、過去の思想家たちは現在に生き返」る、と井筒俊彦は、空海を論じた作品に書いている。『意識と本質』は、彼のいう「誤読」の歴程にほかならない。だが、それゆえに作者の主体的経験に満ちている。

井筒俊彦の生涯の軌跡を追うなら、いくつかの論考を読むより、『意識と本質』の第一章を繰り返し読む方がよい。井筒はそこで、掛け足気味ながら自らの哲学的遍歴を端的かつ、包括的に論じている。

アリストテレスの代表的著作『形而上学』の第十一章では、「神」論が展開されている。トマス・アクィナスに決定的な影響を与え、キリスト教神学にも深く痕跡を残した彼の「神」解釈は、ギリシア語アルファベットの十一番目Λ《ラムダ》にちなみ「ラムダ巻」と呼ばれ、後世の人々によって、あたかも独立した一巻の書物のように扱われてきた。

『意識と本質』の「ラムダ巻」は、第十章である。ここで井筒俊彦は、「コトバ」の神秘哲学を論じた。この著作で論じた核心にふれたいと思う者には、この章をひたすら読むことをお勧めしたい。

『意識と本質』は、一九八〇年から二年間にわたって、雑誌『思想』に断続的に連載され、翌八三年に単行本として出版された。一見したところ刊行された『意識と本質』の本文は、初出と比べても大きな加筆はないように見える。だが、一つ見過すことができないのは、言葉と書いていた、あるところを「コトバ」、と書き変えたことである。むしろ、「意識と本質」の執筆とは、「コトバ」の一語を叡知の伝統から喚起する試みだったといってもよい。

「コトバ」、と彼が書くとき、それは言語的実体に限定されない。それは、絶対的根源者の異名である。「神のコトバ――より正確には、神であるコトバ」、と彼は書いている。

『意識と本質』は井筒俊彦の主著である。それは英文著作を含めても変わらない。主著とは、作者の他の著述を読まずとも、その中核的思想に出会うことができる作品の謂いである。井筒は自伝、回想録を残していない。周囲との関係を語ることにも慎重だった彼が、余すところなく自らの遍歴を語ったのが『意識と本質』だった。この著作は、彼の精神的自叙伝として読むこともできる。

単独の論文である「意識と本質」の副題には「東洋哲学の共時的構造化のために」と記されている。ほかに三編の論考を含み、単行本として刊行された『意識と本質』には「精神的東洋を索めて」ともう一つの副題が付されている。それは後年『井筒俊彦著作集』は公刊された際に「東洋的思惟の構造的整合性を索めて」へと改められた。

タイトルは主題を表し、副題は主題を補う補助線である。当然ながら、ここには「コトバ」と同じく、この本を読み解く鍵言語がいくつも含まれている。「意識」と「本質」はもちろん、「東洋」あるいは、「精神的東洋」「共時的」「構造化」さらに「東洋的思惟」などがそれに当たる。まず、「東洋」から見てみたい。この一語は読者を「意識」と「本質」の世界へと導いてくれる。

井筒俊彦のいう「東洋」とは、アジアに中近東を加えた地理的領域に留まらない。それならば「精神的東洋」と銘記する必要はない。だが「精神的」という表現に導かれ、儒教、道教、仏教圏にイスラーム圏を包含した精神／宗教圏だと理解して『意識と本質』を読むと、単なる西洋哲学批判になってしまう。それは井筒の本意からは遠いばかりか反することになる。「アジアは一なり」といった岡倉天心や親交のあった大川周明、小辻節三といった先人のアジア観と重なり合うところもあるが、井筒俊彦のそれは、はるかに大きく深い。

対談で幾度か井筒は、自らの考える「東洋」に言及している。ギリシア、ロシアを含み、日本、中国、インド、中近東はもちろん、それはジブラルタル海峡も越えかねないといった。海峡の向こうはスペイン、イスラーム哲学者イブン・アラビー、イブン・ルシュドの故国である。井筒は中世を代表する神秘家であり、カトリックの聖人でもあった十字架のヨハネを愛したが、彼もスペインに生まれた。初期の代表作である『神秘哲学』の続編として井筒は、アウグスティヌスの神秘哲学に関する論考を準備していた。アウグスティヌスはジブラルタル海峡に面した現在のモロッコに生まれている。

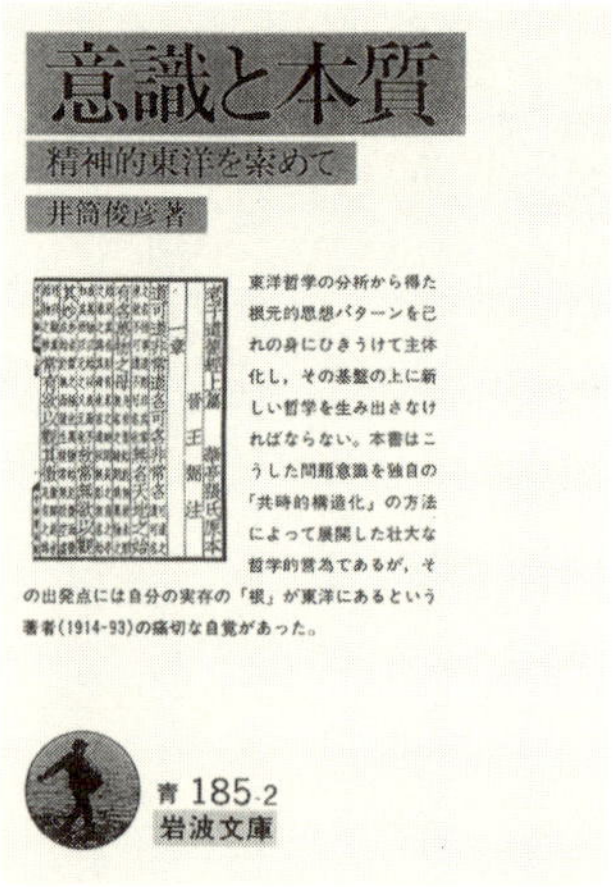
意識と本質
精神的東洋を索めて
井筒俊彦著
東洋哲学の分析から得た根元的思想パターンを己れの身にひきうけて主体化し，その基盤の上に新しい哲学を生み出さなければならない。本書はこうした問題意識を独自の「共時的構造化」の方法によって展開した壮大な哲学的営為であるが，その出発点には自分の実存の「根」が東洋にあるという著者(1914-93)の痛切な自覚があった。
青 185-2
岩波文庫

彼らはみな「東洋」の住民である、ということになる。

一方、「東洋は一つの理念」であって、客観的に存在するわけではない、とも彼は発言している。ここでの「理念」は概念とはまったく異なる。愛がキリスト教の理念であるように、慈悲は仏教の理念である。概念は空想の産物だが、理念は実在である。それは不可視、不可触であるに過ぎない。「東洋」は実在するが、それを具象として指差すことはできないというのである。

次に引く『意識と本質』の一節で彼は、イスラームの神秘哲学者スフラワルディーを論じながら、自らが「東洋」をいかに認識していたかを語っている。

> スフラワルディーが「光の天使たち」について語る時、彼はたんなる天使の心象について語っているのではない。彼にとって、天使たちは実在する。天使は、我々の世界にではないが、存在の異次元、彼のいわゆる「東洋」、「黎明の光の国」に実在するのだ。

「天使」が「東洋」に実在する、と考えたのはスフラワルディーばかりではない。井筒もまた、それを信じた。井筒俊彦の「天使論」は別稿をもって論じるに値する主題である。井筒の「東洋」が、地理的領域の限定に過ぎないなら、彼はその「共時的構造化」を試みることはなかっただろう。地理的世界は水平的次元だが、「共時的」世界はいわば垂直的次元だからである。「共時的」とは「つまり、東洋哲学の諸伝統を、時間軸からはずし」、「構造的に包み込む一つの思想的連関空間を、人為的に創り出そうとする」ことだと彼は書いている。

共時性を論じることで、自身の思想を深化させたのは深層心理学者の始祖のひとりユングである。井筒はユングに面会したことはない。しかし、彼はエラノスを通じて、ユングの精神に接近した。

「エラノス」とは、東西にあるいは、宗教、思想の差異によって分断、分離された霊性を、もう一度統合することを目的に始められた、「賢者の集い」である。一九三三年、ユングの強い影響下にエラノスは始められた。彼の没後もその精神は参加者によって継承された。井筒は一九六七年以来、一五年間にわたって参加し、後半はその中心人物として活躍した。ここで彼は、宗教学者ミルチャ・エリアーデ、イスラーム神秘哲学研究のアンリ・コルバン、深層心理学のジェームズ・ヒルマン、ユダヤ神秘思想のゲルショム・ショーレムとも親交を深めた。『意識と本質』で論じられたさまざまな命題の多くは、エラノスでの発表に基づいている。

エラノスに参加することがなければ、『意識と本質』は生まれなかったばかりか、彼自身の生涯も大きく変わっていただろう。『意識と本質』は、井筒俊彦によって催された「共時的」なエラノスだともいえる。

井筒の「読み」が呼び声となって、歴史的座標軸からさまざまな哲人、思想家、詩人たちが集結し、彼らとの内的対話を文字に定着させること、それが彼にとってこの本を「書く」ことの意味だったのではあるまいか。

そこに集まったのは、サルトル、リルケ、マラルメ、松尾芭蕉、本居宣長、老荘、朱子、程兄弟ら宋学の儒者、スフラワルディー、イブン・アラビーはもちろん、アヴィセンナ、ガザーリー、アヴェロエスなどのイスラームの哲学者、僧肇、道元、青原惟信といった仏教の悟達であり、さらにユダヤ教神秘主義、古代ギリシア哲学、古代インド哲学の哲人たちである。

サルトルは自ら無神論者であると宣言していた。この現代フランスを代表する文学者は、精神的、地理的双方の意味において、「東洋」とは無縁ではないかと感じる人も少なくないかもしれない。だが、『意識と本質』は、サルトルの小説『嘔吐』の主人公ロカンタンが樹を前に嘔吐をもよおす姿から始まる。この小説では、人間が「本質」の介在なく「存在」と対峙する瞬間が、比類なき生々しさで活写されていると井筒は書いている。

「本質」の彼方、「存在」の前面、ここここそが井筒が「東洋」と命名する境域である。ここで人は天使や菩薩あるいは死者たちに出会う。

「存在」とは、存在する事物、「存在者」ではない。「存在」は存在者を在らしめる働きであり秩序である。イブン・アラビーは自身の哲学において、「神」の異名を示す術語として「存在」を用いた。「存在」が、自らを分節することによって事物は存在する。神が自らの一部を与えるから事物は存在し得る。神が、何ものかに与える姿、それが「本質」である。花がある。花は「存在」から花の「本質」を付与されることによって「花」になる。花が存在しているのではない、「存在」が「花」するのである、とイブン・アラビーはいった。

ギリシア神話において、しばしば人間は神を直視できない者として描かれているように、人間はこの世において「存在」の内側を直接のぞき込むことはほとんど不可能であり、私たちは万物にその働きを認めるのみである。「存在」を感じるには「本質」を媒介にしなくてはならない。「花」を通じ、「水」を、あるいは色、音を通じて「存在」の実在を感じている。

だが、いつも例外者はいる。彼らは、ときに「本質」を介さず「存在」を経験する。『意識と本質』で論じられる哲学者であり、詩人、あるいは宗教者たちがそうである。サルトルもまた、「彼ら」の一人だったと井筒はいう。彼らの経験と言葉はそれを聞く者の魂を揺さぶる。魂は、自分が生まれた世界の律動を、彼らの言葉や生きざまに感じるからである。

「意識が意識性を超えるところまで論じなくてはならない」と書かれているように、井筒が考える「意識」は、ユングの無意識論の領域を超えている。井筒の考える「意識」は「本質」と分離することはできない。「意識」は、単なる心象的現象ではなく、「本質」は存在者の形姿を決定する働きであると固定することはできない。「東洋哲学においては、認識と意識と存在との複雑で多層的なからみ合い」、だと彼はいう。それは「コトバ」として人間の前に現れるとも井筒は述べている。「意識」と「本質」が出会う場所を彼は「言語アラヤ識」といった。

井筒は、空海の「真言（真なるコトバ）」に触れながら祈禱のコトバを論じる。祈りの言葉はいつも重層的に実在する。私たちが毎日を暮らす現象界、そして、その彼方である実在界にも実在する。そうでないならば、祈りが、私たちの生活のなかで現実化されることはあり得ないからである。祈りは、実在界から降り落ちる「コトバ」である。『意識と本質』の主題は、単なる意識論でも本質論でもない。「コトバ」の神秘哲学にほかならない。

『意識と本質』は、さまざまな読者を獲得してきた。上田閑照、新田義弘、河合隼雄、山内昌之のような哲学、心理学、歴史学の分野で独自の業績を残した人物だけではない。池田晶子や丸山圭三郎といった文学と哲学の間で生きた文筆家、さらに遠藤周作、日野啓三、司馬遼太郎、高橋たか子などの作家。井上洋治神父のような宗教者も読後の衝撃を語っている。井筒の英文主著 *Sufism and Taoism* を読んだエリアーデを含むエラノスの参加者もまた、驚きを隠さなかった。井筒を「巨匠」と呼び、敬意を表したのはジャック・デリダである。『意識と本質』は英訳されていない。それが実現されれば、海外で活躍する人物の名前がここに連なるだろう。

『意識と本質』を古典と呼ぶには、歴史が足らないという人もいるだろう。だが、満ち足りていないのは時間の経過ではなく、読者の出現である。作者が認識し得なかったことを読者が発見し、その積算が作品を育てる。プラトンの著作はアリストテレスの登場で古典となった。作品を完成させるのは作者ではない。それは読者に託されている。

本文にある「意識」と「本質」という二つの術語を追うだけでも、読者はある労力を強いられるかもしれない。だが、それを注いで余りある書物であることは異論をまたない。私はこの書物を開くたびに、吉本隆明が『共同幻想論』序文で記した言葉を思い出す。「どうして理解するための労力と研鑽を惜むものに、衝撃を与えることなどできようか」。同じ文言が『意識と本質』の始めに刻まれていたとしても驚かない。

『神秘哲学―ギリシアの部―』光の書房、一九四九年。
→『井筒俊彦著作集』第一巻、中央公論社、一九九一年。慶應義塾大学出版会、二〇一〇年。
『意識と本質―精神的東洋を索めて―』岩波書店、一九八三年。
→岩波文庫、一九九一年。『井筒俊彦著作集』第二巻、中央公論社、一九九二年。

あとがき

井筒俊彦先生が亡くなられたのは一九九三年（平成五）一月七日のことである。来年（二〇一三・平成二五年）で没後二〇年、その翌年には生誕百年を迎える。戦後間もない混乱した時期の三田のキャンパスで毎週、知的緊張と期待を持って井筒先生の言語学概論等の講義に出席した学生も、今や優に八〇歳を超える年齢に達している。熱心に講義に出てノートを残した山川方夫、若林真、江藤淳といったかつての知己・仲間も今は亡く、大学卒業後も井筒先生の講義に魅せられて聴講を続け、四年分のノートを克明に記録として残した三上博子氏もすでに鬼籍に入っている。

井筒先生を身近に知る人々の証言を残す機会も残り少ないと気になり出していた時に、かつて慶應義塾大学文学部で教えていた頃の同僚で、私と同様「井筒文庫」の運営委員を務める東洋史学専攻の坂本勉氏から、井筒先生の膝下で親しく教えを受けた方々にインタビューをし、素顔の井筒俊彦像を聞き書きにしてまとめるというかたちで先生の学問的軌跡を追ってみるのも一つの方法ではないかと提案された。これがきっかけとなって企画され、二人が編者となって進めてきたのが本書である。

井筒先生が亡くなられた後、先生が生前に蒐集されたイスラーム学を柱とする一切の書籍はご遺族の申し出により慶應義塾に一括して寄贈された。このなかには一九世紀に石版本のかたちでイランで出された哲学・神学・法学に関わる貴重なアラビア語・ペルシア語の史料も入っているが、これを受けて塾当局は、亡くなられる直前まで旺盛な研究を続けられ、文字通り井筒先生の知的源泉の場でもあった書斎を含めてそれらを「井筒文庫」として動態保存することを決定した。ただ、今現在の段階ではそれをどのように運用していくか、きちんとした形では定まっておらず、イスラーム研究を志す人々に広く公開し、自由に閲覧してもらえるようになるまでにはなおしばらく時間がかかると思われる。本書はそれを少しでも前に進めるための一里塚として編まれたものである。井筒先生が構築された壮大な学問体系は、先生が折にふれて集められ、参照された「井筒文庫」に収められている膨大な書籍群のなかに凝縮されている。その世界観を知るためにまず何よりも先生が歩まれてきた研究の足跡をできるかぎり客観的におさえていくことが必要である。こうした思いに突き動かされたところから生まれたのが本書である。

第一部の「回想の井筒俊彦」は、先生の教えを直接受けた方々に対するインタビューから成っている。先生に親炙された五人の方々の口を通して語られる思い出の記には、学問に妥協を許さなかった先生の厳しい姿勢がうかがえる一方、テキストを読むことから離れて雑談に興じる際に見せる先生の優しさが随所に垣間見られて興味深い。とりわけ、鈴木孝夫氏と黒田壽郎氏の回想を掲載できたことは幸いであった。お二人とも井筒邸に住み込んで修学されたが、一〇年近くも井筒邸に住み込んだ鈴木氏が詳しく語られる、寝食を共にしながら師と弟子が学問と格闘する姿からは、強い印象を受ける。

この回想の部で唯一、残念だったのは、井筒先生の遺志を引き継いで『ハディース　イスラーム伝承集成』の完訳達成という偉業を成し遂げられた牧野信也氏へのインタビューが残念ながらご病気入院加療中のため叶わなかったことである。これがないと画竜点睛を欠くという思いもするが、無理をお願いできる状況にもなく、代わって牧野氏がかつて翻訳された『意味の構造』（新泉社、一九七二年）の巻末に氏自身が書かれた解説を第二部の「私の一冊」のなかに再録させていただくことにした。これから牧野氏が井筒先生から継承したイスラーム学の一端を読み取っていただければ幸いである。

第二部の「私の一冊」は、井筒先生が日本語で書かれた主要な著作を書評のかたちでまとめたものである。原稿の依頼を快く引き受けていただき、力のこもったエッセイを寄せていただいた一二名の方々には、ここで改めて深甚なる謝意を表したい。ここに収録できなかったものが英文著作を含めて何冊もあって編者としてははなはだ心残りなところであるが、しかし、これだけの数の書評をまとめて読めるということは壮観かつ素晴らしく、これらを通じて井筒学への理解を深め、英文で書かれた先生の主要著作を読み進める指針にしていただけるならば、編者として望外の幸せである。

本書は、当初の予定ではもっと早い時期に刊行できるはずであった。しかし、原稿の整理と編集の作業に意外に手間取ってしまい、今日まで大幅に遅れる結果になってしまった。早くに原稿を寄せていただいた方々には多大の迷惑をおかけしたが、ここに深くお詫び申し上げたい。インタビューのテープを起こす作業もたいへんであった。これには慶應義塾大学大学院文学研究科に在籍する山口元樹、塚田（太田）絵里奈、為永憲司、増野伊登、遠藤健太郎、田中知樹の諸君の手を煩わした。また、ロンドンにおいてプロジェクトの共同研究者の一人である野元晋氏がランドルト教授に対して英語で行ったインタビューを日本語に起こすにあたっては、当時、オックスフォード大学大学院に留学中であった相島葉月氏（現在マンチェスター大学講師）のお世話になった。こうしたかたちで回想の部ができあがったのもひとえにこれら学生諸君の協力のお蔭であり、改めて感謝申し上げる。

最後に本書の意義を理解し、出版と編集の両面において多大の支援を賜った慶應義塾大学出版会会長の坂上弘氏と編集一課の飯田建氏のお二人に対して深甚なる謝意を申し述べたい。井筒学に魅せられ、その意義を認めて英文、和文の著作を系統的に復刊してその足跡と功績を後の世代の人々に伝えようとする坂上氏の熱き情熱にはいつもながら頭の下がる思いがする。また、面倒な編集実務を一手に引き受けられた飯田氏との協同作業は、戦前期のアジア主義に対する並々ならぬ関心、そのなかで日本における戦中期から現代に至るイスラーム研究史を位置づけていくことの重要性を認め、それを出版というかたちで実現していこうとする氏の熱意・姿勢もあって楽しいものであった。

二〇一二年九月一四日

松原秀一

編者・執筆者紹介

編者

坂本勉（さかもと つとむ）
慶應義塾大学名誉教授。
1945年生まれ。1975年、慶應義塾大学大学院文学研究科博士課程単位取得退学。
『イスラーム巡礼』（岩波書店、2000年）、『ペルシア絨毯の道』（山川出版社、2003年）、『トルコ民族の世界史』（慶應義塾大学出版会、2006年）、『日中戦争とイスラーム』（編、慶應義塾大学出版会、2008年）、など。

松原秀一（まつばら ひでいち）
慶應義塾大学名誉教授、フランス国立ポワティエ大学名誉博士、レジオンドヌール勲章（シュヴァリエ）受勲。
1930年生まれ。1954年、慶應義塾大学大学院文学研究科仏文学専攻修士課程修了。
『ことばの背景――単語から見たフランス文化史』（白水社、1974年）、『中世の説話――東と西の出会い』（東京書籍、1979年）、『西洋の落語――ファブリオーの世界』（東京書籍、1988年）、『異教としてのキリスト教』（平凡社、1990年）、など。

執筆者（掲載順）

黒田壽郎（くろだ としお）
国際大学名誉教授。
1933年生まれ。1967年、慶應義塾大学大学院文学研究科博士課程東洋史専攻単位取得退学。
『イスラームの反体制――ハワーリジュ派の世界観』（未来社、1991年）、『イスラームの構造』（書肆心水、2004年）、ムハンマド・アッ＝タバータバーイー『現代イスラーム哲学――ヒクマ存在論とは何か』（訳、書肆心水、2010年。2012年イラン・イスラーム共和国優秀翻訳賞）、ワーエル・B・ハッラーク『イスラーム法理論の歴史――スンニー派法学入門』（訳、書肆心水、2010年）、など。

湯川武（ゆかわ たけし）
慶應義塾大学名誉教授、早稲田大学イスラーム地域研究機構招聘研究員。
1941年生まれ。カイロ・アメリカ大学大学院アラブ研究科、慶應義塾大学大学院文学研究科博士課程中退。
イブン・タイミーヤ『イスラーム政治論――シャリーアによる政治』（中田考と共訳、日本サウディアラビア協会、1991年）、『イスラーム国家の理念と現実』（編著、栄光教育研究所、1995年）、アル＝マーワルディー『統治の諸規則（改訳改訂）』（訳、慶應義塾大学出版会、2006年）、『イスラーム社会における知識の伝達』（山川出版社、2009年）、など。

岩見隆（いわみ たかし）
元慶應義塾大学言語文化研究所非常勤講師。
1940年生まれ。1978年、慶應義塾大学大学院文学研究科博士課程中退。

『日本国ペルシア語文献所在総目録』（東洋文庫、井谷鋼造、志茂碩敏、関喜房、八尾師誠との共編、第1・2巻、紀伊国屋書店、1983年）、『井筒俊彦文庫目録　アラビア語・ペルシア語図書の部』（編、慶應義塾図書館、2003年）、など。

高田康一（たかだ こういち）
慶應義塾大学非常勤講師。

1963年生まれ。1996年、慶應義塾大学大学院文学研究科博士課程単位取得退学。

「歴史家としてのタバリー」（『イスラム世界』47号、1996年）、イブン・イスハーク『預言者ムハンマド伝』（後藤明・医王秀行・高野太輔と共訳、1–4巻、岩波書店、2010–2012年）、など。

尾崎貴久子（おざき きくこ）
防衛大学校総合教育学群外国語教育室准教授、博士（学術）。

1969年生まれ。1996年、東京外国語大学大学院地域文化研究科博士後期課程修了。

「元代の日用類書『居家必用事類』にみえる回回食品」（『東洋学報』第88巻第3号、2006年）、「中世ヨーロッパの料理書にみられるアラビア語名食品」（『防衛大学校紀要（人文科学編）』第100号、2010年）、「イスラームの医と食」（『東洋学術研究』第51巻第1号、2012年）、など。

松本耿郎（まつもと あきろう）
聖トマス大学特任教授。

1944年生まれ。1972年、早稲田大学大学院文学研究科西洋哲学博士課程単位取得退学。

「後期イスラーム哲学とスコラ哲学」（『岩波講座　東洋思想』第3巻、イスラーム思想1、1989年）、『イスラーム政治神学――ワラーヤとウィラーヤ』（未来社、1993年）、『Consciousness and Reality: Studies in memory of Toshihiko Izutsu』（共著、岩波書店、1998年）、『ペルシャ存在一性論集』（ビブリオ書店、2002年）、など。

野元晋（のもと しん）
慶應義塾大学言語文化研究所教授、Ph.D.
1961年生まれ。2000年、マギル大学（カナダ・モントリオール）大学院博士課程修了（Ph.D.）。
“Early Ismāʿīlī Thought on Prophecy According to the Kitāb al-Iṣlāḥ by Abū Ḥātim al-Rāzī (d. ca. 322/934–5)” (Ph. D. dissertation, McGill University, Montréal, 1999)、『哲学の歴史』第3巻（神との対話［中世］、共著、責任編集：中川純男、中央公論新社、2008年）、“An Early Ismāʿīlī-Shīʿī Thought on the Messianic Figure (the Qāʾim) according to al-Rāzī (d. ca. 322/933–4),” *Orient*（欧文版）44 (2009): pp. 19–39など。

ヘルマン・ランドルト（Hermann LANDOLT）
マギル大学名誉教授・イスマーイール派研究所（英国・ロンドン）上級研究員、Ph.D.
1935年生まれ。バーゼル大学（スイス）大学院修了（Ph.D.）。
Correspondence spirituelle échangée entre Nûroddîn Esfarâyenî (ob. 717/1317) et son disciple ʿAlâʾoddowleh Semnânî (ob. 736/1336), Texte persan publié avec une introduction. Tehran: Départment d'iranologie de l'institut franco-iranien/Paris: Adrien-Maisonneuve, 1972（テクスト校訂と研究）, Nûroddîn Esfarâyenî, *Le Révélateur des mystères—Kâshif al-Asrâr*, Text persan publié avec deux annexes, traduction et étude préliminaire. Lagrasse: Verdier, 1986（テクスト校訂、翻訳と研究）, *Recherches en spiritualité iranienne: Recueil d'articles*. Tehran: Presse universitaires d'Iran/Institut français de recherche en Iran, 2005（単行書）、など。

鈴木孝夫（すずき たかお）
慶應義塾大学名誉教授。
1926年生まれ。1950年、慶應義塾大学文学部英文学専攻卒業。
『ことばと文化』（岩波新書、1973年）、『閉された言語・日本語の世界』（新潮選書、1975年）、『人にはどれだけの物が必要か』（飛鳥新社、1994年）、『鈴木孝夫著作集』（全8巻、岩波書店、1999–2000年）、など。

大河原知樹（おおかわら ともき）
東北大学大学院国際文化研究科准教授、博士（史学）。
1966年生まれ。2000年、慶應義塾大学大学院文学研究科後期博士課程単位取得退学。
「イスラーム法廷と法廷史料」（林佳世子・桝屋友子編『記録と表象――史料が語るイスラーム世界』東京大学出版会、2005年）、「歴史人口学で見たシリアの都市社会――ダマスカスの結婚性向の計量分析」（『東洋史研究』65–4、2007年）、『オスマン民法典（メジェッレ）研究序説』（共編著、人間文化研究機構（NIHU）プログラム イスラーム地域研究東洋文庫拠点、2011年）、「オスマン帝国の税制近代化と資産税――19世紀前半のダマスカスの事例」（鈴木董編『オスマン帝国史の諸相』山川出版社、2012年）、など。

後藤明（ごとう あきら）
東京大学名誉教授。
1941年生まれ。1967年、東京大学大学院人文科学研究科修士課程修了。
『ムハンマドとアラブ』（東京新聞出版局、1980年）、『メッカ』（中央公論社、1991年）、『イスラーム歴史物語』（講談社、2001年）、イブン・イスハーク『預言者ムハンマド伝』（医王秀行・高田康一・高野太輔と共訳、1–4巻、岩波書店、2010–2012年）、など。

大川玲子（おおかわ れいこ）
明治学院大学国際学部准教授、博士（文学）。
1971年生まれ。2003年、東京大学大学院人文社会系研究科博士課程修了。
『聖典「クルアーン」の思想――イスラームの世界観』（講談社現代新書、2004年）、『図説コーランの世界――写本の歴史と美のすべて』（河出書房新社、2005年）、M・クック『コーラン』（訳、岩波書店、2005年）、『イスラームにおける運命と啓示――クルアーン解釈書に見られる「天の書」概念をめぐって』（晃洋書房、2009年）、など。

牧野信也（まきの しんや）
東京外国語大学名誉教授、文学博士。
1930年生まれ。1960年、慶應義塾大学大学院文学研究科博士課程修了。
『創造と終末』（新泉社、1972年）、『ハディース　イスラーム伝承集成』（訳、上・中・下巻、中央公論社、1993-1994年。2001年に中公文庫全6巻として再刊）、『イスラームの原点』（中央公論社、1996年）、『イスラームの根源をさぐる』（中央公論新社、2005年）、など。

長谷部史彦（はせべ ふみひこ）
慶應義塾大学文学部教授。
1962年生まれ。1991年、慶應義塾大学大学院文学研究科博士課程単位取得退学。
『岩波講座世界歴史10イスラーム世界の発展』（共著、岩波書店、1999年）、『新版世界各国史8西アジア史1アラブ』（共著、山川出版社、2002年）、『中世環地中海圏都市の救貧』（編著、慶應義塾大学出版会、2004年）、『比較史のアジア――所有・契約・市場・公正』

（共著、東京大学出版会、2004 年）、『ナイル・デルタの環境と文明 I 』（編著、早稲田大学イスラーム地域研究機構、2012 年）、など。

塩尻和子（しおじり かずこ）
東京国際大学特命教授、国際交流研究所・所長、筑波大学名誉教授、博士（文学、東京大学）。
1944 年生まれ。1989 年、東京大学大学院人文科学研究科博士課程単位取得退学。
『リビアを知るための 60 章』（明石書店、2006 年）、『イスラームを学ぼう』（秋山書店、2007 年）、『イスラームの人間観・世界観』（筑波大学出版会、2008 年）、「初期イスラーム思想における理性主義的人間観と宗教倫理」（竹下政孝・山内志朗編『イスラーム哲学とキリスト教中世（II　実践哲学）』、岩波書店、2012 年）など。

鎌田繁（かまだ しげる）
東京大学東洋文化研究所教授。
1951 年生まれ。1982 年、東京大学大学院人文科学研究科博士課程単位取得退学。
「幸福と哲学者の営み――モッラー・サドラーの実体運動論の意味」（『東洋文化』87、東京大学東洋文化研究所、2007 年）、“System of Knowledge in Islam and its Transformation,” *ISHRAQ-Yearbook of Islamic Philosophy*, Russian Academy of Sciences Institute of Philosophy & Iranian Institute of Philosophy, No.1（2010）、「シーア派神秘思想とスーフィズム――その連続性とクルアーンの役割」（小林春夫他編『イスラームにおける知の構造と変容』早稲田大学イスラーム地域研究機構、2011 年）、「解題」（井筒俊彦『アラビア哲学――回教哲学』慶應義塾大学出版会、2011 年）、など。

藤井守男（ふじい もりお）
東京外国語大学教授、修士（文学）。
1954 年生まれ。1981 年、東京外国語大学大学院修士課程修了。
アッタール『イスラーム神秘主義聖者列伝』（訳、国書刊行会、1998 年）、「聖霊の安らぎ Rawḥ al-arwāḥ に見る神秘主義 Taṣawwuf の諸相」（『オリエント』2003 年）、「ペルシア語タフスィール『神秘の開示』に見る神秘主義的表象世界」（『東洋文化』87、東京大学東洋文化研究所、2007 年）、など。

谷寿美（たに すみ）
慶應義塾大学文学部教授、博士（文学）。
1953 年生まれ。1983 年、慶應義塾大学大学院文学研究科博士課程単位取得退学。
『ソロヴィヨフの哲学――ロシアの精神風土をめぐって』（理想社、1990 年）、「非分離の精神――近代ロシアの宗教的予感」（末木文美士・中島隆博編『非・西欧の視座』大明堂、2001 年）、「“ソフィア”の理念とロシア・ソフィオロジー」（荻野弘之編『続・神秘の前に立つ人間――キリスト教東方の霊性を拓く II』新世社、2010 年）、「ロシアにおけるキリスト教的霊性」（鶴岡賀雄他編『スピリチュアリティの宗教史』上巻、LITHON、2010 年）、など。

市川裕（いちかわ ひろし）
東京大学大学院人文社会系研究科教授。
1953 年生まれ。1986 年、東京大学大学院人文科学研究科博士課程単位取得退学。
「タルムード期のユダヤ思想」（『岩波講座東洋思想　ユダヤ思想 1』1988 年）、『バビロニアタルムード　マッコート篇』（翻訳監修・解説、三貴、1996 年）、『ユダヤ教の精神構造』（東京大学出版会、2004 年）、『ユダヤ教の歴史』（山川出版社、2009 年）、など。

若松英輔（わかまつ えいすけ）
批評家。（株）シナジーカンパニージャパン代表取締役。
1968 年生まれ。1992 年、慶應義塾大学文学部仏文科卒業。
「越知保夫とその時代」（第 14 回三田文学新人賞受賞）、『井筒俊彦——叡知の哲学』（慶應義塾大学出版会、2011 年）、『神秘の夜の旅』（トランスビュー、2011 年）、『魂にふれる——大震災と、生きている死者』（トランスビュー、2012 年）、『内村鑑三を読む』（岩波書店、2012 年）、など。

井筒俊彦とイスラーム
——回想と書評

2012年10月31日　初版第1刷発行

編　者————坂本勉・松原秀一
発行者————坂上 弘
発行所————慶應義塾大学出版会株式会社
〒108-8346　東京都港区三田2-19-30
TEL〔編集部〕03-3451-0931
〔営業部〕03-3451-3584〈ご注文〉
〔　〃　〕03-3451-6926
FAX〔営業部〕03-3451-3122
振替　00190-8-155497
http://www.keio-up.co.jp/
装　丁————中垣信夫＋北田雄一郎＋大串幸子［中垣デザイン事務所］
印刷・製本——萩原印刷株式会社
カバー印刷——株式会社太平印刷社

©2012 Tsutomu Sakamoto and Hideichi Matsubara, Contributors
Printed in Japan　ISBN 978-4-7664-1969-6

慶應義塾大学出版会

井筒俊彦　叡知の哲学

若松英輔著　少年期の禅的修道を原点に、「東洋哲学」に新たな地平を拓いた哲学者井筒俊彦の境涯と思想潮流を、同時代人と交差させ、鮮烈に描く、清新な一冊。
●3,400円

読むと書く　井筒俊彦エッセイ集

井筒俊彦著／若松英輔編　井筒俊彦著作集未収録の70篇をテーマごとに編集した待望の書。世界的な言語哲学の権威である著者のコトバ論、詩論、イスラーム論、生い立ちや豊かな人間交流について知ることのできる、井筒俊彦入門に最適の一冊。
●5,800円

神秘哲学　ギリシアの部

井筒俊彦著　著者自らが〈思想的原点〉と述べた初期の代表的著作を復刊。密儀宗教時代、プラトン、アリストテレス、プロティノスに神秘哲学の奥義を読み解く。
●5,800円

アラビア哲学　回教哲学

井筒俊彦著　初期イスラーム思想（哲学史）の発展史の大綱を辿ったもの。神秘主義的思索を特徴とするギリシア由来の哲学は、イスラームの土壌においていかなる発展を遂げたのか。
●3,800円

露西亜文学

井筒俊彦著　ロシア的精神の根源を探る。19世紀ロシアの終末論的な文学作品に、人間存在の原始的自然性への探究をみる、卓越したロシア文学論。近年まで存在すら知られていなかった作品、「ロシアの内面的生活」を附録として付す。
●3,800円

表示価格は刊行時の本体価格（税別）です。